KB019125

공인중개사

1차 총정리 시험문제

대한민국 대표브랜드

국가자격 시험문제 전문출판

에듀크라운
국가자격시험문제전문출판
www.educrown.co.kr

최고의 적중률! 최고의 합격률!!
크라운출판사
미용·피부미용·이용·조리 등 서비스서적사업부
http://www.crownbook.com

 저자소개

유 병 준

- 합격의 법학원 중개사 부동산학개론 강의
- 합격의 법학원 감정평가사 부동산학원론 강의
- 동양대학교, 원광대학교, 국토해양부, 성동구청 등 특강강의

■ 주요저서

- 「부동산학개론」(법학사)
- 「부동산학개론 문제집」(법학사)

조 영 후

- 종로박문각 공인중개사 민법강사(1994~2001년, 2010~2011년)
- 인천광역시 공무원교육원 교수(2000~2003년)
- 한림법학원 사법시험 민법교수(2002~2004년)
- 삼성연수원 노무전문가(민사법) 과정 전임교수(2000~2009년)
- 한국토지주택공사 연수교육 강사(2004~2005년)
- 세종법학원 감정평가사, 공인노무사 민법강사(2001~2009년)
- 現 감정평가사, 세무사 신림 전문단기 민법강사
- 現 공인모, 새롬행정고시학원 민법강사

■ 주요저서

- 「민법 및 민사특별법」(박문각, 1995년)
- 「DIGEST민법총칙 · 물권법」(박문각, 1997년)
- 「감정평가사 민법총칙 · 물권법」(박문각, 1999년)
- 「공인노무사 민법」(프라임, 2006~2008년)
- 「그림으로 이해하는 도해민법」(법학사, 2011년)
- 「행정사 민법총칙 · 계약법」(새롬, 2012년)
- 「공인중개사 민법 기본서」(새롬에듀케이션, 2013년)
- 「주택관리사 one-stop 민법」(법학사, 2015년)
- 「감정평가사 민법」(헤르메스, 2016년)
- 「주택관리사 민법」(법학원, 2015~2017년)
- 「공인중개사 민법 기본서」(메가랜드, 2019년, 공저)

머리말

이 책은 공인중개사 자격시험의 1차 과목을 준비하는 수험생을 위한 최종정리용으로 집필되었습니다. 공인중개사 자격시험에서의 1차는 '부동산학개론'과 '민법 및 민사특별법' 2과목으로 정해져 있습니다.
1차 시험의 경우, 2과목에 한정하고 있으나 출제수준과 그 범위에 대비하여 보면 학습량이 적지 않음을 알 수 있습니다. 또한 대부분의 수험생들이 1, 2차를 동시에 준비하는 점에 비추어 보면 1차 과목에 집중할 수 있는 시간은 상대적으로 줄어들 수밖에 없습니다.

이러한 점에 착안하여, 저자는 수험생의 입장에서 어떻게 하면 짧은 기간 내에 1차 과목을 정리하고 실전에서 고득점 할 수 있겠는가를 생각하게 되었고, 이에 강단에서의 강의 내용과 수험 자료의 정리 작업을 거쳐 이 책을 펴내게 되었습니다.

본서(本書)는 공인중개사 자격시험을 앞둔 수험생들이 학습 내용을 단기간에 정리하고 또한 합격점수를 이루기 위함에 있어 그 역할을 제대로 해낼 것으로 확신하며, 특히 다음의 몇 가지 사항에 중점을 두었습니다.

1. 기본서의 내용을 토대로 하여 효율적으로 요약, 정리하였습니다.

기본서의 내용을 충실히 다루되 '수험 준비서'라는 점을 중요하게 생각하였습니다. 충분히 시간적 여유를 가지고 이 분야에만 치중할 수 없는 수험생들의 여건을 고려하여, 객관식 시험에 출제되지 않는 지극히 이론적이고 학설에 치우친 내용은 철저히 배제하여 불필요한 학습 부담을 줄이고, 중요부분에 대한 깊이 있는 학습으로 고득점을 기하도록 하였습니다.

2. 부분적으로 이해의 어려움이 있는 부분에 대해서는 도해를 제시하였습니다.

강단에서 강의 시 수험생들에게 중요 사례를 제시하며 설명하여도 그들은 한정된 시간에 쫓기어 수강하면서 중요사항을 놓치거나 잊어버리는 안타까운 경우를 자주 볼 수 있었습니다. 이 점에 착안하여 강의 시 제시되는 도해(그림)를 본서에 수록하여 이해를 돕고자 하였습니다.

3. 지난 10년간 출제된 지문에 연도를 표기하고, 시험에 출제되는 형식으로 지문을 정리하였습니다.

지난 10년간 공인중개사 자격시험에서 출제된 지문을 요약이론 부분에 일일이 표기함으로써 내용을 이해하고 정리해나가는 과정에서 출제빈도의 파악과 중요지문의 반복출제를 확인하고 학습할 수 있도록 하였습니다.

4. 실전 모의고사(5회분)를 수록하여 실전 감각을 배양하고 출제예상 지문을 확인하도록 하였습니다.

실전 모의고사를 제시하고 그에 따른 해설을 자세히 서술하여 출제 가능한 지문을 확인하고 습득해서 실제 시험장에서의 대응능력을 갖추도록 하였습니다. 수험생 여러분은 제한시간을 설정하여 문제를 풀고, 단순히 점수만 확인할 것이 아니라 첨부된 해설을 참조 및 분석하시기 바랍니다. 모의고사 지문의 상당수가 실제 시험에서 출제될 수 있는 지문이라는 확신을 가지고 정리하시기를 당부합니다.

끝으로 이 책을 선택한 수험생 여러분의 건강과 영광스런 합격을 기원하며, 이 책이 출간되기까지 물심양면의 지원을 아끼지 않으신 크라운 출판사의 임직원 여러분의 노고에 깊은 감사를 드립니다.

저자 : 유 병 준, 조 영 후

시험안내

01 기본정보

■ 개요

부동산 중개업을 건전하게 지도, 육성하고 공정하고 투명한 부동산 거래질서를 확립함으로써 국민경제에 이바지함을 목적으로 함
(관계법령 : 공인중개사법)

■ 수행직무

중개업의 공신력을 높이기 위해 도입된 자격증으로 부동산 중개업무, 관리대행, 컨설팅, 중개업 경영정보 제공, 상가분양 대행, 경매 매수신청 대리 업무 등을 수행

02 시험정보

■ 응시자격

제한 없음
※ 단, 「① 공인중개사법 제4조3에 따라 시험부정행위로 처분 받은 날로부터 시험시행일 전일까지 5년이 경과되지 않은 자 ② 제6조에 따라 자격이 취소된 후 3년이 경과하지 않은 자 ③ 시행규칙 제2조에 따른 기자격취득자」는 응시할 수 없음
※ 공인중개사 등록을 위한 결격사유는 별도로 정하고 있으며, 담당기관(관할 시,군,구)으로 문의

■ 시험과목 및 방법

구분	시험 과목	문항수	시험시간	시험방법
제1차시험 1교시 (2과목)	1. 부동산학개론(부동산감정평가론 포함) 2. 민법 및 민사특별법 중 부동산 중개에 관련되는 규정	과목당 40문항 (1번 ~ 80번)	100분 (09:30 ~ 11:10)	
제2차시험 1교시 (2과목)	1. 공인중개사의 업무 및 부동산 거래신고 등에 관한 법령 및 중개실무 2. 부동산공법 중 부동산중개에 관련되는 규정	과목당 40문항 (1번 ~ 80번)	100분 (13:00 ~ 14:40)	객관식 5지선택형
제2차시험 2교시 (1과목)	1. 부동산공시에 관한 법령(부동산등기법, 공간정보의 구축 및 관리 등에 관한 법률) 및 부동산 관련 세법	40문항 (1번 ~ 40번)	50분 (15:30 ~ 16:20)	

※ 답안작성 시 법령이 필요한 경우는 시험시행일 현재 시행되고 있는 법령을 기준으로 작성

■ 합격기준

구분	합격결정기준
1차시험	매 과목 100점을 만점으로 하여 매 과목 40점 이상, 전 과목 평균 60점 이상 득점한 자
2차시험	

※ 제1차 시험에 불합격한 자의 제2차 시험에 대하여는 「공인중개사법」 시행령 제5조 제3항에 따라 이를 무효로 함

차례

Part 01 부동산학개론

제1장 부동산학 총론 · 8
01 부동산학이란
02 부동산의 개념
03 토지의 분류
04 건물의 분류
05 부동산의 특성

제2장 부동산학 각론 · 11
01 부동산의 수요와 공급
02 부동산시장의 가격결정
03 부동산 수요와 공급의 (가격)탄력성
04 부동산의 경기변동
05 부동산시장
06 효율적 시장 : 부동산시장과 정보의 효율성
07 입지 및 공간구조론
08 부동산 문제
09 부동산 정책
10 부동산투자의 위험과 수익
11 부동산투자의 위험분석
12 화폐의 시간가치
13 부동산 투자분석 및 기법
14 부동산 금융론
15 주택연금
16 주택저당채권유동화제도1
17 부동산투자회사(REITs)
18 부동산개발
19 부동산개발의 타당성분석
20 부동산 관리와 마케팅

제3장 부동산 감정평가론 · · · · · · · · · · · · · · · · · · 24
01 부동산 감정평가의 분류
02 부동산 가치(가격)
03 부동산 가격의 제 원칙
04 지역분석 및 개별분석
05 감정평가 3방식
06 감정평가에 관한 규칙
07 부동산가격 공시제도

차례

Part 02 민법 및 민사특별법

제1장 민법총칙 · · · · · · · · · · · · · · · · · · · 30
- 01 총설
- 02 법률행위의 목적
- 03 의사표시
- 04 법률행위의 대리
- 05 무효와 취소
- 06 조건과 기한

제2장 물권법 · 36
- 01 총설
- 02 점유권
- 03 소유권
- 04 용익물권
- 05 담보물권

제3장 계약법 · 43
- 01 계약총론
- 02 계약각론

제4장 민사특별법 · · · · · · · · · · · · · · · · · 48
- 01 주택임대차보호법
- 02 상가건물임대차보호법
- 03 부동산 실권리자명의 등기에 관한 법률
- 04 가등기담보 등에 관한 법률
- 05 집합건물의 소유 및 관리에 관한 법률

Part 03 실전모의고사

제1회 모의고사 · · · · · · · · · · · · · · · · · · · 56
제2회 모의고사 · · · · · · · · · · · · · · · · · · · 69
제3회 모의고사 · · · · · · · · · · · · · · · · · · · 82
제4회 모의고사 · · · · · · · · · · · · · · · · · · · 95
제5회 모의고사 · · · · · · · · · · · · · · · · · · · 109

Part 04 정답 및 해설

제1회 정답 및 해설 · · · · · · · · · · · · · · · · · 124
제2회 정답 및 해설 · · · · · · · · · · · · · · · · · 129
제3회 정답 및 해설 · · · · · · · · · · · · · · · · · 135
제4회 정답 및 해설 · · · · · · · · · · · · · · · · · 140
제5회 정답 및 해설 · · · · · · · · · · · · · · · · · 145

01

부동산학개론

제1장 부동산학 총론

01 부동산학이란

1. 부동산학의 정의

부동산학(Real Estate)이란 여러 가지 부동산현상을 정확하게 인식하고, 바람직한 부동산활동을 전개해 가기 위해 부동산의 기술적, 경제적, 법률적 제 측면을 기초로 하여 연구하는 종합응용과학이라고 정의할 수 있다.

2. 부동산학의 성격

① 응용과학이다. 즉, 부동산활동에 대한 실천과학이다.
② 경험과학이다. 추상적인 학문이 아니라 현실의 부동산활동을 대상으로 하는 구체적인 경험과학이다.
③ 종합과학이다. 여러 학문의 지원을 받아야 하는 종합학문으로서의 성격을 갖는다.
④ 규범과학이다.

목 적	부동산과 인간의 관계개선
성 격	응용과학, 실천과학, 경험과학, 종합과학, 규범과학, 사회과학이다. (순수과학 X, 자연과학 X)

3. 부동산학의 지도이념

① 공사익 조화의 원리(법률적 측면) : 법률적 측면에서 공·사법상의 여러 규율이 부동산활동에 영향을 주며, 이 활동을 통해 부동산현상을 변화시키겠다는 점에서 공익과 사익의 조화의 원리가 중요하다.
② 효율적관리의 원리(경제적 측면) : 효율적관리는 과학적관리로서 부동산의 보존과 이용 및 개발 등 부동산의 경제적 측면에서 중시된다.(최유효이용의 추구)
③ 공간 및 환경가치 증대의 원리(기술적 측면) : 3차원공간을 최유효이용할 수 있는 토지이용밀도가 요구되며, 환경가치에서도 중요성이 강조되는 것이다. 따라서 공간가치를 개발하면서도 환경가치를 보존할 수 있는, 지속가능한 개발을 추구해야 할 것이다.

02 부동산의 개념

1. 부동산의 복합개념

부동산의 개념과 범위를 복합개념으로 분류하는 것이 일반적이다. 이는 법률적·경제적·물리적 측면에서의 부동산으로 분류한다.

3대 측면	내용	기타
법률적 개념	① 협의의 부동산 : 토지 및 그 정착물 ② 광의의 부동산 = 협의 + 준부동산 ☞ 준(의제)부동산 : 자동차, 선박, 공장재단 등	무형적 측면
경제적 개념	① 자산 ② 자본 ③ 생산요소 ④ 소비재 ⑤ 상품	
물리적 개념 (기술적 개념)	① 자연(부증성) ② 공간(영속성) ③ 위치(부동성) ④ 환경(부동성 + 인접성)	유형적 측면

(1) 정착물

① 의의 : 주택 혹은 울타리 등 토지에 부가가치를 더한 연구적인 토지의 개량물을 말한다.
② 정착물의 유형
 ㉠ 토지와 독립된 부동산(독립정착물) : 건물, 수목, 미분리과실, 농작물로 토지와 별도의 등기를 하고 있다.
 ㉡ 토지의 일부로 취급(종속정착물) : 교량, 돌담, 터널, 우물 등 토지의 일부로 취급되는 것으로써 토지소유권의 내용에 포함되는 것이다.

(2) 준부동산(의제부동산)

① 의의 : 성질상 부동산으로 볼 수 없으나 그 재화의 성격이나 관리의 입장에서 볼 때 등기·등록이 불가피한 것을 의미한다.
② 종류 : 입목(立木), 공장재단, 광업재단, 어업권, 선박(20톤 이상), 건설기계, 자동차, 항공기

형태	유형	무형	
복합개념	물리·기술·공학	경제 (회계·경영 등)	법률 (행정 등)
복합적 개발	유형의 개발	무형의 개발	
개발 타당성	물리적 타당성	경제적 타당성	법적 타당성
부동산 관리	기술적 관리	경제적 관리	법률적 관리
	• 위생관리 • 설비관리 • 보전관리 • 보안관리	• 인력관리 • 회계 • 수지관리	• 계약관리 • 권리분석과 조정

03 토지의 분류

1. 「공간정보의 구축 및 관리 등에 관한 법률」상의 분류

지목의 종류(법 67조) : 전·답·과수원·목장용지·임야·광천지·염전·대(垈)·공장용지·학교용지·주차장·주유소용지·창고용지·도로·철도용지·제방(堤防)·하천·구거(溝渠)·유지(溜池)·양어장·수도용지·공원·체육용지·유원지·종교용지·사적지·묘지·잡종지

☞ '지목'이란 토지의 주된 용도에 따라 토지의 종류를 구분하여 지적공부에 등록한 것을 말한다.

2. 「국토의 계획 및 이용에 관한 법률」상의 분류

(1) 용도지역 〈중복지정 불가〉

① 도시지역(주거지역, 상업지역, 공업지역, 녹지지역)
② 관리지역(보전관리지역, 생산관리지역, 계획관리지역)
③ 농림지역
④ 자연환경보전지역

(2) 용도지구 및 구역 〈중복지정 가능〉

① **용도지구** : 경관지구, 미관지구, 고도지구, 방화지구, 방재지구, 보존지구, 시설보호지구, 취락지구, 개발진흥지구, 특정용도제한지구, 위락지구, 리모델링지구

② **용도구역** : 개발제한구역, 시가화조정구역, 수산자원보호구역, 도시자연공원구역

3. 부동산 활동에 따른 분류

(1) 정착물의 유무에 따른 분류

대지(垈地)	건축물이 있거나 건축할 수 있는 토지	나지	건축물이 없는 토지
		건부지	지상에 건축물이 현존하는 토지
갱지와 저지	갱지(更地)	공법상의 제약은 있지만 사법상의 제약이 일체 없는 나지	
	저지(底地)	공법상의 제약은 물론 사법상의 제약을 받는 나지	
공지(空地)	건축법상의 개념으로 건폐율, 용적율 등의 법률적 제한으로 인해 건축을 하지 못하고 비어 있는 토지		
대지(袋地)	자루형 모양의 토지로 타인의 토지에 둘러 싸여 토지의 일부만이 공로와 접하여 통행할 수 있는 토지		
대지(貸地)	임대 등에 사용되는 토지		
부지(敷地)	대지를 포함하는 보다 넓은 뜻으로 사용되는 개념으로 하천부지, 철도부지, 학교부지 등과 같이 일정한 목적에 제공되고 있는 토지		
맹지(盲地)	타인의 토지에 완전히 둘러 싸여 공로에 전혀 접하지 아니한 토지로서 맹지 상태에서는 건축허가가 나지 않는다.		
법지와 빈지	법지(法地)	법으로 소유권이 있으나 경제적 실익이 없는 토지(옹벽 등)	
	빈지(濱地)	경제적 실익이 있지만 소유권이 인정되지 않는 국유지	
소지(原地)	용도가 있는 토지로 개발되기 이전의 자연상태 그대로의 토지		
선하지	고압선 아래에 있는 토지로 선하지 감가를 행함이 일반이다.		
포락지	개인의 사유지로서 전·답 등이 하천으로 변한 토지		
유휴지와 유한지	유휴지	바람직하지 못하게 놀리는 토지	
	유한지	지력 향상 등을 위하여 바람직하게 놀리는 토지	

(2) 필지와 획지

필지(筆地)	획지(劃地)
• 토지의 등기·등록단위	• 부동산활동 또는 현상의 이용단위
• 물권이 미치는 범위와 한계 표시	• 가격수준 또는 용도가 비슷한 일단의 토지
• 법률적 개념	• 경제적 개념

(3) 농지·임지·택지, 후보지·이행지

농지	농경지 등으로 이용되고 있는 토지 : 전(田), 답(畓), 과(果樹園)
임지	산림지 또는 초지로 이용되고 있는 토지 : 용재림, 신탄림
택지	주거용·상업용·공업용 또는 공공용으로 이용중이거나 이용가능한 토지 : 주택지역, 상업지역, 공업지역
후보지	임지, 농지, 택지 상호간에 용도 전환되는 토지
이행지	임지, 농지, 택지 중 세분된 지역 내에서 상호간에 용도 전환되는 토지
※ 후보지나 이행지의 동일수급권의 범위는 전환후 토지의 동일수급권과 일치한다.	

04 건물의 분류

1. 건축법상 분류(건축법 시행령 별표)

구분	단독주택		공동주택		
	다중주택	다가구주택	아파트	연립주택	다세대주택
분양여부	분양불가	분양불가	분양가능	분양가능	분양가능
연면적	330m² 이하	660m² 이하		660m² 초과	660m² 이하
층수	3층 이하	3개 층 이하	5개층 이상	4개층 이하	4개층 이하
가구수		19세대 이하			

2. 단독·공동주택에 따른 분류

(1) 단독주택

단독주택의 형태를 갖춘 가정보육시설·공동생활가정·지역아동센터 및 노인복지시설(노인복지주택은 제외한다)을 포함한다.

① **단독주택** : 일반적으로 1건물에 1세대가 거주하는 주택을 말한다.

② **다중주택** : 다음의 요건을 모두 갖춘 주택을 말한다.

  ㉠ 학생 또는 직장인 등 여러 사람이 장기간 거주할 수 있는 구조로 되어 있는 것

  ㉡ 독립된 주거의 형태를 갖추지 아니한 것(취사시설은 설치하지 아니한 것)

  ㉢ 연면적이 330제곱미터 이하이고 층수가 3층 이하인 것

③ **다가구주택** : 다음의 요건을 모두 갖춘 주택으로서 공동주택에 해당하지 아니하는 것을 말한다.

  ㉠ 주택으로 쓰는 층수(지하층은 제외한다)가 3개층 이하일 것

  ㉡ 1개 동의 주택으로 쓰는 바닥면적(지하주차장 면적은 제외한다)의 합계가 660제곱미터 이하일 것

  ㉢ 19세대 이하가 거주할 수 있을 것

④ **공관(公館)**

(2) 공동주택

① **아파트** : 주택으로 쓰는 층수가 5개층 이상인 주택

② **연립주택** : 주택으로 쓰는 1개 동의 바닥면적(지하주차장 면적은 제외한다) 합계가 660제곱미터를 초과하고, 층수가 4개층 이하인 주택

③ **다세대주택** : 주택으로 쓰는 1개 동의 바닥면적 합계가 660제곱미터 이하이고, 층수가 4개층 이하인 주택(지하주차장 면적은 바닥면적에서 제외한다)

④ **기숙사** : 학교 또는 공장 등의 학생 또는 종업원 등을 위하여 쓰는 것으로서 공동취사 등을 할 수 있는 구조를 갖추되 독립된 주거의 형태를 갖추지 아니한 것

제1장 부동산학 총론

05 부동산의 특성

1. 토지의 자연적 특성(물리적 특성)

토지의 자연적 특성은 토지 자체가 본원적으로 가지고 있는 물리적 특성으로서 선천적, 불변적, 본질적, 원천적인 특징이 있다.

특성	파생특징
부동성 (비이동성)	① 부동산과 동산을 구별짓는 하나의 근거가 된다. ② 법률상 부동산과 동산의 공시방법을 달리하는 이유가 된다. ③ 부동산활동 및 부동산현상을 지역적으로 국지화시키고 특화시킨다. ④ 부동산활동을 임장(臨場)활동 및 정보활동으로 만든다. ⑤ 부동산시장을 추상적 시장으로 만들고, 부동산시장은 지역적으로 세분화되는 부분시장(또는 하위시장, sub-market)으로 존재하게 된다. ⑥ 토지의 이용방식 및 입지선정에 있어 그 중요성이 부여된다. ⑦ 제도적인 규율의 대상으로 삼기가 용이하여 토지관계법이 복잡해진다.
부증성 (비생산성)	① 토지에는 '생산비의 법칙'이 원칙적으로 적용되지 않는다. 따라서 토지의 감정평가를 원가방식으로 구할 수 없고, 균형가격이 성립하지 못한다. ② 토지시장은 불완전경쟁시장이 된다. ③ 토지의 절대량을 늘릴 수 없기 때문에 토지의 물리적 공급곡선은 수직선이 되며, 공급의 탄력성은 완전비탄력적이다. ④ 토지부족문제의 가장 큰 원인이 되어 지가 앙등 및 경제적 지대 발생의 근본원인이 된다. ⑤ 희소성으로 인한 토지부족문제로 인해 토지이용의 사회성·공공성이 요청되고, 토지 공개념의 도입 및 확대를 요구하는 근본원인이 되고 있다. ⑥ 토지시장은 공급자의 경쟁보다 수요자 경쟁의 원인이 된다. ⑦ 토지의 독점소유욕을 갖게 한다. ⑧ 토지이용을 집약화시킨다.
영속성 (불변성)	① 토지의 영속성으로 인해 토지에는 물리적 감가상각의 적용이 배제된다. 그러나, 경제적·기능적 감가는 존재할 수 있다. 따라서, 소모를 전제로 하는 이론인 재생산이론의 적용이 물리적 토지에는 배제된다. ② 토지 수익의 유용성은 영속적이고 건물은 반영속적이다. 이로 인해토지는 안전하고 매력있는 투자의 대상이 되거나 투기의 대상이 된다. ③ 감정평가에서 원가방식이 적용되지 않으며, 수익용 토지를 수익환원법으로 평가하는 이론적 근거가 된다. ④ 토지의 소유와 사용을 분리하여 타인으로 하여금 이용가능케 한다. ⑤ 부동산활동의 장기적 배려를 필요로 한다.
개별성 (비대체성)	① 개별성으로 인해 토지시장은 불완전경쟁시장이 되게 하고, 불완전경쟁시장이 됨으로써 토지시장은 일물일가의 법칙이 배제되고, 자원의 효율적 배분이 이루어지지 않는다. ② 부동산시장을 비공개, 비표준화, 비조직화, 독점화된 시장으로 만든다. ③ 토지의 개별성으로 인해 부동산의 비교가 어렵게 되고, 기본적 공통원리의 도출과 이론전개가 어렵게 된다. ④ 토지의 자연적 특성인 부동성과 함께 작용하여 부동산시장을 정보시장으로 만든다. ⑤ 개별분석 및 권리분석의 근거 및 필연성을 제기한다.
인접성 (연결성)	① 인접토지와 상호밀접한 의존관계가 형성되어 토지의 이용에 협동적 이용을 필연화시키고, 특정 토지의 개발과 이용은 인근토지에 커다란 영향을 주기 때문에 외부경제와 외부비경제의 경제현상이 발생하며, 가격형성에 있어 인접지의 영향을 받게 하여 지역분석을 필연화시킨다. ② 개발이익의 사회적 환수논리의 근거가 된다. ③ 소유와 관련하여 경계문제를 불러일으킨다. ④ 부동산의 용도면에서 대체가능성을 존재케 한다.

2. 토지의 인문적 특성(경제적·제도적 특성)

토지의 인문적 특성은 부동산활동의 결과 인간이 인위적으로 부여한 특성이다. 따라서, 토지의 인문적 특성은 인위적, 가변적, 신축적이며 후천적인 성격을 갖는다.

(1) 용도의 다양성

부동산은 여러 가지 용도에 제공될 수 있다는 특성이다. 임지, 농지, 택지(주거용, 상업용, 업무용) 등으로 쓰이고 같은 용도에 쓰이는 경우라도 그 규모와 이용방법이 다양하다.

(2) 분할·합병의 가능성(분합성)

토지는 이용목적에 따라 그 면적을 인위적으로 분할, 병합하여 사용할 수 있다는 특성이다. 물리적 분할 이외에도 권리 및 기간의 분할도 가능하다.

(3) 위치의 가변성

토지의 자연적 위치는 절대불변이지만, 인문적(경제적·사회적·행정적) 위치는 사회적·경제적·행정적 환경이 변화함으로써 가변적이라는 특성이다.
① **사회적 위치의 가변성** : 공장의 전입·폐지, 학교 이전 등
② **경제적 위치의 가변성** : 도로·철도·전철·항만의 신설·확장·개수 등
③ **행정적 위치의 가변성**

제2장 부동산학 각론

01 부동산의 수요와 공급

1. 수요와 공급

(1) 부동산 수요와 공급

수요	공급
• 부동산을 매입(임차)하려는 욕구 • 반드시 유효수요이어야 한다.	• 부동산을 매도(임대)하려는 욕구 • 유량과 저량 분석
수요함수	공급함수
인구, 소득, 이자율, 정책, 소비자 기호, 대체재나 보완재의 가격 등	매도인의 수, 생산기술, 생산요소가격
수요곡선	공급곡선
• 가격과 수요량은 반비례한다. • 수요곡선 우하향	• 가격과 공급량은 비례한다. • 공급곡선 우상향

(2) 수요와 공급 변화

수요량(공급량) 변화	• 해당 상품가격(임대료)의 변화에 의한 수요량의 변화이다. • 곡선 상의 이동
수요(공급) 변화	• 해당 상품가격(임대료) 이외의 요인이 변화하여 일어나는 수요량의 변화이다. • 곡선 자체의 이동

2. 주택저량(貯量)과 주택유량(流量)

(1) 주택저량의 수요량과 공급량

① **주택저량의 수요량** : 일정 시점에 수요자들이 보유하고자 하는 주택의 양

② **주택저량의 공급량** : 일정 시점에 시장에 존재하는 주택의 물리적인 양

(2) 주택유량의 수요량과 공급량

① **주택유량의 수요량** : 일정한 기간 동안에 수요자들이 보유하고자하는 주택의 양

② **주택유량의 공급량** : 일정한 기간 동안에 공급자들이 공급하고자하는 주택의 양

유량(Flow : 기간개념) : 일정기간이 명시되어야 측정이 가능한 변수	저량(Stock : 시점개념) : 어느 한 시점 에서 측정이 가능한 변수
임대료, 지대, 당기순수익, 주택거래량, 신규주택의 공급량 소득, 이윤, 인구변동분, 재고변동분, 국민총생산량(GNP), 수출과 수입, 주택서비스량, 순유량(신축된 주택량−철거된 주택량), 현금수지(현금흐름), 저량의 변동분	부동산가격, 가치, 지가, 국부, 인구, 재고, 주택수, 외채, 미상환 저당잔금, 자산(재고), 자본, 부채, 주택보급률, 기초, 기말, 유량의 합

3. 주택소요(Housing needs)와 주택수요(Housing demand)

구 분	주택소요(housing needs)	주택수요(housing demand)
의의	구매력이 없는 저소득층을 위해 복지차원에서 정부가 시장경제원리에 개입하여 주택을 우선 공급하는 것을 말한다.	구매력이 있는 수요자가 시장경제원리에 의거하여 주택을 사려는 것을 말한다.
적용개념	사회 · 복지정책상의 개념	시장경제상의 개념
적용원리	정부가 시장경제원리에 개입함으로써 적극적 개입에 의한 문제해결을 도모하므로 정치적 기능이 강조된다.	시장경제원리에 방임함으로써 시장기능으로 문제를 해결하므로 경제적 기능이 강조된다.
적용대상	구매력이 없는 무주택 저소득계층	구매력이 있는 중산층 이상의 계층
예	임대아파트	아파트 분양신청

02 부동산시장의 가격결정

1. 균형가격

① 가격이 높을 때 → 초과공급 발생 → 가격하락 ┐
② 가격이 낮을 때 → 초과수요 발생 → 가격상승 ┘ 균형가격 결정

2. 부동산시장의 균형

단기	1. 공급량이 증가될 수 없는 기간 2. 단기는 저량(stock)개념 3. 부동산 단기공급곡선은 완전수직 4. 단기를 파악하는 이유는 내구재의 성격과 공급의 장기성 때문
장기	1. 공급량이 증가될 수 있는 기간 2. 장기는 유량(flow)개념 3. 부동산 장기공급곡선은 우상향
장기균형	균형가격 → 수요증가 → 가격상승 1. 단기 : 공급제한 → 기존 공급자 초과이윤 획득 2. 장기 : 공급자 시장진입 → 공급량 증가 　① 비용일정 : 장기공급곡선 수평 − 균형가격과 동일 　② 비용상승 : 장기공급곡선 우상향 − 균형가격 상승 　③ 비용하락 : 장기공급곡선 우하향 − 균형가격 하락

03 부동산 수요와 공급의 (가격)탄력성

1. 수요의 가격탄력성

① **의의** : 한 상품의 가격이 변화할 때 그 상품의 수요량이 얼마나 변화하는가를 측정하는 척도이다. 이는 수요량의 변화율을 가격의 변화율로 나눈 값이기 때문에 가격이 1% 변화할 때 수요량이 몇 % 변화하는가를 표시해 준다.

$$\text{수요의 교차탄력성} = \cfrac{\cfrac{\text{수요량의 변동분}}{\text{원래의 수요량}}}{\cfrac{\text{가격의 변동분}}{\text{원래의 가격}}} = \cfrac{\text{수요량의 변화율(\%)}}{\text{가격의 변화율(\%)}}$$

② **수요의 가격탄력성과 종류** : 수요량의 변화율을 가격의 변화율로 나눈 수요의 가격탄력성은 '0'과 무한대(∞) 사이의 값을 갖는다.

③ **수요의 가격탄력성의 크기와 기업의 임대료수입 관계**

탄력성의 크기	가격 하락 시	가격 상승 시	가격변화와 총수입 변화 관계
탄력적	총수입 증가	총수입 감소	반비례 관계
비탄력적	총수입 감소	총수입 증가	비례 관계
단위탄력적	총수입 불변	총수입 불변	불변

2. 수요의 소득탄력성

① **의의** : 소득의 변화율에 대한 수요의 변화율의 정도를 측정하는 척도로서, 수요량의 변화율을 소득의 변화율로 나눈 값이다.

② **수요의 소득탄력성과 재화**

$$\text{수요의 소득탄력성} = \cfrac{\text{수요량의 변화 비율(\%)}}{\text{소득의 변화 비율(\%)}}$$

㉠ 우등재 : 소득의 증가는 상품에 대한 수요를 증가시킨다. 이런 상품을 우등재(정상재, 보통재, 상급재)라 하는데, 우등재는 곧 소득탄력성이 정(+)의 값인 상품이다.(사치품이나 고가품은 소득탄력성이 크고, 생필품이나 저가품은 소득탄력성이 작다)

㉡ 열등재 : 소득이 증가할 때 수요가 오히려 감소하는 재화를 열등재(하급재)라 한다. 따라서 수요의 소득탄력성이 부(−)의 값인 상품이다.(보리쌀, 초가집, 불량주택 등)

㉢ 수요의 소득탄력성

ⓐ $E_{d,i} > 0$: 소득의 증가에 따라 수요가 증가하는 재화 ⇨ 정상재

ⓑ $E_{d,i} > 1$: 사치재, $0 < E_{d,i} < 1$: 필수재

ⓒ $E_{d,i} < 0$: 소득의 증가에 따라 수요가 감소하는 재화 ⇨ 열등재

ⓓ $E_{d,i} = 0$: 소득의 변화가 수요에 영향을 주지 않는 재화 ⇨ 중간재

3. 수요의 교차탄력성

① **의의** : 한 상품의 수요가 다른 연관 상품의 가격변화에 반응하는 정도를 측정하는 척도이다.

② **수요의 교차탄력성과 재화**

$$\text{수요의 교차탄력성} = \cfrac{\text{Y재의 수요량의 변화율}}{\text{X재의 가격 변화율}}$$

4. 공급의 가격탄력성

① **의의** : 한 상품의 가격(임대료)이 변하면 그 상품의 공급량이 변하는데, 그 변화의 정도를 측정하는 척도가 공급의 가격탄력성이다. 즉, 공급량의 변화율을 가격의 변화율로 나눈 값이다.

$$\text{공급의 가격탄력성(ES)} = \cfrac{\cfrac{\text{공급량의 변동분}}{\text{원래의 공급량}}}{\cfrac{\text{가격의 변동분}}{\text{원래의 가격}}} = \cfrac{\text{공급량의 변화율(\%)}}{\text{가격의 변화율(\%)}}$$

② **공급의 탄력성의 크기**

㉠ 수직선 : ES = 0 , 완전비탄력적

㉡ 수평선 : ES = ∞ , 완전탄력적

㉢ 원점을 지나면 : ES = 1, 단위탄력적

③ **장·단기 공급곡선과 탄력성** : 단기공급곡선은 보다 비탄력적이고, 장기공급곡선은 보다 탄력적인 형태를 띤다.

04 부동산의 경기변동

1. 경기변동

(1) 경기변동의 유형

① **순환적 변동** : 부동산 경기가 파형과 같이 상승운동과 하강운동을 반복하는 것이다.

② **계절적 변동** : 일 년을 단위로 하여, 적어도 일 년에 한 번씩 정기적으로 나타나는 경기변동을 말한다.

③ **장기적 변동** : 통상적으로 50년 또는 그 이상의 기간으로 측정되는 것으로 일반경제가 나아가는 전반적인 방향을 의미한다.

④ **무작위적 변동** : 예기치 못한 사태로 인해 초래되는 비주기적 경기변동을 의미한다.

(2) 순환적 경기변동

개념	일반적으로 주거용 부동산의 건축경기
경기순환	상향시장 → 후퇴시장 → 하향시장 → 회복시장
측정지표	1. 건축량(허가, 착공), 거래량(주택거래, 택지분양실적), 가격변동 2. 선행지표 : 건축허가, 택지분양, 공실률 등 3. 한계 ① 전체시장과 부분시장과의 괴리 ② 전체총량에서 거래되는 양이 적다. ③ 착공과 준공의 시차 ④ 사회·정치적 요인에 의한 영향이 많다.

(3) 부동산 경기의 순환국면

부동산 경기의 순환국면은 일반경기의 통설적인 순환국면에 따른 4개(회복·상향·후퇴·하향)국면과 부동산시장의 고유의 안정시장을 합쳐서 모두 5개의 국면이 된다.

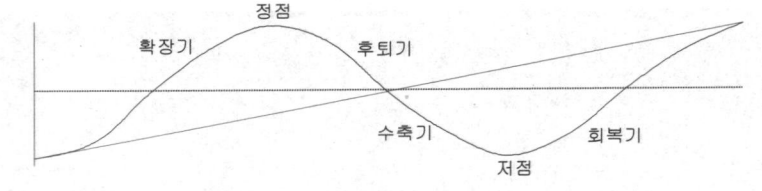

※ 안정시장(가격기준)

㉠ 시장이 안정되는 국면으로 위치가 좋고 규모가 작은 주택이 거래되는 시장이다. 불황이라 하더라도 수요가 안정되어 있어서 경기후퇴의 영향도 적게 받는다. 이 시장국면은 순환주기의 어느 국면에나 존재할 수 있는 특징이 있으며, 부동산시장이 지니고 있는 특수한 국면이다.

㉡ 과거의 거래사례가격은 새로운 거래에 있어서 신뢰할 수 있는 거래의 기준이 된다.

구분	일반경기	가격동향	거래량	금리	공실·공가	과거의 거래가격	중심시장
하향시장	수축	하락	저조, 중단	최고	증가	상한	매수자
회복시장	회복	상승	활발, 투기	하락	감소	하한, 기준	매도자
상향시장	확장	상승	활발, 후퇴 가능	최저	감소	하한	매도자
후퇴시장	후퇴	하락	점차 한산	상승	증가	상한, 기준	매수자
안정시장	부동산 가격이 가벼운 상승이 유지되거나 안정되어 불황에 강한 유형의 시장						

2. 경기순환의 유형별 시장

회복·상향	1. 건축량·거래량·가격↑ 2. 과거사례는 새로운 하한선 3. 매도자시장
후퇴·하향	1. 건축량·거래량·가격↓ 2. 과거사례는 새로운 상한선 3. 매수자시장
안정시장	1. 가격안정(소폭상승) 2. 위치가 좋고 규모가 작은 주택이나 도심지점포 3. 실수요자에 의해서 지탱 4. 불황에 강한 유형 : 호황기에는 약한 면

3. 부동산 경기변동의 특징

일반경기와의 관계	1. 전체 : 후순환 2. 공업용·상업용 : 동시순환 3. 주거용 : 역순환
순환국면	1. 불규칙적·불명확 2. 우경사 비대칭 : 회복이 늦고 후퇴가 빠르다.
진폭	일반경기에 비해 진폭이 크다.(정점이 높고 저점이 깊다)
부분시장	지역별·용도별로 다르다.(전체경기는 지역별·용도별의 가중평균치)
타성기간	일반경기에 비해 뒤지는 시간차(원인 : 내구성, 공급의 비탄력성)

4. 부동산시장의 거미집이론

① 의의 : 에치켈(M. J. Eziekel)의 거미집모형은 부동산(주택)의 가격(임대료)변동에 대한 공급의 시차를 고려하여 일시적 균형의 변동과정을 동태적으로 분석한 것이다.

② 기본가정

㉠ 현실적으로 가격이 변동하면 수요는 즉각적으로 영향을 받지만 공급량은 일정한 생산기간이 경과한 후여야만 변동이 가능하다.

㉡ 공급자는 전기의 시장에서 성립한 가격을 기준으로 해서 금기의 생산량을 결정하고, 금기에 생산된 수량은 모두 금기의 시장에서 판매되어야 한다.

㉢ 현재의 수요결정은 현재가격에 의해, 미래의 수요결정은 미래가격에 의해 결정되며, 미래의 공급결정은 현재의 가격에만 의존한다는 것을 전제로 한다.

05 부동산시장

1. 부동산시장의 정의

① 부동산시장은 부동산권리의 교환·상호 유리한 교환으로서의 가액결정, 경쟁적 이용에 따른 공간배분, 토지와 공간이용의 패턴 조절 및 수급조절을 돕기 위해 의도된 상업활동을 하는 곳이다.

② 부동산시장은 일반 재화시장과는 달리 지리적 공간을 수반한다. 또한 추상적시장이며, 구체적 시장이다. 그 까닭은 특히 토지의 부동성에 영향을 받기 때문이다.

2. 부동산시장과 완전경쟁시장

구분	부동산시장	완전경쟁시장
시장정보	부동산시장은 정보의 제한과 고액의 거래비용으로 인해 정보의 비대칭성이 발생하고, 일물일가의 법칙이 성립하지 않는다.	모든 경제주체가 완전한 정보를 보유하고 있으므로 정보비대칭성이 발생하지 않고 일물일가의 법칙이 성립한다.
시장참여자수	소수의 매도자와 매수자만 특정시점, 특정위치, 특정가격의 특정부동산에 관심을 가진다. 매도자와 매수자는 수요와 공급을 조절하여 개별적으로 가격에 영향력을 행사한다.	시장에는 다수의 생산자와 소비자가 존재하므로 개별생산자, 소비자는 가격에 아무런 영향을 미칠 수 없다. 즉 시장에서 결정된 가격을 주어진 것으로 받아들이는 가격수용자로 행동한다.
기업의 진입과 이탈	부동산은 고정성 때문에 지리적인 시장분할이 이루어지고, 고가성으로 구매의사가 있는 사람 모두가 구매자로 참여할 수 없다. 또 부동산의 부증성으로 공급이 제한되어 있어 다수의 참여자에 의한 자유로운 경쟁이 제한된다.	생산요소의 완전이동성이 가능하므로 기존생산요소를 이용해 다른 재화를 생산하는데 아무런 제약이 없다. 즉, 특정 산업으로서의 진입과 퇴거가 완전히 자유롭다.
제품의 동질성	부동산의 개별성으로 동질적인 부동산은 존재하지 않고 표준화가 불가능하다.	모든 생산자가 생산하는 제품은 대체가능하며, 아무런 차이가 없는 동질적(homogeneous product)인 제품이다.

3. 주택의 여과과정(주택순환현상 : filtering process)

① 소득과 주택 : 저소득층이란 법적 규제에 의해 공급되는 일정수준 이상의 주택을 소비할 수 없는 소득계층을 지칭하며, 고소득계층이란 일정수준 이상의 주택을 소비할 수 있는 소득계층을 지칭한다.

② 여과작용의 개념 : 주택이 소득의 계층에 따라 상하로 이동되는 현상을 말한다.

③ 여과의 유형 : 상향여과와 하향여과

ⓛ 상향여과(filtering-up) : 저소득(하위)계층이 사용하던 주택이 수선되거나 재개발되어 상위계층의 사용으로 전환되는 것을 의미한다. ⇨ 수동적 순환(passive filtering)

ⓘ 하향여과(filtering-down) : 고소득(상위)계층이 사용하던 기존 주택이 하위계층의 사용으로 전환되는 것을 하향여과라 한다. ⇨ 능동적 순환(active filtering)

상향여과	하향여과
저급주택 → 재개발 → 상위계층	고급주택 → 낙후 → 하위계층
보수비용 < 가치증분	보수비용 > 가치증분
정의 외부효과	부의 외부효과

1. 저소득층을 위한 신규공급은 제한되고 하향여과를 통해 공급되고 고소득층을 위한 주택은 신규공급을 통해 공급한다.
2. 하향여과가 활발하면 주택여과를 통해 저소득층을 위한 주택공급이 발생하지만, 하향여과가 활발하지 않으면 저소득층의 주거안정을 기하기 어렵다.

06 효율적 시장 : 부동산시장과 정보의 효율성

1. 효율적 시장이론

① 부동산의 가치는 부동산으로부터 미래에 예상되는 수익을 현재가치로 환원한 값으로 정의된다. 따라서 미래수익이 변동될 것으로 예상되면 미래수익 변동시점에서 가치가 변하는 것이 아니라, 현재시점에서 부동산가치가 변화된다.

② 부동산시장이 새로운 정보를 얼마나 지체 없이 가치에 반영하는가 하는 것을 시장의 효율성(market efficiency)이라 하고, 새로운 정보가 지체 없이 가치에 반영된 시장을 '효율적시장(efficient market)'이라 한다.

2. 효율적 시장의 구분

시장의 효율성은 부동산가격이 어떤 종류의 정보를 신속히 반영하고 있느냐에 따라 효율성의 정도를 상대적으로 평가해야 한다.

구분	가치에 반영된 정보	분석 방법	초과이윤 여부	정상 이윤
약성효율적 시장	과거의 정보	기술적 분석	획득 불가능(기본적 분석과 미래의 정보를 분석하면 가능)	획득 가능
준강성효율적 시장	공표된 정보 (과거, 현재)	기본적 분석	획득 불가능(미래의 정보를 분석하면 가능)	획득 가능
강성효율적 시장	공표된 정보 및 공표되지 않은 정보(미래)	분석 불필요	어떤 분석으로도 획득 불가능	획득 가능

07 입지 및 공간구조론

1. 지대이론

(1) 차액지대설 : 리카도(Ricardo)가 주장한 이론

① 한계지의 개념과 수확체감의 법칙에 입각하여 지대이론 전개

② 토지에는 비옥도와 위치에 있어 우등지와 열등지가 있고, 이때 유리한 상태와 불리한 상태에서 생산활동을 하므로 양자 사이에는 필연적으로 생산력의 교차가 생기고, 지대는 생산가격면에 있어서의 우등지와 열등지의 차액(초과이윤)이 지주에게 지불되는 대가라는 것이다.

③ 한계지를 기준으로 하여 이보다 생산력이 높은 토지에 대한 대가를 지대(地代)라고 한다.

④ 지대 = 생산물 가치 − 생산비

(2) 튀넨의 위치지대설(입지교차지대설)

① 튀넨은 고립국이론에서 지대의 결정이 토지의 비옥도만이 아닌 위치에 따라 달라진다고 하여 위치지대의 개념을 도입하였다.

② 입지교차지대설에서는 지대의 차이는 수송비의 차이로 발행하고 수송비는 시장중심으로부터의 거리에 비례하여 증가한다고 전제한다. 수송비 절약분이 곧 지대이다.

③ 지대 = 생산물가격 − 생산비 − 수송비

(3) 절대지대설 : 마르크스(K. Marx)가 주장한 이론

① 지대는 토지소유자가 토지를 소유하는 그 자체로 인해 발생하며, 따라서 '지대=0'이어야 하는 한계지에 있어서도 지주의 지대요구가 생산물 가치를 폭등시키는 원인이 된다고 주장하였다.

② 차액지대가 토지의 상대적 우의성에 대하여 요구되는 지대라고 한다면, 절대지대는 토지소유자가 토지사용을 허가한 대가로서 모든 토지에 대하여 요구되는 지대를 말한다.

(4) 수요 · 공급설(한계생산력설)

토지도 하나의 생산요소이기 때문에 다른 생산요소와 마찬가지로 토지용역에 대한 수요 · 공급의 균형점에서 그 가격, 즉 지대가 결정된다는 이론이다.

(5) 지대론 논쟁

① 고전학파
   ㉠ 토지의 자연적 특성을 강조하여 토지와 자본을 구별
   ㉡ 지대를 불로소득으로 간주
   ㉢ 생산물의 가격에 의하여 지대가 결정된다고 봄

② 신고전학파
   ㉠ 토지의 자연적 특성을 경시하여 토지와 자본을 구별하지 않음
   ㉡ 지대를 생산요소로 보고 생산물의 가격에 영향을 주어 생산물의 원가에 반영함

③ 현대 : 생산활동에 사용된 요소에 대한 공급가격(생산비) 이상의 잉여수입이 지대임

2. 공간구조론

도시구조이론	동심원이론	1. 버제스(Burgess)의 이론이다. 2. 도시는 도심을 축으로 동심원처럼 확장된다. 3. 도심 → 저소득층 주거지역 → 일반주거지역 → 고급 주택지역 → 교외지역
	최소마찰비용이론	1. 허드(Hurd)의 이론이다. 2. 도시의 성장이 장애물이 없는 쪽으로 확장된다.
	선형이론	1. 호이트(Hoyt)의 이론이다. 2. 도시는 도로를 축으로 확장된다.
	다핵심이론	1. 해리스(Harris)와 울만(Ulman)의 이론이다. 2. 도시는 여러 개의 전문화된 핵으로 분산한다.

3. 상업입지

(1) 상권

① 점포나 고객을 흡인하는 지리적 구역으로 배후지라고도 불린다.

② 거리, 시간, 매출액의 비율에 따라 1차, 2차, 3차 상권으로 분류된다.

③ 상권측정방법 : 현지조사법, 통계적 분석법, 수학적 분석법

(2) 공간균배원리

개념	1. 경쟁관계에 있는 점포는 공간을 균등하게 배분하고 있다. 2. 시장이 좁고 수요의 탄력성이 적은 경우 : 중앙입지 3. 시장이 넓고 수요의 탄력성이 큰 경우 : 분산입지
점포	1. 집심성 점포 : 상권이 큰 점포 2. 집재성 점포 : 동일업종의 점포가 집중된 점포 3. 산재성 점포 : 상권이 작은 점포 4. 국부적 집중성 점포

개관	1. 근린상가 : 구매빈도가 높고 저장비용이 큰 상품 취급, 밀도가
	   높다.
	2. 지역상가 : 구매빈도가 낮고 저장비용이 작은 상품 취급, 밀도가
	   낮다.

한계	현대적인 대형쇼핑센터나 대형할인점의 등장은 설명 안된다.

(3) 상권이론

크리스탈러	재화의 도달가능범위 〉 최소요구치 : 중심에 입지
레일리	1. 상권의 범위는 중심의 크기에 의해 결정된다. 2. 영향력은 중심크기(상점수, 인구수)에 비례, 거리의 제곱에 반 비례 3. 두 도시의 크기가 같다면 상권의 경계는 중간이 된다. 4. 다르다면 상권의 경계는 작은 쪽에 가깝게 위치한다.
허프	1. 레일리보다 더 많은 변수 사용 2. 현실적인 지형 등을 고려하여 고객이 올 수 있는 확률 고려 3. 특히 소비자의 구매행동 중시 – 소비자의 기호나 소득 파악
넬슨	1. 현 지역의 적합성 2. 성장잠재력 3. 상권으로의 접근성 4. 고객의 중간유인 5. 집중흡인력 6. 경쟁회피성 7. 양립성 : 보완관계 8. 입지의 경제성

4. 공업입지

베버	수송비최소화 지점	
	시장지향형 입지	1. 제품수송비가 과다한 산업 2. 중간재나 완제품을 생산하는 산업 3. 제품중량증가산업(음료, 맥주, 제빵) 4. 제품의 부패성이 심한 산업 5. 서비스산업
	원료지향형 입지	1. 편재원료를 사용하는 산업 2. 원료수송비가 과다한 산업 3. 제품중량감소산업(시멘트, 제련) 4. 원료의 부패성이 심한 산업
뢰쉬	시장확대가능성이 큰 곳	

08 부동산 문제

1. 부동산 문제

토지의 부증성으로 인한 지가상승, 부동산투기, 국토이용의 문란, 환경의 파괴, 주택공급의 문제, 부동산거래질서의 문제 등을 말한다. 토지문제, 주택문제, 국토이용의 비효율화, 거래질서의 문란문제 등이 있다.

2. 토지문제

(1) 토지문제의 양면성

① **물리적 토지문제** : 토지의 부증성에서 비롯되는 토지부족의 문제를 말한다.

② **경제적 토지문제** : 지가고(地價高) 문제를 말한다. 지가고란 지가가 다른 물가보다 상대적으로 높아 합리적 지가수준을 넘는 상태를 말한다.

(2) 개발이익의 사유화

개발이익은 공공의 작용이나 사회의 발전(외부경제)에 의해 지가상승으로 발생하는 이득이므로 공공으로 환수되어 국민에게 고루 혜택이 돌아가도록 사용되어야 하지만 제대로 환수되지 못하고 토지 소유자 개인에게 사유화되고 있다.

3. 주택문제

(1) 주택문제의 원인과 구분

① 원인

㉠ 토지의 부동성·주택시장의 비유동성 및 지역성은 특정지역주택의 양적 부족원인이 된다.

㉡ 지가상승에 의한 토지의 세분화 이용은 주거의 질을 저하시킨다. 도시화는 거주의 밀집화·집단주택화를 촉진시켜 토지를 집약적으로 이용하면서 공공이용을 위한 공간면적을 감소시키고 주거의 질을 저하시켜 스프롤, 슬럼(slum)을 발생시키기도 한다.

② 구분
  ㉠ 양적 주택문제 : 주택의 절대량 부족현상
  ㉡ 질적 주택문제 : 주택가격이나 주거비의 부담능력으로 인한 문제
  ㉢ 주택공급문제 : 양적 문제로 인한 문제

(2) 양적 주택문제

① **의의** : 주택의 절대량 부족현상을 말하며, 필요한 주택수에 비해서 실제의 주택수가 미달하는 것을 말한다. 가구 총수에 합리적인 공가율에 의한 필요공가수를 합친 필요주택수에 미달하는 주택수가 문제의 내용이 된다.

> 필요주택수 = 가구총수 + 필요공가수

② **양적 수요의 증가요인** : 인구증가, 핵가족화에 따른 가구 수의 증가, 기존 주택의 노후화, 공공사업 등에 의한 주택의 철거 및 전용, 필요공가율의 증가, 결혼과 이혼

(3) 질적 주택문제

① **의의** : 주택가격이나 주거비의 부담능력이 낮아서 주택의 질적 수준이 저하됨에 따라 생기는 여러 가지 불만을 초래하는 것을 말한다. 이를 경제적 주택문제라고도 하는데, 대표적 원인은 저소득수준이다. 이는 양적 문제가 해결된 후의 일이다.
② **질적(質的) 수요의 증가요인** : 소득증대, 생활수준 향상 등
  ㉠ 주민의 소득 및 생활수준의 향상에 따른 고급주택수요의 증가
  ㉡ 주택의 구조변화에 따른 방수 및 거주면적의 증가에 따른 주택수요의 증가
  ㉢ 신건축자재의 개발과 보급, 주택금융의 확대, 행정상의 배려 등

4. 부동산 문제의 특성

(1) 악화성향

부동산 문제는 한번 발생하게 되면 점점 더 큰 문제로 변해가는 수가 많고, 이를 바로 잡는 일도 점점 어려워진다는 뜻이다.

(2) 비가역성(非可逆性)

부동산 문제는 일단 악화되면 이를 악화 이전의 상태로 회복시키기가 사회·경제·기술적으로 어렵다는 뜻이다.

(3) 지속성

부동산 문제가 시간의 흐름과 함께 지속되는 현상임을 말한다. 부동산 문제는 현재의 문제가 해결된다 하여도 시간이 지남에 따라 동일·유사한 다른 문제가 지속되는 지속성을 갖는다.

(4) 해결수단의 다양성

하나의 부동산 문제를 해결하기 위해 사용될 수 있는 수단을 많이 가지고 있는 성질을 말한다. 부동산 문제의 해결에는 세제, 금융, 재정, 주택건축, 택지개발 등의 다양한 육성책이 필요하다. 즉, 부동산정책은 종합정책의 성격을 강하게 지닌다.

---

09 부동산 정책

1. 시장실패와 정부의 시장개입

정부가 시장에 개입하는 이유는 정치적으로는 사회적 목표를 달성하기 위함이고, 경제적으로는 시장실패를 보완하기 위함에 있다.

(1) 시장실패의 개념

① 시장실패(Market Failure)란 시장에서 자원배분이 효율적이지 못하거나 형평성이 달성되지 못하는 상태로서 시장이 자율적으로 작동하지 못하는 상태이다.
② 시장실패란 어떤 요인에 의해 사적 시장의 메커니즘이 자원의 적정 분배를 자율적으로 조정하지 못하게 되는 것을 말한다.
③ 이러한 시장실패는 정부가 시장에 개입하는 근거가 된다. 이 경우 정부개입의 결과 오히려 정부실패를 야기하기도 한다.

(2) 시장실패의 요인

① **불완전 경쟁(독·과점의 존재)** : 규모의 경제가 적용되는 산업에서는 큰 기업이 독점적 지위를 차지하여 완전경쟁시장보다 높은 가격과 적은 산출량을 생산함으로써 최적의 효율성을 이루지 못한다.
② **규모의 경제** : 규모의 경제(비용체감산업)가 존재하면 장기적으로 기업간의 경쟁에서 규모의 경제에 먼저 도달한 대기업이 유리하게 되어 독점시장이 형성되므로 시장실패가 초래된다.
③ **정보의 비대칭성** : 가격의 정보는 실제에 있어서 매우 불완전하다. 이로 인해 야기되는 거래 쌍방간의 정보의 비대칭성 및 불확실성은 시장실패의 요인이 된다.
④ **공공재의 존재(부족)** : 시장 전체에 나타나는 공공재의 수요는 실제의 필요량보다 매우 적게 나타나고, 이러한 수요를 믿고 공공재를 공급하면 사회 전체적으로 공공재의 공급량이 부족하게 되므로 자원의 효율적 배분에 실패하게 된다.
⑤ **외부성(외부효과, external effect)** : 어떤 경제주체의 행위가 타 주체에게 의도하지 않은 이익이나 손실을 발생시키는 현상이다. 외부효과가 존재하면 완전경쟁시장이라도 자원을 효율적으로 배분하는데 실패할 수 있다.

외부경제	외부비경제
정(正)의 외부효과	부(負)의 외부효과
사적비용 > 사회적비용 사적편익 < 사회적편익	사적비용 < 사회적비용 사적편익 > 사회적편익
과소생산	과대생산
보조금 지급을 통한 생산장려나 조세경감 및 행정규제의 완화	오염배출업체에 대한 조세중과나 환경부담금 부과
정책을 통해 수요곡선의 상향이동	정책을 통해 공급곡선의 상향이동
수급량의 증가 및 가격인상	수급량의 감소 및 가격인상

2. 토지정책수단

(1) 토지이용규제

① 개별 토지이용자의 토지이용행위를 사회적으로 바람직한 방향으로 유도하기 위해 법률적·행정적 조치에 의거하여 구속하고 제한하는 방법을 말한다.

② 토지이용규제는 주로 토지의 이용·거래·소유와 결부된 바람직하지 못한 외부효과를 방지하는 데에 역점을 두는 편이다. 즉, 직접개입이 적극적 개입이라면 토지이용규제는 소극적 개입이라 할 수 있다.

③ 「국토의 계획 및 이용에 관한 법률」에 용도지역지구제, 농지법에 의한 대리경작제가 포함되며, 구체적 방법으로는 토지구획규제, 건축규제, 정부의 각종 인·허가제, 토지이용계획 및 도시계획, 개발권양도제 등이 있다.

(2) 간접적 개입

① 기본적으로 시장의 틀을 유지하면서 그 기능을 통해 소기의 효과를 거두려는 방법으로, 주로 수요·공급자에게 자극을 주어 그 활동의 장려 혹은 위축을 유도하는 대책이라 할 수 있다.

② 각종 토지세 및 토지관련세에 의한 방법, 토지개발 및 이용에 대한 각종 금융지원, 보조금 지급 등이 포함된다.

(3) 직접적 개입

정부나 공공기관이 토지시장에 직접 개입하여 토지에 대한 수요자 및 공급자의 역할을 적극적으로 수행하는 방법을 말한다.

① 도시정비사업, 토지수용, 토지은행제도, 공공소유제도, 공영개발 등 공공에 의한 토지개발 등이 포함된다.

② 수용방식은 초기에 막대한 토지구입비용이 들기 때문에 사업시행자가 재정지출을 효율적으로 관리하기 어려우며, 토지매입과 보상 과정에서 사업시행자와 주민의 갈등을 들 수 있다.

③ 공영개발은 주로 대규모 개발사업에 이용된다.

④ 공공투자사업은 시장기능에 맡길 경우 추진되기 어려운 도시계획사업 등에 자주 이용된다.

3. 토지정책수단의 종류

(1) 지역지구제(용도지역제)

① 의의 : 지역지구제(Zoning)란 도시의 토지용도를 구분함으로써 이용목적에 부합하지 않은 토지이용이나 건축 등의 행위를 토지의 효율적·합리적 이용을 도모하는 방향으로 규제하는 제도이다.

② 목적 : 토지의 이용목적 및 입지 특성에 따라 적합한 용도를 부여함으로써 국토이용질서의 확립과 토지의 효율적·합리적 이용을 도모하며 토지이용에 수반되는 부의 외부효과를 제거하거나 감소시켜 사회의 자원배분을 효율적으로 하기 위함이다. 또한 개발과 보전의 조화를 통해 세대간 형평성을 추구한다.

③ 지역지구제의 보완책

계획단위개발	개발계획은 개발업자가 수립, 인·허가를 통해 토지이용을 조절
성과주의 지역지구제	지역의 규모와 환경여건 등을 고려하여 총량을 규제
재정적 지역지구제	개발을 허용을 할 때 개발업자에게 기반시설을 공급하게 하는 제도
개발권 양도제도	문화재나 자연환경을 보존하고 개발권을 통해 손실 보상

(2) 토지은행제도(토지비축제도)

공공이 장래에 필요한 토지를 미리 확보하여 보유하는 제도로서, '토지비축제도'라고도 불린다. 즉, 미래의 용도를 위해 정부가 미리 싼 값에 미개발토지를 대량 매입하여 공공자유보유 또는 공공임대보유 형태로 비축하였다가 토지수요의 증가에 대응하여 이 비축된 토지를 수요자에게 팔거나 또는 대여하는 제도를 말한다.

(3) 개발이익환수제도

개발사업이나 기타 다른 요인에 의하여 땅값이 정상지가 상승분보다 높게 올라간 경우, 국가가 개발사업을 시행하는 사업자로부터 개발이익의 일부를 환수하여 토지에서 생기는 불로소득을 막고, 투기를 근절시켜 부의 공평한 분배를 이루기 위한 것이다.

⇨ 개발이익의 사전 차단, 공공용지 확보, 난개발 방지

4. 부동산 조세정책

(1) 부동산조세의 기능

① 부동산 자원배분 : 조세를 통하여 토지이용을 규제하거나 조장시켜 민간과 공공부문에서 활용할 수 있도록 배분한다. 서민주택을 위한 조세상 특혜는 주거의 공간배분에 큰 역할을 담당한다.

② 소득 재분배 : 부동산의 상속세·재산세 등은 소득을 재분배하는 중요한 조세이다.

③ 지가안정 : 부동산조세는 지가안정 및 투기를 억제시키는 기능을 갖고 있다.

④ 주택문제 해결 : 1세대 1주택의 비과세라든가 주택공급업자에 대한 세제상의 혜택 등은 주택문제 해결에 이바지한다.

(2) 재산세의 귀착

재산세는 정부에 의해 주택의 소유자에게 부과된다. 그러나 부과되는 세금을 실제로 소비자가 전부 부담하는 것은 아니며, 상당부분은 생산자에게도 전가된다. 실제로 세금을 누가 부담하느냐에 하는 문제를 재산세의 귀착이라 한다.

부동산학 각론

10 부동산투자의 위험과 수익

정의	1. 미래수익과 현재지출을 교환하는 행위이다. 2. 시간과 위험을 고려해야 한다.
장점	1. 고수익성 2. 안전성 3. 인플레 헷지기능 : 인플레 발생 → 부동산 가치상승 4. 절세효과 : 세제감면, 건물의 감가상각분과 이자상환분에 대한 절세효과 5. 지렛대효과(부채효과) : 차입금을 사용해서 지분수익률을 증가
위험	수익의 불확실성, 변동가능성 1. 시장 위험 : 시장분석 필요 2. 위치 위험 : 입지분석 필요 3. 법적 위험 : 공·사법 분석 4. 인플레 위험 : 대출기관은 변동이자율 선호 5. 금융 위험 : 부채비율↑ → 지렛대 효과↑ → 금융위험↑
수익률	1. 기대수익률 : 투자안에서 예상되는 수익률 2. 요구수익률 : 투자자의 수익률, 자본의 기회비용 3. 실현수익률 : 사업종료 후 실현된 수익률 4. 투자결정 : 기대수익률 ≥ 요구수익률 : 투자채택
요구수익률 결정	무위험률 + 인플레율 + 위험할증률
투자가치 시장가치	1. 투자가치 : 투자자의 주관적인 가치, 사용가치 2. 시장가치 : 시장에서 거래되는 객관적인 가치, 교환가치 3. 투자가치 : $\dfrac{\text{예상수익률}}{\text{요구수익률}}$ 4. 예 토지의 예상수익 5,000만 원 요구수익률 10%, 투자가치는? $\dfrac{5{,}000\text{만 원}}{0.1} = 5\text{억 원}$ 5. 투자결정 : 투자가치 ≥ 시장가치 : 투자채택
위험과 수익	1. 위험과 수익 : 비례(상쇄) 2. 위험상승 → 요구수익률 상승 → 가치하락 → 수익상승

11 부동산투자의 위험분석

1. 평균 – 분산결정법

개념	평균과 표준편차의 두 요인을 분석대상으로 투자의사결정
수익측정	평균
위험측정	표준편차, 분산
투자결정	• 평균 동일 : 편차가 작은 쪽 • 편차 동일 : 평균이 큰 쪽
단점	평균도 크고 편차도 큰 투자안은 분석 불가능

2. 포트폴리오 이론

개념	자산이 하나에 집중되어 있을 때 발생할 수 있는 불확실성을 제거하여 안정된 이득을 획득하도록 하는 자산관리의 방법이다.
장점	평균–분산법의 단점 보완
효율적 전선	1. 동일수익선상에서 위험이 가장 작은 포트폴리오 선택 2. 동일위험선상에서 수익이 가장 큰 포트폴리오 선택 3. 우상향 : 위험↑ → 수익↑

	체계적 위험	비체계적 위험
포트폴리오에서 파악하는 위험	• 피할 수 없는 위험 • 모든 투자안에 영향을 주는 위험	• 피할 수 있는 위험 • 개별투자안에서 발생하는 위험
	위험과 수익의 비례는 체계적 위험과 수익이 비례한다.	
포트폴리오 관리	1. 자산의 수가 많을수록 불필요한 위험은 통계학적으로 제거된다. 2. 단순히 자산을 분산한다고 해서 반드시 좋은 결과를 얻는 것은 아니다. 3. 포트폴리오 관리 : 단순한 분산투자가 아니라 위험과 수익을 분석하여 최선의 결과를 얻을 수 있는 포트폴리오를 선택하는 것 4. 부동산도 지역별·용도별 포트폴리오 구성이 용이하다.	

12 화폐의 시간가치

구분	계수	정의	산식
내가 계수	일시불의 내가계수	1원을 이자율 r로 저금했을때 n년 후에 찾게 되는 금액을 나타내는 자본환원계수	$(1+r)^n$
	연금의 내가계수	매년 1원씩 받게 되는 연금을 이자율 r로 계속해서 적립했을 때 n년 후에 달성하게 되는 금액을 나타내는 자본환원계수	$\dfrac{(1+r)^n-1}{r}$
	감채기금 계수	n년 후에 1원을 만들기 위해서 매 기간마다 적립해야 할 액수를 나타내는 자본환원계수	$\dfrac{r}{(1+r)^n-1}$
현가 계수	일시불의 현가계수	n년 후의 1원을 할인율 r로 할인하여 현재의 금액으로 나타내는 자본환원계수	$\dfrac{1}{(1+r)^n}$
	연금의 현가계수	이자율이 r이고 기간이 n일 때, 매년 1원씩 n년 동안 받게 될 연금을 일시불로 환원한 액수를 나타내는 자본환원계수	$\dfrac{(1+r)^n-1}{r\times(1+r)^n}$
	저당상수	일정액을 빌렸을 때 매기간 불입해야 할 원금과 이자의 합계를 구하는 자본환원계수	$\dfrac{r\times(1+r)^n}{(1+r)^n-1}$

현재가치(현가계수)			미래가치(내가계수)	
일시불의 현가계수	$\dfrac{1}{(1+r)^n}$	⟷ (역수)	일시불의 내가계수	$(1+r)^n$
연금의 현가계수	$\dfrac{(1+r)^n-1}{r\times(1+r)^n}$		연금의 내가계수	$\dfrac{(1+r)^n-1}{r}$
	↕ (역수)			↕ (역수)
저당상수	$\dfrac{r\times(1+r)^n}{(1+r)^n-1}$		감채기금 계수	$\dfrac{r}{(1+r)^n-1}$

13 부동산 투자분석 및 기법

1. 현금수지(현금흐름)의 측정

투자분석에서 가장 중요한 것 중 하나는 현금수지를 정확하게 측정하는 것이며, 예상수익의 측정은 내용연수 전 기간이 아닌 예상 보유기간 동안 측정한다.

2. 영업의 현금수지의 계산

영업의 현금수지(cash flow from operation)의 계산이란 투자부동산의 운영(영업)으로 인해 연간 발생하는 예상된 현금유입과 현금유출을 측정하는 것을 말한다.

단위당 예상 임대료
× 임대단위수
= 가능조소득(PGI : Potential Gross Income)
− 공실 및 불량부채
+ 기타 소득
= 유효조소득(EGI : Effective Gross Income)
− 영업경비(OE : Operating Expense) : 보유과세, 관리비, 보험료
= 순영업소득(NOI : Net Operating Income)
− 부채서비스액(DS : Debt Service)
= 세전현금수지(BTCF : Before Tax Cash Flow)
− 영업소득세(TO : Tax from Operation)
= 세후현금수지(ATCF : After Tax Cash Flow)

3. 지분복귀액 계산

투자자들이 일정기간 동안 투자부동산을 운영한 후 처분 시 지분투자자에게 돌아오는 수입을 말한다.

매도가격(selling price)
− 매도경비(selling expense)
= 순매도액(net sales proceed)
− 미상환저당잔금(unpaid mortgage balance)
= 세전지분복귀액(before tax equity reversion)
− 자본이득세(capital gain tax)
= 세후지분복귀액(after tax equity reversion)

4. 부동산 투자분석 기법

할인현금수지분석법을 투자준거로 사용하기 위해서는 여러 가지 복잡한 계산절차를 거쳐야 한다. 따라서 실무분야에서는 복잡한 할인현금수지분석법 대신에 단순한 어림셈법이나 비율분석법이 오랫동안 부동산결정의 판단준거로 많이 사용되어 왔다.

(1) 어림셈법

여러 종류의 현금수지를 수익률의 형태로 표시하는 수익률법과 승수의 형태로 표시하는 승수법의 두가지 유형이 있다.

구분	수익률법	승수법
개념	$\dfrac{수익}{투자액}$	$\dfrac{투자액}{수익}$

종류	총자산환원율	$\dfrac{조소득}{부동산가치}$	조소득 승수	$\dfrac{총투자액}{조소득}$
	종합자본환원율	$\dfrac{순영업소득}{총투자액}$	순소득 승수	$\dfrac{총투자액}{순영업소득}$
	지분배당률	$\dfrac{세전현금수지}{지분투자액}$	세전현금수지 승수	$\dfrac{지분투자액}{세전현금수지}$
	세후수익률	$\dfrac{세후현금수지}{지분투자액}$	세후현금수지 승수	$\dfrac{지분투자액}{세후현금수지}$

(2) 비율분석법

저당투자자인 금융기관들은 일반투자자들에게 필요한 자금의 일부를 공급함으로써 간접적으로 투자에 참여한다. 저당투자자들은 이자수입과 원금 회수에 관심이 있는데, 비율분석의 수단으로 여러 가지 비율을 사용한다.

대부비율(LTV)	부채감당률(DCR : debt coverage ratio)
$\dfrac{융자액}{부동산가치}$	$\dfrac{순영업소득}{부채서비스액}$
위험도↑ → 대부비율↓	부채감당률 ≥ 1: 투자, 부채감당률 〈 1: 채무불이행

(3) 현금할인수지분석법(DCF 분석법)

장래에 예상되는 현금수입과 지출을 현재가치로 할인하고, 이것을 서로 비교하여 투자판단을 결정하는 방법이다.

구분	내용	투자안을 채택하는 경우
순현가법	순현가(NPV) = 현금유입의 현가 − 현금유출의 현가 = (영업수지 현가 + 지분복귀액의 현가) − 지분투자액의 현가	순현가(NPV) ≥ 0
내부수익률법	내부수익률(IRR) = 순현가가 0이 되는 경우의 할인율 = 현금유입의 현가를 현금유출의 현가와 일치시키는 할인율	내부수익률(IRR) ≥ 요구수익률
수익성지수법	수익성지수(PI) = $\dfrac{현금유입의 현재가치}{현금유출의 현재가치}$ = 편익/비용 비율(benefit/cost ratio B/C ratio)	수익성지수(PI) ≥ 1

14 부동산 금융론

1. 부동산금융의 의의

개념	일정한 자금을 확보하여 자금수요자(주택구입자, 건설업자)에게 장기 저리로 융자하는 특수금융이다.
장점	1. 주거안정 기능 2. 주택산업의 활성화 3. 부동산거래의 활성화 4. 저축유도와 주택자금 조성 5. 경기조절
조건	1. 충분한 자금 확보 2. 대출금리 확정 3. 대출채권의 유동화 4. 채권보전

2. 부동산금융의 종류와 이자율

(1) 부동산금융의 종류

구분	지분금융	부채금융
개념	부동산투자회사나 개발회사가 지분권을 팔아 자기자본을 조달하는 것	저당을 설정하거나 사채를 발행하여 타인자본을 조달하는 것
종류	부동산신디케이트, 조인트벤처, 부동산투자회사(REITs)	저당금융, 신탁금융, 자산유동화증권, 주택상환사채

(2) 이자율

① **이자율** : 이자율(interest rate)이란 현재가치를 미래가치로 바꾸기 위해 가산되는 일정량을 백분율로 표시한 것이다.

② **실질이자율과 명목이자율**

　㉠ 실질이자율(real interest rate)이란 오늘의 소비를 절제하여 미래에 충분한 구매력을 가지도록 보답하는 기본적 혹은 최소한의 요구이자율로서 순수한 시간가치에 대한 대가이다. 이는 인플레이션이 없는 경우의 이자율을 의미한다. 이것은 보통 국채수익률을 의미하는 무위험률로 표시된다.

　㉡ 명목이자율(nominal interest rate)이란 원금에 대한 이자의 비율을 말하는데 대출자들이 대출을 결정할 때 적용하는 이율이다. 투자자는 인플레로 인한 장래의 구매력 손실이 보상되도록 명목이자율이 충분히 높기를 원한다.

　㉢ 실질이자율과명목이자율과의 관계는 인플레에 따라서 결정되는데, 대출(투자)시점의 명목이자율은 다음과 같이 계산된다.

> 명목이자율 = 실질이자율 + 예상 인플레이션율

③ **이자율의 결정원리**

　㉠ 고정금리 : 대출시점에서의 금리는 대출자가 정하는 명목(계약, 표시)이자율로 시장실질이자율 + 위험대가 + 예상 인플레율로 정해지며, 기간마다 이자율이 다를 경우는 이에 대한 기하평균으로 결정된다.

> 대출금리 = 시장실질이자율 + 예상 인플레율 + 위험대가

　㉡ 변동금리 : 변동금리의 대출이자율은 기준금리에 은행이 자체적으로 정하는 가산금리를 더하여 결정한다.

> (은행의)대출금리 = 기준금리 + 가산금리

　　ⓐ 기준금리는 코픽스(COFIX)나 CD금리 등을 적용하는 데 모든 차입자에게 동일하게 적용된다.
　　　☞ 코픽스(자금조달비용지수), 양도성예금증서이자율(CD금리)

　　ⓑ 가산금리(spread, 스프레드)는 각 은행별 내부정책에 따라 차입자의 거래실적, 연체실적 등 개인의 신용도 등에 기초하여 차입자마다 다르게 적용된다.

(3) 저당의 방법

구분		내용
원금만기상환 저당대출		대출기간 동안 이자만 지불하다가 만기에 원금을 일시에 상환
할부상환 저당대출	원리금 균등식	전체 대출기간에 걸쳐 원리금상환액이 동일한 저당대출
	원금 균등식	원금은 매달 균등하게 상환하고, 이자는 감소하는 원금 기준으로 매달 상환
	원리금 체증식	대출 후 일정기간 동안 원리금이 점차 증가하는 저당대출
부분할부상환 저당대출		대출기간 동안 대출금의 일부만 할부 상환. 만기에 남은 원금은 일시 상환
거치식상환 저당대출		일정기간 동안은 이자만 납입하고, 그 기간이 지난 후부터 원금을 상환

15 주택연금

(1) 주택연금의 정의

① 주택연금(주택담보노후연금대출 또는 보증)이란 만 60세 이상인 주택소유자가 보유한 주택을 담보로 금융기관으로부터 노후생활자금을 매월 연금방식으로 지급받는 제도로 국가 보증의 금융상품(역모기지론)이다.

② 이를 위하여 공사는 연금 가입자를 위해 은행에 보증서를 발급하고 은행은 공사의 보증서에 의해 가입자에게 주택연금을 지급한다.

(2) 주택연금의 장점

① **평생거주, 평생지급** : 평생동안 가입자 및 배우자 모두에게 거주를 보장함

② **국가가 보증** : 국가가 연금지급을 보증하므로 연금지급 중단 위험이 없음

(3) 기타 세부내용

① **보증기한(종신)** : 소유자 및 배우자 사망 시까지

② **가입비(초기보증료) 및 연보증료** : 보증료는 취급 금융기관이 가입자 부담으로 공사에 납부하고 연금지급총액(대출잔액)에 가산

③ **담보의 제공** : 1순위 근저당권 제공

④ **적용금리** : 3개월 CD금리, 신규취급액 COFIX 금리
　㉡ 적용금리는 '기준금리 + 가산금리'이며, 이자는 매월 연금지급총액(대출잔액)에 가산
　㉢ 가입 이후에는 대출 기준금리 변경이 불가능

⑤ **주택연금 지급정지 사유**
　㉠ 부부 모두 사망하는 경우
　㉡ 주택 소유권을 상실하는 경우
　㉢ 장기 미거주의 경우
　㉣ 처분조건약정 미이행 및 주택의 용도 외 사용 : 일시적 2주택자로 가입 후 최초 주택연금 지급일로부터 3년 내 주택 미처분 등

(4) 가입요건

① **가입가능연령** : 주택소유자가 만 60세 이상(근저당권 설정일 기준)

※ 부부 공동으로 주택 소유 시 연장자가 만 60세 이상

② **주택보유수** : 아래 중 하나에 해당(부부기준)

㉠ 부부기준 9억 원 이하 주택소유자

㉡ 다주택자라도 합산가격이 9억 원 이하이면 가능

9억 원 초과 2주택자는 3년 이내 1주택 팔면 가능

(5) 주택연금 지급방식

① **종신지급방식** : 인출한도설정 없이 평생 매월 연금형태로 지급받는 방식

② **종신혼합방식** : 인출한도 범위 안에서 수시로 찾아 쓰고 나머지 부분을 평생 동안 매월 연금형태로 지급받는 방식

③ **확정기간혼합방식** : 인출한도 범위 안에서 수시로 찾아 쓰고 나머지 부분을 일정한 기간 동안만 매월 연금형태로 지급받는 방식

16 주택저당채권유동화제도

1. 채권유동화

개념	자산을 유동화 전문회사인 특별목적회사(SPC)에 양도하고 이를 통해 증권(채권)을 발행해서 자금을 조달하는 금융
종류	1. MBS 2. ABS 3. REITs
특징	1. 부동산증권화는 자산보유자의 신용상태보다는 자산 그 자체가 중요하여 자산의 현금흐름에 전적으로 의존하게 된다. 2. 자산보유자나 차입자는 자산을 양도했으므로 대차대조표상 부채로 기록되지 않는다.
조건	1. 채권의 수익률이 투자자의 요구수익률보다 높아야 한다. 2. 등기의 공신력이 제고되어야 한다.
장점	1. 충분한 자금 확보 2. 금융기관 : 유동성의 위험과 금리위험 감소 3. 차입자 : 융자기회 확대 4. 투자자 : 투자대안 확대 5. 정부 : 부동산경기 조절 가능

2. 주택저당채권유동화

개념	현재의 주택뿐만 아니라 미래의 주택을 담보로 저당을 설정하고 대출자의 저당권을 양도할 수 있도록 하는 제도	
구조	**1차 저당시장**	**2차 저당시장**
	1. 저당권이 형성되는 시장 2. 차입자와 1차 대출기관으로 구성	1. 채권이 매매되는 시장 2. 자산보유자와 투자자로 구성
유동화 중개기구	1. 2차 대출기관의 역할을 담당하는 기관이다. 2. 유동화중개기관의 공신력 제고로 위험도가 낮아지므로 가산금리가 적게 적용되어 낮은 조달비용으로 주택자금을 공급할 수 있다. 3. 저당채권을 통합해 표준화하여 다양한 상품을 개발할 수 있고 발행비용을 절감할 수 있다.	

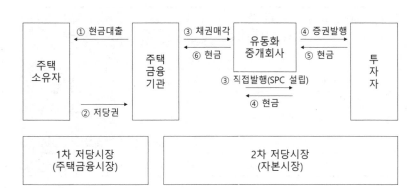

1차 저당시장 (주택금융시장)	2차 저당시장 (자본시장)

3. 부동산 금융방안

부동산 신디케이트	• 여러 명의 투자자가 부동산 전문가의 경험을 동원하여 공동의 프로젝트를 수행한다. • 파트너십(Partnership) • 투자자는 직접 투자
프로젝트 파이낸싱	• 부동산 담보대출 대신 사업의 수익성을 담보로 회사채를 발행하여 자금조달을 하는 방법이다. • 비소구금융 : 당해 사업상의 담보가 아닌 것으로 개인적인 채무는 없다.
부동산 투자신탁	• 일반투자자로부터 자금을 모아 부동산에 투자하고 실적을 배당한다. • 부동산신탁은 금전신탁(부동산신탁은 부동산이 신탁) • 투자자는 간접투자 • 지분형 REITs : 주식발행, 채권형 REITs : 채권발행 • 개방형 REITs : 환매가능, 폐쇄형 REITs : 환매불가 • 금전배당 : 90% 이상 ·부동산 등에 90% 투자 – 실물에 70% 이상 • 개발사업 : 30% 초과불가 • 현물출자 평가방식 : 수익환원법이 원칙 • 미국에서 REITs는 도관으로 인정되어 법인세 면제 • 일반리츠 활성화 : 법인세 면제, 현물출자가능 방안을 고려해야 한다.

4. MBS(Mortgage-Backed Securities, 주택저당증권)

구분	MPTS(MBS)	MBB	MPTB	CMO
발행증권의 유형	증권	채권	채권	채권
발행증권의 종류	1종	1종	1종	여러 종류
원리금의 이체 (pass-through)	있음	없음	있음	우선순위별
채무불이행위험 부담자 (저당풀 소유자가 부담)	투자자	발행자	발행자	발행자
이자율 및 조기상환위험 부담자	투자자	발행자	투자자	투자자
이자율 순위(큰 순서)	1	3	2	다양
콜방어	불가능	가능	가능	가능
모저당 대비 증권발행액	길다	적다	적다	적다

17 부동산투자회사(REITs)

1. 부동산투자회사의 정의

① 부동산투자회사(REITs : Real Estate Investment Trusts)란 주식발행을 통하여 투자자로부터 모은 자금을 부동산에 투자하고 얻은 수익을 투자자에게 돌려주는 회사이다.
② 부동산(임대 · 개발)회사와 금융기관의 성격이 결합된 회사이다.

2. 리츠의 종류

종류	자기관리 REITs	위탁관리 REITs	기업구조조정 REITs
투자대상	모든 부동산	모든 부동산	기업구조조정 부동산
회사설립	발기인 설립	발기인 설립	발기인 설립
회사형	실체회사(상근임원직)	명목회사(비상근)	명목회사(비상근)
주식분산	1인당 30% 이내 소유	1인당 40% 이내 소유	제한 없음
주식공모	영업인가 후 자본금 30% 이상	좌동	의무사항 아님 ※ 사모(私募) 가능
상장	설립 후 즉시	설립 후 즉시	의무사항 아님
자산구성	부동산 70% 이상, 부동산 관련 유가증권 10% 이상	부동산 70% 이상, 부동산 관련 유가증권 10% 이상	부동산 70% 이상 ※ 유가증권 보유 의무 없음
전문인력	5인	명목회사로 해당 없음	
배당	90% 이상 의무배당 (금전배당)	90% 이상 의무배당 ※ 초과배당 가능	
회사존속	영속	영속	한시적
최저 자본금	70억 원 (설립 당시 10억 원. 영업인가 후 6개월 이내에 70억 원 확보)	50억 원 (설립 당시 5억 원. 영업인가 후 6개월 이내에 50억 원 확보)	
설립주체	발기인		
감독	국토교통부/금융감독위원회		
자금차입	자기자본의 2배 이내 ※ 주주총회의 특별결의로 자기자본의 2배를 초과하여 차입 및 사채발행 가능하도록 함(10배 이내 가능)		

18 부동산개발

1. 부동산개발의 유형

주체	대상	형태
① 공공개발 ② 민간개발	① 신개발 ② 재개발	① 유형적 개발 ② 무형적 개발 ③ 복합적 개발

2. 부동산개발의 위험

법적 위험	1. 정의 : 법적 제한에 따른 개발위험 2. 공 · 사법 분석 필요
시장 위험	1. 정의 : 시장변동에 따른 위험 2. 시장위험을 줄이기 위해서는 시장성분석을 해야 한다. • 시장성분석 : 임대(분양)될 가능성 분석 3. 시장성을 분석하기 위해서는 시장분석을 해야 한다. • 시장분석 : 개발부동산에 대한 수요와 공급 분석 4. 시장분석의 한 방법으로 흡수율분석이 있다. • 흡수율분석 : 해당사업이 과거 일정기간 임대(또는 분양)된 면적 분석 · 흡수율 분석을 통해 해당 개발사업의 시장추세와 원인을 규명한다. 5. 개발에 따른 위험과 가치 • 개발초기 : 시장위험↑, 시장가치↓ • 개발완료 : 시장위험↓, 시장가치↑
비용 위험	1. 정의 : 예상된 비용의 변화로 인한 추가적 부담 2. 최대가격 보증계약 • 장점 : 추가적인 비용부담이 없다. • 단점 : 저렴한 개발이 안된다.

3. 재개발

목적	도시기능제고
종류	1. 수복재개발 : 노후 · 불량화의 요인만을 제거하는 개발형태 2. 개량재개발 : 기존시설을 개선. 개량하거나 새로운 시설물을 첨가 3. 보전재개발 : 노후 · 불량화를 사전에 막아 도시기능을 회복 4. 철거재개발 : 기존환경을 완전히 제거하고 새로운 시설물로 대체
방향	철거재개발 → 보전 · 개량 재개발
평가	1. 장점 : 민자유치 2. 문제점 • 주택재개발의 경우 저소득층 주거안정에 기여했다고 보기 어렵다. • 초고층화로 도시미관 훼손, 도시기반시설 부족

4. 민간개발

자체개발	토지소유자가 직접 개발
공동개발	1. 공사비 대물변제형 2. 공사비 분양금지급형 3. 투자자 모집형 4. 사업위탁형 5. 등가교환방식
신탁개발	1. 소유권 신탁회사에 위탁 2. 공동개발인 사업자 위탁형에 비해 사업집행이 효율적이다.
컨소시엄	법인간에 컨소시엄구성 – 대규모 개발

5. 부동산개발 과정

아이디어	용도구상, 개발을 위한 사전준비
예비적 타당성분석	개략적인 수익성 분석
부지모색(확보)	토지이용규제, 편익시설의 유용성, 교통시설의 유용성 등 파악
타당성분석	1. 물리적 타당성 2. 법적 타당성 3. 경제적 타당성
금융(자금확보)	1. 저당권 설정 2. 신디케이트 3. 프로젝트 파이낸싱 4. 담보신탁 등
마케팅	1. 개발 초기부터 진행 2. 중요임차인 확보 3. 임차인혼합

19 부동산개발의 타당성분석

1. 부동산개발의 과정

> 시장분석 → 경제성 분석
> 1. 시장분석 : 개발사업의 의사결정을 위해 대상부동산에 대한 수요와 공급 분석
> 2. 경제성 분석 : 순현가법이나 내부수익률법으로 최종투자 결정

시장 분석	도시 분석	1. 지역의 인구나 소득 또는 지역의 경제적 기반을 분석한다. 2. 지역의 경제적 기반분석은 입지계수로 한다. 3. 입지계수(LQ : Location Quotient) $= \dfrac{\text{특정산업의 지역고용율}}{\text{특정산업의 전국고용율}}$ • 입지계수 ≥ 1 큰 산업 : 수출산업 또는 특화산업으로 해석된다. • 수출산업이 발전하면 그 지역은 성장하게 될 것이다. • 지역의 성장 → 고용촉진 → 인구유입 → 부동산수요 증가
	근린 분석	1. 교통의 흐름 2. 수요 : 인구, 소득 등 3. 공급 : 현재, 미래
	부지 분석	1. 법적 타당성 2. 물리적 타당성 3. 접근성 4. 편익시설의 유용성 등
	수요공급 분석	유효수요예측, 경쟁력 파악

↓

경제성 분석	1. 순현가 ≥ 0 : 투자 2. 내부수익률 ≥ 요구수익률 : 투자

20 부동산 관리와 마케팅

1. 부동산 관리의 분류

종류	1. 기술적 관리(협의의 관리) : 위생·설비·보안·보전관리 2. 경제적 관리(경영관리) : 회계관리·수지관리·인력관리 3. 법률적 관리 : 계약관리·권리분석과 조정
주체	1. 자가관리 2. 위탁관리 3. 혼합관리

2. 임대차 관리

구분	임차인 선정기준	임대차계약
주거용	연대성	조임대차 : 순임대료 + 운영경비
공업용	임차인 활동과 부동산의 적합성	순임대차 : 순임대료만
상업용	수익성	비율임대차 : 기본임대료 + 추가임대료

3. 부동산 마케팅

정의	생산자가 제공하는 상품이나 서비스를 소비자나 이용자에게 유통시켜 수익을 극대화하는 일련의 과정		
중요성	1. 시장의 세분화 2. 매수자시장으로의 전환 3. 부동산의 비가역성		
마케팅 환경	1. 거시적 환경 : 사회·문화·제도·기술·자연환경 등 2. 미시적 환경 : 경쟁업자나 일반공중과 관련된 제반 환경		
마케팅 전략	시장점유 마케팅	목표시장선점	1. STP 전략 : 시장세분화·목표시장·차별화(4P MIX) 2. 4P MIX : 장소, 상품, 가격, 판촉
	고객점유 마케팅	고객확보	AIDA의 원리
	관계마케팅	고객과 관계유지	브랜드 마케팅
설문 조사	조사목적설정 → 모집단 설정 → 조사설계 및 예비조사 → 설문조사 실시 → 코딩 및 전산처리 → 결과종합 및 마케팅전략수립		

제3장 부동산 감정평가론

01 부동산 감정평가의 분류

물건에 의한 분류	
일괄 평가	① 2개 이상의 대상물건이 일체로 거래되거나 용도상불가분의 관계 ② 의뢰인이 요구하는 경우는 물건마다 개별적으로 평가할 수 있다. ③ 2필지의 토지가 일단지로 이용될 때 2필지를 일괄하여 평가한다. ④ 복합부동산을 일체로 평가한다. ⑤ 산림의 임지와 입목은 일괄평가 가능하다.
구분 평가	① 1개의 대상물건이라도 가치를 달리하는 부분 ② 1개의 토지가 전면부는 상업용, 후면부는 주거용인 경우 ③ 1개의 건물에 주택 또는 점포가 있는 경우 ④ 산림은 임지와 입목을 구분해서 평가하는 것이 원칙이다. ⑤ 공장재단의 경우 유형고정자산과 무형고정자산을 구분해서 평가한다.
부분 평가	① 일체로 이용되고 있는 대상물건의 일부는 평가하지 않는다. ② 일체로 이용되고 있는 대상물건의 일부분에 대하여 특수한 목적, 또는 합리적인 조건이 수반되는 경우에는 그러하지 아니하다. ③ 건부지의 경우 건물이 있는 상태대로 토지를 평가하는 것이다. ④ 독립평가 : 건부감가를 고려하지 않는 토지만의 평가

공적평가 공인평가	공적평가	공기관이 감정평가의 주체가 되는 제도이다. 예 서독의 평가위원회
	공인평가	국가 또는 단체로부터 자격을 부여받은 개인이 평가한다. 예 우리 나라의 감정평가사, 미국 및 일본의 감정사
공익평가 사익평가	공익평가	평가의 결과가 공익에 쓰이는 감정평가이다. 예 공시지가
	사익평가	평가의 결과가 사익에 쓰이는 감정평가이다. 예 부동산 매매평가
필수적 임의적 평가	필수적 평가	일정한 사유가 발생하면 의무적으로 평가를 받아야 한다. 예 협의매수, 토지수용, 법원경매, 조세부과, 공시지가 등
	임의적 평가	이해관계인이 임의의 자유의사에 의하여 행하는 평가이다. 예 상속재산평가, 자산출자와 합병시 평가, 부동산매매 등
전문성	1차수준	일반 거래자에 의한 평가이다.
	2차수준	부동산 관련 종사자에 의한 평가이다.
	3차수준	감정평가사에 의한 평가이다.
조건	소급평가	과거의 어느 시점을 기준으로 하는 평가이다.
	현황평가	부동산의 상태, 구조, 이용방법, 제한물권 등 현재 상황 그대로 평가한다.
	조건부 평가	불확실하지만 부동산의 증·감가요인을 참작하여 그 조건이 성취되는 경우를 전제로 하는 평가이다.
	기한부 평가	장래 도래할 어느 시점을 기준으로 평가이다. 예 내년 1월 1일에 이 토지의 가격은 얼마인가?
목적	가치추계적 평가	1. 매매평가(소유권의 이전) 2. 담보평가(금융제공과 신용획득) 3. 보상평가(보상가치) 4. 과세평가(과세가치)
	비가치 추계적 평가	투자의사결정 판단을 위한 타당성분석, 현금수지분석, 비용편익분석 등

02 부동산 가치(가격)

정의	내구재 : 부동산에서 발생하는 장래이익에 대한 현재가치	
가치와 가격	1. 가격의 기초는 가치이므로 가치가 크면 가격은 높다. 2. 가격은 가치가 화폐로 매개된 값이므로 화폐가치가 상승하면 부동산 가격은 낮다. 3. 장기적으로 가격은 가치와 일치하게 된다.	
특징	1. 교환의 대가와 용익의 대가 : 가격과 임료는 원본과 과실관계 2. 소유권 및 기타 권리이익의 대가 : 2개 이상의 개별권리 발생 가능 3. 장기적인 배려하에 형성 : 영속성(내구성) 4. 지역적으로 가격수준 결정 : 위치의 고정성 5. 개별적으로 결정 : 개별성	
종류	**정상가격**	**특정가격**
	1. 시장성 있는 물건 2. 시장성 고려한 평가	1. 시장성 없는 물건, 또는 위험도 큰 물건 2. 물건의 성격이나 조건에 상응한 평가
	1. 통상적인 시장 2. 출품기간의 합리성 3. 정통한 거래당사자 4. 자연스런 거래	1. 합병시 재평가 2. 공공목적에 이용되는 부동산 3. 청산, 경매, 공매 4. 담보목적시 안전성이 요구 5. 임대차부동산을 임차인에게 양도
	Ratcliff의 정의 : 최빈가격	한정가격 : 합필·분필로 인한 증·감고려
발생요인	1. 효용 2. 상대적 희소성 3. 유효수요 4. 이전성	
이중성	수요·공급 ⇨ 가격결정 ⇨ 수요·공급조절	
형성요인	1. 일반적 요인 : 부동산의 가격수준에 전반적인 영향을 주는 요인 　• 사회적 요인 : 도시형성 및 공공시설, 건축양식 등의 상태 　• 경제적 요인 : 교통체계, 세부담의 상태 　• 행정적 요인 2. 지역 요인 : 특정지역의 부동산의 가격에 영향을 미치는 요인 　• 일반적 요인 　• 자연적 조건 3. 개별요인 : 대상 부동산의 가격형성에 영향을 미치는 요인	

03 부동산 가격의 제 원칙

최유효사용의 원칙	1. 양식과 통상의 이용능력을 가진 자 2. 합리적·합법적 3. 물리적 채택 가능 4. 수익극대화 5. 지속적 6. 예측가능
최유효사용과 내부관련	1. 수익체증체감 : 한계수입 = 한계비용 2. 수익배분 : 잔여이익 3. 균형의 원칙 : 내부관계 4. 기여의 원칙 : 가격은 기여도의 합, 한계수입이 한계비용보다 클 때 추가투자
최유효사용과 외부관련	1. 적합의 원칙 2. 경쟁의 원칙
최유효사용의 바탕	1. 변동의 원칙 : 가격은 항상 변동, 가격시점 중요 2. 예측의 원칙 : 미래파악

최유효사용과 간접관련	1. 수요 공급의 원칙 : 원칙적으로 적용, 제한적 적용 2. 대체의 원칙 : 대체성을 갖는 부동산과 상호 관련되어 결정, 물건 간 · 지역 간 · 다른 투자안과 대체관계가 성립 3. 경쟁의 원칙 : 경쟁을 통해 가격결정
부동산특성	1. 영속성 : 예측의 원칙, 변동의 원칙 2. 위치의 고정성 : 적합의 원칙 3. 부증성 : 수요 · 공급의 원칙 제한 4. 개별성 : 대체의 원칙이 제한
부동산 고유	최유효사용의 원칙, 적합의 원칙

04 지역분석 및 개별분석

1. 지역분석과 개별분석의 관계

구분	지역분석	개별분석
정의	지역요인 분석 → 지역특성 파악 → 표준적사용과 가격수준 파악	개별요인 분석 → 개별특성 파악 → 최유효사용과 가격결정
근거특성	위치의 고정성 → 부동산 지역성	개별성
가격원칙	적합의 원칙	균형의 원칙
선 · 후 관계	• 지역분석을 먼저 한다. • 지역특성(표준적사용)의 제약하에 최유효사용이 결정된다. • 지역분석을 통해 사례자료수집의 범위를 파악할 수 있다.	

2. 지역분석의 대상지역

인근지역	1. 대상부동산이 속해 있는 지역이다. 2. 용도적으로 공통성, 동일한 가격수준을 갖는다. 3. 대상부동산의 가격형성에 직접적인 영향을 미친다. 4. 용도지역의 범위와 반드시 일치하는 것은 아니다.
유사지역	1. 인근지역과 지역특성이 유사한 지역이다. 2. 동일 시장(동일수급권)내에 존재해야 한다. 3. 인근지역과 인접할 필요는 없다.

동일수급권	1. 대상부동산과 대체관계가 성립한다.
	 2. 가격형성에 서로 영향을 주는 지역이다.
	 3. 인근지역과 유사지역을 포함한다.
	 4. 타 용도지역을 포함하기도 한다.
	 5. 사례를 구할 수 있는 가장 광역적인 지역이다.
	 6. 부동산의 종별(용도)에 따라 다르다.
	    • 주거지 – 통근가능범위
	    • 상업지 – 수익에 관하여 대체성을 갖는 범위
	    • 공업지 – 비용의 경제성에 있어 대체성을 갖는 범위
	    • 후보지, 이행지 – 전환될(후) 토지 ,성숙도가 낮은 경우에는 전환 전
	 7. 넓게 설정 – 사례는 많다. 정확성이 낮다.
	    좁게 설정 – 정확성이 높다. 사례가 부족하다.

05 감정평가 3방식

1. 감정평가의 의의

(1) 가격의 3면성

부동산의 경제적 가치를 판정하는 데에는 비용성 · 시장성 · 수익성의 3가지 측면이 작용한다. 이를 가격의 3면성이라고 한다.

① **비용성(공급측면)** : 어느 정도의 비용이 투입되어 만들어진 물건인가?

② **시장성(수요 · 공급측면)** : 어느 정도의 가격으로 시장에 거래되고 있는가?

③ **수익성(수요측면)** : 어느 정도의 수익 또는 편익을 얻을 수 있는가?

(2) 감정평가방식

가격의 3면성은 감정평가 3방식에 성립근거를 제공하고 있다. 원가방식은 비용성에, 비교방식은 시장성에, 수익방식은 수익성에 그 근거를 두고 있는 것이다. 감정평가방식을 적용하여 구해지는 가액을 시산가액, 임대료를 시산임대료라 한다. 시산가액을 감정평가액으로 확정하기 위해서는 시산가액조정(reconciliation of value indication)이라는 작업이 필요하다.

☞ '시산가액'이란 3방식을 적용시켜 도출한 대상부동산의 각각의 추계치

(3) 감정평가의 3방식 6방법

가격의 3면성	3방식	6방법	시산가액 및 시산임료	특징
비용성	원가방식 (비용접근법)	원가법	적산가액	공급가격
		적산법	적산임대료	
시장성	비교방식 (시장접근법)	거래사례비교법 (매매사례비교법)	비준가액	균형가격 (수요 · 공급)
		임대사례비교법	비준임대료	
수익성	수익방식 (소득접근법)	수익환원법	수익가액	수요가격
		수익분석법	수익임대료	

※ 시산가액은 개정된 감정평가에 관한 규칙에 맞게 적산가액, 비준가액, 수익가액 등으로 기술했으나 아직도 관행상 적산가격, 비준가격, 수익가격 등으로 부르는 경우가 많다.

2. 감정평가 3방식의 장단점

(1) 원가방식(비용성)

① **의의** : 원가법 및 적산법 등 비용성의 원리에 기초한 감정평가방식을 말한다. 비용접근법(cost approach)이라고도 한다. 비용성의 원리를 따르는 평가방식으로서 원가법에 의하여 대상물건의 가격을 구하는 방법과 적산법에 의하여 대상물건의 임료를 구하는 방법이다.

㉠ 부동산의 시산가액을 구하는 방법 = 원가법

㉡ 부동산의 시산임대료를 구하w는 방법 = 적산법

② **장점** : 건물·구축물·기계장치 등의 상각자산을 구하거나 공익에 쓰이는 부동산평가에 유용하다. 비교적 이론적이며, 감정평가사의 주관이 개입될 여지가 적기 때문에 평가사에 의한 평가가격의 편차가 적다.

③ **단점** : 재조달원가와 감가상각액의 산정에 기술적 애로가 있으며, 토지와 같이 재생산이 불가능한 자산에는 적용이 어렵다.

(2) 비교방식(시장성)

① **의의** : 거래사례비교법, 임대사례비교법 등 시장성의 원리에 기초한 감정평가방식 및 공시지가기준이다. 시장접근법(market approach)이라고도 한다.

　㉠ 부동산의 시산가액을 구하는 방법 = 거래사례비교법

　㉡ 부동산의 시산임대료를 구하는 방법 = 임대사례비교법

　㉢ 일반적인 토지의 감정평가 방법 = 공시지가기준법

② **장점** : 3방식 중 감정평가의 중추적 역할을 하며, 부동산 전반에 적용이 가능하고, 현실성과 설득력이 있다.

③ **단점** : 거래사례가 없는 경우에는 적용할 수 없고, 시장이 안정되어 있을 때는 사용이 가능하지만 호황기나 불황기에는 적용이 곤란하다.

(3) 수익방식(수익성)

① **의의** : 수익성의 원리를 따르는 평가방식으로서 수익환원법에 의하여 대상물건의 가격을 구하는 방법과 수익분석법에 의하여 대상물건의 임료를 구하는 방법을 말한다. 소득접근법(income approach)이라고도 한다.

　㉠ 부동산의 시산가액을 구하는 방법 = 수익환원법

　㉡ 부동산의 시산임대료를 구하는 방법 = 수익분석법

② **장점** : 논리적·이론적·과학적이며, 수익용 부동산 평가에 유용하다. 또한 부동산 시장이 안정되어 있고, 투기 현상이 적은 곳에서 유용하다.

③ **단점** : 비수익성 부동산이나 불안정한 부동산 시장에는 적용이 어렵고, 순수익과 환원이율의 파악이 어려우며, 수익이 동일한 경우 신·구 부동산의 가격 차이가 없다.

06 감정평가에 관한 규칙

1. 정의

이 규칙에서 사용하는 용어의 정리는 다음과 같다.

① '시장가치'란 감정평가의 대상이 되는 토지 등(이하 '대상물건'이라 한다)이 통상적인 시장에서 충분한 기간 거래를 위하여 공개된 후 그 대상물건의 내용에 정통한 당사자 사이에 신중하고 자발적인 거래가 있을 경우 성립될 가능성이 가장 높다고 인정되는 대상물건의 가액을 말한다.

② '기준시점'이란 대상물건의 감정평가액을 결정하는 기준이 되는 날짜를 말한다.

③ '기준가치'란 감정평가의 기준이 되는 가치를 말한다.

④ '가치형성요인'이란 대상물건의 경제적 가치에 영향을 미치는 일반요인, 지역요인 및 개별요인 등을 말한다.

⑤ '원가법'이란 대상물건의 재조달원가에 감가수정을 하여 대상물건의 가액을 산정하는 감정평가방법을 말한다.

⑥ '적산법'이란 대상물건의 기초가액에 기대이율을 곱하여 산정된 기대수익에 대상물건을 계속하여 임대하는 데에 필요한 경비를 더하여 대상물건의 임대료(사용료를 포함한다. 이하 같다)를 산정하는 감정평가방법을 말한다.

⑦ '거래사례비교법'이란 대상물건과 가치형성요인이 같거나 비슷한 물건의 거래사례와 비교하여 대상물건의 현황에 맞게 사정보정, 시점수정, 가치형성요인 비교 등의 과정의 거쳐 대상물건의 가액을 산정하는 감정평가방법을 말한다.

⑧ '임대사례비교법'이란 대상물건과 가치형성요인이 같거나 비슷한 물건의 임대사례와 비교하여 대상물건의 현황에 맞게 사정보정, 시점수정, 가치형성요인 비교 등의 과정을 거쳐 대상물건의 임대료를 산정하는 감정평가방법을 말한다.

⑨ '공시지가기준법'이란 대상토지와 가치형성요인이 같거나 비슷하여 유사한 이용가치를 지닌다고 인정되는 표준지(이하 '비교표준지'라 한다)의 공시지가를 기준으로 대상토지의 현황에 맞게 시점수정, 지역요인 및 개별요인 비교, 그 밖의 요인의 보정을 거쳐 대상토지의 가액을 산정하는 감정평가방법을 말한다.

⑩ '수익환원법'이란 대상물건이 장래 산출할 것으로 기대되는 순수익이나 미래의 현금흐름을 환원하거나 할인하여 대상물건의 가액을 산정하는 감정평가방법을 말한다.

⑪ '수익분석법'이란 일반기업 경영에 의하여 산출된 총수익을 분석하여 대상물건이 일정한 기간에 산출할 것으로 기대되는 순수익에 대상물건을 계속하여 임대하는 데에 필요한 경비를 더하여 대상물건의 임대료를 산정하는 감정평가방법을 말한다.

⑫ '감가수정'이란 대상물건에 대한 재조달원가를 감액하여야 할 요인이 있는 경우에 물리적 감가, 기능적 감가 또는 경제적 감가 등을 고려하여 그에 해당하는 금액을 재조달원가에서 공제하여 기준시점에 있어서의 대상물건의 가액을 적정화하는 작업을 말한다.

⑬ '인근지역'이란 대사아부동산이 속한 지역으로서 부동산의 이용이 동질적이고 가치형성요인 중 지역요인을 공유하는 지역을 말한다.

⑭ '유사지역'이란 대상부동산이 속하지 아니하는 지역으로서 인근지역과 유사한 특성을 갖는 지역을 말한다.

　• 법령에 다른 규정이 있는 경우

　• 의뢰인이 요청하는 경우

　• 감정평가의 목적이나 대상물건의 특성에 비추어 사회통념상 필요하다고 인정되는 경우

2. 현황기준원칙

① 감정평가는 기준시점에서의 대상물건의 이용상황(불법적이거나 일시적인 이용은 제외된다) 및 공법상 제한을 받는 상태를 기준으로 한다.

② 감정평가업자는 다음의 어느 하나에 해당하는 경우에는 기준시점의 가치형성요인 등을 실제와 다르게 가정하거나 특수한 경우로 한정하는 조건(이하 '감정평가조건'이라 한다)을 붙여 감정평가할 수 있다.

　• 법령에 다른 규정이 있는 경우

　• 의뢰인이 요청하는 경우

- 감정평가의 목적이나 대상물건의 특성에 비추어 사회통념상 필요하다고 인정되는 경우
③ 감정평가업자는 감정평가조건을 붙일 대에는 감정평가조건의 합리성, 적법성 및 실현가능성을 검토하여야 한다.
④ 감정평가업자는 감정평가조건의 합리성, 적법성이 결여되거나 사실상 실현 불가능하다고 판단할 때에는 의뢰를 거부하거나 수임을 철회할 수 있다.

3. 시장가치기준 원칙

대상물건에 대한 평가액은 정상가격 또는 정상임료로 결정함을 원칙으로 한다. 다만, 평가목적, 대상물건의 성격상 정상가격 또는 정상임료로 평가함이 적정하지 아니하거나 평가에 있어서 특수한 조건이 수반되는 경우에는 그 목적·성격이나 조건에 맞는 특정가격 또는 특정이미료로 결정할 수 있다.

07 부동산가격 공시제도

1. 표준지공시지가

(1) 정의

표준지공시지가란 「부동산 가격공시 및 감정평가에 관한 법률」상 이 법의 규정에 의한 절차에 따라 국토교통부장관이 조사·평가하여 공시한 표준지의 단위면적당 가격을 말한다.

(2) 공시지가 제도의 목적

① 토지의 적정가격을 평가·공시하여 지가산정의 기준이 되게 한다.
② 토지·건물·동산 등의 감정평가에 관한 사항을 정함으로써 이의 적당한 가격형성을 도모한다.
③ 국토의 효율적인 이용과 국민경제의 발전에 이바지하게 한다.

(3) 표준지의 선정

① 의의 : 표준지란 공시지가의 선정대상이 되는 토지, 즉 부동산 가격공시 및 감정평가에 관한 법률에 의해 일정한 지역마다 그 지역의 토지들을 대표할 수 있는 표준적 이용이나 규모가 되는 토지를 말한다.
② 표준지 선정의 기준
  ㉠ 지가의 대표성 : 표준지선정단위구역 내에서 지가수준을 대표할 수 있는 토지 중 인근지역 내 가격의 층화를 반영할 수 있는 표준적인 토지
  ㉡ 토지특성의 중용성 : 표준지선정단위구역 내에서 개별토지의 토지이용상황, 면적, 지형지세, 도로조건, 주위환경 및 공적규제 등이 동일 또는 유사한 토지 중 토지특성빈도가 가장 높은 표준적인 토지
  ㉢ 토지용도의 안정성 : 표준지선정단위구역 내에서 개별토지의 주변이용상황으로 보아 그 이용상황이 안정적이고 장래 상당기간 동일 용도로 활용될 수 있는 표준적인 토지

  ㉣ 토지구별의 확정성 : 표준지선정단위구역 내에서 다른 토지와 구분이 용이하고 위치를 쉽게 확인할 수 있는 표준적인 토지

2. 개별공시지가

(1) 정의

개별공시지가란 국토교통부장관이 매년 공시하는 표준지 공시지가를 기준으로 지가산정 대상토지의 특성과 비교표준지의 특성 차이를 토지가격비준표상 가격 배율을 곱하여 반영한 후 일정한 절차를 거쳐 시장·군수·구청장이 결정·공고하는 개별토지의 단위 면적(㎡)당 가격을 말한다.

(2) 개별공시지가 공시기준일 및 공시일

개별공시지가는 매년 1월1일을 공시기준으로 한 가격으로, 시장·군수 또는 구청장은 매년 5월 31일까지 개별공시지가를 결정·공시하여야 한다.

3. 주택가격공시

(1) 단독주택

① 표준주택가격 : 국가·지방자치단체가 과세목적으로 개별주택가격을 산정하는 경우 그 기준으로 적용하기 위해 선정한 표준적인 주택에 대한 적정가격을 말한다.
② 개별주택가격 : 시장·군수·구청장이 결정·공시한 공시기준일 현재 관할구여 안의 개별주택의 가격을 말한다. 이는 개발부담금 또는 과세산정의 기준이 된다. 개별주택가격은 매년 4월 30일까지 결정·공시하여야 한다.

(2) 공동주택

① 공동주택가격의 공시 : 국토교통부장관은 공동주택에 대하여 매년 공시기준일 현재의 적정가격(이하 '공동주택'이라 한다)을 조사·산정하여 중앙부동산평가위원회의 심의를 거쳐 공시하고, 이를 관계 행정기관 등에 제공하여야 한다.
② 공동주택소유자의 의견청취

※ 부동산가격 공시제조

구분			결정·공시	공시일	적용 및 효력
토지	표준지 공시지가		국토교통부장관	공시기준일 (1월 1일)	지가정보제공, 일반적 토지거래의 지표, 감정평가의 기준
	개별공시지가		시장·군수 또는 구청장	결정·공시일 (5월 31일)	조세부과를 위한 기준, 개별부담금 부과 기준
주택	단독	표준주택	국토교통부장관	공시기준일 (1월 1일)	국가 등이 개별주택가격 산정의 기준으로 삼음
		개별주택	시장·군수 또는 구청장	결정·공시일 (4월 30일)	주택시장 가격정보 제공, 조세부과 기준
	공동주택		국토교통부장관	공시기준일 (1월 1일) 결정·공시일 (4월 30일)	주택시장 가격정보 제공, 조세부과 기준

MEMO

민법 및
민사특별법

제1장

민법총칙

01 총설

※ 법률행위의 종류(의사표시에 의한 분류)

표준	세분	내용	예
의사 표시	단독행위	상대방 있는 단독행위	동의, 철회, 상계, 추인, 해제, 해지, 취소, 채무면제 등 [2011'] [2013'] [2015']
		상대방 없는 단독행위	권리의 포기, 재단법인의 설립행위, 유언 등 [2017']
	계약	15종의 계약	매매, 교환, 임대차, 사용대차, 증여, 소비대차, 위임, 도급, 화해, 조합, 현상광고, 고용, 임치, 종신정기금, 여행계약
	합동행위		사단법인의 설립행위

02 법률행위의 목적

1. 사회질서위반의 실질적 유형

유형	구체적인 예
정의의 관념에 반하는 행위	① 매도인의 배임행위에 적극 가담한 이중매매 [2013'] [2014'] [2015'] [2016'] [2017'] ② 법정에서 허위진술을 대가로 금전의 교부약정 [2010'] ③ 경매나 입찰에서의 담합행위 ④ 불법행위를 하거나 하지 않을 것을 내용으로 하는 계약 ⑤ 밀수자금의 소비대차, 공무원의 청탁과 수뢰약정 [2009'] [2010'] [2013'] [2014'] [2017'] ⑥ 보험사고를 가장하여 보험금을 취할 목적으로 체결한 보험계약 [2015'] ⑦ 일방의 계약위반 시 과도하게 중한 위약벌의 약정 [2014']
인륜에 반하는 행위	첩계약은 처의 동의유무를 불문하고 무효 [2009'] 단, 첩관계의 단절을 목적으로 위자료 지급계약이나 첩관계에서 태어난 자(子)의 양육비 지급계약은 유효
개인의 자유를 극도로 제한하는 행위	① 혼인하지 않겠다는 계약 ② 혼인하면 퇴직하겠다는 각서를 써 준 경우 ③ 어떠한 일이 있어도 이혼하지 않겠다는 약정
도박 등의 사행행위	① 도박계약이나 도박자금을 대여하는 계약 [2014'] ② 도박채무의 변제로 토지의 양도계약 [2010'] [2017']

2. 이중매매의 효과

① 이중매매는 사적자치의 원칙에 따라 원칙적으로 유효하다. 단 제2매수인이 매도인의 배임행위에 적극 가담하여 매수한 경우에는 그 이중매매는 무효이다.

② 제1매수인은 제2매수인에 대하여 직접 등기청구권을 행사할 수 없고, 매도인을 대위하여 제2매수인에게 등기말소를 청구할 수 있다(채권자대위권). [2014'] [2015'] [2017']

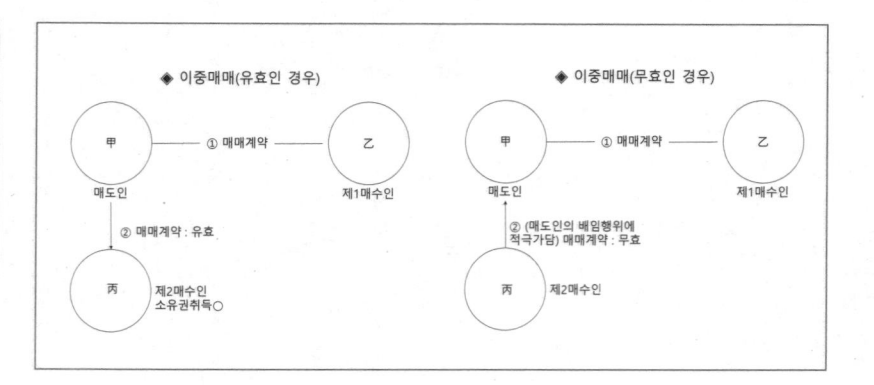

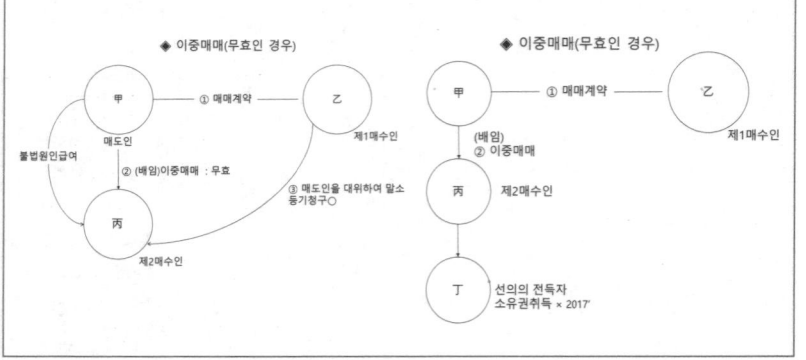

3. 불공정한 법률행위

① 불공정한 법률행위는 상대방의 자유로운 의사결정이 곤란한 상태를 이용하여 상대방으로부터 자기의 급부에 비하여 현저하게 균형을 잃은 반대급부를 하게 하여 부당한 재산적 이익을 얻는 행위를 말한다.

② 가해자가 피해자의 궁박·경솔 또는 무경험을 이용하였어야 한다. 궁박이란 경제적인 궁박상태 뿐만 아니라 심리적·정신적 궁박도 포함된다. [2014'] [2018'] 그리고 당사자의 궁박·경솔·무경험 중 어느 하나라도 갖추어지면 된다. [2013'] 아울러 무경험이란 특정영역에서의 경험부족을 말하는 것이 아니라, 거래 일반의 경험부족을 뜻하는 것이다. [2013'] [2014'] [2018']

③ 불균형을 판정하는 시기는 법률행위 당시를 표준으로 하여야 한다(판례). [2017'] [2018']

④ 불공정한 법률행위로서 무효인 경우에는 추인이 인정되지 않으나, 무효행위의 전환의 법리는 적용될 수 있다는 것이 판례이다. [2014'] [2017'] [2018']

 **03 의사표시**

1. 비진의 의사표시

(1) 의의

표의자가 내심의 의사와 표시가 일치하지 않는다는 것을 알면서 하는 의사표시를 말한다.

(2) 효과

① **원칙** : 표시주의이론에 따라 의사표시는 표시된 대로의 효력이 발생한다(제107조 제1항 본문). 즉 상대방이 선의이며 무과실인 경우에는 유효이다. 2012' 2013' 2014'

② **상대방에 대한 효력**

㉠ 상대방이 표의자의 진의 아님을 알았거나(악의) 알 수 있었을 경우(과실)에는 그 의사표시는 무효로 한다(제107조 제1항 단서). 2010' 2012' 2013' 2018'

㉡ 상대방의 악의 또는 과실유무에 대한 주장·증명책임은 무효를 주장하는 자에게 있다(통설·판례). 2014'

③ **제3자에 대한 효력** : "선의의 제3자에게는 대항하지 못한다."(제107조 제2항). 이는 거래의 안전보호를 위한 취지이다. 2012' 2016'

2. 통정허위표시

(1) 의의

허위표시란 상대방과 통정함으로써 하는 진의 아닌 허위의 의사표시를 말한다.

(2) 효과

당사자 사이에는 언제나 무효이다(제108조 제1항). 2011' 2016'

(3) 제3자에 대한 효력

허위표시의 무효를 가지고 선의의 제3자에게는 대항하지 못한다(제108조 제2항). 선의에 대한 과실유무는 불문한다. 2011' 2016'

3. 착오로 인한 의사표시

(1) 의의

표시와 내심의 효과의사가 일치하지 않는 경우로서 그 불일치를 표의자 자신이 알지 못하는 것을 말한다.

(2) 효과

① **원칙** : 법률행위의 내용의 중요부분에 착오가 있는 때에는 취소할 수 있다(제109조 제1항). 중요부분에 관한 것이라는 점에 대하여는 표의자가 증명책임을 부담한다.

② **예외** : 표의자에게 중대한 과실이 있는 경우에는 취소하지 못한다(제109조 제1항 단서).

4. 하자있는 의사표시

(1) 사기의 의의

타인의 기망행위에 의하여 착오에 빠지고 그 결과로써 한 의사표시를 말한다.

(2) 강박의 의의

타인의 강박행위에 의해 공포심에 빠지고, 그 해악을 피하기 위하여 행한 진의 아닌 의사표시를 말한다.

(3) 상대방의 사기·강박의 경우

표의자는 언제든지 법률행위를 취소할 수 있다(제110조 제1항).

(4) 제3자의 사기·강박의 경우

① **상대방 없는 의사표시** : 표의자는 언제든지 그 법률행위를 취소할 수 있다.

② **상대방 있는 의사표시** : 상대방이 제3자의 사기나 강박을 알았거나(악의), 알 수 있었을 경우(과실)에 한하여 취소할 수 있다(제110조 제2항). 2010' 2012' 2016'

5. 의사표시의 효력발생

(1) 도달주의의 원칙

민법 제111조에서는 '상대방 있는 의사표시는 그 통지가 상대방에게 도달한 때에 효력이 생긴다.'라고 규정함으로써 도달주의원칙을 취하고 있다. 2013'

① 도달의 개념은 사회통념상 요지할 수 있는 상태에 달한 때를 말한다.

② 의사표시의 연착 또는 불착은 표의자의 불이익으로 돌아간다.

③ 의사표시의 철회는 도달 전에 한하여 행할 수 있으며 늦어도 본래의 의사표시와 동시에 도달되어야 한다. 2011' 2017'

④ 발신 후 도달 전의 사정의 변화(표의자의 사망, 행위능력상실)는 의사표시의 효력에 영향을 미치지 아니한다(제111조 제2항). 2011' 2013' 2016'

(2) 의사표시의 공시송달(제113조) 2011' 2013' 2017'

① 상대방 또는 상대방의 주소를 모르는 데 대하여 표의자의 과실이 없었어야 한다(무과실).

② 법원사무관 등이 공시송달할 서류를 보관하고, 그 사유를 법원게시판에 게시하며 법원게시판에 게시한 날로부터 2주일이 경과한 때에는 도달로 간주한다(민사소송법 제196조).

(3) 의사표시의 수령능력

① 민법상 모든 제한능력자는 의사표시의 수령능력이 없다(제112조). 따라서 의사표시를 제한능력자가 수령한 때에는 상대방은 도달을 주장하지 못한다.

② 제한능력자가 도달을 주장하는 것은 무방하며, 법정대리인이 의사표시의 도달을 인식한 때에는 표의자는 도달을 주장할 수 있다.

04 법률행위의 대리

1. 대리권 일반

(1) 의의

타인이 본인을 위한 것을 표시하여 법률행위를 하거나 의사표시를 수령하여 그 효과가 직접 본인에게 귀속되는 제도를 말한다.

(2) 대리의 허용범위

① 의사표시를 요소로 하는 법률행위에 인정된다(114조).

② 가족법상의 신분행위(혼인, 인지, 입양, 파양, 유언), 불법행위, 사실행위, 준법률행위(의사의 통지와 관념의 통지는 대리를 유추적용 가능)는 대리가 부정된다.

(3) 임의대리권의 발생원인

본인의 수권행위에 의하여 발생하며, 수권행위의 법적 성질은 다음과 같다.

① 상대방의 수령을 요하는 본인의 단독행위로 해석한다.

② 불요식행위(통상의 경우 위임장을 교부)이다.

③ 기본행위(위임, 고용, 도급, 조합)와는 구별하여야 한다.

(4) 임의대리권의 범위

본인의 수권행위에 의하여 결정되나 명확하지 않을 때에는 제118조를 적용한다.

※ 권한이 분명하지 않은 대리인의 대리권(제118조) 2011'

보존행위	무제한 가능	재산의 현상을 유지하는 행위로서 건물의 수선, 기한 도래의 채무변제, 소멸시효의 중단, 미등기부동산의 보존등기, 부패성 있는 물건의 처분행위 등 2012' 2013' 2016' 2017' 2018'
이용행위	권리나 물건의 성질을 변하지 않는 범위 내에서 가능	수익을 도모하는 행위로서 부동산의 임대차 설정행위, 금전의 이자부대여 등 2013'
개량행위		경제적 가치를 증대하는 행위로서 사용대차를 임대차로, 무이자소비대차로 이자부소비대차로 하는 행위 등
처분행위	불가능	매각행위, 담보설정행위(저당권 또는 전세권설정 등)

⇨ 다만, 개량행위에 해당하는 것 중에서 본인의 예금을 인출하여 주식을 매입하는 행위 또는 본인의 농지를 대지로 지목을 변경하는 행위 등은 권리나 물건의 성질을 변하게 하는 행위로서 인정되지 않는다.

(5) 대리권의 제한

① 민법은 자기계약과 쌍방대리를 원칙적으로 금하나(제124조) 예외적으로 본인의 승낙 또는 채무의 이행(등기신청)의 경우에는 허용된다. 2009' 2016' 단, 다툼이 있는 채무의 이행, 기한 미도래의 채무이행, 대물변제 등은 허용하지 아니한다. 2014'

② 부동산 입찰절차에서 동일물건에 관하여 이해관계가 다른 2인 이상의 대리인이 된 경우에는 그 대리인이 한 입찰은 무효이다. 2009'

③ 대리인이 수인일 때 각자 대리가 원칙이나 공동대리의 예외를 인정한다. 2039' 2014' 2016' 2018'

④ 자기계약·쌍방대리의 금지규정과 공동대리의 제한에 위반한 경우에는 권한을 넘은 대리행위(제126조의 표현대리)로 본다. 따라서 본인의 추인이 있을 경우에는 유권대리가 될 수 있다. 2017'

(6) 대리권의 소멸

① 공통 소멸사유(제127조)
  • 본인의 사망
  • 대리인의 사망
  • 대리인의 성년후견개시 2013'
  • 대리인의 파산 2014'

② 임의대리의 특유한 소멸사유(제128조)
  • 수권행위의 철회
  • 원인된 법률관계의 종료

(7) 현명주의

① 본인을 위한 것임을 표시하여야 하며(제114조), 현명의 방식(명시적 또는 묵시적, 서면 또는 구두)에는 제한이 없다. 상행위의 대리와 일상가사대리에서는 대리인의 현명을 요하지 아니한다.

② 현명하지 않은 대리행위는 대리인 자신을 위한 행위로 간주한다. 2009' 다만 상대방이 대리인으로서 한 것임을 알았거나 알 수 있었을 때에는 본인에게 그 효력이 발생한다(제115조).

2. 복대리

(1) 의의

복대리인이란 대리인이 자기의 이름과 책임으로 선임한 본인의 대리인을 말한다(제123조). 2012' 2013'

(2) 법률적 성질

① 복대리인은 본인의 대리인이며, 복대리인은 언제나 임의대리인이다. 2009' 2010' 2013'

② 복대리인은 대리인이 자기의 이름과 책임으로 선임한 자이며, 복대리인 선임행위는 대리행위가 아니다.

(3) 복임권

① 법정대리인은 언제든지 복임권이 있다(무과실책임). 다만, 부득이한 사유로 복대리인을 선임한 경우에는 그 책임이 경감된다(과실책임). 2010'

② 임의대리인은 원칙적으로 복임권이 없으나 2018' 예외적으로 본인의 승낙 또는 부득이한 사유가 있는 때에 한하여 복임권을 갖는다(과실책임). 2010' 2012' 임의대리인이 본인의 지명에 의하여 복대리인을 선임한 경우에는 책임이 경감된다. 즉, 본인이 지명한 자가 부적임 또는 불성실함을 알고도 본인에게 그 통지를 하지 않았거나 해임을 태만히 한 때가 아니면 책임지지 아니한다(제121조 제2항). 2010'

(4) 복대리인의 지위

① 복대리권은 대리권의 범위를 초과할 수 없다(제123조).

② 대리인의 대리권이 소멸하면 복대리인의 복대리권도 소멸한다.

③ 복대리인 선임 후에도 대리인의 대리권은 존속한다.

④ 본인에 대하여는 복대리인도 대리인과 동일한 지위를 가진다. 2010'

(5) 복대리권의 소멸사유

① 대리권 일반의 소멸원인에 의하여 소멸한다.

② 대리인의 대리권이 소멸하면 복대리인의 복대리권도 소멸한다.

③ 대리인과 복대리인 사이의 선임행위의 철회에 의하여서도 소멸한다.

3. 협의의 무권대리

① 무권대리행위는 당연히는 본인에 대하여 효과가 발생할 수 없고, 본인이 원한다면 추인함으로써 정당한 대리권을 수반하여 행한 경우와 동일한 효과를 발생하게 할 수 있다(유동적 무효의 법리). 2010' 2011' 2012' 2016'

② 추인은 단독행위이며 형성권으로서, 무권대리인이나 상대방의 동의를 요하지 않는다. 2008' 아울러 본인은 당연히 추인거절권을 가진다. 2011'

③ 추인의 의사표시는 상대방이나 무권대리인뿐만 아니라 무권대리행위로 인한 권리의 승계인에 대하여도 할 수 있으나, 2012' 2017' 무권대리인에 대해 추인한 경우에는 상대방이 추인이 있었던 사실을 알지 못한 때에는 그에 대해 추인의 효과를 주장하지 못한다(제132조). 2015' 2017' 추인거절의 의사표시도 상대방이나 무권대리인에게 할 수 있다. 2012'

④ 본인이 무권대리인과 한 계약의 내용을 변경하여 추인하거나 일부 추인한 경우에는 상대방의 동의가 있어야 추인의 효력이 발생한다. 2010' 2015'

⑤ 본인의 추인으로 말미암아 무권대리행위는 계약한 때 소급하여 적법한 대리행위가 있는 것으로 되고, 유효한 계약으로서 본인에 대하여 효력이 생긴다(제132조). 2012' 2015' 2016'

4. 표현대리

(1) 제125조의 표현대리(대리권수여의 표시에 의한 표현대리)

① 의의 : 대리권수여의 뜻을 본인이 상대방에게 표시하였으나 사실은 대리권을 주고 있지 않은 경우를 말한다. 본조(제125조)의 표현대리는 임의대리에만 적용된다.

② 요건

㉠ 본인이 제3자(무권대리인의 상대방이 될 자)에 대하여 어떤 자에게 대리권을 수여하였음을 통지하였을 것

㉡ 제3자(무권대리인의 상대방)는 대리권의 부존재에 대하여 선의·무과실일 것

(2) 제126조의 표현대리(권한을 넘은 표현대리)

① 의의 : 일정한 범위의 대리권을 가진 대리인이 그 권한을 넘는 대리행위를 한 경우를 말한다. 일명 월권대리라고도 한다.

② 요건

㉠ 대리인이 권한 밖의 대리행위를 하였을 것

㉡ 대리인의 기본적인 대리권과 월권된 행위가 반드시 동종, 유사일 것을 요하지 않는다. 2009' 2011' 2015'

㉢ 상대방은 선의 그리고 무과실일 것

㉣ 강행법규에 위반한 계약은 무효이므로 그 경우에 계약상대방이 선의·무과실이더라도 표현대리 법리가 적용될 여지는 없다(대법원 2016.5.12. 2013다49381). 2017' 2018'

(3) 제129조의 표현대리(대리권소멸 후의 표현대리)

① 의의 : 이전에는 대리권을 가지고 있었으나 대리행위를 할 때에는 대리권이 소멸하고 있는 경우를 말한다.

② 요건

㉠ 대리행위를 할 때에는 대리권이 존재하지 않을 것

㉡ 상대방은 선의 그리고 무과실일 것

※ 3개 표현대리의 공통점

구분	표현대리(제125조·제126조·제129조)
요건상의 공통점	㉠ 상대방은 선의·무과실이어야 한다. ㉡ 상대방의 악의 또는 과실의 증명책임은 본인에게 있다(제126조의 표현대리는 상대방이 선의·무과실을 증명 : 판례). ㉢ 제3자란 대리행위의 상대방만을 의미한다. ㉣ 제125조의 표현대리는 임의대리에만 적용된다. 제126조·제129조의 표현대리는 임의대리, 법정대리의 양자 모두에 적용된다.
효과상의 공통점	㉠ 상대방은 최고권(선악 불문)·철회권(선의)을 행사할 수 있다. 2018' ㉡ 본인은 추인권을 행사할 수 있다.

05 무효와 취소

1. 무효인 법률행위

(1) 유동적 무효와 확정적 무효

현재는 무효이나 추후에 허가 또는 추인이 있게 되면 소급하여 유효한 것으로 될 수 있는 것을 유동적 무효라고 한다.

① 확정적 무효사유

㉠ 불허가 처분을 받은 경우 2009' 2018'

㉡ 허가신청에 대한 이행거절의 의사를 명백히 한 경우 2009'

㉢ 처음부터 허가를 배제하거나 잠탈(潛脫)하는 내용의 계약을 체결한 경우 등 2009'

② 확정적 유효사유

　㉠ 허가구역지정이 해제된 경우 2009'

　㉡ 허가구역지정의 기간 만료 후 재지정이 없는 경우 등

(2) 전부무효와 일부무효

① **전부무효** : 법률행위의 내용의 전부에 관하여 무효원인이 있는 경우이다.

② **일부무효**

　㉠ 원칙 : 일부무효의 법리에 따라 법률행위 전부를 무효로 한다(제137조). 2010'

　㉡ 예외 : 무효부분이 없더라도 법률행위를 하였으리라 인정될 때에는 나머지 부분은 유효하다(제137조 단서).

(3) 무효행위의 추인

① 당사자가 법률행위의 무효임을 알고서 추인한 경우에는 그 때부터 새로운 법률행위를 한 것으로 본다. 2010' 2013' 2015' 2017' 2018' 따라서 무효행위의 추인은 소급효가 없는 것이 원칙이나(제139조), 예외적으로 당사자 사이에서만 소급효를 인정하는 것은 무방하다.

② 절대적 무효에 해당하는 법률행위는 추인하여도 유효로 될 여지가 없다. 2009' 2013' 2014' 2015'

③ 추인은 명시적 또는 묵시적으로도 할 수 있다. 2011'

2. 법률행위의 취소

(1) 취소권자 2010'

① 제한능력자의 취소할 수 있는 법률행위는 법정대리인이 취소할 수도 있고, 제한능력자가 직접 취소할 수도 있다. 2015' 2018'

② 임의대리인이 취소권을 행사하려면 본인으로부터 취소에 대한 별도의 수권이 있어야 한다.

③ 특정승계인의 경우 취소권만의 승계는 인정되지 않는다.

(2) 취소의 방법과 그 효과

① 취소권은 형성권으로서 권리자의 일방적 의사표시로 하며, 취소의 상대방은 본래의 법률행위의 상대방이 된다. 2009' 2010' 2018'

② 취소권의 행사는 특별한 방식을 요하지 않으며 명시적으로 하든 묵시적으로 하든 무방하다.

③ 취소된 법률행위는 처음부터 무효인 것으로 된다(제141조). 2010' 2015' 2018' 즉 법률행위의 취소는 소급효가 있다.

④ 제한능력자의 취소를 제외하고는 선의의 제3자에게 대항하지 못한다. 2015'

⑤ 제한능력자가 부당이득반환의무를 부담하는 경우에는 항상 현존이익만을 반환하면 되는 특칙이 있다(제141조 단서). 2015' 2016'

(3) 취소할 수 있는 법률행위의 추인

① 취소할 수 있는 법률행위를 취소하지 않겠다는 의사표시로서 상대방 있는 단독행위이며, 형성권이다.

② 추인은 취소의 원인이 종료한 후에 행사하여야 하며(법정대리인은 이러한 제한이 없다), 2010' 2011' 2016' 2018' 취소할 수 있는 법률행위임을 알고서 행사하여야 한다. 2009' 2010'

③ 일단 추인한 후에는 다시는 취소할 수 없으며 그 법률행위는 유효한 것으로 확정된다. 2010' 2011'

(4) 법정추인

① 추인이라고 인정할 수 있는 일정한 사실이 있을 때 법률상 당연히 추인이 있었던 것으로 간주되는 것을 말한다.

② 이의의 보류(保留)가 없을 것, 추인하는 것이 아니라는 것을 명시하는 이의의 보류가 있으면 법정추인이 되지 않는다. 2016' 2018' ⇨ 법정추인 역시 추인으로 간주되므로 다시는 취소권을 행사하지 못한다.

※ 법정추인사유

법정추인사유	내용
전부나 일부의 이행 2014' 2018'	취소권자가 이행한 경우 또는 취소권자가 상대방의 이행을 수령한 경우에는 추인으로 본다.
이행의 청구 2014' 2016'	취소권자가 상대방에게 청구한 경우에 한한다.
경개	취소권자가 채권자 또는 채무자로서 경개계약을 체결한 경우를 말한다.
강제집행	취소권자가 채권자로 집행하는 경우 또는 취소권자가 채무자로서 집행을 받는 경우를 포함한다.
담보의 제공	취소권자가 채무자로서 담보를 제공하거나 채권자로서 담보의 제공을 받는 경우가 이에 해당한다.
취소할 수 있는 행위로 취득한 권리의 전부나 일부의 양도 2014'	취소권자가 취소할 수 있는 행위로 취득한 권리의 전부나 일부를 양도하는 것을 말한다.

(5) 취소권의 단기소멸

① 추인할 수 있는 날로부터 3년 내, 법률행위를 한 날로부터 10년 내에 취소권을 행사하지 아니하면 취소권은 소멸한다(제146조). 2010' 2016' 2017' 2018' 이 기간은 제척기간이다.

② 취소권 행사로 인하여 발생하는 부당이득반환청구권은 10년의 소멸시효에 걸린다.

③ 두 기간 중 어느 것이든 먼저 경과하면 취소권은 소멸한다.

06 조건과 기한

1. 조건부 법률행위

(1) 정지조건과 해제조건 2011' 2014' 2017' 2018'

① 법률행위의 효력의 발생을 장래의 불확실한 사실의 성부(成否)에 의존하게 하는 조건을 정지조건이라 한다.

　예 중개사 시험에 합격하면, 자동차를 사 주겠다.

② 법률행위의 효력의 소멸을 장래의 불확실한 사실의 성부에 의존하게 하는 조건을 해제조건이라 한다.

　예 중개사 시험에 합격할 때까지, 수강료를 보조하겠다.

③ 조건의 결합과 그 효과 2009' 2010' 2011' 2012' 2014' 2017' 2018'

> • 불능조건 + 정지조건 : 무효
> • 불능조건 + 해제조건 : 유효(조건 없는 법률행위)
> • 기성조건 + 정지조건 : 유효(조건 없는 법률행위)
> • 기성조건 + 해제조건 : 무효

(2) 조건부 법률행위의 효력

① 조건부 권리의 의무자는 조건의 성부가 미정인 동안에 조건의 성취로 인하여 생길 상대방의 이익을 해하지 못한다(제148조).

② 조건부 권리·의무는 일반규정에 따라 이를 처분·상속·보존·담보로 할 수 있다(제149조). 2009 2011' 2012' 2014' 2015' 2018'

③ 조건부 권리의 의무자가 기대권자의 이익을 해(害)한 경우, 예컨대 정지조건부 증여계약의 목적물을 소유자가 제3자에게 매각하거나 훼손한 경우에는 기대권자는 조건의 성취를 전제로 그 소유자에게 불법행위로 인한 손해배상청구를 할 수 있다(학설대립 있음).

④ 조건성취의 효력은 원칙적으로 소급효가 없으나 예외적으로 당사자의 특약으로 소급효를 부여할 수 있다. 2010' 2011' 2012' 2014' 2017' 2018' 다만 제3자의 권리는 침해하지 못한다. 아울러 기한도래의 효력에는 절대적으로 소급효를 부여할 수 없다.

2. 기한부 법률행위

(1) 의의

법률행위의 당사자가 법률행위의 효력의 발생·소멸 또는 채무의 이행을 장래에 발생할 것이 확실한 사실에 의존하게 하는 부관을 말한다.

(2) 종류

① **시기와 종기** 2009'

㉠ 시기 : 법률행위의 효력의 발생 또는 채무의 이행의 시기를 장래의 확정된 사실의 발생에 의존하는 기한을 말한다.

예 내년 1월 1일부터, 임대해 주겠다.

㉡ 종기 : 법률행위의 효력의 소멸을 장래의 확정된 사실의 발생에 의존하게 하는 기한을 말한다.

예 금년 말까지, 고용하겠다.

② **확정기한과 불확정기한** 2010'

㉠ 확정기한 : 발생하는 시기가 확정되어 있는 기한을 말한다.

예 2020년 1월 1일부터, 이 건물을 임대하겠다.

㉡ 불확정기한 : 발생하는 시기가 확정되어 있지 않은 기한을 말한다.

예 甲이 사망하면, 이 토지를 매도하겠다.

(3) 기한을 붙일 수 없는 법률행위

기한을 붙일 수 없는 법률행위는 조건을 붙일 수 없는 법률행위와 대체로 같으며, 어음행위와 수표행위에는 시기를 붙이는 것이 허용된다.

(4) 기한의 이익

① 당사자의 특약이나 반대의 취지가 없는 한 기한의 이익은 채무자의 이익을 위한 것으로 추정한다(제153조 제1항). 2018'

② 기한의 이익은 포기할 수 있으나 상대방의 이익을 해하지 못한다. 2018' 여기서 기한이익의 포기는 상대방 있는 단독행위에 해당한다.

01 총설

1. 물권적 청구권

(1) 의의

물권의 내용의 실현이 어떤 사정으로 인하여 방해당하고 있거나 방해당할 염려가 있는 경우에 그 방해의 제거 또는 예방에 필요한 일정한 행위를 청구할 수 있는 권리를 물권적 청구권이라고 한다.

(2) 소멸시효의 적용

소유권에 기인한 물권적 청구권은 소멸시효에 걸리지 않으나 제한물권에 기인한 물권적 청구권은 소멸시효에 걸린다는 것이 판례의 태도이다.

(3) 성질

① 물권이 이전되거나 소멸하면 물권적 청구권도 따라서 이전하거나 소멸한다. [2018']
② 물권적 청구권은 침해자(방해자)의 고의·과실(귀책사유)이 없는 때에도 인정된다.
③ 물권적 청구권의 청구권자는 현재의 물권자이며 청구의 상대방은 현재의 점유자이다. [2009'] 따라서 미등기건물의 매수인은 현재의 물권자라 할 수 없으므로 건물의 불법점유자에 대하여 소유권에 기한 인도를 청구하지 못한다. [2011']
④ 지역권자와 저당권자에게는 물권적 반환청구권이 인정되지 아니한다. [2010']

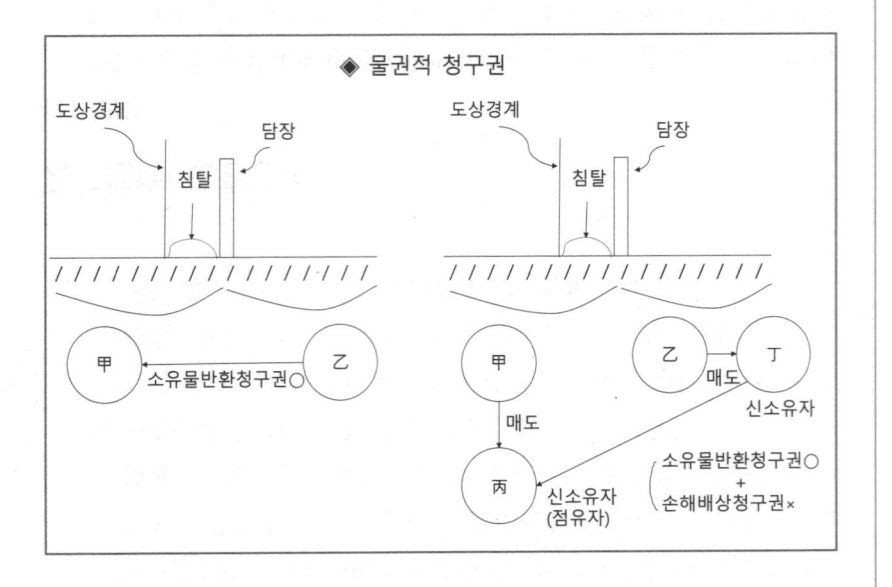

◆ 물권적 청구권

2. 부동산물권의 변동

(1) 법률행위에 의한 부동산물권의 변동

부동산에 관한 법률행위로 인한 물권의 득실변경은 등기하여야 그 효력이 생긴다(제186조).

(2) 법률의 규정에 의한 물권변동

① 상속(피상속인 사망 시 물권변동)·공용징수(협의수용은 협의에서 정한 시기, 재결수용은 보상금지급을 정지조건으로 수용개시일에 물권변동)·판결(판결확정 시 물권변동)·경매(매각대금 완납 시 물권변동) 기타 법률의 규정에 의한 부동산에 관한 물권의 취득은 등기를 요하지 아니한다. [2011'] [2013'] [2014'] [2015'] [2016']
② 등기를 요하지 아니하는 물권변동으로서의 판결이란, 형성판결(공유물 분할판결, 사해행위 취소판결, 상속재산 분할판결)만을 의미하며 이행판결이나 확인판결은 이에 해당하지 아니한다. [2014'] 아울러 현물분할의 협의에 의하여 공유토지에 대한 소유권을 취득하는 경우는 법률행위에 의한 물권변동에 해당하고, 따라서 등기를 요한다. [2014'] [2016']

기타 등기를 요하지 않는 물권변동

① 신축건물의 소유권 취득 [2011'] [2013'] [2014']
② 법정지상권의 취득 [2016']
③ 관습법상의 법정지상권의 취득
④ 법정저당권의 취득 [2013']
⑤ 존속기간만료로 인한 용익물권의 소멸 [2010'] [2013']
⑥ 혼동에 의한 물권의 소멸 [2010'] [2011']
⑦ 피담보채권의 소멸로 인한 저당권의 소멸 [2011'] [2014'] [2015']
⑧ 법률행위의 무효·취소·해제로 인한 물권의 복귀
⑨ 법정대위로 인한 저당권의 이전
⑩ 분묘기지권의 취득 [2011'] [2013'] [2016']
⑪ 재단법인으로의 출연재산의 귀속(출연자와 법인 사이)
⑫ 전세권의 법정갱신(묵시의 갱신) [2010'] [2014'] [2016']
⑬ 포괄적 승계(포괄유증·회사의 합병)
※ 취득시효로 인한 물권변동은 법률의 규정에 의한 물권변동이지만 반드시 등기를 요한다(제245조). [2013']

3. 중간생략등기

① 중간생략등기의 합의는 적법한 등기원인이 될 수 없으나 [2018'] 3자의 합의가 있는 때에는 최종양수인은 최초양도인에 대하여 직접 소유권이전등기를 청구할 수 있다. [2009']
② 합의가 없는 때에는 최종양수인은 최초양도인에 대하여 직접 소유권이전등기를 청구할 수 없다. 따라서 최종양수인은 최초양도인에 대하여 중간자를 대위하여 중간자명의의 소유권이전등기를 할 것을 청구할 수 있을 뿐이다.
③ 3자의 합의가 없더라도 이미 중간생략등기가 적법한 등기원인에 기하여 이루어진 때에는 실체관계와 부합하므로 유효이다. [2009'] [2013']

02 점유권

1. 점유의 모습

(1) 간접점유자

간접점유자도 점유권을 가지며(제194조), 2017 점유보호청구권도 있으나(제207조), 다만 침탈자에 대하여 직접점유자에게 반환할 것을 청구할 수 있을 뿐이다. 2009'

(2) 자주점유와 타주점유

점유자는 소유의 의사로 선의·평온·공연·계속 그리고 적법하게 점유한 것으로 추정된다. 2009 2013 2014' 2017 단, 무과실은 추정되지 않으므로 점유자가 스스로 증명하여야 한다는 것이 판례이다. 2018

2. 점유자와 회복자와의 관계

(1) 점유물의 멸실·훼손

① 점유자가 점유물을 멸실·훼손한 때에는 악의의 점유자는 그 손해의 전부를 배상하여야 하며, 선의의 자주점유자는 이익이 현존하는 한도에서 배상하면 된다. 2011' 2012 2018

② 타주점유자는 선의이더라도 악의점유자와 같은 책임을 진다. 즉 회복자에 대하여 손해의 전부를 배상하여야 한다. 2012' 2015' 2016' 2017'

(2) 점유자의 비용상환청구권

① 점유자(선의·악의 불문)는 점유물을 유지·보존하기 위하여 지출한 필요비의 상환을 회복자에 대하여 청구할 수 있다. 2016' 2017' 2016 다만, 점유자가 과실을 취득한 때에는 통상의 필요비는 청구할 수 없다. 2014 2016 2018

② 점유물의 개량을 위하여 지출한 유익비는 그 가액의 증가가 현존한 경우에 한하여 회복자의 선택에 좇아 그 지출액이나 증가액의 상환을 청구할 수 있다. 2014 2017 2018

③ 선의의 점유자는 점유물에서 생기는 과실(果實)을 취득할 수 있다(제201조 제1항). 2011' 2012 2014 2017 그러나 악의의 점유자는 수취한 과실(果實)을 반환하여야 할 뿐만 아니라, 이미 소비하였거나 과실(過失)로 인하여 훼손 또는 수취하지 못한 과실(果實)의 대가를 보상하여야 한다(제201조 제2항). 2013 2014 2015 2016'

④ 선의의 점유자라도 본권에 관한 訴에서 패소한 때에는 그 訴가 제기된 때로부터 악의의 점유자로 간주된다. 2012

3. 점유권의 승계취득

① 점유의 승계인은 그 선택에 좇아 자기의 이익을 위하여 자기만의 점유를 주장할 수도 있고, 또는 자기의 점유와 전점유자의 점유를 함께 주장할 수도 있다. 2013 이를 점유의 분리·병합이라 한다.

② 전주(前主)의 점유를 함께 주장하는 경우에는 전주의 점유의 하자도 승계한다. 2015' 예컨대 A가 악의로 10년, B가 선의로 6년, C가 선의로 5년 동안 각 그 점유를 이어서 계속하여 왔다면, C는 선의의 5년, 선의의 11년 또는 악의의 21년 점유 등을 선택해서 주장할 수 있다.

4. 점유보호청구권

(1) 의의

점유보호청구권은 점유를 침해·방해당하거나 방해당할 염려가 있는 경우에 점유자가 침해자(방해자)에 대하여 그 침해의 배제 및 손해배상 또는 그 담보를 청구하는 권리로서 물권적 청구권의 일종이다.

(2) 내용 2009' 2010' 2011'

구분	요건	내용	제척기간
점유물 반환 청구권	• 점유를 침탈당하였을 것 • 침탈자의 고의·과실은 불문함 • 선의의 특별승계인에게는 행사하지 못함 2010' 2011'	목적물반환 및 손해배상청구	침탈당한 날로부터 1년 2010' 2017'
점유물 방해 제거 청구권	• 점유의 방해를 받았을 것 • 방해자의 고의·과실은 불문함 • 정당한 방해, 수인한도 내의 것이 아닐 것	방해의 제거 및 손해배상청구	방해가 종료한 날로부터 1년
점유물 방해 예방 청구권	• 점유를 방해받을 염려가 있을 것 • 염려의 존부는 사회통념으로 판단	방해예방또는 손해배상담보의 선택적 청구 2017'	방해염려의 존속중은 언제나 행사 가능

03 소유권

1. 상린관계

① 인접지의 나뭇가지 경계를 넘은 때에는 그 소유자에 대하여 가지의 제거를 청구할 수 있다. 이 청구에 응하지 않으면 청구한 자가 그 가지를 제거할 수 있다.

② 인접지의 나무뿌리가 경계를 넘은 때에는 임의로 제거할 수 있다. 2017

③ 건물을 축조함에는 특별한 관습이 없으면 경계로부터 반미터 이상의 거리를 두어야 한다. 이러한 거리를 두지 않고 건물을 축조한 자에 대하여는 건물의 변경 또는 철거를 청구할 수 있다. 그러나 건축에 착수한 후 1년을 경과하거나 건물이 완성된 후에는 손해배상만을 청구할 수 있다. 2014' 2017

④ 우물을 파거나 용수·하수 또는 오물 등을 저장할 지하시설을 하는 때에는 경계로부터 2미터 이상의 거리를 두어야 한다.

⑤ 저수지·구거 또는 지하실공사에는 경계로부터 그 깊이의 반 이상의 거리를 두어야 한다.

⑥ 토지소유자는 경계나 그 근방에서 담 또는 건물을 축조하거나 수선하기 위하여 필요한 범위 내에서 이웃 토지의 사용을 청구할 수 있다. 2015' 그러나 이웃 사람의 승낙이 없으면 그 주거에 들어가지 못한다.

⑦ 토지소유자는 이웃 토지로부터 자연히 흘러오는 물을 막지 못한다. 2014'

⑧ 토지소유자는 처마물이 이웃에 직접 낙하하지 아니하도록 적당한 시설을 하여야 한다. 2014'

⑨ 인접하여 토지를 소유한 자는 공동비용으로 통상의 경계표나 담을 설치할 수 있다. 설치비용은 쌍방이 절반하여 부담한다. 그러나 측량비용은 토지의 면적에 비례하여 부담한다. 2015'

⑩ 경계에 설치된 경계표, 담, 구거 등은 상린자의 공유로 추정한다. 2014' 경계에 설치된 담이 상린자의 공유인 경우에도 상린자는 공유를 이유로 공유물분할을 청구하지 못한다. 2017'

⑪ 경계로부터 2미터 이내의 거리에서 이웃 주택의 내부를 관망할 수 있는 창이나 마루를 설치하는 경우에는 적당한 차면시설을 하여야 한다.

2. 취득시효(부동산의 점유취득시효)

(1) 요건

① 20년간 소유의 의사로 평온·공연하게 점유하고 등기함으로써 소유권을 취득한다(제245조 제1항). 2013' 2014' 점유자는 소유의 의사로 평온·공연하게 점유한 것으로 추정되므로 취득시효 주장자의 소유의 의사·평온·공연은 추정을 받으며, 선의·악의는 묻지 않는다. 2011' 2012'

② 부동산 명의신탁에 있어서 명의수탁자에게 소유의 의사가 인정되는지에 관하여 판례는 자주점유가 아니라고 한다. 2011'

③ 타인의 물건에 대해서만 취득시효를 인정하는가에 대하여는 명문의 규정은 없으나 자기의 소유물에도 시효취득이 인정된다는 것이 판례의 태도이다. 2017'

④ 점유취득시효에 있어서는 토지의 일부에 대한 시효취득도 인정되며, 2016' 이러한 경우에는 점유취득시효가 완성된 부분에 대한 분필절차를 받은 후에 취득시효의 등기를 하여야 한다.

⑤ 취득시효가 완성된 이후 제3자의 명의로 이전등기가 된 경우에는 그 자가 악의자라 하더라도 취득시효의 완성으로 대항하지 못한다 (대판 1992.9.25. 92다9968). 2011' 2012' 2015' 2017' 다만, 부동산을 취득한 제3자가 매도인의 불법행위에 적극 가담하였다면 매도인의 배임행위에 적극 가담한 이중매매로서 무효가 된다(대판 1994.4.12. 93다60779). 2017'

⑥ 취득시효기간의 만료 전에 제3자의 명의로 이전등기가 된 경우라 하더라도 취득시효의 완성에는 영향을 미치지 않는다. 2014'

⑦ 국유재산 가운데 행정재산이 아닌 사적 거래의 대상이 되는 일반재산은 시효취득의 대상이 된다. 2015'

(2) 효과

① 취득시효는 법률의 규정에 의한 물권변동이므로 제187조의 원칙에 따라 그 등기 없이도 부동산소유권을 취득한다고 보아야 한다. 그러나 민법은 이에 대해 예외를 인정하여, 부동산의 점유취득시효에 있어서는 그 요건을 다 갖추더라도 그 등기를 하여야만 비로소 소유권을 취득하는 것으로 규정한다. 2019' 2013' 아울러 취득시효에 의한 소유권의 취득은 원시취득이므로, 2017' 그 등기는 성질상 보존등기이어야 하나, 그러한 보존등기가 절차상 매우 번거롭다는 점

과 종전의 권리변동관계를 단절시킨다는 점에서 실무상으로는 소유권이전등기의 형식을 취한다. 2009'

② 등기를 하면 점유를 개시한 때에 소급하여 그 부동산의 소유권을 원시적으로 취득한다(제247조 제1항). 2011'

3. 취득시효(부동산의 등기부취득시효)

(1) 요건

① 부동산의 소유자가 아닌 자가 소유자로 등기하고 10년간 소유의 의사로 평온·공연하게 선의·무과실로 그 부동산을 점유한 때에는 소유권을 취득한다(제245조 제2항). 2011'

② 소유의 의사로 평온·공연·선의·무과실로 점유하여야 한다. 무과실은 추정되지 않으므로 시효취득을 주장하는 자가 무과실을 증명하여야 한다. 그리고 선의·무과실은 점유개시 시에만 있으면 충분하다. 2017'

(2) 효과

점유자는 점유를 개시한 때에 소급하여 부동산의 소유권을 원시적으로 취득한다(제247조 제1항).

4. 공동소유

내용＼형태	공유	합유	총유
지분의 처분	각 공유자는 그 지분을 자유롭게 처분할 수 있다(제263조).	지분 처분은 다른 합유자 전원의 동의를 요한다(제273조).	지분을 갖지 못한다.
분할청구	각 공유자는 언제든지 분할을 청구하여 공유관계를 종료시킬 수 있다(제268조).	합유관계가 존속하는 한 합유물의 분할은 청구할 수 없다. 다만, 조합이 해산한 경우에는 청산절차에 따라 합유물을 분할하여 각 조합원에게 분배할 수 있다.	할 수 없다.
보존행위	각자 단독으로 할 수 있다.	각자 단독으로 할 수 있다.	사원총회의 결의에 의한다.
관리행위	지분의 과반수로 결정한다.	조합계약 기타 규약의 정함에 따른다.	사원총회의 결의에 의한다.
사용·수익	지분의 비율로 사용한다.	조합계약 기타 규약의 정함에 따른다.	정관 기타 규약의 정함에 따른다.
처분·변경	공유자 전원의 동의가 있어야 한다.	합유자 전원의 동의가 있어야 한다.	사원총회의 결의가 있어야 한다.

(1) 공유의 성립

① **지분의 비율** : 각 공유자의 지분의 비율은 공유자의 의사표시 또는 법률의 규정에 의하여 정하여지나 불명확한 경우에는 균등한 것으로 추정된다(제262조 제2항).

② **지분의 탄력성** : 공유자 중 어느 한 사람이 그의 지분을 포기하거나, 상속인 없이 사망한 때에는 그 자의 지분은 다른 공유자에게 각 지분의 비율로 귀속한다(제267조). 2009' 아울러 공유나 합유지분의 포기는 법률행위이므로 등기하여야 물권변동의 효력이 발생한다. 2011' 2016'

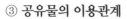

③ 공유물의 이용관계

　㉠ 공유자는 공유물 전부를 지분의 비율로 사용·수익할 수 있다(제263조 후단).

　㉡ 공유물의 관리행위, 즉 목적물의 이용 및 개량을 목적으로 하는 행위는 지분의 과반수로써 결정한다(제265조 본문). 그러나 보존행위는 각자가 단독으로 할 수 있다(제265조 단서). 2017

　㉢ 공유자는 지분을 자유로이 처분할 수 있다(제263조 전단). 즉, 지분의 양도·담보제공(저당권의 설정 등)·포기 등을 자유로이 할 수 있다. 2010' 2011' 다만 용익물권의 설정과 같은 처분은 공유물 전체의 처분이 되므로 단독으로 하지 못한다.

　㉣ 다른 공유자의 동의 없이 공유물을 처분하거나 변경하지 못한다(제264조). 2015' 2016 다른 공유자의 동의 없이 처분을 한 경우에는 그 처분은 무효이다.

(2) 공유의 외부관계

① **반환청구** : 공유자는 그의 지분의 비율에 따른 점유의 반환을 청구할 수 있을 뿐 아니라 그 지분에 기하여 단독으로 모든 공유자를 위하여 자기에게 전부의 인도를 청구할 수 있다. 2009' 2010' 2013'

② **방해제거청구** : 제3자가 공유물에 대하여 방해하는 때에는 각 공유자는 단독으로 공유물 전부에 대한 방해제거청구를 할 수 있다. 2014'

(3) 공유물의 분할

① **분할의 자유와 금지** : 각 공유자는 언제든지 공유물의 분할을 청구하여 공유관계를 종료시킬 수 있다(제268조 제1항). 2009' 그러나 특히 공유자 사이의 특약에 의하여 5년을 넘지 않는 한도에서 불분할특약을 맺을 수 있다. 이 계약은 갱신할 수 있으며, 2018 그 기간은 갱신한 날로부터 5년을 넘지 못한다(제268조 제2항).

② **분할의 방법** : 각 공유자는 언제든지 공유물의 분할을 청구할 수 있다(제268조 제1항).

04 용익물권

1. 지상권, 전세권, 임차권의 비교 2012' 2013' 2014' 2015' 2016' 2017' 2018'

구분	지상권	전세권	임차권
성질	• 용익물권 • 절대권·대세권	• 용익물권+담보물권성 • 절대권·대세권	• 채권 • 상대권·대인권
성립	설정계약+등기	설정계약+등기+전세금 수수	설정 계약
대항력	인정	인정(경매권 인정)	등기하면 인정
최장기간	제한 없음	10년	제한 없음
최단기간	• 견고한 건물, 수목-30년 • 기타 건물-15년 • 공작물-5년	• 토지전세권 : 제한 없음 • 건물전세권 : 1년	• 민법 : 제한 없음 • 주택임대차보호법 : 2년 • 상가임대차보호법 : 1년
기간약정 없는 경우	최단기간으로 제한	언제든지 소멸통고	언제든지 해지통고
약정갱신	최단기간 이상으로 약정	10년을 초과할 수 없음	10년을 초과할 수 없음
매수청구권	지상물매수청구권 인정	부속물 매수 청구권 인정	지상물, 부속물매수청구권 인정
비용청구	유익비상환청구권 인정	유익비 상환청구권 인정	필요비, 유익비상환청구권 인정
양도성	설정자 동의 없이 양도, 임대 가능(강행규정)	설정자 동의 없이 양도, 전전세, 임대 가능(임의규정)	임대인의 동의가 있어야 양도, 전대 가능
담보제공	저당권의 목적 가능	저당권의 목적 가능	저당권의 목적 불가

2. 지상권 일반

(1) 지상권의 의의 및 성질

① 지상권이란 건물 기타의 공작물(도로·교량·광고탑·전주·지하철·터널 등)이나 수목을 소유하기 위하여 타인의 토지를 사용할 수 있는 용익물권이다.

② 타인의 토지를 사용하는 물권으로서 지표나 지상에 한하지 않고, 지하의 사용을 내용으로 할 수 있다. 2017 지상권의 객체인 토지는 1필의 토지의 일부 위에도 설정될 수 있다.

③ 건물 기타의 공작물이나 수목의 소유를 목적으로 하는 권리이다. 따라서 지상권설정계약 당시 건물 기타 공작물이 없더라도 지상권은 유효하게 성립할 수 있다. 2017 또한 공작물이나 수목이 멸실하더라도 존속기간이 만료되지 않는 한 지상권은 소멸하지 않는다. 2012

(2) 지상권의 효력

① 지상권자가 2년 이상의 지료를 지급하지 아니한 때에는 지상권설정자는 지상권의 소멸을 청구할 수 있다(제287조). 2012' 2015'

② 지상권이 저당권의 목적인 때 또는 그 토지에 있는 건물, 수목이 저당권의 목적이 된 때에는 전조의 청구는 저당권자에게 통지한 후 상당한 기간이 경과함으로써 그 효력이 생긴다(제288조). 2017 2018

③ 지상권자는 지상권을 양도할 수 있고 또한 존속기간 내에서 그 토지를 임대할 수 있다(제282조). 이 규정은 강행규정으로서 이를 금지하는 특약은 무효이다. 2014' 2015' 2017'

④ 지상권은 저당권의 목적이 된다(제371조). 2017

(3) 계약의 갱신과 존속기간

① 존속기간이 만료되면 당사자는 그 기간을 갱신할 수 있다. 이때에 갱신기간은 제280조의 최단기간보다 단기로 약정하지는 못한다(제284조).

② 지상권이 존속기간의 만료로 소멸한 경우에 건물 기타의 공작물이나 수목이 현존하는 경우 지상권자는 계약의 갱신을 청구할 수 있다(제283조 제1항). 2015'

3. 법정지상권

(1) 법정지상권의 의의 및 성질

지상권은 설정계약으로 취득되는 것이 원칙이다. 그러나 처음에는 토지와 그 지상건물이 동일소유자에게 속하였으나, 그 후에 토지와 건물이 소유자를 달리하게 되면 건물소유자를 위하여 법률상 당연히 지상권이 설정된 것으로 보는데 이를 법정지상권이라 한다.

(2) 제366조의 법정지상권

저당물의 경매로 인하여 토지와 지상건물이 다른 소유자에 속한 경우에 발생하는 법정지상권이다. 따라서 일정한 요건 하에서 건물소유자는 토지소유자로부터 지상권을 취득한 것으로 본다.

(3) 제305조의 법정지상권

대지와 건물이 동일소유자에 속한 경우에 건물에 전세권을 설정하였고 그 대지소유권만이 양도되었을 때에 그 전세권설정자가 양수인에 대하여 취득하는 법정지상권을 말한다.

(4) 관습법상의 법정지상권

토지와 건물이 동일 소유자에게 속하였다가 그 중 하나가 매매 기타의 원인(증여, 공매, 대물변제 등)으로 양자의 소유자가 다르게 되었을 때는, 특히 그 건물을 철거한다는 합의가 없는 한 그 건물의 소유자는 그 토지 위에 관습법상의 법정지상권을 취득하게 된다. 2015ˊ 2017ˊ

4. 지역권의 의의 및 법적 성질

(1) 의의

① 설정행위로서 정한 일정한 목적(통행 · 인수 · 관망 등)을 위하여 타인의 토지를 자기의 토지의 편익에 이용하는 용익물권이다. 2014ˊ
② 편익을 받는 토지를 요역지(要役地)라고 하며, 편익을 주는 토지를 승역지(承役地)라고 한다.

(2) 법적 성질

① 편익을 받는 것은 토지이어야 하며 '편익에 이용한다'는 것은 요역지의 사용가치를 증가시킨다는 것을 뜻한다. 편익의 종류에는 제한이 없다.
② 지역권은 유상으로 하거나 무상으로 하거나 무방하다. 지역권의 존속기간은 제한이 없으며 영구무한의 지역권의 설정을 인정한다는 것이 통설과 판례의 태도이다. 지역권은 유상으로 약정하더라도 지료는 등기되지 않는다.
③ 지상권자 · 전세권자 · 임차인은 그들이 이용하는 토지의 편익을 위하여 그 권한 내에서 유효하게 지역권을 설정 받을 수 있고 이미 설정된 지역권을 행사할 수도 있다. 2013ˊ
④ 요역지는 1필의 토지이어야 하고 토지의 일부를 위하여 지역권을 설정할 수 없으나, 승역지는 토지의 일부라도 무방하다. 2009ˊ 2012ˊ 2013ˊ 2015ˊ

⑤ 요역지소유권의 처분은 지역권의 처분을 수반한다(부종성). 즉, 요역지소유권이 이전되거나 또는 다른 권리의 목적으로 된 때에는 지역권도 그와 법률적 운명을 같이 한다. 그러나 다른 약정이 있는 때에는 그 약정에 따른다(제290조 제1항).
⑥ 지역권은 요역지와 분리하여 양도하거나 다른 권리의 목적으로 하지 못한다(제292조 제2항). 2009ˊ 2012ˊ 2014ˊ 2015ˊ 2016ˊ 2017ˊ 2018ˊ
⑦ 계속되고 표현된 지역권에 관하여 시효취득의 대상이 된다(통로가 설치된 통행지역권 · 지상에 노출된 인수지역권). 2016ˊ 2017ˊ 아울러 토지의 불법점유자에게는 시효취득이 인정되지 않는다. 2009ˊ 2013ˊ 2014ˊ
⑧ 토지공유자의 1인은 자기의 지분에 관하여 그 토지를 위한 지역권 또는 그 토지가 부담하고 있는 지역권을 소멸하게 하지 못한다(제293조 제1항). 2009ˊ 2016ˊ 2017ˊ
⑨ 공유자의 1인이 지역권을 취득한 때에는 다른 공유자도 이를 취득한다(제295조 제1항). 2010ˊ 2012ˊ 2013ˊ 2014ˊ 2015ˊ

(3) 지역권에 기인한 물권적 청구권

지역권은 일정한 목적에 따라 승역지에서 편익을 받는 권리이므로 편익을 받는 것이 방해되는 경우에는 방해배제 또는 방해예방의 물권적 청구권이 생긴다. 그러나 지역권은 승역지의 점유를 수반하는 권리가 아니므로 반환청구권은 인정되지 않는다. 2012ˊ 2013ˊ 2015ˊ 2018ˊ

5. 전세권의 의의 및 법적 성질

(1) 의의

전세금을 지급하고 타인의 부동산을 그 용도에 좇아 사용 · 수익하는 용익물권임과 동시에 전세금의 우선변제를 받을 수 있는 담보물권성을 가진 권리이다. 2010ˊ 2016ˊ

(2) 법률적 성질

① 타인의 토지 및 건물에 대한 권리이며, 1필의 토지 또는 1동의 건물의 일부분 위에도 설정이 가능하다. 그러나 농경지는 전세권의 목적물이 되지 못한다(제303조 제2항).
② 전세금의 지급은 전세권 성립의 요소이다. 2010ˊ
③ 설정계약과 부동산의 용도에 좇아 사용 · 수익하는 물권으로서 소유권의 상린관계의 규정이 준용되며, 전세권은 양도 · 임대 · 전전세 · 담보로 제공할 수 있다. 2014ˊ 2017ˊ
④ 담보물권성을 가지는 권리이다. 따라서 전세권자에게 우선변제권과 경매청구권 그리고 투하자본의 회수를 위하여 전전세권이 인정된다. 2018ˊ

(3) 전세권의 취득과 존속기간

취득	설정계약＋등기＋전세금의 수수에 의하여 취득되며 목적부동산의 인도는 전세권성립의 요소가 아니다. 2010'
존속기간	① 최장기간 : 10년을 넘지 못한다(갱신하여도 동일). ② 최단기간 : 건물에 대한 전세권의 존속기간은 1년 미만으로 하지 못한다. 2009' 2010' ③ 건물의 전세권에 있어서의 법정갱신 : 건물의 전세권설정자가 전세권의 존속기간 만료 전 6월부터 1월까지의 사이에 전세권자에 대하여 갱신거절의 통지나 또는 조건을 변경하지 않으면 갱신하지 않겠다는 뜻의 통지를 하지 않은 경우에는 존속기간이 만료된 때에 전전세권의 동일한 조건으로 다시 전세권을 설정한 것으로 본다(이 때 존속기간은 정하지 않은 것으로 본다). 2011' 2015' ④ 존속기간은 등기하지 않으면 제3자에게 대항력이 없으며 존속기간을 정하지 않은 것으로 다루어진다. ⑤ 전세권자에게 계약갱신청구권은 인정되지 않는다. ⑥ 존속기간을 정하지 않은 경우에는 언제든지 소멸통고를 할 수 있고, 소멸통고가 상대방에게 도달된 날로부터 6월이 경과하면 전세권은 소멸한다. 2017'

05 . 담보물권

1. 유치권의 의의 및 법적 성질

(1) 의의

타인의 물건 또는 유가증권을 점유하는 자가 그 물건이나 유가증권에 관하여 생긴 채권이 변제기에 있는 경우에 변제를 받을 때까지 그 물건 또는 유가증권을 유치하여 우선변제를 간접적으로 강제하는 법정담보물권을 말한다. 2009' 2010'

(2) 법률적 성질 2011' 2012'

① 법정담보물권이다.
② 부종성 · 수반성 · 불가분성이 인정되나 추급력과 물상대위성은 부정된다. 2012'
③ 우선변제권은 법적으로 부정되나 2011' 실질적으로는 인정되는 것과 같다.
④ 별제권이 인정된다(채무자회생 및 파산에 관한 법률).

(3) 유치권의 성립요건과 효력

성립요건		① 유치권의 목적물은 부동산 · 동산 · 유가증권이다. ② 채권과 목적물과의 견련성이 있어야 한다. 그러나 채권과 목적물의 점유와의 견련성을 요하지는 않는다. 따라서 채권이 목적물에 관하여 발생한 경우라면 그 후 채권자가 그 목적물의 점유를 취득하더라도 유치권은 성립한다. 2011' 2015' ⑦ 물건의 수선비청구권 2014 ⓒ 목적물에 지출한 비용상환청구권 2009' 2010' ⓒ 목적물로부터 받은 손해배상청구권 ② 서로 물건을 바꾸어 간 경우 ⓜ 매매계약이 취소된 경우 부당이득에 의한 대금반환청구권 ③ 채권이 변제기에 있어야 한다. 아울러 민법은 유익비의 상환청구권에 관하여 법원이 상당한 변제기한을 허여(인정)할 수 있도록 규정하고 있는데, 이 경우 채무자에게 기한이 허여되면 채권자의 유치권은 소멸한다. 2015' 2018' ④ 점유가 계속되어야 한다. 2011' ⑦ 직접, 간접점유를 불문한다. 2012' ⓒ 불법행위로 인한 점유가 아니어야 한다. 2010' 예컨대, 도둑(盜人)이 그의 도품에 비용을 지출하여도 그 비용의 상환청구권에 관하여 유치권을 취득하지 못한다. ⑤ 유치권의 발생을 배제하는 특약이 없어야 한다. 즉, 유치권의 발생에 관한 민법의 규정은 임의규정이다(통설 · 판례). 2010' 2012'
효력	유치권자의 권리	① 목적물을 유치할 수 있다. 토지의 임차인이 비용상환청구권에 관하여 유치권을 행사하는 경우는 종전의 사용상태를 계속하는 것이 유치의 방법이라고 할 수밖에 없지만 그 동안의 이득은 부당이득으로 반환해야 할 것이다. ② 경매권을 행사할 수 있다. 2013' 2014' 경매의 경우에 매수인(경락인)은 유치물에 관한 채권을 변제해야만 유치물을 수취할 수 있으므로 실제로는 유치권자에게 우선변제권이 인정되는 것과 다름이 없다. 2011' ③ 간이변제충당권이 인정된다. 2013' 정당한 이유가 있을 때에는(목적물의 가치가 너무 적어 비용을 들여 경매에 붙이는 것이 불합리한 경우) 유치권자는 감정인의 평가에 의하여 유치물로 직접 변제에 충당할 것을 법원에 청구할 수 있다(제322조). ④ 과실수취권이 인정된다. 2012' 2013' 유치물의 과실을 수취하여 1차적으로 이자에 충당하고 2차적으로는 원본에 충당하여야 한다. ⑤ 유치물의 사용권이 있다. 따라서 유치물의 보존범위 내에서의 사용은 채무자의 승낙을 요하지 아니한다. 2015' ⑥ 비용상환청구권이 인정된다. 2013' 따라서 필요비상환청구권은 전액을, 유익비상환청구권은 지출금액 또는 증가액의 상환을 청구할 수 있다. 2009'
	유치권자의 의무	① 선량한 관리자의 주의의무로 유치물을 보관하여야 한다. ② 채무자의 승낙 없는 유치물의 사용 · 대여 · 담보제공행위는 할 수 없다. 2010' 2014' 채무자와 소유자가 동일인이 아닐 때에는 소유자의 승낙이 있어야 한다. 2012' ③ 위 ①, ②의 의무에 위반하면 소유자는 유치권의 소멸을 청구할 수 있다(제324조 제3항). 2016'

(4) 유치권의 소멸

① 유치권은 소멸시효에 걸리지 않으며 피담보채권이 소멸시효에 걸려 소멸하면 부종성에 의해 유치권도 소멸한다. 아울러 유치권의 행사는 피담보채권의 소멸시효진행에 영향을 미치지 아니한다. 2012' 2017'
② 채무자가 유치물을 직접점유하는 경우에는 유치권은 소멸한다. 2009' 2010' 2012' 2015' 2016'

2. 저당권의 의의 및 법적 성질

(1) 저당권의 의의

채무자 또는 제3자(물상보증인)가 점유를 이전하지 않고 채무의 담보로 제공한 물건에서 채권자가 우선변제를 받을 수 있는 약정담보물권이다.

(2) 저당권의 법률적 성질

① 약정담보물권이며, 우선변제적 효력이 인정된다.
② 물상대위성·불가분성·타물권·부종성·수반성이 있다.
③ 목적물의 점유를 수반하지 않는 권리이다.
④ 저당권은 피담보채권과 분리하여 타인에게 양도하거나 다른 채권의 담보로 하지 못한다(제361조). 2010' 2014' 2015' 2017' 2018'

(3) 저당권의 효력이 미치는 범위

목적물의 범위	① 저당권의 효력은 저당부동산에 부합(저당권의 설정전후를 불문)된 부합물과 종물에도 미친다. 2010' 2011' 2012' 2016' 2017' 예외적으로 설정계약에서 반대의 특약을 한 경우와 지상권자·전세권자 등이 부합한 물건에는 미치지 아니한다. ② 토지와 건물은 별개의 부동산이므로 저당목적 토지 위의 건물에는 저당권의 효력이 미치지 아니한다. 단, 설정자가 그 저당 토지 위에 건물을 축조한 경우에는 토지와 함께 건물에 대해서도 경매를 청구할 수 있으나 먼저 건물의 매각대금으로부터는 우선변제를 받지 못한다. 2009' 2011' 2012' 2013' ③ 과실에는 저당권의 효력이 미치지 않으나 저당권의 실행으로 목적물에 대한 압류가 있은 후에는 설정자가 수취하는 과실 또는 수취할 수 있는 과실에도 저당권의 효력이 미친다. 2018' ④ 저당권에도 물상대위성이 있으므로 저당목적물의 멸실(보험금)·훼손(배상금)·공용징수(보상금)로 인하여 저당권설정자가 받을 금전 기타의 물건에 저당권의 효력이 미친다. 다만 이 경우에는 지급(인도)전에 반드시 압류하여야 한다. 2010'
피담보 채권의 범위 2018'	① 원본 ② 이자(변제기 이전의 이자는 제한 없이 담보된다) ③ 위약금(등기한 경우에 저당권에 의하여 담보된다) ④ 채무불이행으로 인한 손해배상(지연배상·지연이자) : 지연배상은 원본의 이행기일 경과 후의 1년분에 한하여 담보된다(후순위권리자·제3취득자를 보호하기 위한 규정). ⑤ 저당권실행비용(감정평가비용·경매신청등록세 등의 비용)

(4) 제3취득자의 변제권

① 제3취득자는 저당권을 실행하는 경매에 참가하여 매수인(경매인)이 될 수 있다(제363조 제2항). 2009' 2018'
② 저당부동산의 제3취득자는 저당권자에게 그 부동산으로 담보된 채권을 변제하고 저당권의 소멸을 청구할 수 있다(제364조). 여기서의 제3취득자는 이해관계 있는 제3자이므로 채무자의 의사에 반하여서도 대신 변제할 수 있다(제469조 제2항).
③ 위 ②의 경우에는 제3취득자는 저당권자를 법정대위하며, 채무자에게 구상권을 행사할 수 있다.
④ 저당부동산의 제3취득자가 그 부동산의 보존·개량을 위하여 필요비 또는 유익비를 지출한 때에는 저당물의 매각대금에서 우선상환을 받을 수 있다(제367조). 2009' 2015' 2017' 2018'

(5) 저당권침해에 대한 구제

① 물권적 청구권 : 저당권자는 그 저당권에 의거하여 침해의 제거 또는 예방을 청구할 수 있다(제214조·제370조). 2010' 그러나 저당목적물의 반환청구권은 인정되지 아니한다. 2010' 2015'
② 손해배상 청구권 : 저당권침해가 불법행위의 요건을 충족하면 저당권자는 손해배상을 청구할 수 있다(제750조).
③ 저당물보충 청구권 : 저당권설정자의 책임있는 사유로 인하여 저당물의 가액이 현저히 감소된 때에는 저당권자는 설정자에 대하여 그 원상복구 또는 상당한 담보제공을 청구할 수 있다(제362조).
④ 즉시변제 청구권 : 저당권의 침해가 채무자의 귀책사유로 인한 때에는 채무자는 기한의 이익을 상실하고, 저당권자는 즉시 변제를 청구할 수 있고 저당권을 실행할 수 있다(제388조 제1호). 2011'

3. 근저당

(1) 근저당의 의의 및 설정

근저당은 거래에 따라 채권액이 증감하더라도 그 증감에 관계없이 결산기에 존재하는 채권을 미리 정한 최고액의 한도에서 담보하는 데 그 특색이 있다.

(2) 근저당권의 효력

① 결산기에 저당권을 실행하여 우선변제를 받을 수 있는 액은 등기된 최고액의 범위 안에서 실제로 결산기에 존재한 채권액이다.
② 최고액이란 채권자(근저당권자)의 목적물에 대한 우선변제를 받을 수 있는 한도액을 의미하는 것이지 채무자의 책임의 한도액을 의미하는 것이 아니다. 2013'
③ 1년분이 넘는 지연배상금이라도 채권최고액의 한도 내라면 전액 근저당권에 의해 담보된다. 2015'
④ 근저당권의 실행비용은 채권최고액에 포함되지 않으며 별도로 우선변제를 받는다. 2009'
⑤ 이자는 최고액 속에 산입된 것으로 보게 되므로 원본과 이자를 합한 것이 최고액을 넘으면 그 초과부분은 담보되지 못한다. 2009'

(3) 피담보채권의 확정 2012' 2013' 2015' 2017'

① 설정계약 또는 기본계약에서 규정한 결산기의 도래
② 근저당권의 존속기간이 있는 경우 존속기간의 만료
③ 기본계약 또는 설정계약이 해지 또는 해제된 때
④ 근저당권자가 경매를 신청하는 때
⑤ 채무자에 대한 회생절차의 개시결정이 있는 때
⑥ 제3자(후순위저당권자 등)가 경매 신청한 경우에는 매수인(경락인)이 매각대금을 완납한 때

01 계약총론

1. 계약의 성립

(1) 청약

① 청약이란 승낙과 결합하여 일정한 계약을 성립시킬 것을 목적으로 하는 구체적·확정적 의사표시를 말한다. 2009' 2011' 2017' 청약은 상대방 있는 의사표시지만, 그 상대방은 특정인이 아닌 불특정다수인에 대한 것도 유효하다. 2012' 2014' 2015' 2016' 2018'

② 청약의 유인이란 타인을 유인하여 자기에게 청약을 하게 하려는 행위로, 정찰이 붙지 않은 상품의 진열, 아파트의 분양광고, 구인광고 등이 이에 속한다. 2011' 2017'

③ 청약은 원칙적으로 그 통지가 상대방에게 도달함으로써 발생한다 (제111조 제1항). 2014' 아울러 청약은 원칙적으로 철회하지 못한다. 2015' 2016' 2018'

④ 발신 후 도달 전에 청약자가 사망하거나 행위능력이 상실하더라도 청약의 효력에는 영향을 미치지 아니한다(제111조 제2항). 2012' 2013' 2014' 2015' 2018'

⑤ 승낙기간을 정한 경우의 청약은 청약자가 그 기간 내에 승낙의 통지를 받지 못한 때에는 청약은 그 효력을 잃는다. 2015' 2016'

⑥ 승낙기간을 정하지 아니한 경우에는 청약자가 상당 기간 내에 승낙의 통지를 받지 못한 때에는 청약은 그 효력을 잃는다(제529조). 2014'

⑦ 승낙기간의 경과 후 도달한 승낙을 승낙자의 새로운 청약으로 볼 수 있다. 2011' 2014'

⑧ 승낙자가 받은 청약에 조건을 붙이거나 변경을 가하여 승낙한 때에는 이를 새로운 청약으로 볼 수 있다. 2009' 2012' 2013' 2017'

⑨ 교차청약(交叉請約)이란 당사자가 서로 우연히 객관적으로 일치하는 계약의 내용을 청약한 경우이다. 교차청약은 민법 제533조에 의하여 양 청약이 상대방에게 도달한 때에 계약이 성립된다. 2013' 2017' 만약 양 청약이 시간적 간격을 갖고 도달한 경우에는 후에 도달한 청약이 도달한 시점으로 계약은 성립된다(제533조).

⑩ 청약자의 의사표시나 관습에 의하여 승낙의 통지가 필요하지 아니한 경우에는 계약은 승낙의 의사표시로 인정되는 사실(의사실현)이 있는 때에 성립한다(제532조). 2013'

(2) 승낙

① 승낙은 청약과 달라서 반드시 특정의 청약자에 대하여 해야 하며, 승낙은 청약의 내용과 일치하여야 한다. 2012' 2014'

② 승낙의 효력발생시기에 관하여 격지자 간의 계약은 승낙의 통지를 발송한 때에 성립한다고 규정함으로써 발신주의를 규정하고 있다 (제531조). 2011' 2014' 2015' 2018'

2. 동시이행의 항변권

(1) 의의와 성질

쌍무계약에 있어서 당사자 쌍방은 특약이 없는 한 상호 간의 채무를 동시에 이행할 의무를 지는 이른바 동시이행의 의무가 있다. 2010' 따라서 당사자 일방은 상대방이 그 채무이행을 제공할 때까지 자기의 채무이행을 거절하여 연기할 수 있는데, 이것이 동시이행의 항변권이다.

(2) 성립요건(제536조)

① 대가적 의미 있는 채무가 존재할 것
② 상대방의 채무가 변제기에 있을 것
③ 상대방이 자기의 채무의 이행 또는 그 제공을 하지 않고서 이행을 청구하였을 것

(3) 적용 범위

① 계약의 해제로 인한 원상회복의무의 이행(제549조) 2014' 2015' 2018'
② 가등기담보에 있어서 청산금지급채무와 목적부동산에 대한 본등기 및 인도의무(가담법 제4조 제3항) 2018'
③ 전세권 소멸 시 전세권설정자의 전세금반환의무와 전세권자의 목적물인도 및 말소등기서류교부의무 2018'
④ 도급인의 보수지급의무와 수급인의 하자보수의무(제667조)
⑤ 매도인의 이전등기의무와 매수인의 잔대금지급의무

3. 제3자를 위한 계약

(1) 의의

제3자를 위한 계약이란 계약 당사자 간의 특약으로 계약당사자가 아닌 제3자로 하여금 계약당사자의 일방에게 직접 권리를 취득케 할 것을 목적으로 하는 계약이다.

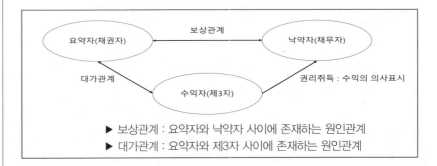

▶ 보상관계 : 요약자와 낙약자 사이에 존재하는 원인관계
▶ 대가관계 : 요약자와 제3자 사이에 존재하는 원인관계

(2) 요건

① 요약자와 낙약자 간에 유효한 계약이 성립할 것 : 보상관계는 제3자를 위한 계약의 내용이 되므로, 그 흠결이나 하자 등으로 인한 무효나 취소, 해제 등은 제3자를 위한 계약의 효력에 영향을 미친다. 2015'

② 제3자에게 직접 권리를 취득시키는 의사표시가 있을 것 : 제3자는 계약성립 시에 현존·특정되어 있지 않아도 된다. 2016' 태아나 아직 성립하지 않은 법인을 위한 계약도 가능하다.

(3) 효과

① **제3자의 권리발생 요건** : 낙약자에게 수익의 의사표시를 함으로써 요약자와 낙약자 간의 계약내용대로 제3자는 권리를 취득하며, 이는 형성권의 일종이다. `2009` `2013` `2014` `2017` `2018`

② **제3자가 취득하는 권리의 내용** : 요약자와 낙약자의 계약으로 생기나, 제3자가 수익의 의사표시를 하여 권리를 취득한 후에는 이것을 변경하거나 소멸하게 할 수 없다(제541조). `2009` `2011` `2015` `2016`

③ **제3자(수익자)의 지위** : 제3자는 계약의 당사자가 아니므로 해제권이나 취소권을 가지지 않으며 따라서 원상회복청구권도 인정되지 않는다. `2009` `2011` `2013` `2015` `2016` `2017` `2018` 의사의 흠결이나 하자 등의 문제에 있어서도 제3자는 기준이 되지 않는다. `2011` `2013` 제3자가 낙약자를 기망한 경우에는 제3자의 사기로 보게 된다.

④ **요약자의 지위**
　㉠ 낙약자에게 제3자에 대한 채무이행을 청구할 수 있고, 낙약자의 채무불이행을 이유로 해제할 수 있다. `2014` `2018`
　㉡ 요약자는 계약의 당사자이므로 의사의 흠결·하자·채무불이행 등을 이유로 하는 무효·취소·해제나 선의·무과실 등을 결정하는 표준이 된다. `2014`

⑤ **낙약자의 지위**
　㉠ 낙약자는 계약의 당사자이며 계약에서 생기는 채무를 제3자에게 이행할 의무를 지고 채무불이행 시 제3자에 대하여 손해배상의 의무가 있다. `2011` 그리고 계약에 기한 항변으로써 제3자에게도 대항할 수 있다(제542조). `2009` `2013` `2015` `2016` `2017` `2018`
　㉡ 낙약자는 제3자에 대하여 상당한 기간을 정해 수익 여부의 확답을 최고할 수 있는 바, 그 기간 내에 확답을 받지 못한 때에는 거절한 것으로 본다(제540조). `2011` `2013` `2014` `2016`

4. 계약의 해제

(1) 해제권의 발생원인

① **약정해제권** : 계약에 있어서 약정해제란 계약당사자 일방 또는 쌍방을 위하여 계약당사자 간의 계약으로 해제권을 보류시킨 경우를 의미한다.

② **법정해제권**
　㉠ 이행지체에 의한 해제권
　　• 보통의 이행지체 : 채무의 이행기를 특별히 정하지 아니한 채무가 이행지체되고 있을 때에는 채권자는 채무자에 대하여 당해 채무를 상당기간 내에 이행할 것을 최고한 후 채무자가 계속하여 이행지체에 있을 경우에는 계약의 해제권을 행사할 수 있다. `2010` 단, 채무자가 미리 이행하지 않을 의사를 표시한 경우에는 최고 없이 해제권의 행사가 가능하다(제544조). `2009` `2010`
　　• 정기행위의 이행지체 : 정기에 이행할 채무가 지체되고 있는 경우 채권자는 곧바로 해제권을 행사할 수 있으며(제545조), `2017` 이 경우 최고할 필요는 없으나 해제의 의사표시는 하여야 한다. `2015`

　㉡ 이행불능에 의한 해제권 : 민법은 채무자의 책임 있는 사유로 이행불능만을 규정하고 있으나, 이행지체 중의 불가항력에 의한 이행불능도 채무자의 귀책사유로 인한 이행불능에 포함한다. 이행지체와는 달리 채권자는 최고 없이 곧바로 해제권을 행사함으로써 계약의 효력을 소멸시킬 수 있다. `2009` `2010` `2011` `2012` `2014` `2018`

　㉢ 불완전이행에 의한 해제권 : 이행된 급부가 추완(追完)이 가능한 경우에는 추완해 줄 것을 최고 후 이행이 없을 경우 해제할 수 있으며, 추완이 불가능한 경우에는 최고 없이 해제의 의사표시만으로 해제권을 행사할 수 있다. `2010`

　㉣ 채권자지체로 인한 해제권의 발생 : 채권자 수령지체를 이유로 하는 경우에는 상당한 기간을 정하여 수령할 것을 최고 후 채무자는 해제권을 행사할 수 있다.

구분		최고	해제권	손해배상청구권
약정해제		×	○	×
이행지체	보통	○	○	○
	정기행위	×	○	○
	불이행 의사표시	×	○	○
이행불능		×	○	○
불완전 이행	추완 可	○	○	○
	추완 不可	×	○	○
채권자지체		○	○	

(2) 해제권의 행사와 그 효과

① 당사자의 일방 또는 쌍방이 수인인 경우에는 그 전원으로부터 또는 전원에 대하여 한다(제547조). `2009` `2015` `2017` `2018` 그리고 1인에 대하여 해제권이 소멸한 때에는 다른 자에 대하여도 소멸한다(제547조 제2항). 이 규정은 계약의 해지에도 적용된다. `2016`

② 해제에 있어서의 기본적인 효과는 계약상의 법률적인 구속으로부터의 해방, 원상회복, 손해배상의 3가지이다.

③ 해제의 소급효는 제3자의 권리를 해하지 못한다(제548조 제1항 단서). `2014`
　㉠ 대항요건(등기 또는 특별법상의 대항요건)을 갖춘 임차인, 전세권자, 이전등기를 경료한 매수인, 해제 전 목적물을 가압류한 가압류채권자는 제3자에 해당한다. 즉 보호되는 제3자이다. `2010` `2013` `2016`
　㉡ 해제에 의하여 소멸하는 채권의 양수인, 채권의 압류 및 전부채권자, 제3자를 위한 계약에서의 수익자 등은 제3자에 해당하지 않는다. 즉 보호되지 않는다. `2013` `2015`
　㉢ 제3자에는 해제 후 말소등기 전에 이해관계를 갖게 된 선의의 제3자도 포함한다는 것이 판례의 태도이다. `2010` `2013`

④ **원상회복의무** : 계약이 해제될 경우 원물이 현존하면 그 물건을 반환한다는 원물반환의 원칙이다. 채무의 이행으로 금전이 급부된 경우에는 그 받은 날로부터 이자를 붙여서 반환하여야 한다(제548조 제2항). `2013`

⑤ **손해배상의무** : 계약의 해제는 손해배상의 청구권 행사에 영향을 미치지 않는다(제551조). `2017`

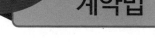

02 계약각론

1. 매매계약 일반

(1) 의의

매매계약은 당사자 일방이 재산권을 상대방에게 이전할 것을 약정하고 상대방이 그 대금을 지급할 것을 약정하는 계약이다(제563조).

(2) 매매의 법률적 성질

① 매매는 낙성·쌍무·유상·불요식계약이다. 2009' 2011' 2015' 2017'

② 타인의 물건이나 권리도 매매의 대상이 될 수 있다.

③ 민법의 매매에 관한 규정은 다른 유상계약에도 준용된다(제567조).

(3) 계약금

매매계약을 체결할 때에 당사자 일방이 상대방에게 교부하는 금전 기타 물건을 계약금이라 하며, 이를 다른 유상계약에 준용하고 있다(제567조). 2015' 계약금계약은 매매계약의 종된 계약(매매계약이 무효, 취소되면 계약금계약도 무효)이며 계약당시에 현실적으로 계약금이 수수(授受)되어야 하므로 요물계약이다. 2009' 2012' 2013' 2014' 2016' 2017' 2018'

① **증약금** : 계약체결의 증거로서의 의미를 갖는 계약금이다. 계약금은 언제나 증약금으로서의 작용을 한다. 2013'

② **위약금** : 당사자 일방의 채무불이행으로 인한 손해배상의 예정으로서의 성질을 갖는 계약금이다. 이러한 계약금이 위약금으로서의 효력을 발생하려면, 당사자 사이에 그러한 특약이 있어야 한다. 2012' 2016' 2017'

③ **해약금**

ⓐ 계약금을 교부한 자는 그것을 포기함으로써, 그리고 이 계약금을 교부 받은 자는 그 배액을 상환함으로써 계약을 해제할 수 있다(제565조). 2012' 이 규정은 임의규정이므로 배제하는 합의도 유효하다. 2009' 2011' 2016' 2017'

ⓑ 민법은 당사자 사이에 다른 약정이 없는 한 해제권을 보류하기 위하여 수수된 것, 즉 해약금으로 추정한다. 2013' 2014' 2015'

ⓒ 해약금에 의하여 해제할 수 있는 기간은 당사자의 일방이 이행에 착수할 때까지이다. 2014' 2016' 2018'

ⓓ 원상회복의무의 문제는 생기지 않으며, 채무불이행에 의한 해제가 아니기 때문에 손해배상청구권도 발생하지 않는다. 2012' 2015' 2016' 2017'

ⓔ 계약금이 교부되어 있어도 채무불이행이 발생하면 채무불이행을 이유로 해제할 수도 있다. 이 경우에는 원상회복청구나 손해배상청구도 인정된다. 2009' 2011' 2014' 2018'

(4) 매매계약의 비용

매매계약에 관한 비용은 당사자 사이에 특약이 없으면 당사자 쌍방이 균분하여 부담한다(제566조). 2019' 2014' 2015' 목적물 측량비용·계약서 작성비용 등이 매매계약에 관한 비용이다. 그러나 부동산등기비용은 이에 속하지 않고 매수인이 부담하는 것이 관례이다. 2013'

(5) 매매의 효력

① 매매의 목적이 된 권리가 타인에게 속한 경우에는 매도인은 그 권리를 취득하여 매수인에게 이전하여야 한다. 2014'

② 목적물을 인도하기 전에 원물로부터 발생된 과실(果實)은 이전하지 않아도 되나 매수인으로부터 매매대금을 받은 경우에는 그 이후의 과실을 매수인에게 이전하여야 함이 원칙이다. 2009' 2015'

③ 매매계약의 목적물이 특정물인 경우에는 매도인은 그 물건을 매수인에게 인도하기까지 선량한 관리자의 주의로 보존하여야 하며(제374조), 매도인이 이러한 의무를 게을리 하여 목적물을 멸실·훼손한 때에는 손해배상책임을 부담하여야 한다(제390조).

④ 매매목적물의 인도와 동시에 대금을 지급할 경우, 그 인도장소에서 대금을 지급하여야 한다. 2013' 2014' 2015'

⑤ 당사자 일방에 대한 의무이행의 기한이 있는 때에는 상대방의 의무이행에 대하여도 동일한 기한이 있는 것으로 추정한다. 2014'

2. 매도인의 담보책임

(1) 의의 및 성질

① 매도인의 담보책임에 관한 민법의 규정(제570조 내지 제588조)은 모든 유상계약에 준용한다.

② 매도인에게 인정되는 무과실책임이며 법정책임이나 강행규정은 아니다. 따라서 당사자의 약정으로 책임을 배제, 경감 또는 가중할 수 있다.

③ 매도인의 담보책임은 무과실책임이나 하자의 발생 및 그 확대에 가공한 매수인의 잘못을 참작하여 손해배상 범위를 정할 수 있다. 2017' 아울러 손해배상의 성격은 이행이익의 배상이다. 2015'

③ 그러나 매매목적물의 하자를 알고 있는 매도인이 선의의 매수인에게 고지하지 아니한 경우와 매도인 스스로 각종 제한되는 권리를 설정·양도하는 경우에는 매도인의 담보책임면책특약은 무효이다(제584조). 2014' 2017'

(2) 담보책임의 내용

① 권리와 물건의 하자에 대한 담보책임

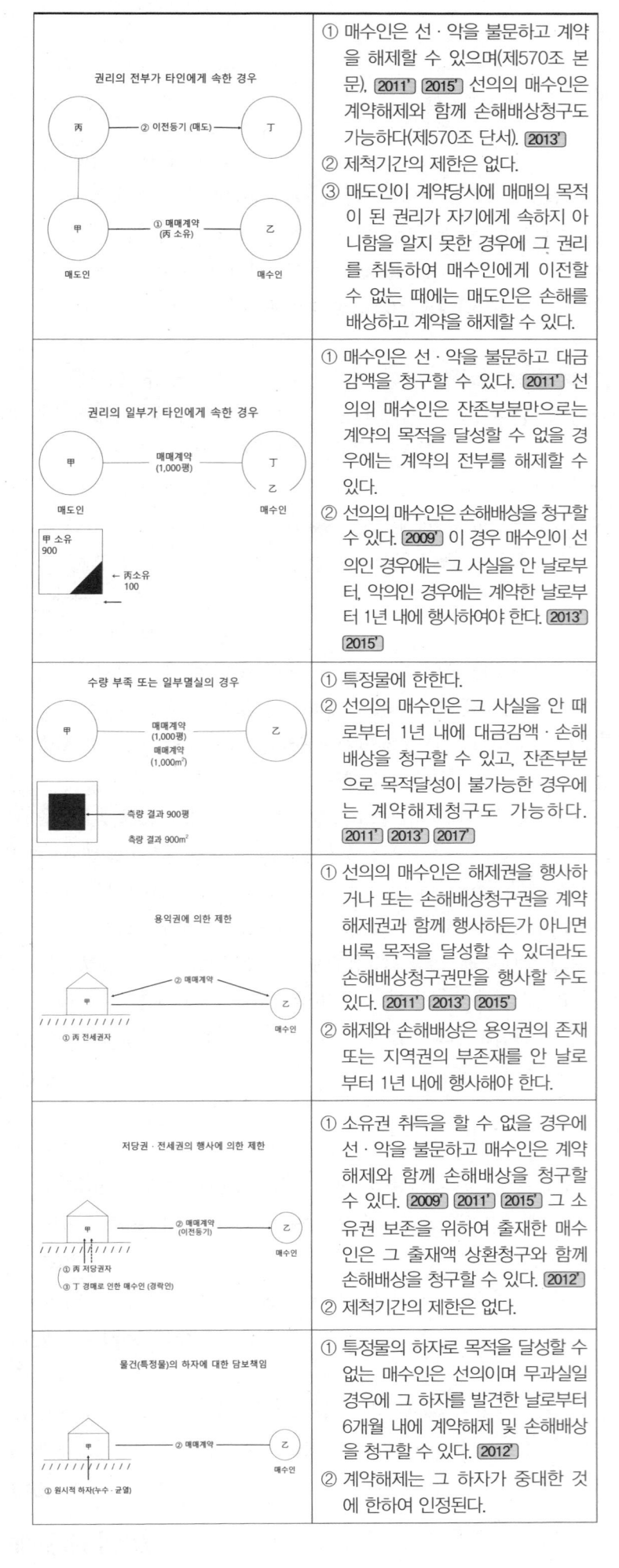

권리의 전부가 타인에게 속한 경우	① 매수인은 선·악을 불문하고 계약을 해제할 수 있으며(제570조 본문). 2011' 2015' 선의의 매수인은 계약해제와 함께 손해배상청구도 가능하다(제570조 단서). 2013' ② 제척기간의 제한은 없다. ③ 매도인이 계약당시에 매매의 목적이 된 권리가 자기에게 속하지 아니함을 알지 못한 경우에 그 권리를 취득하여 매수인에게 이전할 수 없는 때에는 매도인은 손해를 배상하고 계약을 해제할 수 있다.
권리의 일부가 타인에게 속한 경우	① 매수인은 선·악을 불문하고 대금감액을 청구할 수 있다. 2011' 선의의 매수인은 잔존부분만으로는 계약의 목적을 달성할 수 없을 경우에는 계약의 전부를 해제할 수 있다. ② 선의의 매수인은 손해배상을 청구할 수 있다. 2009' 이 경우 매수인이 선의인 경우에는 그 사실을 안 날로부터, 악의인 경우에는 계약한 날로부터 1년 내에 행사하여야 한다. 2013' 2015'
수량 부족 또는 일부멸실의 경우	① 특정물에 한한다. ② 선의의 매수인은 그 사실을 안 때로부터 1년 내에 대금감액·손해배상을 청구할 수 있고, 잔존부분으로 목적달성이 불가능한 경우에는 계약해제청구도 가능하다. 2011' 2013' 2017'
용익권에 의한 제한	① 선의의 매수인은 해제권을 행사하거나 또는 손해배상청구권을 계약해제권과 함께 행사하든가 아니면 비록 목적을 달성할 수 있더라도 손해배상청구권만을 행사할 수도 있다. 2011' 2013' 2015' ② 해제와 손해배상은 용익권의 존재 또는 지역권의 부존재를 안 날로부터 1년 내에 행사해야 한다.
저당권·전세권의 행사에 의한 제한	① 소유권 취득을 할 수 없을 경우에 선·악을 불문하고 매수인은 계약해제와 함께 손해배상을 청구할 수 있다. 2009' 2011' 2015' 그 소유권 보존을 위하여 출재한 매수인은 그 출재액 상환청구와 함께 손해배상을 청구할 수 있다. 2012' ② 제척기간의 제한은 없다.
물건(특정물)의 하자에 대한 담보책임	① 특정물의 하자로 목적을 달성할 수 없는 매수인은 선의이며 무과실일 경우에 그 하자를 발견한 날로부터 6월 내에 계약해제 및 손해배상을 청구할 수 있다. 2012' ② 계약해제는 그 하자가 중대한 것에 한하여 인정된다.

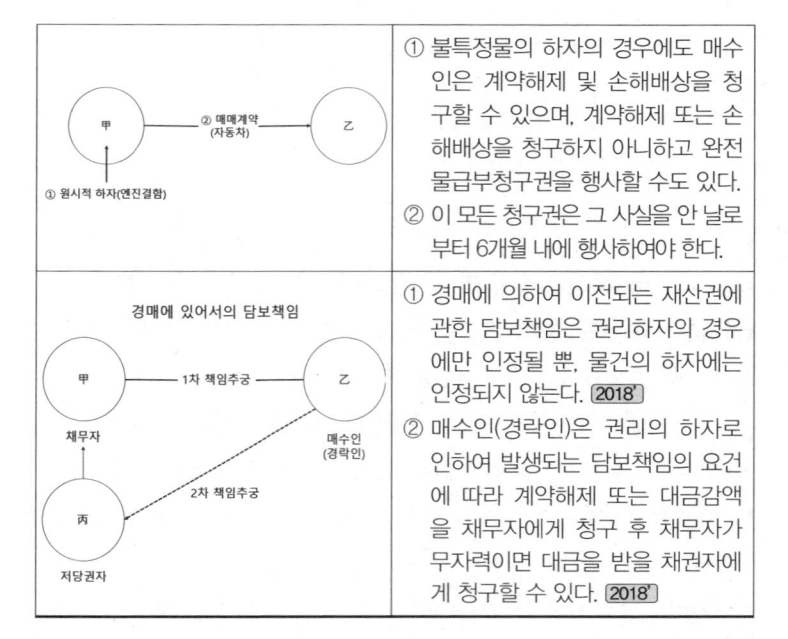

(불특정물 매매계약 그림)	① 불특정물의 하자의 경우에도 매수인은 계약해제 및 손해배상을 청구할 수 있으며, 계약해제 또는 손해배상을 청구하지 아니하고 완전물급부청구권을 행사할 수도 있다. ② 이 모든 청구권은 그 사실을 안 날로부터 6월 내에 행사하여야 한다.
경매에 있어서의 담보책임	① 경매에 의하여 이전되는 재산권에 관한 담보책임은 권리하자의 경우에만 인정될 뿐, 물건의 하자에는 인정되지 않는다. 2018' ② 매수인(경락인)은 권리의 하자로 인하여 발생되는 담보책임의 요건에 따라 계약해제 또는 대금감액을 채무자에게 청구 후 채무자가 무자력이면 대금을 받을 채권자에게 청구할 수 있다. 2018'

② 경매에 있어서의 담보책임 2012' 2018'

㉠ 경매에 의하여 이전되는 재산권에 관한 담보책임은 권리하자의 경우에만 인정될 뿐(제578조 제1항) 물건의 하자에는 인정되지 않는다(제580조 제2항).

㉡ 매수인(경락인)은 계약해제 또는 대금감액을 채무자에게 청구 후 채무자가 무자력자이면 대금을 받을 채권자에게 청구할 수 있다.

3. 교환

(1) 의의 및 성질

교환은 당사자 쌍방이 금전 이외의 재산권을 상호이전할 것을 약정함으로써 그 효력이 발생하는 계약으로, 낙성·쌍무·유상·불요식 계약인 점은 매매와 동일하다. 2009' 2011' 2014' 2015' 2016' 2017'

(2) 효력

① 유상계약이므로 매도인의 담보책임 등 매매에 관한 규정이 준용된다. 2010' 2014' 2016' 2017' 보통은 금전을 지급하지 않는 바, 그 점에서만 매매와 다르고 기타의 점에 있어서는 매매와 같다.

② 당사자 일방이 보충금을 지급하는 경우(예 토지와 건물을 교환하면서 차액을 금전으로 지급하는 경우)에도 교환에 해당하나, 2013' 다만 보충금에 대해서는 매매대금에 관한 규정을 준용하고 있다(제597조). 2014' 2016' 2017'

4. 임대차

(1) 법적 성질

① 임대차는 사용·수익의 대가로서 차임을 지급하는 것이 요소이다. 차임은 금전에 한하지 않는다. 아울러 보증금의 수수(授受)는 임대차계약의 성립요건이 아니다. 2011'

② 낙성·쌍무·유상·불요식 계약이다. 2009' 2011' 2015' 2017' 따라서 임대차는 임대인과 임차인의 일정한 합의가 있으면 성립하는 것으로서, 임대인의 그 목적물에 대한 소유권 기타 이를 임대할 권한이 있을 것을 성립요건으로 하지 않는다(대판 1996.3.8. 95다15087).

(2) 임대인의 권리와 의무

① **수선의무** : 임대인은 임대차기간 동안 임차인의 임차물에 대한 사용, 수익에 필요한 상태를 유지하기 위한 수선의무를 진다(제623조).

② **담보책임** : 임대차도 유상계약이므로 매매계약상 매도인의 담보책임 규정이 임대인에게 준용되어 매도인과 동일한 내용의 담보책임을 부담한다.

(3) 임차인의 권리와 의무

① **사용수익권** : 임차인이 임대인에게 요구할 수 있는 가장 본질적인 것은 임차권으로서 임차물을 사용·수익할 수 있도록 요구할 수 있는 목적물사용·수익권이다.

② **등기협력요구권** : 토지를 임차하여 그 지상에 건물을 소유하고 있는 토지임차인은 그 건물을 등기함으로써 제3자에 대하여 대항력을 갖는다. 2015' 2018'

③ **비용상환청구권**

　㉠ 임차물의 보존에 필요한 비용을 임차인이 지출한 경우에는 임대차존속기간이 만료되지 않더라도 임대인에 대하여 필요비상환을 청구할 수 있다(제626조 제1항). 2011' 2015' 또한 임차물의 가액을 증가시킨 비용을 임차인이 지출한 경우에 임대인에 대하여 유익비 상환을 청구할 수 있다. 2012'

　㉡ 필요비 및 유익비상환청구권은 임대인이 목적물을 반환받은 날로부터 6개월 내에 행사하여야 한다. 2010' 2016'

　㉢ 비용상환청구권에 관한 민법의 규정은 임의규정이다. 따라서 이를 인정하지 않는다는 특약을 하더라도 유효하다. 2012'

④ **유치권** : 임차인의 비용상환청구권에 대한 임대인의 불이행이 있을 경우에 임차인은 임차물에 관하여 유치권을 행사할 수 있다.

⑤ **부속물매수청구권**

　㉠ 건물 그 밖의 공작물의 임차인이 임대인의 동의를 얻어 부속시킨 물건 또는 임대인으로부터 매수한 부속물은 임대차가 종료한 때에 임대인에 대하여 매수할 것을 청구할 수 있다(제646조). 2015' 2016'

　㉡ 임차인의 부속물매수청구권은 형성권이며, 그 행사에는 제한이 없을 뿐만 아니라 민법 제646조는 강행규정이다.

⑥ **토지임차인의 갱신 및 지상물매수청구권** : 건물 그 밖의 공작물을 소유할 목적 또는 식목, 채렴을 목적으로 한 토지임차인은 기간 만료 시 그 지상물이 현존하는 경우에 한하여 임대인에 대하여 갱신청구를 할 수 있으며, 갱신을 거절당한 경우에는 형성권으로서 지상물매수청구권을 행사할 수 있다(제643조). 2012' 2012' 2013' 2015'

⑦ **차임증감청구권**

⑧ **임차물보관의무**

01 주택임대차보호법

제1절 적용범위

임차주택의 일부가 주거 외의 목적으로 사용되는 경우에도 본법이 적용되나, 일시사용을 위한 임대차에는 적용되지 아니한다. 2016

제2절 대항력과 우선변제권

1. 주택임차권의 대항력

(1) 대항요건과 대항력의 발생시기
① 임차인이 주택을 인도받아 점유하고 그 주택의 주소지로 주민등록을 마친 때에는 대항력이 생긴다(법 제3조 제1항).
② 주택의 인도와 주민등록은 대항력 및 우선변제권의 취득요건일 뿐만 아니라 효력존속요건이다. 2014 따라서 경매절차에서는 배당요구의 종기까지 계속 존속하고 있어야 대항력 또는 우선변제권을 행사할 수 있다(대법원 2002.8.13, 2000다61466).

(2) 임차인이 법인인 경우
한국토지주택공사나 지방공기업법에 따라 주택사업을 목적으로 설립된 지방공사가 주택을 임차한 후 해당 법인 등이 선정한 입주자가 그 주택을 인도받고 주민등록을 마친 때에는 해당 법인이 대항력을 갖게 된다(법 제3조 제2항, 영 제2조).

2. 주택임차권의 우선변제권

(1) 대항력과 우선변제권의 겸유
임차인이 주택의 점유 및 주민등록의 요건과 임대차계약서상의 확정일자를 갖추면, 대항력과 우선변제권을 함께 갖게 된다.

(2) 우선변제권의 발생시기
주택의 인도와 주민등록을 마친 당일 또는 그 이전에 임대차계약서상에 확정일자를 갖추었다면 우선변제권은 주택의 인도와 주민등록을 마친 다음 날을 기준으로 발생한다(대법원 1999.3.23, 98다46938).

3. 임차인의 경매신청 시 집행개시요건의 완화

임차인이 임차보증금반환채권의 확정판결 기타 이에 준하는 집행권원에 기하여 경매신청을 하는 경우에는 반대의무의 이행 또는 이행의 제공을 집행개시의 요건으로 보지 않는다(법 제3조의2 제1항). 따라서 임차인은 해당주택을 반환하지 않고도 그 주택에 대해 경매를 신청할 수 있다.

4. 임차권등기명령제도

(1) 의의 및 신청
① 임대차가 종료된 후 보증금을 반환받지 못한 임차인은 임차주택의 소재지를 관할하는 지방법원·동지원 등에 임차권등기명령을 신청할 수 있다.

② 임차인은 임차권등기명령의 신청 및 그에 따른 임차권등기와 관련하여 든 비용을 임대인에게 청구할 수 있다.

(2) 대항력과 우선변제권
임차권등기명령의 집행에 의하여 임차권등기가 마쳐지면 임차인은 대항력 및 우선변제권을 취득하며, 다만 임차인이 임차권등기 이전에 이미 대항력 또는 우선변제권을 취득한 경우에는 그 대항력 또는 우선변제권이 그대로 유지된다. 2015

5. 임차인의 최우선변제권

보증금이 일정금액 이하인 자는 주택이 경매된 경우에 최우선변제권이 인정된다.

(1) 우선변제 받을 임차인의 범위와 최우선 변제되는 보증금 중 일정액의 범위

구분	우선변제 받을 임차인의 범위	보증금 중 일정액의 범위
서울특별시	보증금 1억 1,000만 원 이하	3,700만 원 이하
과밀억제권역, 세종, 용인, 화성	보증금 1억 원 이하	3,400만 원 이하
광역시(군지역 제외), 안산, 김포, 광주, 파주	보증금 6,000만 원 이하	2,000만 원 이하
그 밖의 지역	보증금 5,000만 원 이하	1,700만 원 이하

(2) 임차인의 보증금 중 일정액이 주택가액의 2분의 1을 초과하는 경우에는 주택가액의 2분의 1에 해당하는 금액까지만 우선변제권이 있다(영 제10조).

제3절 임대차의 존속기간

1. 존속기간의 보장(법 제4조)
① 기간을 정하지 아니하거나 2년 미만으로 정한 임대차는 그 기간을 2년으로 본다. 다만, 임차인은 2년 미만으로 정한 기간이 유효함을 주장할 수 있다. 2014 2018
② 임대차기간이 끝난 경우에도 임차인이 보증금을 반환받을 때까지는 임대차관계가 존속되는 것으로 본다.

2. 묵시의 갱신(법정갱신)

(1) 법정갱신의 요건(법 제6조)
① 임대인이 임대차기간이 끝나기 6개월 전부터 1개월 전까지의 기간에 임차인에게 갱신거절의 통지를 하지 아니하거나 계약조건을 변경하지 아니하면 갱신하지 아니한다는 뜻의 통지를 하지 아니한 경우에는 그 기간이 끝난 때에 전 임대차와 동일한 조건으로 다시 임대차한 것으로 본다. 임차인이 임대차기간이 끝나기 1개월 전까지 통지하지 아니한 경우에도 또한 같다.

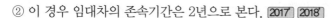
② 이 경우 임대차의 존속기간은 2년으로 본다. 2017 2018

③ 2기의 차임액에 달하도록 연체하거나 그 밖에 임차인으로서의 의무를 현저히 위반한 임차인에 대하여는 법정갱신이 인정되지 아니한다.

(2) 법정갱신과 계약해지(법 제6조의 2)

법정갱신에 따라 계약이 갱신된 경우에도 임차인은 언제든지 임대인에게 계약해지를 통지할 수 있다. 이 경우의 해지는 임대인이 그 통지를 받은 날부터 3개월이 지나면 그 효력이 발생한다.

제4절 차임증감청구권 등

1. 차임증감청구권

당사자는 약정한 차임이나 보증금이 임차주택에 관한 조세, 공과금, 그 밖의 부담의 증감이나 경제사정의 변동으로 인하여 적절하지 아니하게 된 때에는 장래에 대하여 그 증감을 청구할 수 있다(법 제7조). 다만, 증액청구는 임대차계약 또는 증액이 있은 후 1년 이내에는 하지 못하며, 또한 약정한 차임의 5%(1/20)를 초과하지 못한다(영 제8조). 2010 2014

2. 강행규정성

이 법에 위반된 약정으로서 임차인에게 불리한 것은 그 효력이 없다(법 제10조). 이는 경제적 약자를 보호하기 위한 편면적 강행규정이다.

02 상가건물임대차보호법

제1절 적용범위

1. 사업자등록의 대상

① 이 법은 사업자등록의 대상이 되는 상가건물의 임대차(임대차 목적물의 주된 부분을 영업용으로 사용하는 경우를 포함)에 대하여 적용된다. 2016 다만, 대통령령이 정하는 보증금액을 초과하는 임대차에 대하여는 적용되지 않는다.

② 다음의 규정은 대통령령이 정하는 보증금액을 초과하는 임대차에 대하여도 적용된다.

> 제3조(대항력 등), 제10조(계약갱신 요구 등), 제10조의2(계약갱신의 특례), 제10조의3(권리금의 정의 등), 제10조의4(권리금 회수기회 보호 등), 제10조의5(권리금 적용 제외), 제10조의6(표준권리금계약서의 작성 등), 제10조의7(권리금 평가기준의 고시), 제10조의8(차임연체와 해지), 제19조(표준계약서의 작성 등)

2. 보증금액의 한도

① 서울특별시 : 9억 원 이하

② 수도권정비계획법에 의한 과밀억제권역(서울시 제외) 및 부산광역시 : 6억 9천만 원 이하

③ 광역시(「수도권정비계획법」에 따른 과밀억제권역에 포함된 지역과 군지역, 부산광역시는 제외), 세종특별자치시, 파주시, 화성시, 안산시, 용인시, 김포시 및 광주시 : 5억 4천만 원 이하

④ 기타 지역 : 3억 7천만 원 이하

3. 보증금 외에 차임이 있는 경우 2010

① 보증금 외에 차임이 있는 경우에는 그 월단위의 차임액에 100을 곱하여 환산한 금액을 포함한다(법 제2조 제2항, 영 제2조 제3항).

② 예컨대 서울에 소재하는 상가를 보증금 3억 원, 월세 350만 원에 임차한 경우에는 이 법의 전부가 적용되지 않으며, 일부 규정만이 적용될 뿐이다(법 제2조 제3항). 환산보증금이 6억 5천만 원(3억+350만 원×100)이므로 6억 1천만 원을 초과하기 때문이다.

4. 일시사용을 위한 임대차

상가건물임대차보호법은 일시사용을 위한 임대차임이 명백한 경우에는 주택임대차보호법의 규정과 같이 이를 적용하지 아니한다(법 제16조). 2011

5. 미등기 전세에의 준용

상가건물임대차보호법은 목적건물의 등기하지 아니한 전세계약(채권적 전세)에 관하여도 본법을 준용하고 있다. 이 경우 "전세금"은 "임대차의 보증금"으로 본다(법 제17조).

제2절 대항력과 우선변제권

1. 대항력

① 임차인이 건물을 인도받고 「부가가치세법」 제5조 등에 의한 사업자등록을 신청한 때에는 그 다음 날부터 제3자에 대하여 효력이 생긴다. 즉 대항력이 발생한다. 2010 2016 이 경우, 임차건물의 양수인이나 그밖에 임대할 권리를 승계한 자는 임대인의 지위를 승계한 것으로 본다(법 제3조).

② 임차건물에 대하여 경매가 행하여지면 임차권은 그 임차건물의 경락에 의하여 원칙적으로 소멸하지만, 다만, 보증금이 전액 변제되지 아니한 대항력이 있는 임차권은 소멸하지 않는다(법 제8조). 2014

③ 상가건물의 임대차에 이해관계가 있는 자는 건물소재지의 관할 세무서장에게 등록사항의 열람 또는 제공을 요청할 수 있으며, 이때 관할 세무서장은 정당한 사유 없이 이를 거부할 수 없다(법 제4조).

④ 소유권이전등기청구권을 보전하기 위한 가등기가 경료된 후에 대항력을 취득한 임차인은 그 가등기에 기하여 본등기를 경료한 자에게 대항할 수 없다(대법원 2007.6.28, 2007다25599). 2010 가등기에 기한 본등기가 되면, 그 순위는 가등기시로 소급하기에 임차인이 대항력을 갖추어도 선순위권자에 대해서는 대항할 수 없기 때문이다.

2. 우선변제권

① 대항요건을 갖추고 관할 세무서장으로부터 임대차계약서상의 확정일자를 받은 임차인은 경매·공매 시 임대인 소유의 대지를 포함하는 임차건물의 환가대금(경락대금)에서 보증금을 우선변제받을 수 있다(법 제5조 제2항).

② 사업자등록은 대항력 또는 우선변제권의 취득요건일 뿐만 아니라 존속요건이기도 하므로, 배당요구의 종기까지 존속하고 있어야 한다(대법원 2006.1.13, 2005다64002). 2009' 2010' 2014'

3. 경매신청요건의 완화

임차인이 임차건물에 대하여 보증금반환청구소송의 확정판결 그밖에 이에 준하는 집행권원에 기한 경매를 신청하는 경우에는 민사집행법 규정(법 제41조)에도 불구하고 반대의무의 이행 또는 이행의 제공을 집행개시의 요건으로 하지 아니한다(법 제5조 제1항). 2014' 따라서 임차인이 경매를 신청하는 경우, 임차건물을 반환하지 않아도 된다.

4. 임차권등기명령

주택임대차의 경우와 같다.

5. 임차인의 최우선변제권

① 보증금이 일정금액 이하인 자는 주택이 경매된 경우에 최우선변제권이 인정된다. 다만, 이 경우 임차인은 건물에 대한 경매신청의 등기 전에 건물의 인도와 사업자등록의 요건을 갖추어야 한다.

② 최우선변제권이 인정되는 소액임차인은 보증금이 아래의 구분에 의한 금액 이하인 자라야 한다(영 제6조). 다만, 보증금 외에 차임이 있는 경우에는 그 월단위의 차임액에 100을 곱하여 환산한 금액을 포함한다.

③ 최우선변제를 받을 보증금 중 일정액의 범위는 다음과 같다. 다만, 아래의 보증금 중 일정액이 상가건물 가액의 2분의 1을 초과하는 경우에는 상가건물의 가액의 2분의 1에 해당하는 금액에 한하여 우선변제를 받을 수 있다(영 제7조 제1항).

구분	우선변제 받을 임차인의 범위	보증금 중 일정액의 범위
서울특별시	보증금 6,500만 원 이하	2,200만 원 이하
과밀억제권역	보증금 5,500만 원 이하	1,900만 원 이하
광역시(군지역 제외), 안산, 용인, 김포, 광주	보증금 3,800만 원 이하	1,300만 원 이하
그 밖의 지역	보증금 3,000만 원 이하	1,000만 원 이하

제3절 계약의 존속기간과 갱신

1. 최단기간의 보장(법 제9조)

① 기간의 정함이 없거나 기간을 1년 미만으로 정한 임대차는 그 기간을 1년으로 본다. 2010' 2014' 2016' 다만, 임차인은 1년 미만으로 정한 기간이 유효함을 주장할 수 있다.

② 임대차가 종료한 경우에도 임차인이 보증금을 반환받을 때까지는 임대차 관계는 존속하는 것으로 본다.

2. 계약갱신요구권

(1) 임대인은 임차인이 임대차기간이 만료되기 6개월 전부터 1개월 전까지 사이에 계약갱신을 요구할 경우 정당한 사유 없이 거절하지 못한다. 다만, 다음 중 어느 하나에 해당하는 경우에는 거절할 수 있다(법 제10조 제1항). 한편 이 계약갱신요구권에 관한 규정은 전대인과 전차인의 전대차관계에도 적용된다.

① 임차인이 3기의 차임액에 해당하는 금액에 이르도록 차임을 연체한 사실이 있는 경우 2014'

② 임차인이 거짓이나 그 밖의 부정한 방법으로 임차한 경우

③ 서로 합의하여 임대인이 임차인에게 상당한 보상을 제공한 경우

④ 임차인이 임대인의 동의 없이 목적 건물의 전부 또는 일부를 전대(轉貸)한 경우

⑤ 임차인이 임차한 건물의 전부 또는 일부를 고의나 중대한 과실로 파손한 경우 2009' 2012'

⑥ 임차한 건물의 전부 또는 일부가 멸실되어 임대차의 목적을 달성하지 못할 경우

⑦ 임대인이 다음 각 목의 어느 하나에 해당하는 사유로 목적 건물의 전부 또는 대부분을 철거하거나 재건축하기 위하여 목적 건물의 점유를 회복할 필요가 있는 경우

  ㉠ 임대차계약 체결 당시 공사시기 및 소요기간 등을 포함한 철거 또는 재건축 계획을 임차인에게 구체적으로 고지하고 그 계획에 따르는 경우

  ㉡ 건물이 노후 · 훼손 또는 일부 멸실되는 등 안전사고의 우려가 있는 경우

  ㉢ 다른 법령에 따라 철거 또는 재건축이 이루어지는 경우

⑧ 그 밖에 임차인이 임차인으로서의 의무를 현저히 위반하거나 임대차를 계속하기 어려운 중대한 사유가 있는 경우

(2) 임차인의 계약갱신요구권은 최초의 임대차기간을 포함한 전체 임대차기간이 10년을 초과하지 않는 범위 내에서만 행사할 수 있으며, 갱신되는 임대차는 전임대차와 동일한 조건으로 다시 계약된 것으로 본다. 2009' 2017' 다만, 차임과 보증금은 제11조의 규정에 의한 범위(증액의 경우 5% 이하) 내에서 증감할 수 있다(법 제10조 제2항 · 제3항).

(3) 임대인의 동의를 받고 전대차계약을 체결한 전차인도 임차인의 계약갱신요구권 행사기간 범위 내에서 임차인을 대위하여 임대인에게 계약갱신요구권을 행사할 수 있다.

3. 법정갱신(묵시의 갱신)

(1) 임대인이 임대차기간이 만료되기 6개월 전부터 1개월 전까지 사이에 임차인에 대하여 갱신거절의 통지 또는 조건 변경의 통지를 하지 아니한 경우에는 그 기간이 만료된 때에 전임대차와 동일한 조건으로 다시 임대차한 것으로 본다(법 제10조 제4항). 2010'

(2) 묵시의 갱신이 된 경우에 임대차의 존속기간은 1년으로 본다. 다만, 임차인은 언제든지 임대인에 대하여 계약해지의 통고를 할 수 있고, 임대인이 그 통고를 받은 날부터 3개월이 경과하면 그 효력이 발생한다(법 제10조 제5항).

(3) 갱신요구권을 행사하는 경우에 전체기간을 5년(현재는 10년으로 개정)으로 제한하는 규정은 법정갱신에 대해서는 적용되지 않는다(대법원 2014.4.30, 2013다35115). 2011'

제4절 권리금

(1) 임대인은 임대차기간이 끝나기 6개월 전부터 임대차 종료 시까지 다음의 어느 하나에 해당하는 행위를 함으로써 권리금 계약에 따라 임차인이 주선한 신규임차인이 되려는 자로부터 권리금을 지급받는 것을 방해하여서는 아니된다. 다만, 제10조 제1항 각 호의 어느 하나에 해당하는 사유(임차인의 계약갱신요구권 행사에 대한 임대인의 거절사유)가 있는 경우에는 그러하지 아니하다(법 제10조의4 제1항).

① 임차인이 주선한 신규임차인이 되려는 자에게 권리금을 요구하거나 임차인이 주선한 신규임차인이 되려는 자로부터 권리금을 수수하는 행위

② 임차인이 주선한 신규임차인이 되려는 자로 하여금 임차인에게 권리금을 지급하지 못하게 하는 행위

③ 임차인이 주선한 신규임차인이 되려는 자에게 상가건물에 관한 조세, 공과금, 주변 상가건물의 차임 및 보증금, 그 밖의 부담에 따른 금액에 비추어 현저히 고액의 차임과 보증금을 요구하는 행위

④ 그 밖에 정당한 사유 없이 임대인이 임차인이 주선한 신규임차인이 되려는 자와 임대차계약의 체결을 거절하는 행위

(2) 다음에 해당하는 사유가 있는 경우에는 임대인은 임차인이 주선한 신규임차인이 되려는 자와 임대차계약의 체결을 거절할 수 있다(법 제10조의4 제2항). 2013

① 임차인이 주선한 신규임차인이 되려는 자가 보증금 또는 차임을 지급할 자력이 없는 경우

② 임차인이 주선한 신규임차인이 되려는 자가 임차인으로서의 의무를 위반할 우려가 있거나 그 밖에 임대차를 유지하기 어려운 상당한 사유가 있는 경우

③ 임대차 목적물인 상가건물을 1년 6개월 이상 영리목적으로 사용하지 아니한 경우

④ 임대인이 선택한 신규임차인이 임차인과 권리금 계약을 체결하고 그 권리금을 지급한 경우

(3) 임대인이 위 (1)의 규정을 위반하여 임차인에게 손해를 발생하게 한 때에는 그 손해를 배상할 책임이 있다. 이 경우 그 손해배상액은 신규임차인이 임차인에게 지급하기로 한 권리금과 임대차 종료 당시의 권리금 중 낮은 금액을 넘지 못한다(법 제10조의4 제3항).

(4) 위 (3)의 규정에 따라 임대인에게 손해배상을 청구할 권리는 임대차가 종료한 날부터 3년 이내에 행사하지 아니하면 시효의 완성으로 소멸한다(법 제10조의4 제4항). 2015 2016

03 부동산 실권리자명의 등기에 관한 법률

제1절 명의신탁의 적용범위

1. 명의신탁약정의 존재

명의신탁약정이라 함은 부동산에 관한 물권(소유권 기타의 물권)을 보유한 자 또는 사실상 취득하거나 취득하려고 하는 자(실권리자)가 타인과의 사이에서 대내적으로는 실권리자가 부동산에 관한 물권을 보유하거나 보유하기로 하고 그에 관한 등기(가등기를 포함)는 그 타인의 명의로 하기로 하는 약정을 말한다.

2. 명의신탁약정에서 제외되는 경우(법 제2조 제1호)

(1) 신탁법 또는 자본시장과 금융투자업에 관한 법률에 따른 신탁재산인 사실을 등기한 경우

(2) 가등기담보설정계약 또는 양도담보설정계약 2015

(3) 상호명의신탁

3. 명의신탁의 예외적 허용

조세포탈, 강제집행의 면탈 또는 법령상 제한의 회피를 목적으로 하지 아니하는 종중 명의신탁 및 배우자간의 명의신탁, 종교단체 명의신탁에 대하여는 부동산실명법 제4조를 포함한 일부 규정을 적용하지 않는다.

제2절 명의신탁의 유효성

1. 약정의 효력

명의신탁약정은 무효이다(법 제4조 제1항). 아울러 명의신탁약정에 따라 행하여진 등기에 의한 부동산에 관한 물권변동은 무효가 된다.

2. 제3자의 보호

명의신탁약정의 무효 및 그에 따른 물권변동의 무효는 제3자에게 대항하지 못한다(법 제4조 제3항). 따라서 명의수탁자로부터 부동산을 전득한 제3자는 선의·악의를 불문하고 명의신탁부동산의 소유권을 취득한다. 2015

제4절 명의신탁의 구체적 유형

1. 양자(兩者) 간 명의신탁

명의신탁의 가장 일반적 유형이라 할 수 있다. 예컨대 甲(명의신탁자)이 乙(명의수탁자)과 명의신탁약정을 하고 乙의 명의로 등기를 맡겨 두는 방식이다.

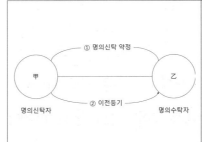

① 甲과 乙의 명의신탁약정과 이전등기는 무효이다.
② 신탁자가 소유권자이므로 수탁자명의의 이전등기는 원인무효로서 말소되어야 한다.
③ 명의신탁약정의 유효를 전제로 한 甲의 乙에 대한 해지권 행사 및 그로 인한 소유권이전등기신청은 등기의 각하사유에 해당한다. 2015

2. 3자 간 명의신탁(중간생략등기형 명의신탁) 2013 2014 2015

(1) 신탁자 甲이 직접 매도인 丙으로부터 부동산을 매수하는 계약을 체결하되, 丙에게 부탁하여, 이전등기는 수탁자 乙에게 하는 방식이다.

(2) 매도인 丙이 甲과 乙 사이에 명의신탁약정이 있음을 알고 있으므로 매도인의 보호 필요성이 없고, 따라서 수탁자 乙의 등기는 무효로 된다.

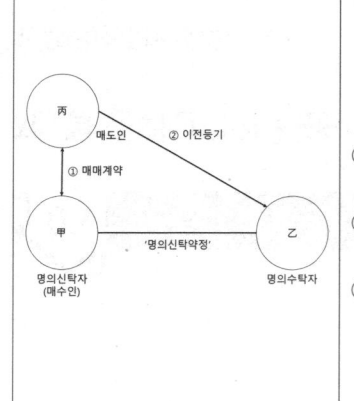

① 명의신탁약정과 등기는 모두 무효이므로 명의신탁된 부동산은 매도인 소유로 복귀된다. 따라서 丙은 乙에 대하여 말소등기를 청구하거나, 진정명의회복을 원인으로 한 소유권이전등기를 청구할 수 있다.
② 丙과 甲의 매매계약은 유효하므로 甲은 丙에 대하여 소유권이전등기를 청구할 수 있다.
③ 甲은 丙을 대위하여 乙에게 등기의 말소를 청구할 수 있다.
④ 만일 명의수탁자 乙이 명의신탁자 甲 앞으로 등기를 경료해 주었다면, 이러한 소유권이전등기는 실체관계에 부합하는 등기로서 유효하다.

3. 계약명의신탁 2009' 2012' 2014' 2015'

명의신탁자 甲이 매도인 丙의 부동산을 매수하면서, 명의수탁자 乙과의 명의신탁약정 하에 그에게 매매대금을 주어 그를 매수인으로 내세워서 丙과 매매계약을 체결토록 한 경우이다.

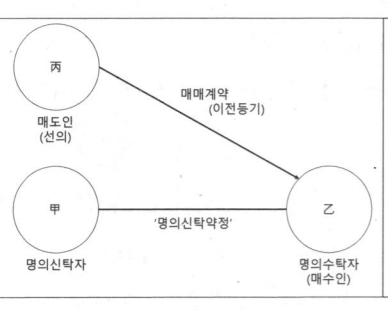

① 매도인 丙이 선의인 경우에는 甲과 乙 사이의 명의신탁약정은 무효이지만 丙의 보호를 위해 乙명의의 이전등기는 유효이다(법 제4조 제2항 단서).
② 乙은 丙 및 甲에 대한 관계에서도 유효하게 소유권을 취득한다.
③ 다만 甲은 乙에 대해 매매대금상당의 부당이득반환청구권을 행사할 수 있다.

4. 경매에서의 계약명의신탁 2016' 2018'

① 부동산경매절차에서 부동산을 매수하려는 甲이 乙과의 명의신탁약정 아래 乙의 명의로 매각허가결정을 받아 甲의 부담으로 매수대금을 완납하였다면 경매목적 부동산의 소유권은 수탁자 乙이 취득한다. 이 경우 채무자의 선악은 묻지 않는다.
② 명의신탁자 甲은 명의수탁자 乙에게 제공한 매수대금에 상당하는 금액의 부당이득반환청구권을 가질 뿐이다.
③ 甲의 지시에 따라 부동산의 소유 명의를 이전하거나 그 처분대금을 반환하기로 약정하였다 하더라도, 이는 무효인 명의신탁약정을 전제로 하는 것이어서 역시 무효이다(대법원 2006.11.9, 2006다35117).

04 가등기담보 등에 관한 법률

제1절 가등기담보의 의의 및 적용

1. 의의

가등기담보 등에 관한 법률(가등기담보법)이 적용되려면 먼저 소비대차계약을 하면서 이행기에 이행하지 못할 경우를 대비해서 대물변제의 예약(또는 매매의 예약)을 하고, 이를 담보하기 위해서 가등기(가등기담보) 또는 소유권이전등기(양도담보)를 하여야 한다. 2010'

2. 가등기담보법의 적용

① 담보부동산에 대한 예약당시의 시가가 그 피담보채권액에 미치지 못하는 경우에는 가등기담보법이 적용되지 않는다. 2010'
② 매매대금이나 물품대금, 공사대금채권의 지급을 담보하기 위하여 소유권이전청구권보전을 위한 가등기가 경료된 경우에는 가등기담보법이 적용되지 않는다. 2009' 2010' 2015'

제2절 가등기담보권의 실행

1. 권리취득에 의한 실행 절차

(1) 실행통지(법 제3조)

① 채권의 변제기 후에 청산금의 평가액을 채무자 등(채무자, 물상보증인, 제3취득자)에게 통지하여야 한다. 2013' 2016'
② 청산금은 실행통지 당시의 목적부동산의 가액에서 그 시점의 피담보채권액을 공제한 차액으로 목적부동산에 선순위 담보권자가 있을 때는 그에게 우선 변제해 주어야 하므로 채권액을 계산함에 있어 이를 포함하여야 한다. 2016' 따라서 목적부동산 위에 담보가등기를 하기 전에 이미 성립하고 있는 선순위담보권, 대항력 있는 임차권, 주택 또는 상가건물임대차보호법에 의해 대항력이 인정되는 소액보증금이 있는 때에는 그 금액도 합산하여 공제하여야 한다.
③ 그러나 후순위 권리자의 채권액은 포함시킬 필요가 없다. 2016' 이는 채무자와 후순위 권리자 등은 자신의 권리를 스스로 행사하라는 취지이다.
④ 만약 목적부동산의 가액이 피담보채권액에 미달하여 청산금이 없다고 인정되는 경우에도 청산금이 없다는 뜻을 통지하여야 한다. 2009' 2016'
⑤ 목적부동산이 2개 이상인 때에는(공동가등기담보) 각 부동산의 소유권이전에 의하여 소멸시키려고 하는 채권과 그 비용을 명시하여야 한다. 2016'
⑥ 통지는 채무자 등, 모두에게 하여야 하는 것으로서 채무자 등의 전부 또는 일부에 대하여 통지를 하지 않으면 청산기간이 진행할 수 없게 되고, 따라서 가등기담보권자는 그 후 적절한 청산금을 지급하였다 하더라도 가등기에 기한 본등기를 청구할 수 없으며 양도담보의 경우에는 그 소유권을 취득할 수 없다. 2013'
⑦ 채권자는 그가 통지한 청산금의 금액에 관하여 다툴 수 없다. 즉 실제평가액이 청산금보다 적더라도 채권자는 그가 통지한 청산금에 구속된다. 그러나 채무자 등은 다툴 수 있다. 2013'
⑧ 후순위권리자는 청산기간에 한정하여 그 피담보채권의 변제기 도래 전이라도 담보목적부동산의 경매를 청구할 수 있다(법 제12조 제2항). 2009' 2014' 2015' 2017'

(2) 청산

① 가등기담보권자는 실행통지 당시의 목적물가액과 채권액의 차액(청산금)을 청산기간(실행통지가 채무자 등에게 도달한 날로부터 2개월)이 만료한 때 채무자 등에게 지급하여야 한다. 2009'
② 청산의무의 발생시기는 청산기간이 만료한 때이다(법 제3조). 채권자가 그 이전에 변제한 경우에는 후순위권리자에게 대항하지 못한다(법 제7조).

③ 청산의무에 관한 특약이 채무자 등에게 불리한 경우에는 무효이다.

④ 채무자 등이 채권자에 대하여 청산금의 지급을 면제하는 것과 같은 무청산특약은 일체 부정되나 청산기간이 경과한 후에 하는 무청산특약은 유효하다.

⑤ 청산은 채권자가 청산금을 지급함과 동시에 가등기에 기한 본등기를 함으로써 소유권을 취득하는 귀속청산의 방법에 따라 하여야 한다. [2011'] [2014'] [2015'] [2018']

(3) 청산금청구권자

① 설정자(채무자 또는 물상보증인) 또는 제3취득자 및 후순위권리자가 청산금청구권자이다.

② 채무자가 청산기간이 지나기 전에 한 청산금에 관한 권리의 양도는 이로써 후순위권리자에게 대항하지 못한다. [2017]

(4) 소유권 취득

실행통지를 하고 청산기간이 경과한 후 청산을 하게 되면 가등기담보권자는 그의 담보가등기에 기하여 소유권이전등기를 함으로써 목적부동산의 소유권을 취득하게 된다.

(5) 채무자 등의 가등기말소청구권

채무의 변제기가 경과한 때로부터 10년이 경과하거나 또는 선의의 제3자가 소유권을 취득한 때에는 채무자가 아직 청산금을 받지 못하고 있더라도 채무액을 제공해서 가등기의 말소를 청구하지 못한다(법 제11조 단서). [2009'] [2013'] [2018']

05 집합건물의 소유 및 관리에 관한 법률

제1절 집합건물의 구성

1. 전유부분

① 구분소유권의 목적인 건물부분을 전유부분(專有部分)이라고 한다.

② 구분소유권이란 1동의 건물이 구조상·이용상 수 개의 부분으로 구분되어 독립적으로 사용될 수 있는 경우에는 그 각각의 부분에 대한 소유권을 구분소유권이라고 한다. 즉, 구분소유권은 전유부분을 객체로 하는 소유권이다. [2016]

2. 공용부분

(1) 법정공용부분(구조상 공용부분)

(2) 규약상 공용부분

(3) 공용부분의 법률관계

① 공용부분은 구분소유자의 전원의 공유에 속한다. 다만 일부의 구분소유자만의 공용에 제공되는 것임이 명백한 공용부분(일부공용부분)은 그들 구분소유자의 공유에 속한다(법 제10조 제1항). [2018']

② 각 공유자의 공용부분에 대한 지분은 그가 가지는 전유부분의 면적의 비율에 의한다(법 제12조 제1항).

(4) 전유부분과 공용부분에 대한 지분의 일체성

① 공유자의 공용부분에 대한 지분은 그가 가지는 전유부분의 처분에 따른다(법 제13조 제1항). 따라서 공유자는 그가 가지는 전유부분과 분리하여 공용부분에 대한 지분을 처분할 수 없다(법 제13조 제2항).

② 공용부분에 관한 물권의 득실변경은 등기를 요하지 아니한다(법 제13조 제3항). [2018']

3. 대지사용권

(1) 의의

① 대지사용권이라 함은 구분소유자가 전유부분을 소유하기 위하여 건물의 대지에 대하여 가지는 권리를 말한다. [2016]

② 대지사용권은 통상 소유권이지만 지상권이나 전세권 또는 임차권일 수도 있다.

(2) 전유부분과 대지사용권의 일체성

① 구분소유자의 대지사용권은 전유부분의 처분에 따른다(법 제20조 제1항). [2009']

② 구분소유자는 그가 가지는 전유부분과 분리하여 대지사용권을 처분할 수 없다. [2010'] [2015'] 다만, 규약으로써 달리 정한 때에는 그러하지 아니하다(법 제20조 제2항).

③ 분리처분 금지는 그 취지를 등기하지 아니하면 선의로 물권을 취득한 제3자에 대하여 대항하지 못한다(법 제20조 제3항). [2010']

제2절 구분소유자의 권리·의무

1. 구분소유자 등의 권리

(1) 사용·수익권

구분소유자는 그 공유에 속하는 공용부분과 대지, 부속시설 등을 그 용도에 따라 사용할 수 있다.

(2) 관리단 집회에서의 의결권 및 소집권

① 각 구분소유자는 관리단의 구성원으로서 각종 관리단집회의 결의사항에 대한 의결권을 가진다.

② 구분소유자의 5분의 1 이상이 회의의 목적 사항을 구체적으로 밝혀 관리단집회의 소집을 청구하면 관리인은 관리단집회를 소집하여야 한다. 이 정수는 규약으로 감경할 수 있다(법 제33조 제2항).

(3) 관리인 해임청구권

① 관리인에게 부정한 행위 기타 그 직무를 수행하기에 적합하지 아니한 사정이 있을 때에는 각 구분소유자는 그 해임을 법원에 청구할 수 있다(법 제24조 제5항).

② 각 구분소유자는 당해 집합건물을 건축하여 분양한 자에게 그 건물 또는 지반공사의 하자에 대하여 10년간 그 하자의 보수나 손해배상을 청구할 수 있다(법 제9조의2).

2. 구분소유자 등의 의무

구분소유자 또는 점유자는 건물의 보존에 해로운 행위 기타 건물의 관리 및 사용에 관하여 구분소유자의 공동의 이익에 반하는 행위를 하여서는 아니 된다(법 제5조 제1항).

3. 의무위반자에 대한 조치

(1) 공동의 이익에 반하는 행위의 정지청구
(2) 전유부분의 사용금지의 청구
(3) 구분소유권의 경매청구
(4) 전유부분의 점유자에 대한 인도청구

제3절 관리조직

1. 관리단

관리단은 어떠한 조직행위를 거쳐야 비로소 성립하는 단체가 아니라 구분소유관계가 성립하는 건물이 있는 경우에는 당연히 그 구분소유자 전원을 구성원으로 하여 성립되는 단체이다. 2009'

2. 관리단집회

정족수	결의사항
1/5 이상	임시관리단 집회소집
과반수	① 공용부분의 관리에 관한 사항 ② 관리인의 선임·해임
3/4 이상	① 공용부분의 변경에 관한 사항 2010' ② 규약의 설정·변경·폐지 2009' ③ 구분소유자의 전유부분 사용금지청구 ④ 구분소유권의 경매청구 ⑤ 전유부분의 점유자에 대한 인도청구
4/5 이상	① 재건축의 결의 2013' 2017' ② 건물가액의 1/2 초과 멸실 시 복구결의
전원동의	소집절차 없이 관리단 집회소집

3. 관리인

① 관리인은 대내적으로 당해 집합건물의 관리업무를 총괄하고 대외적으로는 관리단을 대표하는 자, 즉 관리단의 업무집행기관이다.
② 관리인은 구분소유자일 필요가 없으며, 2014' 그 임기는 2년의 범위에서 규약으로 정한다. 2013'

4. 규약

(1) 규약의 의의 등

규약이란 관리단집회의 의사에 기하여 또한 공정증서에 의하여 제정한 일종의 법인의 정관에 유사한 자치법규(규범)이다.

(2) 규약의 설정·변경·폐지

규약의 설정·변경 및 폐지는 관리단집회에서 구분소유자의 4분의 3 이상 및 의결권의 4분의 3 이상의 찬성을 얻어서 한다. 2009'

제4절 재건축

① 재건축에 관한 결의는 구분소유자 및 의결권의 각 5분의 4 이상의 다수에 의한 특별결의를 요한다(법 제47조 제2항). 2013' 2017'
② 재건축의 내용이 단지 내의 다른 건물의 구분소유자에게 특별한 영향을 미칠 때에는 그 구분소유자의 승낙을 얻어야 한다.

03

실전모의고사

실전모의고사(부동산학개론)

01 부동산의 특성에 관한 설명으로 옳지 않은 것은?

① 부동성으로 인해 부동산활동을 국지화시키고 임장활동을 배제한다.

② 토지는 물리적인 측면에서는 영속성을 가지나, 경제적 가치는 주변 상황의 변화에 의하여 하락될 수 있다.

③ 영속성으로 인해 토지는 감가상각에서 배제되는 자산이다.

④ 개별성으로 인해 부동산활동이 구체적이고 개별적으로 전개되며, 부동산시장에서 정보의 중요성이 증대된다.

⑤ 용도의 다양성으로 인해 토지이용 결정과정에서 용도가 경합할 경우, 최유효이용할 수 있는 방안을 도출하여 실행하게 한다.

02 부동산의 용어에 관한 설명으로 옳은 것은?

① 후보지란 감정평가상 용도지역 내에서 전환과정에 있는 지역의 토지이다.

② 전(田)이 상업지로 전환되는 경우, 이는 후보지이다.

③ 획지는 '공간정보의 구축 및 관리에 등에 관한 법률'과 '부동산등기법' 상 정한 하나의 '등록단위'로서 토지소유자의 '소유구분'을 표시하기 위한 개념이다.

④ 빈지(濱地)가 법적으로만 소유할 뿐 활용실익이 없는 토지라면, 법지(法地)는 법적 소유가 이루어지지 않으나 활용실익이 존재하는 토지를 말한다.

⑤ 1필지의 일부를 고압선이 지나간다면 선하지 감가 대상이 되는 선하지(線下地)란 그 필지 전체가 된다.

03 주거분리와 주택의 여과과정에 관한 설명으로 옳은 것은?(단, 일정수준 이하의 저가주택의 신축을 제한한 경우를 가정한다)

① 주택시장에서의 불량주택이나 저가주택의 존재는 시장기능이 제대로 작동되지 않은 시장실패에 해당한다.

② 장기적으로 주택의 건축비용이 증가할 경우 고가주택시장에서 임대료는 원래 수준보다 상승하고 공급량은 종전보다 증가한다.

③ 저소득층 주거지역은 주택의 가치상승분이 수선비용보다 크다고 하더라도 재개발되어 고소득층 주거지역으로 전환될 가능성이 약하다.

④ 저소득층에 대한 주택서비스 공급은 고가주택이 하향여과되어 일어나는 경우가 일반적이다.

⑤ 고소득층 주거지역과 저소득층 주거지역이 분리되는 현상을 직주분리현상이라고한다.

04 침입적 토지이용에 대한 내용으로 가장 바르지 않은 것은?

① 침입적 토지이용활동이란 일정지역에서 이질적인 새로운 인자의 침입으로 창조적 토지이용을 전개하려는 것을 의미한다.

② 침입적 토지이용활동은 주변의 토지이용과 어울리게 이용하는 적합적 토지이용과는 다르다.

③ 침입이 이질적인 새로운 인자가 개입되는 현상을 말한다면 계승은 침입의 결과로 이질적인 새로운 인자가 종래의 것을 교체하는 결과를 말한다.

④ 집약적 토지이용이 조방적 토지이용을 침입하는 경우를 확대적 침입, 그리고 그 반대를 축소적 침입이라고 하는데 축소적 침입이 일반적이다.

⑤ 침입적 토지이용에 있어서는 원주민과 다른 침입자들 사이에 치열한 마찰과 경쟁이 있을 수 있으나 장기적으로 점차 안정되어 가는 것이 일반적이다.

05 부동산 수요와 공급의 변화요인에 관한 기술로 옳지 않은 것은?

① 핵가족화, 인구증가, 소득수준의 향상, 대체재의 가격상승 등은 수요의 증가요인이다.

② 공법상의 규제, 부동산에 대한 중과세, 고금리, 주가의 상승, 대체투자대상의 호경기 등은 수요의 감소요인이다.

③ 부동산가격 이외의 다른 요인이 변하면 그 부동산의 공급이 변하여 공급곡선이 이동한다.

④ 부동산가격변화에 따른 공급량의 변화는 공급곡선 자체를 이동시킨다.

⑤ 다른 모든 조건이 일정할 때, 재화의 가격이 오르면 수요량은 감소한다.

06 어떤 부동산에 대한 수요 및 공급함수가 각각 $Q^{D1}=900-P$, $Q^S=2P$이다. 소득증가로 수요함수가 $Q^{D2}=1,200-P$로 변한다면 균형가격과 균형거래량은 어떻게 변하는가? [여기서 P는 가격(단위 : 만 원), Q^{D1}과 Q^{D2}는 수요량(단위 : m^2), Q^S는 공급량(단위 : m^2), 다른 조건은 일정하다고 가정한다]

① 균형가격은 300만 원에서 400만 원으로 상승, 균형거래량은 600m^2에서 800m^2로 증가

② 균형가격은 900만 원에서 1,200만 원으로 상승, 균형거래량은 600m^2에서 800m^2로 증가

③ 균형가격은 400만 원에서 300만 원으로 하락, 균형거래량은 600m^2에서 800m^2로 증가

④ 균형가격은 300만 원에서 400만 원으로 상승, 균형거래량은 900m^2에서 1,200m^2로 증가

⑤ 균형가격은 900만 원에서 1,000만 원으로 상승, 균형거래량은 900m^2에서 600m^2로 감소

07 수요의 탄력성에 대한 설명으로 옳은 것은? (단, 다른 조건은 일정하다고 가정한다)

① 수요의 가격탄력성이 1보다 클 경우 임대인이 임대료를 인상하면 임대수입은 증가하게 된다.
② 공급이 증가할 때 수요가 비탄력적일수록 균형가격은 더 많이 오르게 된다.
③ 가격변화율과 수요량변화율이 같을 때를 단위탄력적이라고 하며, 이때 수요의 가격탄력성은 0이 된다.
④ 수요가 완전탄력적일 경우, 공급이 감소하게 되면 균형임대료는 불변하고, 균형거래량은 감소한다.
⑤ 교차탄력성이란 한 재화의 수요량변화율에 대한 다른 재화의 가격변화율을 의미한다.

08 정보와 관련된 설명으로 옳지 않은 것은?

① 할당 효율적 시장이란 어떤 새로운 정보가 시장에 유입되었을 때 그 정보가 경쟁을 통해 정보가치와 정보비용이 같아지는 시장을 뜻한다.
② 정보의 비대칭성이란 거래당사자 간 상호 보유하는 정보의 양과 질에 차이가 있는 경우이다.
③ 정보의 비대칭성으로 인해 거래당사자의 어느 한쪽이 역선택을 하는 경우가 있을 수 있으나 도덕적 해이와는 무관하다.
④ 부동산투기가 성립되는 것은 시장이 불완전하기 때문이라기보다는 할당이 효율적이지 못하기 때문이다.
⑤ 부동산시장에서 모든 거래자가 현재 공표된 정보까지를 기준으로 의사결정을 하고 있다면 기본적 분석을 통해서는 초과이윤을 얻을 수 없다.

09 부동산시장에서의 단기균형과 장기균형에 관한 설명으로 가장 옳지 않은 것은? (단, 경쟁시장을 가정한다)

① 단기와는 달리 장기란 새로운 기업이 시장에 진입하여 경쟁이 일어날 수 있을 정도의 충분히 긴 기간을 말한다.
② 단기에 수요가 증가하는 경우 부동산가격 임대료는 상승하고 균형수급량은 증가하게 된다.
③ 장기에 생산요소가격이 하락하는 경우 당해 시장의 공급은 크게 증가하여 균형가격(임대료)의 하락을 가져온다.
④ 장기에 생산요소의 가격이 불변이라면 새로운 기업이 시장에 진입하여 공급이 증가됨에 따라 장기 균형가격(임대료)은 원래의 균형가격 수준으로 회복하여 불변이 된다.
⑤ 장기에 공급이 증가됨에 따라 생산요소가격이 상승하는 경우 공급이 증가해도 균형가격(임대료)이 하락하지 않고 오히려 상승하여 공급자는 초과이윤을 얻게 된다.

10 지대론에 관한 설명으로 옳지 않은 것은?

① 차액지대설에서는 토지 비옥도가 지대를 결정하게 되며, 수확체감의 법칙을 전제한다.
② 절대지대설에 따르면 토지소유자는 최열등지에 대해서는 지대를 요구할 수 없다.
③ 튀넨(Thunen)의 입지이론에 따르면 토지의 비옥도가 동일하더라고 위치에 따라 지대의 차이가 날 수 있다.
④ 입찰지대설에서는 가장 높은 지대를 지불할 의사가 있는 용도에 따라 토지이용이 이루어진다.
⑤ 차액지대설에 따르면 생산물의 가격과 생산비가 일치하는 한계지에서는 지대가 발생하지 않는다.

11 부동산문제와 정부의 시장개입에 대한 설명으로 옳지 않은 것은?

① 지가고(地價高)는 공공용지 취득을 위한 보상가격을 높여 공공기관의 재정부담을 가중시킨다.
② 조세제도나 각종 금융지원 정책을 통해 정부는 직접 시장에서 수요자와 공급자의 역할을 수행한다.
③ 정부는 정보의 비대칭성, 외부효과와 같은 시장실패 요인이 존재하기 때문에 주택시장에 개입할 수 있다.
④ 공공재는 그 재화의 소비 속성상 비경합성과 비배제성이 있는 재화이다.
⑤ 공공재는 그 속성상 사회적 최적공급량보다 과소하게 생산되는 경향이 있기에 정부의 개입을 필요로 한다.

12 부동산시장에서의 시장실패와 관련된 내용으로 가장 거리가 먼 것은?

① 규모의 경제에 따른 독과점
② 정(+)의 외부효과(외부경제)
③ 공공재의 비경합성과 비배제성
④ 주거부담능력저하에 따른 불량주택문제
⑤ 정보의 비대칭성에 따른 역선택과 도덕적 해이

13 외부효과에 관한 설명으로 옳지 않은 것은?

① 외부효과는 한 사람의 행위가 제3자의 경제적 후생에 영향을 미치고, 그에 대해 지급된 보상을 제3자가 인지하지 못하는 현상을 말한다.
② 정(+)의 외부효과는 핌피(PIMFY) 현상을 초래할 수 있다.
③ 부(-)의 외부효과를 완화하기 위한 수단으로 배출권 거래제도 등이 있다.
④ 정(+)의 외부효과를 장려하기 위한 수단으로 보조금 지급 등이 있다.
⑤ 공장이 설립된 인근지역에는 당해 공장에서 배출되는 폐수 등으로 인해 부(-)의 외부효과가 발생할 수 있다.

14 주택정책과 관련된 설명으로 가장 옳지 않은 것은?

① 불량주택문제는 하향여과의 결과로서 시장실패가 아닌 저소득의 산물이며 시장을 통한 자원의 효율적 배분의 결과라고 할 수 있다.

② 주택수요에 대한 정부의 지원방안으로 저당대부의 활성화, 보조금지급 등을 들 수 있다.

③ 주택공급에 대한 정부의 지원방안으로 택지공급확대, 재고주택의 보전과 개량, 건축대부의 활성화 등을 들 수 있다.

④ 정부가 최저가격제로서 임대료규제를 실시하면 장기적으로 임대주택 공급량은 감소한다.

⑤ 정부가 공급자에게 보조금을 지급하면 생산비가 감소되어 공급가격이 하락하여 주택수요자에게도 혜택이 돌아간다.

15 임대료보조정책에 대한 설명으로 가장 옳지 않은 것은?(단, 다른 조건은 동일하다고 가정한다)

① 임대료보조정책이란 정부가 일정수준 이하의 저소득층에게 임대료를 전액 또는 일부 무상으로 보조하는 정부의 간접적 시장개입에 해당한다.

② 일반적으로 임차인은 주택서비스에 대한 소비를 일정하게 유지하는 경우 다른 재화에 대한 소비를 더욱 증가시킬 수 있게 된다.

③ 수요 측 보조 중에서 현금보조방식에 비해 가격보조방식이 상대적으로 소비자효용 측면에서 유리하다.

④ 수요 측 보조 중에서 가격보조방식은 무주택자 등의 주택소비를 강제적으로 증가시키는 효과가 있다.

⑤ 공급 측 보조는 공급자의 건설비용 절감효과가 있어 시장임대료 하락과 주택소비 증가 효과를 기대할 수 있다.

16 부동산 보유세의 경제적 효과에 대한 설명으로 가장 거리가 먼 것은?

① 부동산 취득단계에서 부과되는 조세로는 취득세, 인지세 등이 있다.

② 토지의 공급은 비탄력적이기 때문에, 토지에 대한 보유세는 자원배분 왜곡이 큰 비효율적인 세금이다.

③ 양도소득세가 중과되면, 주택공급의 동결효과(lock in effect)로 인해 주택가격이 상승할 수 있다.

④ 임대주택의 경우, 임대인의 공급곡선이 비탄력적이고 임차인의 수요곡선이 탄력적일 때, 재산세를 중과하더라도 재산세가 임대인으로부터 임차인에게 전가되는 부분이 상대적으로 적다.

⑤ 공공임대주택의 공급 확대정책은 임대주택의 재산세가 임차인에게 전가되는 현상을 완화시킬 수 있다.

17 화폐의 시간가치와 관련된 설명으로 옳은 것은?

① 현재 1억 원인 지가가 매년 5%씩 상승한다면 5년 후의 지가를 산정하기 위해서 연금의 내가계수를 활용한다.

② 5년 후에 1억 원을 만들기 위해서 금리 5%로 매년 적립해야 하는 금액을 산정할 때 저당상수를 활용한다.

③ 매월 50만 원씩 적립하는 연금의 10년 후의 가치를 산정하기 위해서 연금의 현재가치계수를 활용한다.

④ 저당상수는 연금의 현재가치계수의 역수이고, 감채기금계수는 연금의 미래가치계수의 역수이다.

⑤ 상환의 중도시점에서 대출원금에 대한 미상환저당잔금을 계산할 때 연금의 미래가치계수를 활용한다.

18 주택저당대출방식에 관한 설명으로 옳지 않은 것은?

① 원금균등분할상환방식은 대출기간 동안 매기 원금을 균등하게 분할 상환하고 이자는 점차적으로 감소하는 방식이다.

② 원리금균등분할상환방식의 원리금은 대출금에 감채기금계수를 곱하여 산출한다.

③ 만기일시상환방식은 만기 이전에는 이자만 상환하다가 만기에 일시로 원금을 상환하는 방식이다.

④ 체증분할상환방식은 원리금 상환액 부담을 초기에는 적게 하는 대신 시간이 경과할수록 원리금 상환액 부담을 늘려가는 상환방식이다.

⑤ 원리금균등분할상환방식은 원금이 상환됨에 따라 매기 이자액의 비중은 점차적으로 줄고 매기 원금상환액 비중은 점차적으로 증가한다.

19 주택담보대출의 기준비율인 LTV(Loan To Value)와 DTI(Debt To Income)에 대한 설명으로 옳지 않은 것은?

① 대부비율(LTV) 산정 시에는 기존부채가 고려되나, 총부채상환비율(DTI) 산정 시에는 기존부채가 고려되지 않는다.

② 대부비율(LTV)은 부동산가치(담보가치)를 중심으로 차입자의 최대융자가능액을 산정하는 비율이다.

③ 총부채상환비율((DTI)은 차입자의 소득을 기준으로 최대가능상환액을 산정하는 비율이다.

④ 대부비율(LTV)과 총부채상환비율(DTI)이 기존보다 상향조정되면 융자가능액이 증가하는 효과가 있다.

⑤ 대부비율(LTV)만을 적용한 대출규제는 차입자의 상환능력을 고려하지 못한다는 단점이 있다.

20 부동산투자에 따른 위험에 대한 설명으로 가장 옳은 것은?

① 부동산투자에서 예상한 결과와 실현된 결과가 달라질 가능성을 위험이라고 하며, 투자자가 요구하는 요구수익률에 반영되는 위험은 총위험이다.

② 물가상승률만큼 임대료가 인상되도록 임대계약을 하거나 이자율 약정을 변동이자율로 정하는 예는 각각 임대인과 대출자가 위험을 제거하는 형태이다.

③ 사업을 영위하면서 발생하는 수익성 등에 관한 위험을 사업상 위험, 정부의 정책이나 법률개정 등으로 인해 투자수익률의 변화를 초래하는 위험을 법적 위험이라고 한다.

④ 부동산으로부터 창출되는 소득이나 가치상승 기대는 거의 전적으로 위치와 관련되어 있으며, 부동산의 위치의 고정성 때문에 안게 되는 위험은 체계적 위험에 해당한다.

⑤ 정부의 확장 또는 축소적인 금융정책이나 재정정책이 시장이자율을 변화시켜 부동산의 수익성에 영향을 주었다면 이는 금융적 위험에 해당한다.

21 다음 자료를 근거로 할 때 투자자의 요구수익률과 토지의 투자가치는 얼마로 보아야 하는가?

> - 정기예금이자율 등의 무위험률(risk-free rate)은 연 6%이다.
> - 투자자들이 요구하는 위험할증률(risk premium rate)은 연 2%이다.
> - 기대인플레이션율(inflation rate)은 연 2%이다.
> - 이 토지의 매월 임대료는 1,000만 원으로서 영구히 달성가능하다 (단, 세금은 무시한다).

① 18%, 6억 원   ② 10%, 12억 원

③ 10%, 1.2억 원   ④ 14%, 7억 원

⑤ 14%, 12억 원

22 저당의 유동화와 관련된 설명으로 옳지 않은 것은?

① 주택저당증권을 발행하여 주택저당대출의 공급이 늘게 되면 주택수요가 증가할 수 있다.

② 저당대부를 원하는 수요자와 저당대부를 공급하는 금융기관으로 이루어지는 시장을 1차 저당시장이라고 한다.

③ 주택저당채권담보부채권(MBB)의 발행자는 조기상환위험을 증권투자자에게 전가할 수 있다.

④ 현재 우리나라에서는 2차 저당시장의 특수목적회사(SPC)의 역할을 한국주택금융공사(HF)가 수행하고 있다.

⑤ 혼합형 MBS인 주택저당채권자동이체채권(MPTB)은 주택저당채권이체증권(MPTS)과 주택저당채권담보부채권(MBB)의 성격을 동시에 가지고 있다.

23 개발과정에 있어서의 위험을 설명한 내용으로 가장 거리가 먼 것은?

① 부동산개발에는 미래의 불확실성으로 인한 위험요소가 항상 존재하며 이 중에서도 비용위험이 가장 중요하다고 볼 수 있다.

② 개발사업의 인·허가가 반려되는 등의 법률적 위험부담을 줄이기 위해서는 이미 이용계획이 확정된 부지를 확보하고 인근주민들의 여론문제도 고려해야 한다.

③ 시장연구와 시장성연구는 시장위험을 최소화하기 위해서 필수적이며 시장성연구는 시장연구를 포함하는 개념이다.

④ 흡수율 분석이란 시장에 공급된 부동산이 과거보다는 장래에 단위기간 동안 얼마만큼의 비율로 시장에 분양 임대되는지를 분석하는 것이다.

⑤ 인플레이션 등에 따른 비용위험을 줄이기 위해 최대가격보증계약을 맺을 경우 오히려 고비용 사업으로 전락할 가능성도 존재하게 된다.

24 포트폴리오에 관한 설명으로 옳지 않은 것은?

① 효율적 프론티어와 투자자의 무차별 곡선이 접하는 지점에서 최적 포트폴리오가 결정된다.

② 두 자산의 포트폴리오를 구성한 경우, 포트폴리오에 포함된 개별 자산의 수익률 간 상관계수가 1인 경우에는 분산투자효과가 없다.

③ 2개의 투자자산의 수익률이 서로 다른 방향으로 움직일 경우, 상관계수는 음(-)의 값을 가지므로 위험분산효과가 커진다.

④ 평균-분산지배의 원리란 동일한 위험 하에서는 가장 기대수익률이 높은 투자대안을 선택하며, 동일한 수익률 하에서는 가장 위험이 낮은 투자대안을 선택하는 원리를 의미한다.

⑤ 포트폴리오를 구성하는 자산의 수가 많을수록 통계학적으로는 체계적 위험을 감소시킬 수 있다.

25 상권의 분석방법에 관한 설명으로 옳지 않은 것은?

① 일반적으로 상품이나 서비스의 구입 빈도가 높을수록 상권의 규모는 크다.

② 컨버스(P. D. Converse)의 분기점모형은 두 도시 간의 구매영향력이 같은 분기점의 위치를 구하는 방법을 제시한다.

③ 중력모형은 중심지의 형성과정보다 중심지간의 상호작용에 더 초점을 두고 있다.

④ 레일리(W. J. Reilly)의 소매인력법칙에 따르면 2개 도시의 상거래 흡인력은 두 도시의 인구에 비례하고, 두 도시의 분기점으로부터 거리의 제곱에 반비례한다.

⑤ 허프(D. Huff)의 확률모형으로 한 지역에서 각 상점의 시장점유율을 간편하게 추산할 수 있다.

26 다음의 자료를 활용하여 자본회수기간을 산정하면 몇 년인가?

> - 부동산가격 20억 원   - 순영업(운영)소득 2억 원
> - 부채서비스액 3천만 원   - 지분투자액 5억 원
> - 금융이자 10%   - 상환기간 20년

① 약 10년   ② 약 3.5년
③ 약 2년   ④ 약 5년
⑤ 약 20년

27 부동산유동화와 증권화에 대한 내용으로 가장 옳지 않은 것은?

① 유동화란 유동성이 없는 자산 등을 현금 등으로 유동성 있게 자금화하는 것을 말한다.
② 증권화란 유동성이 없는 자산을 유동화하면서 증권발행을 통해 그 유동성을 부여하는 것을 의미한다.
③ 부동산증권화란 자산을 유동화 중개기관에 매각하고 중개기관이 이를 담보로 증권을 발행하여 투자자에게 매각하는 경우를 말한다.
④ 저당의 증권화란 대출기관의 저당채권을 유동화 중개기관에 매각하고 이를 기반으로 증권을 발행하여 여러 저당차입자에게 매각하여 자금화하는 것을 말한다.
⑤ 저당채권이라는 자산을 유동화 중개기관에 매각하는 경우 유동화 중개기관이란 특수목적회사, 한국주택금융공사 등을 총칭한다.

28 부동산신탁에 관한 설명으로 옳지 않은 것은?

① 신탁이란 위탁자가 특정한 재산권을 수탁자에게 이전하거나 기타의 처분을 하고, 수탁자로 하여금 수익자의 이익 또는 특정한 목적을 위하여 그 재산권을 관리·처분하게 하는 법률관계를 말한다. ·
② 부동산신탁의 수익자란 신탁행위에 따라 신탁이익을 받는 자를 말한다.
③ 수익자는 위탁자가 지정한 제3자가 될 수도 있다.
④ 신탁계약은 수익자와 위탁자 간에 체결되며 투자자는 위탁자가 발행하는 수익증권을 매입함으로써 수익자가 되어 운용성과를 얻을 수 있게 된다.
⑤ 수탁자는 자산운용을 담당하는 신탁회사가 될 수 있다.

29 프로젝트 파이낸싱에 대한 설명으로 옳지 않은 것은?

① 프로젝트 파이낸싱은 절차가 복잡하고 위험이 큰 개발사업과 관련되고 대출기관은 상대적으로 높은 이자율과 수수료를 요구하므로 다른 금융기법에 비해 금융비용이 높은 편이다.
② 프로젝트 파이낸싱은 개발사업주의 신용이 아닌 프로젝트의 미래 수익성을 담보로 하는 채권자모집방식이다.
③ 만약 프로젝트회사가 도산할 경우 프로젝트로부터 발생하는 현금흐름이나 자산범위 내에서 채권을 확보하게 된다.
④ 프로젝트 파이낸싱은 비소구금융 또는 제한소구금융이지만 현실적으로 제한소구금융이 일반적이다.
⑤ 프로젝트 회사(project company)와 대출금융기관의 대차대조표상에 프로젝트사업에 소요되는 자금차입이 부채로 기록되지 않는 부외금융이다.

30 노벨티 광고에 대한 설명으로 가장 옳지 않은 것은?

① 당해 부동산업자를 일반에게 알리고 장래의 고객을 확보하고자 배포한다.
② 거래에 대한 고마운 뜻을 표시하며 앞으로도 계속 호의를 가져 달라는데 이용한다.
③ 될 수 있는 대로 부동산과 관계없는 제품으로서 상대가 필요로 하고 사용횟수가 적고 수명이 짧은 것이 좋다.
④ 금액이 비싼 것은 거래한 고객에게, 그리고 값이 싼 것은 내방고객이나 견학자에게 주로 배포한다.
⑤ 개인 또는 가정에서 이용되는 작고 실용적인 물건을 광고매체로 이용하는 것을 말한다.

31 다음에서 설명하는 내용을 모두 충족하는 민간투자사업방식은 무엇인가?

> - 시설을 준공한 후, 소유권을 정부 또는 지방자치단체에 귀속시키고, 그 대가로 받은 시설의 관리운영권을 가지고 해당 시설을 직접 운영하여 수익을 획득하는 방식이다.
> - 대표적인 사업으로 도로, 터널, 철도, 항만 등이 있으며, 시설 이용자로부터 이용료를 징수할 수 있어 자체적으로 수익을 낼 수 있는 사회기반시설의 사업방식으로 활용되고 있다.

① BOO(build-own-operate)방식
② BTO(build-transfer-operate)방식
③ BOT(build-own-transfer)방식
④ BLT(build-lease-transfer)방식
⑤ BTL(build-transfer-lease)방식

32 부동산관리에 관한 설명으로 옳지 않은 것은?

① 부동산관리는 부동산소유자의 목적에 따라 대상 부동산을 관리상 운영·유지하는 것이다.

② 위탁관리방식의 장점은 전문업자를 이용함으로써 합리적이고 편리하며, 전문화된 관리와 서비스를 받을 수 있다는 것이다.

③ 부동산 간접투자규모가 커지면서 오피스 빌딩의 관리업무를 자산관리회사에 위탁하는 경향이 있다.

④ 오피스 빌딩에 대한 대대적인 리모델링 투자의사결정은 부동산관리업무 중 시설관리(facility management)에 속한다.

⑤ 혼합관리방식은 관리업무에 대한 강력한 지도력을 확보할 수 있고, 위탁관리의 편의 또한 이용할 수 있다.

33 부동산마케팅과 관련된 설명으로 옳은 것은?

① 수요자 집단을 인구경제학적 변수, 고객행동변수 등에 따라 구분하는 전략을 표적시장전략(targeting)이라고 한다.

② 마케팅 믹스(4P MIX)란 표적시장에 대하여 원하는 목적을 달성하기 위해 Product, Price, Place, Positioning을 조합하는 것을 의미한다.

③ 마케팅 믹스 중 중개업소 등을 활용한 경로전략을 Promotion이라고 한다.

④ 소비자의 구매의사결정과정의 각 단계에서 소비자와의 심리적 접점을 마련하기 위한 전략을 시장점유전략이라고 한다.

⑤ 포지셔닝(positioning)이란 다양한 공급 경쟁자들 사이에서 자신의 상품을 어디에 위치시킬 것인가를 정하는 차별화 전략을 의미한다.

34 부동산개발의 위험에 관한 설명으로 옳지 않은 것은?

① 부동산개발사업의 위험은 법률적위험(legal risk), 시장위험(market risk), 비용위험(cost risk) 등으로 분류할 수 있다.

② 개발위험에는 여러 가지가 있으나 시장에서의 위험부담은 무엇보다 크다.

③ 이용계획이 확정된 토지를 구입하는 것은 법률적위험 부담을 줄이기 위한 방안 중 하나이다.

④ 특정공간에 대한 일반적인 수요와 공급의 상황분석은 법률적위험 부담의 내용을 말한다.

⑤ 공사기간 중 이자율의 변화, 시장침체에 따른 공실의 장기화 등은 시장위험으로 볼 수 있다.

35 부동산 개발에 관한 옳은 설명은 무엇인가?

┌───┐
⊙ 시장성분석은 개발된 부동산이 현재나 미래의 시장상황에서 매매·임대될 수 있는 가능성 정도를 조사하는 것을 말한다.
ⓛ 개발권양도제(TDR)는 개발제한으로 인해 규제되는 보전지역에서 발생하는 토지소유자의 손실을 보전하기 위한 제도로서 현재 널리 시행되고 있다.
ⓒ 흡수율분석의 궁극적인 목적은 과거 및 현재의 추세를 정확하게 파악하는 데 있다.
ⓔ 개발사업에 있어서 법적위험은 토지이용규제와 같은 사법적인 측면과 소유권 관계와 같은 공법적인 측면에서 발생할 수 있는 위험을 말한다.
ⓜ 개발의 단계 중 예비적 타당성분석은 개발사업으로 예상되는 수입과 비용을 개략적으로 계산하여 수익성을 검토하는 것이다.
└───┘

① ㉠, ㉤   ② ㉠, ㉡, ㉢

③ ㉠, ㉡, ㉤   ④ ㉡, ㉣

⑤ ㉢, ㉣, ㉤

36 감정평가의 용어에 대한 설명으로 옳지 않은 것은?

① 기한부평가란 부동산가치의 증감요인이 되는 새로운 상황의 발생을 상정하여 그 조건이 성취되는 경우를 전제로 부동산을 평가하는 것을 말한다.

② 소급평가란 과거 어느 시점을 기준시점으로 하여 부동산가치를 평가하는 것을 말한다.

③ 일괄평가란 두 개 이상의 물건이 일체로 거래되거나 대상물건 상호간 불가분의 관계에 있는 경우에 일괄하여 평가하는 것을 말한다.

④ 법정평가란 법규에서 정한대로 행하는 평가로서, 공공용지 수용 시 평가, 과세평가 등이 있다.

⑤ 구분평가란 1개의 대상물건이라도 가치를 달리하는 부분은 이를 구분하여 평가할 수 있다는 것이다.

37 부동산 감정평가에서 지역분석에 관한 설명으로 옳은 것은?

① 지역분석에서는 인근지역뿐만 아니라 유사지역까지 분석함으로써 대상부동산의 구체적인 가격을 산정한다.

② 지역분석의 결과로 그 지역의 표준적 이용을 파악할 수 있다.

③ 사례자료를 동일수급권 내 유사지역에서 구할 경우 지역요인의 비교과정은 필요하지 않다.

④ 유사지역이란 대상부동산이 속해 있는 지역이다.

⑤ 인근지역의 생애주기를 성장기, 성숙기, 쇠퇴기, 천이기, 악화기 등으로 구분할때 가격수준은 성장기에 최고에 이른다.

38 다음은 각 시산가격과 시산임료를 계산하기 위한 식을 나열한 것이다. ( ) 안에 들어가야 할 내용으로 옳은 것은?

> ㉠ 적산(복성)가격 = (㉠) − 감가누계액
> ㉡ 적산임료 = (㉡) × 기대이율 + 필요제경비
> ㉢ 비준(유추)가격 = 사례가격 × 사정보정 × 시점수정×(㉢) × 개별요인비교 × 면적비교
> ㉣ 수익임료 = 수익순임료 + (㉣)
> ㉤ 수익가격 = $\dfrac{순수익}{(㉤)}$

	㉠	㉡	㉢	㉣	㉤
①	재조달원가	기초가액	지역요인 비교	영업경비	환원이율
②	재조달원가	기초가액	지역요인 비교	영업경비	자본회수율
③	재조달원가	기초가액	지역요인 비교	영업경비	자본회수율
④	재조달원가	기초가액	지역요인 비교	필요제경비	환원이율
⑤	기초가액	재조달원가	시장요인 비교	필요제경비	환원이율

39 준공 후 10년이 경과한 대지 700㎡에 건평 500㎡의 주택이 있다. 기준시점 현재 ㎡당 재조달원가는 100만 원, 잔존 경제적 내용연수는 20년이며, 내용연수가 만료할 때 잔가율은 20%이다. 정액법에 의한 적산가액은 얼마인가?

① 2억 원
② 2억 5천만 원
③ 3억 원
④ 6억 원
⑤ 12억 원

40 부동산 가격공시 및 감정평가에 관한 법률에 따라 정부는 부동산가격을 매년 공시하고 있다. 다음 설명으로 옳지 않은 것은?

① 일반적인 토지거래의 지표가 되며, 국가·지방자치단체 등의 기관이 그 업무와 관련하여 지가를 산정하는 경우에 적용되는 것은 표준지공시지가이다.
② 표준지공시지가의 이의신청은 공시된 지가에 이의가 있는 토지소유자, 이용자, 기타 법률상 이해관계가 있는 자는 공시일로부터 30일 이내에 서면으로 이의신청을 할 수 있다.
③ 개별공시지가에 대하여 이의가 있는 자는 개별공시지가의 결정·공시일부터 30일 이내에 서면으로 국토교통부장관에게 이의신청을 할 수 있다.
④ 개별공시지가는 하나 또는 둘 이상의 표준지공시지가를 기준으로 토지가격비준표를 사용하여 산정한다.
⑤ 국토교통부장관은 공동주택에 대하여 매년 공시기준일 현재의 적정가격을 조사·산정하여 한국감정원 공동주택가격심의위원회의 심의를 거쳐 공시하고, 이를 관계행정기관 등에 제공하여야 한다.

41 다음 중 단독행위가 아닌 것은?

① 의사표시의 취소
② 청약의 철회
③ 매매의 일방예약
④ 무권대리행위에 대한 본인의 추인
⑤ 법정해제

42 법률행위의 목적에 관한 설명으로 옳지 않은 것은? (다툼이 있으면 판례에 의함)

① 법률행위의 목적은 처음부터 확정되어 있을 것이 요구되지는 않으며, 확정할 수 있는 표준만 정해져 있으면 유효하다.
② 계약을 체결한 후에 그 계약의 이행이 객관적으로 불가능하게 되었다면 그 법률행위는 무효이다.
③ 「부동산등기 특별조치법」을 위반한 중간생략등기라도 사법상으로는 유효하다.
④ 양도소득세를 회피할 목적으로 매매계약서에 실제로 거래한 가액보다 낮은 금액을 기재한 것만으로는 무효라고 할 수 없다.
⑤ 반사회질서의 법률행위는 추인이 허용되지 않는다.

43 통정허위표시에 관한 설명으로 옳지 않은 것은? (다툼이 있으면 판례에 의함)

① 가장소비대차의 대주(貸主)가 파산선고를 받은 경우 그 파산관재인은 파산자의 포괄승계인과 같은 지위를 가지게 되므로 통정허위표시의 제3자에 해당하지 않는다.
② 통정허위표시는 무효이지만 그 무효로써 선의의 제3자에게 대항할 수 없다.
③ 채무자의 법률행위가 통정허위표시인 경우에도 채권자취소권의 대상이 된다는 것이 판례의 입장이다.
④ 통정허위표시의 제3자라고 함은 허위표시행위를 기초로 하여 새로운 이해관계를 맺은 자만을 의미한다.
⑤ 계약뿐만 아니라 상대방 있는 단독행위의 경우에도 통정허위표시가 성립할 수 있다.

44 사기에 의한 의사표시에 관한 설명 중 옳은 것을 모두 고른 것은? (다툼이 있으면 판례에 의함)

> ㉠ 기망행위로 인하여 동기에 관하여 착오를 일으킨 경우에도 표의자는 사기에 의한 의사표시로서 취소할 수 있다.
> ㉡ 교환계약의 당사자 일방이 상대방에게 그가 소유하는 목적물의 시가를 허위로 고지한 경우, 원칙적으로 사기를 이유로 취소할 수 있다.
> ㉢ 甲의 피용자 乙의 사기로 甲과 계약을 체결한 丙은 甲이 乙의 사기 사실을 알았거나 알 수 있었을 경우에만 그 계약을 취소할 수 있다.
> ㉣ 제3자의 사기로 인하여 매매계약을 체결하여 손해를 입은 자가 제3자에 대해 손해배상을 청구하기 위해서는 먼저 매매계약을 취소하여야 한다.

① ㉠, ㉡   ② ㉠, ㉢
③ ㉡, ㉣   ④ ㉠, ㉣
⑤ ㉢, ㉣

45 대리에 관한 설명 중 옳은 것은? (다툼이 있으면 판례에 의함)

① 계약체결에 관한 대리권을 수여받은 대리인이 수권된 매매계약을 체결하였다면, 그 대리인은 그 계약을 해제한다는 상대방의 의사표시를 수령할 권한도 있다.
② 부동산의 매도권한을 부여받은 대리인은 특별한 사정이 없는 한 중도금이나 잔금을 수령할 권한은 없다.
③ 매매계약의 체결과 이행에 관하여 포괄적으로 대리권은 수여받은 대리인은 매매대금 지급기일을 연기해 줄 권한도 가진다.
④ 원인된 법률관계의 종료는 임의대리와 법정대리에 공통된 소멸원인이다.
⑤ 대리행위의 하자 유무는 그 행위의 효과가 귀속되는 본인을 표준으로 결정한다.

46 乙이 대리권 없이 甲의 대리인으로서 상대방 丙과 계약을 체결한 경우에 관한 설명 중 옳은 것은? (다툼이 있으면 판례에 의함)

① 대리권을 증명하지 못한 乙은 자신의 선택에 따라 丙에게 계약을 이행하거나 손해를 배상할 책임을 부담한다.
② 계약체결 사실을 알게 된 甲이 즉시 乙에게 계약을 추인하였는데, 그 후 이러한 사정을 모르는 丙이 甲에게 계약의 철회를 통보한 경우, 丙은 甲에 대하여 계약의 이행을 거절할 수 없다.
③ 丙이 甲에게 상당한 기간을 정하여 계약의 추인 여부의 확답을 최고하였는데, 甲이 그 기간이 지난 후에 丙에게 추인의 통보를 한 경우, 丙은 甲에게 계약의 이행을 거절할 수 없다.
④ 乙은 미성년자인 경우에도 무권대리인의 책임을 면할 수 없다.
⑤ 甲이 계약의 일부에 대하여 추인을 하는 경우에는 丙의 동의가 있어야 추인의 효력이 발생한다.

47 표현대리에 관한 설명으로 옳지 않은 것은? (다툼이 있으면 판례에 의함)

① 민법 제126조의 표현대리 규정은 법정대리에도 적용된다.

② 권한을 넘은 표현대리에 있어서 정당한 이유의 유무는 대리행위 당시를 기준으로 하여 판정하여야 한다.

③ 기본대리권은 표현대리행위와 동종 또는 유사한 것임을 요하지 않는다.

④ 표현대리가 성립하는 경우에 그 본인은 표현대리행위에 의하여 책임을 져야 하지만, 상대방에게 과실이 있는 때에는 과실상계의 법리를 유추적용하여 본인의 책임을 경감할 수 있다.

⑤ 복대리의 경우에도 표현대리가 성립할 수 있다.

48 甲과 乙 사이에 토지거래허가구역내의 토지에 대하여 관할관청으로부터의 허가 없이 매매계약이 체결되었다. 다음 설명 중 판례에 의할 때 옳은 것은?

① 甲·乙 사이의 매매계약이 처음부터 그 허가를 배제하거나 잠탈하는 내용의 계약인 경우에도 유동적 무효이다.

② 甲과 乙 사이의 매매계약이 유동적 무효인 상태에서는 甲·乙 쌍방은 그 계약이 효력이 있는 것으로 완성될 수 있도록 서로 협력할 의무도 없다.

③ 甲과 乙 사이의 매매계약이 유동적 무효인 상태에서 그 토지에 대한 토지거래허가구역지정이 해제된 경우, 매매계약은 확정적 무효로 된다.

④ 관할관청으로부터 허가받기 전의 상태에서는 甲은 乙의 채무불이행을 이유로 손해배상을 청구할 수 없다.

⑤ 甲이 乙의 강박에 의하여 매매계약을 체결한 경우, 토지거래허가를 받지 않아 유동적 무효상태에서는 甲은 강박을 이유로 매매계약의 취소를 주장할 수 없다.

49 미성년자 甲은 자신의 부동산을 법정대리인 乙의 동의 없이 丙에게 매각하고 丙은 다시 이 부동산을 丁에게 매각하였다. 甲이 아직 미성년자인 경우 취소권자와 취소의 상대방을 빠짐없이 표시한 것은?

① 취소권자 甲, 취소의 상대방 : 丙

② 취소권자 甲 또는 乙, 취소의 상대방 : 丙

③ 취소권자 乙, 취소의 상대방 : 丙

④ 취소권자 乙, 취소의 상대방 : 丙 또는 丁

⑤ 취소권자 甲 또는 乙, 취소의 상대방 : 丙 또는 丁

50 조건 및 기한에 관한 기술 중 옳지 않은 것은?

① 정지조건부 법률행위는 조건성취시로부터 효력이 생긴다.

② 당사자는 조건 성취의 효력을 그 성취 전에 소급하게 하는 의사표시를 할 수 있다.

③ 조건의 성취가 미정인 권리의무는 일반 규정에 의하여 상속의 대상이 된다.

④ 기한은 채무자의 이익을 위한 것으로 추정한다.

⑤ 조건이 선량한 풍속에 위반한 경우 그 조건만을 무효로 한다.

51 물권적 청구권이 아닌 것은? (다툼이 있으면 판례에 의함)

① 지상권에 기한 방해예방청구권

② 진정등기명의의 회복을 위한 소유권이전등기청구권

③ 부동산매수인의 소유권이전등기청구권

④ 피담보채무 변제 후의 제3취득자의 저당권등기 말소청구권

⑤ 저당권에 기한 방해배제청구권

52 물권과 관련된 설명으로 옳지 않은 것은? (다툼이 있으면 판례에 의함)

① 물권의 객체는 원칙적으로 특정·독립한 물건이지만, 공장저당과 같이 집합물 위에 저당권이 설정될 수 있다.

② 1필의 토지의 일부에 저당권을 설정할 수 없지만, 공유자 중 1인은 자기의 지분만을 담보로 저당권을 설정할 수 있다.

③ 용익물권은 부동산의 일부에 대해서도 성립할 수 있다.

④ 「입목에 관한 법률」에 의하여 등기된 수목의 집단은 토지와 별도로 저당권의 목적이 될 수 있지만 명인방법을 갖춘 수목의 집단은 저당권의 목적이 될 수 없다.

⑤ 구분건물이 아닌 1동의 건물 중 일부에 관하여 소유권보존등기를 할 수 있다.

53 점유자와 회복자의 법률관계에 관한 설명으로 옳지 않은 것은? (다툼이 있으면 판례에 따름)

① 타인의 건물을 선의로 점유한 자는 비록 법률상 원인 없이 사용하였더라도 이로 인한 이득을 반환할 의무가 없다.

② 악의의 점유자가 과실을 소비한 경우에는 그 과실의 대가를 보상하여야 한다.

③ 점유물이 점유자의 책임 있는 사유로 인하여 멸실 또는 훼손된 경우, 선의의 자주점유자는 그 이익이 현존하는 한도에서 배상하여야 한다.

④ 선의의 점유자가 본권에 관한 소에서 패소한 경우, 제소 후 판결확정 전에 취득한 과실은 반환할 의무가 없다.

⑤ 점유자가 과실을 취득한 경우에는 통상의 필요비의 상환을 청구하지 못한다.

54 甲과 乙은 X토지를 공유하고 있는데, 甲의 지분은 2/3, 乙의 지분은 1/30이다. 다음 설명으로 옳은 것은? (다툼이 있으면 판례에 의함)

① 甲과 乙이 공유한 때로부터 10년 이상 경과하였다면 분할청구권이 소멸시효에 걸리므로, 乙은 甲에게 X토지의 분할을 청구할 수 없다.

② 乙이 관리비용 기타 의무이행을 1년 이상 지체한 때에는 甲은 상당한 가액으로 乙의 지분을 매수할 수 있다.

③ 丙이 X토지를 불법으로 점유하고 있는 경우, 乙은 丙에 대해 단독으로 X토지 전체에 대해 손해배상을 청구할 수 있다.

④ 甲이 乙의 동의 없이 X토지 전부를 丙에게 임대하여 丙이 점유하는 경우, 乙은 丙에게 단독으로 점유의 배제를 청구할 수 있다.

⑤ 乙이 자신의 지분을 처분하기 위해서는 甲의 동의를 받아야 한다.

55 甲이 등기를 하여야 비로소 소유권을 취득하는 경우는? (다툼이 있으면 판례에 의함)

① 甲이 부동산을 20년간 평온·공연하게 소유의 의사로 점유하여 점유취득시효를 완성한 경우

② 乙 소유의 토지에 甲이 무단으로 건물을 신축한 경우

③ 저당권 실행을 위한 경매에서 매수인 甲이 매각대금을 완납한 경우

④ 乙 소유의 건물을 甲이 상속한 경우

⑤ 甲이 수용재결을 통해 토지를 취득한 경우

56 전세권에 관한 설명으로 옳지 않은 것은? (다툼이 있으면 판례에 의함)

① 대지와 건물이 동일한 소유자에 속한 경우에 건물에 전세권을 설정한 때에는 그 대지소유권의 특별승계인은 전세권설정자에 대하여 지상권을 설정한 것으로 본다.

② 전세권의 목적물을 전전세 또는 임대한 경우에는 전세권자는 전전세 또는 임대하지 아니하였으면 면할 수 있는 불가항력으로 인한 손해에 대하여 그 책임을 부담한다.

③ 전세권이 소멸한 때 전세권설정자는 전세권자로부터 그 목적물의 인도 및 전세권설정등기의 말소등기에 필요한 서류의 교부를 받는 동시에 전세금을 반환할 의무가 있다.

④ 건물의 일부에 전세권이 설정된 경우에, 전세권자는 불가분성의 원칙에 따라 건물 전체의 경매를 청구할 수 있다.

⑤ 전세권의 존속기간은 10년을 넘지 못한다.

57 유치권에 관한 설명으로 옳은 것은? (다툼이 있으면 판례에 따름)

① 공사업자 乙에게 건축자재를 납품한 甲은 그 매매대금채권에 기하여 건축주 丙의 건물에 대하여 유치권을 행사할 수 없다.

② 유치물이 분할 가능한 경우, 채무자가 피담보채무의 일부를 변제하면 그 범위에서 유치권은 일부 소멸한다.

③ 유치권자가 유치물을 점유함으로써 유치권을 행사하고 있는 동안에는 피담보채권의 소멸시효는 진행되지 않는다.

④ 유치권자는 특별한 사정이 없는 한 법원에 청구하지 않고 유치물로 직접 변제에 충당할 수 있다.

⑤ 목적물에 대한 점유를 취득한 후 그 목적물에 관한 채권이 성립한 경우 유치권은 인정되지 않는다.

58 부동산취득시효에 관한 설명으로 옳지 않은 것은? (다툼이 있으면 판례에 의함)

① 이중보존등기 중 선등기가 원인무효가 아니어서 후등기가 무효로 된 경우, 말소되지 않은 후등기를 근거로 등기부취득시효의 완성을 주장할 수 없다.

② 시효기간 만료 전에 제3자가 등기명의를 넘겨받은 경우, 점유자는 시효기간 완성 후에 그 제3자를 상대로 취득시효를 원인으로 소유권이전등기를 청구할 수 있다.

③ 시효취득을 주장하는 자는 원칙적으로 기산점을 임의로 선택할 수 없다.

④ 자기 소유의 부동산은 취득시효의 대상이 될 수 없다.

⑤ 악의의 무단점유의 경우에는 시효취득이 인정되지 않는다.

59 지상권에 관한 설명으로 옳지 않은 것은? (다툼이 있으면 판례에 따름)

① 토지에 관하여 저당권을 취득함과 아울러 그 저당권이 실행될 때까지 목적 토지의 담보가치를 하락시키는 침해행위를 배제할 목적으로 지상권을 설정할 수 있다.

② 관습상의 법정지상권을 취득한 자가 대지소유자와 사이에 대지에 관하여 임대차 계약을 체결한 경우, 특별한 사정이 없는 한 관습상의 법정지상권을 포기한 것으로 된다.

③ 지상권이 존속기간의 만료로 소멸한 경우, 건물 기타 공작물이나 수목이 현존하는 때에는 지상권자는 계약의 갱신을 청구할 수 있다.

④ 토지소유자가 지상권자의 지료연체를 이유로 지상권소멸청구를 하여 지상권이 소멸된 경우에도, 지상권자는 토지소유자를 상대로 현존하는 건물 기타 공작물이나 수목의 매수를 청구할 수 있다.

⑤ 법정지상권에 관한 지료가 결정된 바 없다면, 법정지상권자가 2년 이상의 지료를 지급하지 아니하였더라도 토지소유자는 지료지급 연체를 이유로 지상권의 소멸을 청구할 수 없다.

60 지역권에 관한 설명으로 옳지 않은 것은?

① 지역권은 요역지와 분리하여 저당권의 목적이 될 수 없다.

② 공유자의 1인이 지역권을 시효로 취득하더라도 다른 공유자에 대하여는 효력이 없다.

③ 지역권은 1필의 토지의 일부 위에도 성립할 수 있다.

④ 요역지의 소유권이 이전되면 지역권은 이전등기를 요함이 없이 요역지의 양수인에게 이전한다.

⑤ 지역권자는 목적물반환청구권을 행사할 수 없다.

61 전세권의 소멸사유에 관한 기술 중 옳지 않은 것은?

① 전세권은 그 설정행위로 양도를 금지할 수 있다.

② 전전세권의 존속기간은 원전세권의 존속기간을 넘지 못한다.

③ 전세권의 포기는 물권적 단독행위이므로 이에 의한 전세권의 소멸은 포기의 의사표시와 등기로써 그 효력을 발생하게 된다.

④ 전세권의 존속기간을 약정하지 않은 경우에는 각 당사자는 언제든지 상대방에 대하여 전세권의 소멸을 통고할 수 있고 상대방이 통고를 받은 날로부터 즉시 전세권은 소멸한다.

⑤ 전세권자가 설정계약 또는 목적부동산의 성질에 의하여 정하여진 용법으로 이를 사용, 수익하지 않는 경우에는 전세권설정자는 전세권의 소멸을 청구할 수 있다.

62 저당목적물에 대한 침해에 관한 설명 중 옳지 않은 것은?

① 저당물의 침해가 있는 경우에도 저당물의 반환청구권은 인정되지 않는다.

② 저당목적물에 대한 침해가 제3자의 책임 있는 사유로 이루어진 경우에도 저당권자는 저당권설정자에 대해 담보물보충청구권을 가진다.

③ 저당목적물에 대한 침해가 채무자에 의해 이루어진 경우에는 저당권자는 채무자에 대해 즉시변제를 청구할 수 있다.

④ 저당권자가 채무자에 대해 즉시변제를 청구한 경우에는 담보물보충청구권을 행사할 수 없다.

⑤ 저당권자가 채무자에 대해 즉시변제를 청구함과 동시에 손해배상을 청구할 수 있다.

63 저당권의 객체 및 효력에 대한 설명 중 옳지 않은 것은? (다툼이 있는 경우 판례에 의함)

① 저당권설정 이후에 부합한 경우에도 그 부합물에 저당권의 효력이 미치는 것이 원칙이다.

② 저당권은 부동산에 대해서 뿐만 아니라 전세권과 지상권에 대해서도 설정될 수 있다.

③ 저당권은 원본뿐 아니라 이자, 위약금, 채무불이행으로 인한 손해배상을 담보하지만 저당권의 실행비용은 등기될 수 없으므로 담보되지 못한다.

④ 근저당권 설정 후 부동산 소유권이 이전된 경우 근저당권설정자인 종전의 소유자도 피담보채권의 소멸을 이유로 근저당권설정등기의 말소를 청구할 수 있다.

⑤ 근저당의 채권최고액이란 후순위담보권자나 저당목적부동산의 제3취득자에 대하여 근저당권자가 목적물로부터 우선변제를 받을 수 있는 한도액을 의미한다.

64 근저당권에 관한 기술 중 옳지 않은 것은?

① 채권최고액은 필수적 등기사항이다.

② 채무의 이자는 채권최고액에 포함된다.

③ 결산기에 확정된 실제채권액이 최고액을 초과하는 경우, 물상보증인은 그 실제채권액 전부를 변제하여야 근저당권등기의 말소를 청구할 수 있다.

④ 피담보채권이 일시적으로 소멸하더라도 근저당권은 소멸하지 않는다.

⑤ 후순위권리자가 경매를 신청한 경우에는 경락대금완납시에 근저당권의 피담보채권액이 확정된다.

65 다음 중 요물계약인 것은?

① 증여계약
② 계약금 계약
③ 교환계약
④ 매매계약
⑤ 임대차계약

66 청약과 승낙의 의사표시에 관한 설명으로 옳지 않은 것은?

① 청약은 구체적·확정적 의사표시이어야 한다.

② 청약은 불특정 다수인에 대하여 할 수 있으나, 승낙은 반드시 청약자에 대하여 하여야 한다.

③ 청약에 대하여 조건을 붙여서 승낙을 한 경우, 청약의 거절과 동시에 새로 청약한 것으로 본다.

④ 甲이 "3월 30일까지 승낙 여부의 회답이 없으면 계약은 체결된 것으로 본다."라는 내용을 붙여 청약을 한 경우에 乙이 승낙기간 내에 회답을 발하지 않아도 계약은 성립하지 않는다.

⑤ 교차청약의 경우에 후의 청약이 발송된 때에 계약이 성립한다.

67 동시이행의 관계가 인정되는 것만으로 옳게 짝지어진 것은?(다툼이 있으면 판례에 의함)

┌─────────────────────────────────────┐
│ ㉠ 전세권 소멸시 전세권설정자의 전세금반환의무와 전세권자의 목적 │
│   물인도 및 전세권말소등기의무 │
│ ㉡ 피담보채무의 변제와 저당권등기의 말소 │
│ ㉢ 매수인이 부가가치세를 부담하기로 약정한 경우, 부가가치세를 포 │
│   함한 매매대금 전부의 지급의무와 소유권이전등기의무 │
│ ㉣ 임대인의 임대차보증금의 반환의무와 임차권등기명령에 의해 경료 │
│   된 임차인의 임차권등기 말소의무 │
└─────────────────────────────────────┘

① ㉠, ㉣
② ㉡, ㉢
③ ㉠, ㉢
④ ㉠, ㉡
⑤ ㉢, ㉣

68 위험부담에 대한 내용 중 옳은 것은?

① 위험부담문제는 원칙적으로 쌍무계약뿐 아니라 편무계약인 경우에도 발생한다.

② 채권자의 수령지체 중에 당사자 쌍방의 책임 없는 사유로 이행할 수 없게 된 때에는 채무자는 상대방의 이행을 청구할 수 없다.

③ 위험부담은 쌍무계약에 있어서 한 채무가 원시적·후발적으로 불능하게 된 경우를 규율하기 위한 제도이다.

④ 위험부담에 관한 규정은 임의규정이므로 당사자 간의 특약으로 달리 정할 수 있다.

⑤ 교환계약의 일방 당사자의 채무이행이 그에게 책임 있는 사유로 불가능하게 된 경우에도 위험부담의 법리가 적용된다.

69 제3자를 위한 계약에 관한 설명 중 옳은 것을 모두 고른 것은? (다툼이 있으면 판례에 의함)

> ㉠ 요약자와 낙약자 사이의 매매계약이 무효인 경우, 낙약자는 수익자에게 지급한 매매대금이 부당이득이라는 이유로 수익자를 상대로 그 반환을 청구할 수 없다.
> ㉡ 계약의 당사자 일방이 제3자에 대하여 채권을 가진 경우, 그 채무를 면제하는 계약도 제3자를 위한 계약에 준하는 것으로서 유효하다.
> ㉢ 낙약자는 요약자와 수익자 사이의 법률관계에 근거한 항변으로 수익자에게 대항할 수 있다.
> ㉣ 요약자와 수익자 사이의 법률관계가 무효임을 이유로 요약자는 낙약자에게 부담하는 채무의 이행을 거부할 수 있다.
> ㉤ 요약자와 낙약자 사이의 계약이 낙약자의 채무불이행을 이유로 해제된 경우, 수익의 의사표시를 한 수익자는 낙약자에게 손해의 배상을 청구할 수 없다.

① ㉠, ㉡
② ㉠, ㉣
③ ㉠, ㉡, ㉣
④ ㉡, ㉢, ㉣
⑤ ㉢, ㉤

70 계약의 해제에 관한 설명으로 옳지 않은 것은? (다툼이 있으면 판례에 의함)

① 정기행위의 경우에는 상대방은 그 이행의 최고를 하지 아니하고 계약을 해제할 수 있다.
② 매매목적물인 부동산에 가압류등기가 있는 경우에는 매도인의 소유권이전등기의무가 이행불능으로 되었다고 할 것이므로, 매수인은 매도인에게 이행의 최고 없이 계약을 해제할 수 있다.
③ 채무불이행을 이유로 계약해제와 아울러 손해배상을 청구하는 경우에는 이행이익의 배상을 구하는 것이 원칙이지만, 그에 갈음하여 신뢰이익의 배상을 구할 수도 있다.
④ 부동산 매매계약이 해제된 경우 매도인의 매매대금 반환의무와 매수인의 소유권이전등기말소등기 절차 이행의무가 동시이행관계에 있는지 여부와는 관계없이 매도인이 반환하여야 할 매매대금에 대하여는 그 받은 날로부터 법정이자를 부가하여 반환하여야 한다.
⑤ 당사자의 일방 또는 쌍방이 수인인 경우에는 그 해제는 전원으로부터 또는 전원에 대하여 하여야 한다.

71 다음 중 매수인의 악의라도 담보책임을 물을 수 있는 경우는?

① 권리의 전부가 타인에게 속한 경우의 손해배상청구권
② 권리의 일부가 타인에게 속한 경우의 대금감액청구권
③ 수량부족 · 일부멸실의 경우의 계약해제권
④ 용익권에 의한 제한이 있는 경우의 손해배상청구권
⑤ 매매의 목적이 된 부동산에 등기된 임대차계약이 있는 경우

72 매매에 관한 설명 중 옳지 않은 것은? (다툼이 있으면 판례에 의함)

① 상대방인 매도인이 매매계약의 이행에 전혀 착수한 바가 없다면 매수인이 중도금을 지급하여 이미 이행에 착수하였다 하더라도 매수인은 민법 제565조에 의하여 계약금을 포기하고 매매계약을 해제할 수 있다.
② 매매예약완결권은 특별한 약정이 없는 한 형성권으로서 제척기간의 제한을 받는다.
③ 채권계약에 있어서 당사자 사이에 계약금을 위약금으로 하기로 하는 특약이 없는 한, 당연히는 손해배상의 예정으로서의 성질을 가진다고 할 수 없다.
④ 근저당권설정등기가 되어 있는 부동산을 매매하는 경우 특별한 사정이 없는 한 매도인의 근저당권말소 및 소유권이전등기의무와 매수인의 잔대금지급의무는 동시이행의 관계에 있다.
⑤ 매도인이 매수인에 대하여 매매계약의 이행을 최고하고 매매잔대금의 지급을 구하는 소송을 제기한 것만으로는 이행에 착수하였다고 볼 수 없으므로 계약금을 포기하고 해제할 수 있다.

73 임대인의 비용상환의무에 대한 설명으로 옳은 것은?

① 필요비상환청구는 임대차가 종료한 경우에 가능하다.
② 유익비상환청구는 임대차계약의 존속 중에도 가능하다.
③ 비용상환청구권에 관한 규정은 강행규정이므로 임차인의 부담으로 돌릴 수 없다.
④ 필요비는 임대차 종료 시 그 가액의 증가가 현존한 경우에 한하여 상환을 청구할 수 있다.
⑤ 필요비 및 유익비의 상환청구권은 임대인이 목적물을 반환받은 날로부터 6개월 내에 행사하여야 한다.

74 토지임차인의 지상물매수청구권에 관한 설명으로 옳은 것은? (다툼이 있으면 판례에 의함)

① 지상물매수청구권은 청구권이다.
② 지상물의 경제적 가치유무나 임대인에 대한 효용 여부는 지상물매수청구권의 행사요건이다.
③ 매수청구권의 대상이 되는 지상물은 임대인의 동의를 얻어 신축한 것에 한한다.
④ 임대차종료 전 지상물 일체를 포기하기로 하는 임대인과 임차인의 간의 약정은 특별한 사정이 없는 한 무효이다.
⑤ 임차인의 채무불이행을 이유로 임대차계약이 해지된 경우에도 임차인은 지상물매수를 청구할 수 있다.

75 주택임대차에 관한 설명으로 옳지 않은 것은? (다툼이 있으면 의함)

① 주택임대차보호법상 대항력을 행사하기 위해서는 주택의 인도 및 주민등록이 계속 존속하고 있어야 한다.

② 주민등록이 직권말소된 후 주민등록법 소정의 이의절차에 따라 그 말소된 주민등록이 회복된 경우에는 소급하여 대항력이 유지된다.

③ 주택을 법인에게 임대한 경우에 직원이 실제 입주하여 전입신고를 하였다면 임대인이 위 임대주택을 양도할 경우 특별한 사정이 없는 한 임대인의 법인에 대한 임차보증금반환채무는 소멸하고 새로운 소유자에게 면책적으로 이전한다.

④ 주거용 건물에 해당하는지 여부는 공부상의 용도에 따라 결정하는 것이 아니라 실제 용도에 따라 결정한다.

⑤ 임대계약이 묵시적으로 갱신된 경우에 임차인이 임대인에게 해지통지를 한 후 임대인이 그 통지를 받은 날로부터 3월이 경과되면 계약은 해지된다.

76 주택임대차보호법 규정 중 옳지 않은 것은?

① 기간의 정함이 없거나 기간을 2년 미만으로 정한 임대차는 그 기간을 2년으로 본다. 임차인도 2년 미만으로 정한 기간이 유효함을 주장할 수 없다.

② 임대차가 종료한 경우에도 임차인이 보증금을 반환받을 때까지는 임대차관계는 존속하는 것으로 본다.

③ 임대차는 그 등기가 없는 경우에도 임차인이 주택의 인도와 주민등록을 마친 때에는 그 다음날부터 제3자에 대하여 대항력이 생기고, 임차주택의 양수인은 임대인의 지위를 승계한 것으로 본다.

④ 임대차가 종료된 후 보증금을 반환받지 못한 임차인은 임차권 등기명령을 신청할 수 있고, 위 신청 및 그에 따른 임차권등기와 관련하여 소요된 비용을 임대인에게 청구할 수 있다.

⑤ 임차권은 임차주택에 관하여 민사집행법에 따른 경매가 행하여진 경우에는 그 임차주택의 경락에 따라 소멸하는 것이 원칙이다.

77 상가건물임대차보호법에서 임대인이 계약갱신을 거절할 수 있는 사유가 아닌 것은?

① 쌍방 합의하에 임대인이 임차인에게 상당한 보상을 제공한 경우

② 임차인이 임대인의 동의 없이 목적 건물의 전부 또는 일부를 전대한 경우

③ 임차인이 2기의 차임지급을 연체한 사실이 있는 경우

④ 임차인이 임차한 건물의 전부 또는 일부를 고의 또는 중대한 과실로 파손한 경우

⑤ 임차인이 거짓 그 밖의 부정한 방법으로 임차한 경우

78 집합건물에 관한 설명으로 옳지 않은 것은? (다툼이 있으면 판례에 의함)

① 재건축 결의는 구분소유자의 5분의 4 이상 및 의결권의 5분의 4 이상의 결의에 따른다.

② 규약으로 정한 경우 공용부분의 지분도 전유부분과 분리하여 처분할 수 있다.

③ 공용부분의 변경에 관한 사항은 원칙적으로 구분소유자의 4분의 3 이상 및 의결권의 4분의 3 이상의 결의로써 결정한다.

④ 규약으로 정한 경우에는 대지사용권은 전유부분과 분리하여 처분할 수 있다.

⑤ 집합건물이 양도된 경우 하자담보추급권은 현재의 집합건물의 소유자에게 귀속한다.

79 가등기담보 등에 관한 법률에 관한 설명으로 옳지 않은 것은?

① 채무자가 청산기간이 지나기 전에 한 청산금에 관한 권리의 양도나 그 밖의 처분은 이로써 후순위권리자에게 대항하지 못한다.

② 가등기담보는 당사자 사이의 대물변제의 예약 또는 매매의 예약을 체결하고, 소유권이전청구권의 보전을 위해 가등기함으로써 성립한다.

③ 가등기담보도 담보권의 일종이므로, 피담보채권이 소멸하면 가등기담보도 당연히 소멸한다.

④ 담보가등기를 마친 부동산에 강제경매 등이 개시된 경우에 담보가등기권리자는 다른 채권자보다 자기채권을 우선변제 받을 권리가 있다.

⑤ 담보가등기권리자가 담보목적 부동산의 소유권을 취득하기 위하여 청산금의 평가액을 통지하는 경우, 청산금이 없다고 인정되는 경우에는 통지를 요하지 아니한다.

80 다음 중 부동산실권리자 명의등기에 관한 법률이 적용되는 명의신탁은?

① 채무변제를 담보하기 위해 채권자 명의로 이루어진 가등기를 한 경우

② 채무변제를 담보하기 위해 채권자 앞으로 소유권이전등기가 이루어진 경우

③ 신탁법에 따라 신탁재산인 사실을 등기한 경우

④ 탈세 등의 목적이 없이 이루어진 배우자 간의 명의신탁

⑤ 상호명의신탁을 한 경우

01 부동산의 개념에 관한 기술로 옳은 것은?

① 부동산을 기술적 측면, 경제적 측면, 법률적 측면 등으로 파악하는 것을 복합부동산이라 한다.

② 준부동산은 부동산과 유사한 공시방법을 갖춤으로써 넓은 의미의 부동산에 포함된다.

③ 부동산을 생산요소로 취급하는 것은 법률적 개념으로서의 부동산으로 파악하는 것이다.

④ 부동산의 기술적 개념은 무형적 측면, 경제적·법률적 개념은 유형적 측면으로 파악될 수 있다.

⑤ 법률적 개념의 부동산은 자본, 자산으로서의 특성을 가진다.

02 토지에 관련된 사항으로 옳은 것은?

① 대지에서 건축물의 바닥면적을 제외한 부분을 나지라고 한다.

② 개발제한구역으로의 지정결정은 건부감가를 유발하는 요인이다.

③ 포락지는 개인의 사유지로서 전·답 등이 하천으로 변한 토지를 말한다.

④ 휴한지는 도시토지로서 지가상승만을 기대하고 장기간 방치하는 토지를 말한다.

⑤ 임지지역에서 농지지역으로 전환되고 있는 토지를 이행지라고 한다.

03 아파트에 대한 수요함수는 $Q_D = 800 - 2P$이며, 공급함수는 $Q_S = 500 + P$로 추정되었다. 균형가격과 균형수급량(거래량)은?

① 균형가격 600, 균형거래량 100

② 균형가격 300, 균형거래량 200

③ 균형가격 100, 균형거래량 300

④ 균형가격 100, 균형거래량 600

⑤ 균형가격 200, 균형거래량 200

04 부동산의 공급과 관련된 설명으로 옳지 않은 것은? (단, 다른 조건은 불변임)

① 다른 모든 조건이 일정한 경우 임대료가 하락하면 임대주택의 공급량이 감소한다.

② 시멘트 가격의 하락, 건설노동자의 임금하락은 공급곡선을 우측으로 이동시키는 요인이다.

③ 토지의 물리적 공급곡선은 수직이나, 경제적 공급곡선은 용도의 다양성으로 인하여 수평이 된다.

④ 토지의 물리적 공급은 부증성으로 인해 완전비탄력적이나, 경제적 공급은 용도의 다양성으로 인해 가능하다.

⑤ 이자율의 하락은 공급자의 이자비용을 감소시키고, 공급자의 수익을 증가시켜 공급증가요인이 된다.

05 공급의 가격탄력성과 관련된 내용으로 옳지 않은 것은? (단, 다른 조건은 동일함)

① 부동산의 공급은 단기에서 장기로 갈수록 탄력성이 커지는 편이다.

② 생산량을 늘릴 때 생산요소 가격이 하락할수록 공급의 임대료탄력성은 더 비탄력적이다.

③ 부동산의 용도변경이 용이할수록 공급의 탄력성은 커지게 된다.

④ 생산에 소요되는 기간이 짧을수록 공급의 탄력성은 커지게 된다.

⑤ 아파트의 신축공급은 단기적으로 가용생산요소의 제약으로 인하여 완전비탄력적이 된다.

06 각 주어진 조건하에 부동산시장에서 나타날 수 있는 설명으로 옳지 않은 것은? (단, 우상향 공급곡선, 우하향 수요곡선을 가정한다)

① 저소득층에게 주택보조금을 지급하는 경우 저가주택가격이 상승할 수도 있다.

② 수요측면에서 대체재가격이 상승하는 경우 당해 재화의 가격은 하락할 수 있다.

③ 수요측면에서 대체재의 수요량이 증가하는 경우라면 당해 재화의 가격은 하락할 수 있다.

④ 수요측면에서 보완재의 수요량이 감소하는 경우라면 당해 재화의 가격은 하락할 수 있다.

④ 공급측면에서 대체재가격이 상승하는 경우 당해 재화의 가격은 상승할 수 있다.

07 정보의 효율성과 관련된 설명으로 옳지 않은 것은?

① 강성 효율적 시장은 공표되지 않은 정보를 분석하여 투자하더라도 초과이윤을 획득할 수 없다.

② 준강성 효율적 시장에서 기술적 분석을 하게 되면 정상을 초과하는 이윤을 획득할 수 없다.

③ 준강성 효율적 시장에서는 공표된 정보를 토대로 투자를 하였을 때 정상을 초과하는 이윤을 획득할 수 있다.

④ 약성 효율적 시장보다 준강성 효율적 시장이 시장의 효율성이 큰 시장이다.

⑤ 약성 효율적 시장에는 과거정보만이 반영되어 있다.

08 부동산경기변동에 관한 설명으로 옳지 않은 것은?

① 계절적 변동은 예기치 못한 사태로 초래되는 비순환적 경기변동 현상을 말한다.

② 부동산경기변동이란 일반적으로 상승과 하강국면이 반복되는 현상을 말한다.

③ 건축착공량과 부동산거래량은 부동산경기를 측정할 수 있는 지표로 활용될 수 있다.

④ 하향시장 국면이 장기화되면 부동산 공실률 증가에 의한 임대료 감소 등의 이유로 부동산 소유자에게 부담이 될 수 있다.

⑤ 회복시장은 일반적으로 경기가 하향을 멈추고 상승을 시작하는 국면이다.

09 부동산경기측정지표에 대한 설명으로 옳지 않은 것은?

① 부동산경기도 수요와 공급의 관계에서 측정되는데 건축량은 공급 측면에서의 측정지표로 매우 빈번하게 사용된다.

② 건축착공량은 부동산경기의 측정지표로서 매우 빈번하게 사용되고 있다. 이것은 다른 자료들에 비해 건축허가량과 함께 상대적으로 보다 용이하게 구할 수 있기 때문이다.

③ 거래량은 수요 측면 지표로서의 의미를 가지며 이를 대표할 수 있는 지표로서 부동산등기건수나 검인계약서의 통계 등을 사용할 수도 있다.

④ 수요 측면에서 부동산가격이 상승하면 부동산경기가 좋다고 볼 수 있는데 이는 부동산경기가 좋아지는 경우 부동산가격이 상승하는 것이 일반적이기 때문이다.

⑤ 만약 건축허가면적을 부동산경기의 측정지표로 한다면 건축허가면적과 실제건축면적 간에는 차이가 발생할 수 있으며 개발의 여건이 성숙된 지역만을 대표할 가능성이 크므로 일반적으로 건축착공량을 신뢰하는 경우가 많다.

10 특정 주거지역에 있는 아파트의 임대료를 상승시키는 요인에 대한 설명으로 옳지 않은 것은? (단, 해당 아파트는 정상재이며, 다른 요인은 일정하다고 가정한다)

① 해당 지역 강력 범죄율의 하락

② 해당 지역 주민들을 위한 녹지 공간 확충

③ 해당 지역과 대체관계에 있는 인근 주거지역에 쓰레기 소각장 설치

④ 소비에 있어서 해당 아파트와 보완관계에 있는 재화의 가격 상승

⑤ 소비에 있어서 해당 아파트와 대체관계에 있는 주거용 오피스텔의 일부 철거로 주거용 오피스텔의 재고량 감소

11 부동산공급과 탄력성에 관한 설명으로 가장 옳지 않은 것은?

① 부동산공급에 영향을 주는 변수들로서 해당 재화의 가격, 다른 연관 재화의 가격, 금리, 개발에 대한 예상, 정부 정책 등을 들 수 있다.

② 부동산공급의 결정요인 중에서 가장 중요한 것으로 부동산가격을 들 수 있다.

③ 공급량의 변화란 해당 재화의 가격이 변함에 따라 주어진 공급곡선 위에서 공급량이 변하는 것을 의미하며, 공급의 변화란 해당 재화의 가격 이외의 다른 요인이 변함에 따라 공급곡선 자체가 이동하는 것을 의미한다.

④ 공급의 가격탄력성이란 해당 재화의 가격의 변화율에 대한 공급량의 변화율을 의미하며 공급의 가격탄력성의 값이 1보다 크면 탄력적, 1보다 작으면 비탄력적, 1이면 단위탄력적이라고 한다.

⑤ 공급의 가격탄력성은 생산 공급에 주어진 시간이 짧을수록 탄력적이고 길수록 보다 비탄력적이 된다.

12 부동산문제에 대한 설명 중 가장 옳은 것은?

① 부동산문제는 악화성향, 비가역성, 지속성 등을 지니며 해결수단을 획일화하여 효과를 극대화시켜야 하므로 부동산정책은 종합정책의 성격을 지닌다.

② 지가고는 택지구입비용 과다로 건축설비 등의 질적 수준저하, 아파트의 지나친 고층화, 공공용지의 확보 곤란성, 투기조장으로 불로소득심리 팽배 및 근로 저축의욕을 저하시키는 등의 문제점들을 야기할 수 있다.

③ 지가고는 토지의 집약적 이용을 유인하여 토지이용의 효율성과 토지개발을 촉진시키는 등의 순기능은 고려할 수 없다.

④ 토지자원을 어떤 용도로 배분할 것인가는 최유효이용의 원칙이 기준이 되며, 이용과 관리에 있어서도 토지의 유용성보다는 토지 가격증대에 중점을 두어야 한다.

⑤ 개발이익은 토지의 영속성에 따른 인접성이 그 근본 원인이 된다.

13 부동산권리분석활동을 위한 자료의 조사 · 확인 및 분석에 관한 설명으로 옳은 것은?

① 공간정보의 구축 및 관리 등에 관한 법령상 지적도에 기재된 지목의 부호가 '공'으로 표기되어 있어, 분석대상부동산의 지목을 공장용지로 확인 · 판단하였다.

② 용수 또는 배수를 위하여 일정한 형태를 갖춘 인공적인 수로 · 둑 및 그 부속시설물의 부지와 자연의 유수가 있거나 있을 것으로 예상되는 소규모 수로부지를 공간정보의 구축 및 관리 등에 관한 법령상의 지목인 하천으로 확인 · 판단하였다.

③ 부동산경매에서 경락허가결정 확정 후 경매대금을 완납한 때에 경락인은 등기를 하여야만 목적부동산의 소유권을 취득하는 것으로 확인 · 판단하였다.

④ 국토의 계획 및 이용에 관한 법령상 토지이용계획확인서를 통해 건물의 소재지, 구조, 용도 등의 사실관계를 확인 · 판단하였다.

⑤ 공간정보의 구축 및 관리 등에 관한 법령상 토지대장의 등록사항을 통해 토지소유자가 변경된 날과 그 원인을 확인 · 판단하였다.

14 부동산경기 각 국면에서 나타날 수 있는 다음 기술 중 가장 옳지 않은 것은?

① 아파트 분양시장이 현재 매수자시장이라면 선분양이 일반적일 것이며, 매도자시장이라면 후분양이 일반적일 것이다.

② 회복국면에서는 경기 하향국면에서 나타났던 매수자시장이 매도자시장으로 변화한다.

③ 경기 하향국면은 매수자가 가격조건과 수준, 질과 양 등을 주도해 가는 매수자시장이라고 볼 수 있다.

④ 매도자시장에서는 대개 가격이 상승하는 국면이며 과거 사례가격은 새로운 거래가격의 하한선 역할을 한다.

⑤ 안정시장은 실수요자에 의해 지지되는 시장이지만 경기와 전혀 무관하다고는 할 수 없다.

15 부동산 보유세의 경제적 효과에 대한 설명이다. 가장 거리가 먼 것은?

① 부동산 취득단계에서 부과되는 조세로는 취득세, 인지세 등이 있다.

② 토지의 공급은 비탄력적이기 때문에, 토지에 대한 보유세는 자원배분 왜곡이 큰 비효율적인 세금이다.

③ 양도소득세가 중과되면, 주택공급의 동결효과(lock in effect)로 인해 주택가격이 상승할 수 있다.

④ 임대주택의 경우, 임대인의 공급곡선이 비탄력적이고 임차인의 수요곡선이 탄력적일 때, 재산세를 중과하더라고 재산세가 임대인으로부터 임차인에게 전가되는 부분이 상대적으로 적다.

⑤ 공공임대주택의 공급 확대정책은 임대주택의 재산세가 임차인에게 전가되는 현상을 완화시킬 수 있다.

16 임대주택 정책과 관련된 설명 중 옳은 것은?

① 임대료규제를 통한 상한임대료가 시장임대료보다 높으면 주거이동의 저하 및 임대주택의 질적 하락 문제가 발생할 수 있다.

② 임대료상한제가 실시되면 단기적으로 임대인의 소득 일부가 임차인에게 귀속되는 소득재분배 효과가 발생한다.

③ 임대료보조가 실시되면 단기적으로는 임대료가 하락하나 장기적으로 임대료가 상승하는 문제가 발생할 수 있다.

④ 임차인들의 주거선택폭을 확대하기 위해서는 수요자보조보다는 공급자보조가 바람직하다.

⑤ 임대료상한제는 장기적으로 임대주택 공급을 증가시키나 임대료보조제는 장기적으로 임대주택의 공급을 감소시키는 문제가 있다.

17 정부에서 주택에 재산세를 상승시킨 경우 주택시장에서 일어나는 현상으로 옳은 것은? (단, 수요곡선은 우하향하고, 공급곡선은 우상향함)

① 임대주택에 재산세를 부과하였을 때, 일반적으로 임대료는 재산세가 부과되는 크기만큼 상승한다.

② 임대주택의 공급곡선이 완전비탄력적일 경우 주택에 부과되는 재산세는 전부 임차인에게 귀착된다.

③ 임대주택의 수요곡선이 탄력적이고 임대주택의 공급곡선이 비탄력적일 경우 재산세부담은 상대적으로 임대주택의 수요자인 임차인에게 많이 귀착된다.

④ 공공임대주택의 공급확대정책은 민간임대주택시장에서 재산세에 대한 임차인의 부담을 더 증가시키게 된다.

⑤ 임대주택에 재산세가 부과되더라도 수요의 가격탄력성이 완전탄력적이면 임대료는 상승하지 않는다.

18 지대와 지가이론에 관한 설명으로 옳은 것은?

① 튀넨에 따르면 지대함수는 거리가 멀어질수록 지대가 상승하는 증가함수이다.

② 마르크스의 절대지대설에 따르면 지대는 토지의 사유화 및 수송비에 의해서 결정된다.

③ 튀넨은 도시에서 외곽으로 멀어질수록 수송비와 지대가 모두 증가한다고 주장하였다.

④ 알론소의 입찰지대이론에서 입찰지대란 기업주의 정상이윤과 투입생산비를 지불하고 남은 최소지불용의액이다.

⑤ 리카도의 차액지대설로는 최열등지에서 발생하는 지대를 설명할 수 없다.

19 입찰지대이론에 관한 설명으로 옳지 않은 것은?

① 입찰지대란 단위면적의 토지에 대해 이용자가 지불하고자 하는 최소금액을 의미한다.

② 입찰지대이론에 따르면 토지에 대해 가장 높은 지대를 지불할 의사가 있는 용도에 따라 토지이용이 이루어진다.

③ 입찰지대이론으로 상업용과 주거용 부동산이 분리되는 직주분리 현상을 설명할 수 있다.

④ 입찰지대곡선의 기울기는 생산물의 단위당 한계운송비를 토지사용량으로 나눈 값이다.

⑤ 입찰지대는 토지이용자의 정상이윤과 투입생산비를 지불하고 남은 잉여로, 토지이용자 입장에서는 최대지불용의액이 된다.

20 일정액을 빌렸을 때 매기간 불입해야 할 원금과 이자의 합계를 구하는 자본환원계수는?

① 저당상수　　　　　② 연금의 미래가치
③ 감채기금계수　　　④ 일시불의 현재가치
⑤ 연금의 현재가치

21 이자율 약정과 저당상환방법에 대한 설명으로 옳지 않은 것은?

① 차입자의 입장에서는 원리금균등상환이 원금균등상환보다 월부금 부담이 초기에 낮고, 대출자의 입장에서는 차입자의 소득 또는 자산이 증가하는 경우 채무부담능력이 향상될 것으로 본다면 바람직하다고 볼 수 있다.

② 변동이자율저당은 물가상승 등에 따른 위험 등을 대출자가 차입자에게 전가시키게 되므로 차입자의 채무불이행 위험은 고정이자율저당에 비해서 오히려 작아지게 된다.

③ 원금균등상환저당은 원금상환분이 일정한 형태로서, 이자상환액은 시간이 흐를수록 점차 감소하는 형태를 띠게 되므로 월부금 저당지불액은 초기에 많고 후기에 적어지는 특성을 가진다.

④ 원리금균등상환저당은 융자기간 중 원금과 이자가 전액 상환되는 방법으로써 매기 불입액은 저당상수로 계산하며 매기 불입액 중에서 초기에는 이자 비중이 높으나 점차 원금이 차지하는 비중이 높아진다.

⑤ 변동이자율저당의 경우 물가가 상승하는 경우라면 이자율 등의 조정주기가 짧을수록 차입자에게, 조정주기가 길수록 대출자에게 불리하다.

22 대출이자율 및 저당의 상환과 관련된 설명 중 옳은 것은? (단, 다른 조건은 일정함)

① 대출기간 초기에는 원리금균등분할상환의 원리금액이 원금균등분할상환방식의 원리금보다 많다.

② CD(양도성 예금증서)금리는 시중은행들의 자금조달비용을 가중평균한 지수로 변동금리대출의 지표금리로 사용되는 대출기준금리를 의미한다.

③ 원금균등분할상환방식으로 상환이 이루어질 경우 상환액(저당지불액)은 융자액에 저당상수를 곱하여 산정된다.

④ 고정금리저당에서 시장이자율이 약정이자율보다 낮아지면 차입자는 항상 기존대출을 유지하는 것이 유리하다.

⑤ 원리금균등분할상환은 상환기간 동안 전체 원리금에서 원금과 이자액이 차지하는 비중이 지속적으로 변한다.

23 비율분석법과 관련된 설명으로 가장 옳은 것은?

① 부채비율은 부동산가치에 대한 융자액의 비율을 의미하며 이 값이 높을수록 채무불이행 시 원금을 회수하기 어렵게 된다.

② 부채감당률은 부채서비스액이 순영업소득의 몇 배가 되는가를 나타내는 비율이며 부채서비스액이란 매월 또는 매년 지불해야 되는 이자지급분을 가리킨다.

③ 부채감당률은 1보다 클수록 불리하며 1에 가까울수록 대출자나 차입자 모두 위험이 낮아진다는 것을 의미한다.

④ 영업경비와 부채서비스액이 유효총소득에서 차지하는 비율이 낮을수록 그만큼 채무불이행의 가능성은 커진다.

⑤ 비율분석법은 추계 잘못으로 인한 비율 자체의 왜곡가능성이 있을 수 있고, 비율자체만으로 평가가 곤란한 경우가 있으며 사용지표에 따라 서로 다른 투자판단이 날 가능성이 있다.

24 연간 예상총수익 2,000만 원, 연간 예상총비용이 800만 원, 연간 할인율과 자본회수율이 각각 4%와 2%라고 할 때, 수익환원법을 이용하여 수익가액을 구하면 얼마인가? (단, 만 원 이하 절사)

① 2,000만 원　　　　② 2억 원

③ 4억 원　　　　　　④ 3억 원

⑤ 3억 3,333만 원

25 다음 자료를 이용하여 조(총) 소득승수, 순소득승수(자본회수기간)를 구하면?

- 부채 6억 원, 지분 4억 원을 투자하여 10억 원인 부동산을 매입하였다.
- 한 해 동안의 유효조소득은 1억 원이다.
- 한 해 동안의 영업경비는 5천만 원이다.
- 연 원리금상환액은 2천만 원이다.

	조(총) 소득승수	순소득승수(자본회수기간)
①	10	20
②	10	25
③	5	10
④	10	5
⑤	5	25

26 에스크로우(Escrow)제도에 관한 설명으로 옳지 않은 것은?

① 매수자는 권원상의 하자나 부담으로부터 발생하는 위험을 사전에 방지할 수 있다.

② 매수자뿐만 아니라 권원의 이전에 관계되는 매도자, 저당대출기관 등의 권익을 보호하는 역할을 한다.

③ 권리보험제도와 병행하여 활성화하면 거래안전의 시너지 효과를 거둘 수 있다.

④ 공인중개사법령상 개업공인중개사는 거래의 안전을 보장하기 위하여 필요하다고 인정하는 경우에는 거래계약의 이행이 완료될 때까지 계약금·중도금 또는 잔금을 개업공인중개사 명의로 금융기관에 예치하도록 거래당사자에게 권고할 수 있다.

⑤ 에스크로우 회사는 매도자와 매수자의 협상과정에 참여하여 거래과정에서 발생하는 여러 가지 문제에 대하여 조언을 한다.

27 민간의 부동산개발 방식에 관한 설명으로 옳지 않은 것은?

① 자체개발사업에서는 사업시행자의 주도적인 사업추진이 가능하나 사업의 위험성이 높을 수 있어 위기관리능력이 요구된다.

② 토지소유자가 제공한 토지에 개발업자가 공사비를 부담하여 부동산을 개발하고, 개발된 부동산을 제공된 토지가격과 공사비의 비율에 따라 나눈다면, 이는 등가교환방식에 해당된다.

③ 토지신탁(개발)방식과 사업수탁방식은 형식의 차이가 있으나, 소유권을 이전하고 사업주체가 토지소유자가 된다는 점이 동일하다.

④ 개발 사업에 있어서 사업자금 조달 또는 상호 기술 보완 등 필요에 따라 법인 간에 컨소시엄을 구성하여 사업을 추진한다면, 이는 컨소시엄구성방식에 해당된다.

⑤ 토지소유자가 사업을 시행하면서 건설업체에 공사를 발주하고 공사비의 지급은 분양 수입금으로 지급한다면, 이는 분양금 공사비 지급(청산)형 사업방식에 해당된다.

28 토지의 이용 및 부동산개발과 관련된 설명으로 옳지 않은 것은?

① 도심의 주거환경이 악화되거나 도심의 지가고(地價高)현상이 심화되면 직주분리 현상이 심화될 수 있다.

② 도시 성장이 불규칙·무질서하게 외곽으로 확산되는 현상을 도시 스프롤(sprawl)현상이라고 한다.

③ 부동산개발의 민간주체로는 개인, 주택건설사업자가 있고, 공적 주체는 주택소유자 조합, 국가 및 지자체, 한국토지주택공사(LH) 등이 있다.

④ 제3섹터 개발이란 민간이 자본과 기술을 제공하고 공공기관이 인·허가 등의 행정적인 부분의 효율성을 담당하는 개발방식이다.

⑤ 예비적 타당성분석은 예상되는 수입과 비용을 개략적으로 추계하여 경제성을 검토하는 사전적 분석이다.

29 부동산 포트폴리오이론에 관한 설명이다. 가장 거리가 먼 것은?

① 포트폴리오 관리란 투자대안이 가지고 있는 위험과 수익을 분석하여 불필요한 위험을 제거하고 주어진 위험과 수익하에서 최선의 포트폴리오를 선택하는 것이다.

② 평균-분산법은 위험과 수익을 평가하는 방법으로 널리 알려져 있지만 포트폴리오이론에서는 이보다 발전된 개념으로 지배원리를 사용한다.

③ 특정자산을 집중적으로 소유함에 따라 발생할 수 있는 불확실성을 제거하기 위해 여러 자산에 대해 분산투자하는 경우 비체계적 위험은 감소한다.

④ 더 높은 수익률을 얻기 위해서는 더 많은 위험을 감수해야 한다고 할 때 효율적 전선은 우하향하는 형태를 띠게 된다.

⑤ 부동산투자의 위험에는 피할 수 있는 위험과 피할 수 없는 위험이 있는데 전자를 비체계적 위험이라 하고 후자를 체계적 위험이라 한다.

30 부동산투자회사제도(REITs)와 관련된 설명으로 옳지 않은 것은?

① 부동산투자회사에 투자를 하게 되면 투자자들은 배당이익, 매매차익을 누릴 수 있다.

② 부동산투자회사는 발기설립의 방법으로 하여야 하며, 현물출자에 의한 설립을 할 수 없다.

③ 자기관리 리츠는 설립보고서를 제출한 날부터 3개월 후 설립 이후의 회사 현황에 관한 보고서를 작성하여 국토교통부장관에게 제출하여야 한다.

④ 자기관리 부동산투자회사는 상법상의 실체회사인 주식회사로 법인세 면제혜택이 있다.

⑤ 영업인가를 받은 후 6개월이 지난 위탁관리 부동산투자회사의 설립자본금은 50억 원 이상이 되어야 한다.

31 토지이용의 집약도와 관련하여 옳지 않은 것은?

① 입지잉여가 영(0)이 되는 곳을 한계입지라 한다.

② 집약적 토지이용에는 수확체감의 법칙이 작용하므로 집약도가 높아감에 따라 단위 면적당 투입되는 노동·자본의 크기에 대한 수익의 비율은 감소한다.

③ 토지이용 집약도의 상한선은 조방한계, 하한선은 집약한계이다.

④ 입지조건과 토지이용의 집약도가 같은 경우라도 입지잉여는 모든 입지주체에 똑같이 생기지 않는다.

⑤ 투입되는 한계비용이 한계수입과 일치되는 데까지 추가 투입되는 경우의 집약도를 집약한계라 한다.

32 부동산관리정보체계에 관한 설명으로 옳지 않은 것은?

① 회사의 부동산관리자는 부동산자산목록이나 데이터 뱅크를 유지·관리하고, 부정기적으로 변동이 생길 때마다 새로 정리한다.

② 관리정보체계에서 모든 획지는 다른 획지와 구별되는 독자적인 식별번호를 가지지만, 모든 획지에 관한 거래변동사항도 역시 별도의 식별번호를 가진다.

③ 각종 관리보고서를 작성하기 위해서는, 먼저 보유부동산에 대한 평가보고서가 정기적으로 작성될 필요가 있다.

④ 기간별로 정기적으로 작성되어야 할 보고서에는 부동산활동보고서, 부동산자산보고서, 임대차보고서, 잉여부동산보고서 등이 있다.

⑤ 가장 중요한 부동산활동보고서는 1년에 한 번씩, 나머지 보고서들은 보통 월별로 작성된다.

33 부동산의 임대차 유형에 대한 설명으로 옳지 않은 것은?

① 조임대차(gross lease)는 주거용 부동산에 일반적으로 적용된다.

② 순임대차(net lease)는 임차자 총수입의 일정비율을 임대료로 지불하는 것을 말한다.

③ 비율임대차(percentage lease)는 매장용 부동산에 일반적으로 적용된다.

④ 공업용 부동산의 경우 3차 순임대차(net lease)가 가장 일반적으로 적용된다.

⑤ 임대료 손실보험은 건물 화재 등으로 피해가 발생하여 건물을 수리 및 복원하는 기간 동안 초래되는 임대료 손실을 보상해 주는 보험이다.

34 지역분석과 개별분석에 관한 설명으로 옳지 않은 것은?

① 부동산 감정평가에 있어 개별분석이 중요시되는 이유는 부동산의 가격은 그 부동산의 최유효이용을 전제로 하여 파악되는 가격을 기준으로 당해 부동산의 최유효이용을 판정하기 때문이다.

② 지역분석은 당해 지역의 표준적 이용의 장래 동향을 명백히 하고, 개별분석은 지역적 특성하에서의 당해 부동산의 최유효이용을 판정하는 것이다.

③ 개별분석에서는 지역분석에서 파악된 자료를 근거로 구체적으로 인근지역의 표준적 이용을 판단한다.

④ 범위와 분석방법상으로서 개별분석은 부분적·국지적인 개념인데 비하여, 지역분석은 지역적·광역적인 개념이다.

⑤ 지역분석에서 사용되는 인근지역은 대상 부동산이 속해 있지 않지만 그 지역적 특성이 대상 부동산의 가치형성에 영향을 미치는 지역이다.

35 부동산감정평가에 관한 설명으로 옳지 않은 것은?

① 감정평가는 기준시점에서 대상물건의 이용상황 및 공법상 제한을 받는 상태를 기준으로 한다.

② 대로변의 1필지의 토지가 전·후면으로 가치를 달리할 때, 해당 토지를 부분평가하는 것이 원칙이다.

③ 토지와 건물이 결합되어 일체로 이용되고 있는 복합부동산은 일괄평가가 원칙이다.

④ 감정평가라 함은 토지 등의 경제적 가치를 판정하여 그 결과를 가액(價額)화 하는 것이다.

⑤ 1필지 토지의 일부분이 도시계획시설에 저촉되어 수용될 경우 저촉부분에 대하여 보상을 실시할 때 부분평가를 실시한다.

36 자연녹지지역 내의 공업용 부동산을 비교방식으로 감정평가할 때 적용할 사항으로 옳은 것을 모두 고른 것은?

> ㉠ 인근지역의 자연녹지지역 내의 이용상황이 공업용인 표준지가 없어 동일수급권의 유사지역의 자연녹지지역에 소재하는 공업용 표준지를 비교표준지로 선정하였다.
> ㉡ 공시지가기준법 적용에 따른 시점수정시 지가변동률을 적용하는 것이 적절하지 아니하여 통계청이 조사·발표하는 소비자물가지수에 따라 산정된 소비자물가상승률을 적용하였다.
> ㉢ 거래사례가 소유자의 급한 사정으로 시세보다 5% 저가로 최근에 거래가 되었기 때문에 사례로 선정하지 않았다.

① ㉠   ② ㉠, ㉡
③ ㉠, ㉢   ④ ㉡, ㉢
⑤ ㉠, ㉡, ㉢

37 감정평가의 규칙에 따라 물건별 감정평가방법을 구분할 때 다음 중 원가법과 가장 거리가 먼 물건은?

① 건물   ② 자동차
③ 선박   ④ 항공기
⑤ 소경목림(小徑木林 – 지름이 작은 나무 숲)

38 감정평가이론상 감가수정에 대한 설명 중 옳지 않은 것은?

① 감정평가의 감가수정은 취득원가에 대한 비용배분의 개념이고, 회계목적의 감가상각은 재조달원가를 기초로 적정한 가치를 산정하는 개념이다.

② 관찰감가법은 감정평가사가 직접 관찰하여 감가액을 판정하므로 주관적이다.

③ 분해법이란 대상부동산에 대한 감가요인을 물리적·기능적·경제적 요인으로 세분한 후, 이에 대한 감가액을 각각 별도로 측정하고 이것을 전부 합산하여 감가수정액을 산출하는 방법이다.

④ 정액법에 의한 연간 감가액은 일정하지만, 정률법에 의한 연간 감가액은 체감한다.

⑤ 설계의 불량, 설비의 부족 등은 기능적 감가이다.

39 재조달원가 산정에 관한 내용으로 가장 옳지 않은 것은?

① 직접공사비와 간접공사비 그리고 수급인의 적정이윤 또는 기업이윤을 포함한 표준적 건설비에 통상의 부대비용을 포함하여 산정한다.

② 만약 자가건설을 한 경우라면 수급인의 적정이윤 또는 기업이윤을 고려할 필요는 없다.

③ 기성시가지가 아닌 조성지 및 매립지의 경우는 거래사례가 존재하지 않으므로 예외적으로 원가법을 사용하여 적산가격을 구할 수 있다.

④ 토지 중에서 기성시가지는 원칙적으로 원가법이 아닌 거래사례비교법을 사용한다.

⑤ 재조달원가 산정은 대상부동산으로부터 재조달원가를 구하는 직접법과 유사부동산의 재조달원가를 비교하여 구하는 간접법이 있다.

40 표준지공시지가가 적용되는 경우와 가장 거리가 먼 것은?

① 국가·지방자치단체 및 공공기관 등의 토지가격 산정기준
② 종합부동산세 과세표준액 결정
③ 수용할 토지의 보상액 산정의 기준
④ 토지가격비준표의 작성기준
⑤ 국토의 계획 및 이용에 관한 법률에 따라 조성된 공업용지, 주거용지, 관광용지의 공급

41 불공정한 법률행위(「민법」 제104조)에 관한 설명으로 옳지 않은 것은? (다툼이 있으면 판례에 의함)

① 불공정한 법률행위에서 궁박이라 함은 급박한 곤궁을 의미하는 것으로서 경제적 원인에 기인한 것뿐 아니라 정신적 원인에 기인한 것도 될 수 있다.

② 경매에 대하여는 「민법」 제104조가 적용될 수 없다.

③ 불공정한 법률행위로서 무효인 경우에는 추인에 의해서 당해 법률행위가 유효로 될 수 없다.

④ 증여계약과 같이 아무런 대가관계 없이 당사자 일방이 상대방에게 일방적인 급부를 하는 법률행위는 「민법」 제104조 소정의 불공정한 법률행위에 해당될 수 없다.

⑤ 폭리행위는 피해자에게 궁박상태가 존재한다는 사실에 대한 폭리자의 인식만으로 성립한다.

42 A토지와 B토지를 소유하고 있는 甲은 A토지를 매수인 乙에게 매도하기로 하고 乙과 함께 현장을 답사한 다음 매매계약서를 작성하였다. 그런데 甲과 乙은 토지지번에 관하여 착오를 일으켜 계약서상 매매목적물로 B토지의 지번을 기재하였고 丙도 이를 간과하여 결국 B토지에 관하여 매매계약을 원인으로 하는 소유권이전등기가 경료되었다. 그 후 乙은 B토지를 丙에게 매도하고 丙 앞으로 소유권이전등기를 마쳐주었다. 다음 중 옳지 않은 것은? (다툼이 있으면 판례에 의함)

① 甲은 乙과의 매매계약을 착오를 이유로 취소할 수 있다.

② 乙이 B토지에 관하여 소유권을 취득하지 못하는 것은 자연적 해석의 방법에 따라 법률행위를 해석하였기 때문이다.

③ 丙은 B토지에 관하여 소유권을 취득할 수 없다.

④ 甲은 A토지에 대하여 乙에게 이전등기의무를 부담한다.

⑤ 乙은 丙에 대하여 담보책임을 부담할 수 있다.

43 협의의 무권대리에 대한 판례의 입장으로 옳은 것은?

① 무권대리인이 본인을 상속한 경우 본인의 지위에서 자신의 무권대리행위가 무효임을 주장하는 것은 신의칙에 반하지 않는다.

② 상대방 없는 단독행위의 무권대리에 대하여도 본인이 추인할 수 있다.

③ 무권대리행위에 대하여 본인이 이의를 제기하지 아니하고 이를 장시간에 걸쳐 방치하였다면 무권대리행위를 추인하였다고 볼 수 있다.

④ 무권리자가 타인의 권리를 자기의 이름으로 또는 자기의 권리로 처분한 경우에는 권리자는 후일 이를 추인할 수 없다.

⑤ 본인이 무권대리행위의 일부에 대하여 추인을 하거나 그 내용을 변경하여 또는 조건을 붙여서 추인을 하는 경우에는 상대방의 동의를 얻지 못하는 한 무효이다.

44 甲은 丙(乙과는 아무런 관계없는 자임)의 기망행위로 자기소유 건물을 乙에게 매도하고 소유권이전등기를 경료하였다. 그 후 乙은 그 건물을 丁에게 전매하여 소유권을 이전한 경우에 대한 설명으로 옳지 않은 것은? (다툼이 있으면 판례에 의함)

① 乙이 기망사실을 알 수 있었다면 甲은 법률행위를 취소할 수 있다.

② 甲이 법률행위를 취소한 경우에도, 丁이 선의인 경우에는 건물에 대한 소유권을 취득할 수 있다.

③ 甲이 취소의 의사표시를 하면 甲과 乙의 매매계약은 무효가 되고 甲은 乙에게 부당이득반환을 청구할 수 있다.

④ 甲이 丙에 대하여 불법행위를 이유로 손해배상을 청구하기 위해서는 반드시 乙과의 매매계약을 취소하여야 한다.

⑤ 甲이 사기사실을 안 후 乙로부터 매매대금을 수령한 경우에는 甲과 乙의 법률행위는 확정적으로 유효로 된다.

45 의사표시에 관한 기술 중 맞는 것을 모두 고른 것은?

㉠ 상대방이 정당한 이유없이 의사표시의 수령을 거절한 때에도 의사표시의 효력이 발생한다.

㉡ 허위표시가 곧 반사회적 행위는 아니다. 따라서 甲은 乙에게 반환청구할 수 있다.

㉢ 허위표시에 관한 제108조는 상대방 있는 단독행위에 적용된다. 상대방 없는 단독행위에는 적용되지 않는다.

㉣ 매도인의 대리인이 매수인에게 사기를 행한 경우 매도인이 그 사실을 안 경우에 한하여 매수인이 매매계약을 취소할 수 있다.

㉤ 증여세를 면하기 위하여 부자(父子) 사이에 매매의 형식을 빌리는 경우 증여 그 자체도 통정허위표시로서 무효이다.

① ㉡, ㉢, ㉤   ② ㉡, ㉢

③ ㉠, ㉢, ㉣, ㉤   ④ ㉠, ㉡, ㉢

⑤ ㉠, ㉡, ㉢, ㉣, ㉤

46 다음 중 丙이 보호받기 위해서는 丙이 선의 · 무과실임을 요하는 경우는?

① 甲이 乙에게 그 소유의 부동산을 허위표시인 매매를 원인으로 이전등기를 해 준 뒤 乙이 자기명의로 등기가 되었음을 기화로 丙에게 그 부동산을 매도하고 이전등기를 마친 경우

② 乙이 甲으로부터 매수하여 이전등기까지 마친 부동산을 丙에게 다시 매도하고 이전등기까지 해 주었으나 甲이 乙과의 매매를 해제한 경우

③ 甲의 강박에 못 이겨 乙이 그 소유의 부동산을 丙에게 매도한 뒤에, 乙이 甲의 강박을 이유로 그 매매를 취소한 경우

④ 미성년자 甲으로부터 부동산을 매수한 乙이 다시 丙에게 그 부동산을 매도하고 이전등기까지 마쳤으나, 그 후 甲이 乙과의 매매를 취소한 경우

⑤ 甲의 무권대리인 乙이 甲의 부동산을 丁에게 매도한다는 계약을 체결한 후, 甲 자신이 그 부동산을 丙에게 팔고 이전등기를 해 주고 나서, 甲이 乙의 무권대리행위를 추인한 경우

47 甲을 본인으로 하는 대리인 乙의 법률관계에 관한 기술로 옳지 않은 것은?

① 乙은 임의대리인일 수도 있고 법정대리인인 경우도 있다.

② 乙이 임의대리인인 경우 수권행위로 대리권이 발생하지만, 법정대리인인 경우 법률의 규정 등에 의해 대리권을 갖는다.

③ 乙은 임의대리인인 경우에는 반드시 본인을 위한 것임을 표시하여야 하나 법정대리인인 경우에는 본인을 위한 것임을 표시하지 않아도 된다.

④ 乙이 임의대리인인 경우와 법정대리인인 경우 대리권 소멸원인에 차이가 있다.

⑤ 복대리인의 선임에 있어서 임의대리인과 법정대리인의 복임권 및 책임에 차이가 있다.

48 조건과 기한에 관한 설명 중 옳은 것은? (다툼이 있으면 판례에 의함)

① 불법행위를 하지 않는다는 사실을 조건으로 한 경우, 그 조건만 무효로 된다.

② 매매계약에서 매도인에게 부과될 공과금을 매수인이 책임진다는 취지의 특약은 불법조건에 해당한다.

③ 임대차계약의 기간을 임차인에게 매도할 때까지로 정한 경우, 특별한 사정이 없는 한 기간의 약정이 없는 것으로 보아야 한다.

④ 기한에는 소급효가 없으나 당사자 간의 특약으로 소급효를 인정할 수 있다.

⑤ 기한의 이익을 가지는 자는 기한의 이익을 포기할 수 있으나, 만약 포기로 인하여 상대방에게 손해가 발생하는 경우는 포기할 수 없다.

49 표현대리에 관한 설명 중 옳지 않은 것은? (다툼이 있으면 판례에 의함)

① 표현대리행위가 성립하는 경우에 그 본인은 표현대리행위에 의하여 전적인 책임을 져야 하지만 상대방에게 과실이 있는 경우 과실상계의 법리를 유추 적용하여 본인의 책임을 경감할 수 있다.

② 표현대리에서 제3자라 함은 당해 표현대리행위의 직접 상대방이 된 자만을 지칭하고 전득자는 포함하지 않는다.

③ 표현대리가 성립한다 하여 무권대리의 성질이 유권대리로 전환되는 것은 아니므로 유권대리에 관한 주장 속에 무권대리에 속하는 표현대리의 주장이 포함되어 있다고 볼 수 없다.

④ 대리권 수여표시 표현대리(제125조)는 임의대리에만 적용되고 법정대리에는 적용되지 않는다.

⑤ 권한을 넘는 대리행위는 기본대리권과 동종이거나 유사할 필요가 없으므로 공법상의 대리권(등기신청)을 기본대리권으로 하여 부동산 매각 등 사법상의 행위를 한 경우에도 권한을 넘은 표현대리가 성립한다.

50 「민법」 제145조의 법정추인사유에 해당하지 않는 것으로 바르게 묶인 것은?

> ㉠ 취소권자의 상대방이 취소할 수 있는 행위로 취득한 권리의 전부나 일부를 양도한 경우
> ㉡ 취소권자가 채권자로서 상대방으로부터 담보의 제공을 받은 경우
> ㉢ 취소권자가 상대방으로부터 이행의 청구를 받은 경우
> ㉣ 취소권자가 상대방에게 취소할 수 있는 법률행위로부터 생긴 채무를 전부 또는 일부 이행한 경우

① ㉠, ㉡   ② ㉡, ㉣

③ ㉢, ㉣   ④ ㉠, ㉢

⑤ ㉠, ㉣

51 물권적 청구권에 대한 설명으로 옳은 것은? (다툼이 있으면 판례에 의함)

① 소유자는 소유권을 방해할 염려가 있는 자에 대하여 그 예방과 함께 손해배상의 담보를 청구할 수 있다.

② 점유보조자가 그 물건의 사실적 지배를 가지는 이상 물권적 청구권의 상대방이 된다.

③ 乙이 소유자 甲으로부터 토지를 매수하고 인도받았으나 등기를 갖추지 않고 다시 丙에게 전매하고 인도한 경우, 甲은 丙에게 소유물반환청구를 할 수 있다.

④ 甲의 토지 위에 乙이 건물을 무단 신축하고 이를 丙에게 임대한 경우, 甲은 직접점유자 丙을 상대로 건물철거를 청구할 수 있다.

⑤ 甲의 토지 위에 乙이 건물을 무단 신축한 상태에서, 甲이 그 토지를 丙에게 양도하고 이전등기가 된 경우에는 乙에 대한 물권적 청구권은 丙이 행사할 수 있다.

52 등기에 대한 설명으로 옳지 않은 것은? (다툼이 있으면 판례에 의함)

① 계약이 해제되면 그 계약의 이행으로 변동이 생겼던 물권은 말소등기 없이도 당연히 그 계약이 없었던 원상태로 복귀한다.

② 등기는 물권의 효력존속요건이고 효력발생요건이 아니므로 물권에 관한 등기가 원인 없이 말소된 경우에는 물권은 소멸한다.

③ 이중으로 경료된 사항란의 소유권보존등기의 경우 등기명의인이 동일인인 경우 먼저 한 등기가 유효하고, 뒤에 한 등기는 효력이 없다.

④ 원시취득자와 승계취득자 사이의 합치된 의사에 따라 승계취득자 앞으로 직접 소유권보존등기를 경료하게 되었다면, 그 소유권보존등기는 실체적 권리관계에 부합되어 적법한 등기로서의 효력을 가진다.

⑤ 피상속인의 사망으로 부동산물권을 상속한 자가 자기 앞으로 상속에 의한 이전등기를 하지 아니한 채 매수인에게 매도하고, 등기는 피상속인으로부터 직접 매수인에게 이전되게 하는 방법도 유효하다.

53 자주점유와 타주점유에 관한 설명 중 옳지 않은 것은? (다툼이 있으면 판례에 의함)

① 처분권한이 없는 자로부터 그 사실을 알면서 토지를 매수하여 이를 점유하는 경우에 그 점유는 타주점유이다.

② 타인의 물건을 절취하여 소지하고 있는 자의 점유는 자주점유이다.

③ 타인의 토지에 분묘를 설치한 자가 그 분묘기지를 점유하는 경우에 그 점유는 자주점유이다.

④ 매수인이 지상건물과 그 대지를 매수하여 점유를 개시함에 있어 인접토지와의 경계를 확인해 보지 않고 착오로 인접토지의 일부를 그가 매수한 토지로 알고 점유를 하고 있는 경우는 자주점유이다.

⑤ 매매계약이 해제되면 매수인의 점유는 자주점유에서 타주점유로 전환된다.

54 주위토지통행권에 관한 판례의 태도로서 옳지 않은 것은?

① 「민법」상 주위토지통행권은 이미 기존의 통로가 있더라도 그것이 당해 토지이용에 부적합하여 실제 통로로서 충분한 기능을 하지 못하고 있는 경우에도 인정된다.

② 일단 주위토지통행권이 발생하였다고 하더라도 나중에 그 토지에 접하는 공로가 개설됨으로써 주위토지통행권을 인정할 필요성이 없어진 때에는 그 통행권은 소멸한다.

③ 토지의 이용방법에 따라서는 자동차 등이 통과할 수 있는 통로의 개설도 허용될 수 있다.

④ 확정판결에 의하여 주위토지통행권이 확인된 경우에는 그 이후에 이용 상황에 변동이 생겼다는 이유로 다른 곳을 통행 장소로 삼아 다시 통행권확인의 소를 제기할 수는 없다.

⑤ 어느 토지와 공로 사이에 그 토지의 용도에 필요한 통로가 없는 경우, 그 토지소유자가 주위의 토지를 통행 또는 통로로 하지 않으면 공로에 전혀 출입할 수 없는 경우뿐만 아니라 과다한 비용을 요하는 때에도 인정될 수 있다.

55 지역권에 관한 설명으로 옳은 것은? (다툼이 있으면 판례에 의함)

① 영구무한의 지역권은 설정할 수 없다.

② 지역권은 요역지와 분리하여 양도할 수 있다.

③ 통로의 개설 없이 20년간 통로로 사실상 사용하여 온 경우에도 지역권의 시효취득이 인정된다.

④ 공유자의 1인이 지역권을 취득한 때에도 다른 공유자는 이를 취득하지 못한다.

⑤ 요역지가 수인의 공유인 경우에 그 1인에 의한 지역권 소멸시효의 중단은 다른 공유자를 위하여 그 효력이 미친다.

56 법정지상권 및 관습법상의 법정지상권에 관한 판례의 내용을 설명한 것으로 옳지 않은 것은?

① 토지와 그 지상의 건물에 공동저당권이 설정된 후 그 건물이 철거되고 다른 건물이 신축된 경우, 저당물의 경매로 토지와 신축건물이 서로 다른 소유자에 속하게 되면 「민법」 제366조 소정의 법정지상권이 성립한다.

② 토지에 저당권을 설정할 당시 그 지상에 건물이 존재하였고 그 양자가 동일인의 소유였다가 그 저당권의 실행으로 토지가 낙찰되기 전에 건물이 제3자에게 양도된 경우에도 건물을 양수한 제3자는 법정지상권을 취득한다.

③ 처분당시에는 토지와 건물이 동일인에게 속하였으나 원시적으로 동일인의 소유가 아니었어도 관습법상 법정지상권이 인정된다.

④ 토지와 건물 중 건물만을 양수하면서 건물을 위하여 따로 토지의 임대차계약을 체결한 경우에는 관습법상의 법정지상권이 성립하지 않는다.

⑤ 관습법상의 법정지상권의 성립에는 등기가 필요하지 않다. 따라서 건물소유자는 법정지상권을 취득할 당시의 토지소유자에 대하여는 물론이고 그로부터 토지소유권을 전득한 제3자에 대하여도 등기없이 관습법상의 법정지상권을 주장할 수 있다.

57 전세권에 관한 설명으로 옳지 않은 것은? (다툼이 있으면 판례에 의함)

① 대지와 건물이 동일한 소유자에 속한 경우에 건물에 전세권을 설정한 때에는 그 대지소유권의 특별승계인은 전세권설정자에 대하여 지상권을 설정한 것으로 본다.

② 전세권의 목적물을 전전세 또는 임대한 경우에는 전세권자는 전전세 또는 임대하지 아니하였으면 면할 수 있는 불가항력으로 인한 손해에 대하여 그 책임을 부담한다.

③ 전세권이 소멸한 때 전세권설정자는 전세권자로부터 그 목적물의 인도 및 전세권설정등기의 말소등기에 필요한 서류의 교부를 받는 동시에 전세금을 반환할 의무가 있다.

④ 건물의 일부에 전세권이 설정된 경우, 전세권자는 불가분성의 원칙에 따라 건물 전체의 경매를 청구할 수 있다.

⑤ 전세권의 존속기간은 10년을 넘지 못한다.

58 유치권에 관한 설명으로 옳은 것은? (다툼이 있으면 판례에 의함)

① 피담보채권이 발생한 이후에 물건의 점유를 취득한 경우에는 유치권이 성립할 수 없다.

② 유치권은 법정담보물권이나 당사자의 특약에 의해 그 발생을 배제할 수 있다.

③ 유치권은 우선변제적 효력이 있으므로 부동산경매의 경우 경락인에 대하여 그 변제를 청구할 수 있다.

④ 채무자를 직접점유자로 하여 채권자가 간접점유하는 경우에도 유치권은 성립한다.

⑤ 물건의 일부에 대해서는 유치권이 성립할 수 없다.

59 혼동으로 물권이 소멸하는 경우는? (다툼이 있으면 판례에 따름)

① 甲의 토지에 乙이 1번 저당권, 丙이 2번 저당권을 취득한 후 乙이 토지 소유권을 취득하는 경우

② 甲의 건물에 乙이 저당권을 취득한 다음 그 건물을 매수하여 소유권이전등기를 마쳤는데, 그 매매계약이 원인무효임이 밝혀진 경우

③ 甲의 건물에 乙이 1번 저당권, 丙이 2번 저당권을 취득한 후 丙이 건물 소유권을 취득하는 경우

④ 甲의 토지에 乙이 지상권을 취득하고, 그 지상권 위에 丙이 저당권을 취득한 후 乙이 토지 소유권을 취득하는 경우

⑤ 甲의 토지에 대한 乙의 지상권 위에 丙이 1번 저당권, 丁이 2번 저당권을 취득한 뒤 丙이 乙의 지상권을 취득하는 경우

60 유치권에 관한 설명으로 옳은 것은? (다툼이 있으면 판례에 따름)

① 공사업자 乙에게 건축자재를 납품한 甲은 그 매매대금채권에 기하여 건축주 丙의 건물에 대하여 유치권을 행사할 수 없다.

② 유치물이 분할 가능한 경우, 채무자가 피담보채무의 일부를 변제하면 그 범위에서 유치권은 일부 소멸한다.

③ 유치권자가 유치물을 점유함으로써 유치권을 행사하고 있는 동안에는 피담보채권의 소멸시효는 진행되지 않는다.

④ 유치권자는 특별한 사정이 없는 한 법원에 청구하지 않고 유치물로 직접 변제에 충당할 수 있다.

⑤ 목적물에 대한 점유를 취득한 후 그 목적물에 관한 채권이 성립한 경우 유치권은 인정되지 않는다.

61 취득시효에 관한 설명으로 옳지 않은 것은? (다툼이 있으면 판례에 따름)

① 자연인이나 법인뿐만 아니라 권리능력 없는 사단도 시효취득의 주체가 될 수 있다.

② 미등기 부동산의 경우, 점유자가 취득시효기간의 완성만으로 등기 없이 소유권을 취득한다.

③ 취득시효 완성으로 인한 소유권취득의 효력은 점유를 개시한 때에 소급한다.

④ 취득시효기간의 완성 전에 등기부상의 소유명의가 변경되었다 하더라도 이는 취득 시효의 중단사유가 될 수 없다.

⑤ 토지에 대한 취득시효가 완성된 후 토지소유자가 그 토지 위에 담장을 설치한 경우, 시효완성자는 소유권에 기한 방해배제청구권의 행사로서 토지소유자를 상대로 담장의 철거를 청구할 수 없다.

62 저당권의 효력이 미치는 목적물의 범위와 관련한 설명으로 옳지 않은 것은?

① 저당권설정 당시에 이미 부합한 물건에 저당권의 효력이 미친다.

② 저당권설정 이후에 부합한 물건에 저당권의 효력이 미친다.

③ 동산·부동산을 묻지 않고 종물에도 미치며 저당권설정 이후에 생긴 종물에도 저당권의 효력이 미친다.

④ 원칙적으로 목적물의 과실에 저당권의 효력이 미친다.

⑤ 목적물의 멸실, 훼손 또는 공용징수로 인하여 저당권설정자가 받을 금전 기타 물건에 저당권의 효력이 미친다. 다만, 그 지급 또는 인도 전에 압류하여야 한다.

63 부동산의 취득시효에 관한 다음 설명 중 옳지 않은 것은? (다툼이 있는 경우에는 판례에 의함)

① 자기 물건에 대한 시효취득은 불가능하다.

② 부동산을 소유의 의사를 가지고 점유한 경우에만 시효취득이 인정된다.

③ 국유재산 중 일반재산은 시효취득의 대상이 될 수 있다.

④ 점유취득시효에서 점유자는 시효완성 후에 적법하게 소유권을 취득한 자에 대해서는 시효취득을 주장할 수 없다.

⑤ 시효취득기간의 완성 전에 부동산의 소유자가 변경된 경우에, 그 후 취득시효기간이 완성된 시효취득자는 새로운 소유자에게 취득시효를 주장할 수 있다.

64 하나의 부동산에 설정된 저당권과 용익물권의 관계에 관한 설명으로 옳지 않은 것은? (다툼이 있으면 판례에 의함)

① 1번 저당권이 설정된 후 지상권이 설정되고, 그 후 2번 저당권이 설정된 경우, 2번 저당권의 실행으로 목적물이 매각되더라도 지상권은 소멸하지 않는다.

② 전세권이 저당권보다 먼저 설정된 경우, 전세권자가 배당요구를 하면 전세권은 목적물의 매각으로 소멸한다.

③ 대항력을 갖춘 임차권이 저당권보다 먼저 성립한 경우, 저당권의 실행으로 토지가 매각되더라도 임차권은 소멸하지 않는다.

④ 지상권이 저당권의 목적이 된 경우, 저당권자가 그 토지상의 지상권을 취득하면 저당권은 혼동으로 소멸한다.

⑤ 지상권이 저당권보다 후에 설정된 경우, 지상권자는 저당권자에게 그 토지로 담보된 채권을 변제하고 저당권의 소멸을 청구할 수 있다.

65 다음 중 특별한 사정이 없는 한 동시이행의 관계에 있지 않은 것은? (다툼이 있으면 판례에 의함)

① 저당권이 설정된 부동산의 매매계약에서 소유권이전등기의무 및 저당권등기말소의무와 대금지급의무

② 부동산 매매계약에 있어서 매수인이 부가가치세를 부담하기로 약정한 경우, 부가가치세를 포함한 매매대금 전부와 부동산의 소유권이전등기의무

③ 근저당권 실행을 위한 경매가 무효가 된 경우, 낙찰자의 채무자에 대한 소유권이전등기 말소의무와 근저당권자의 낙찰자에 대한 배당금 반환의무

④ 가압류등기가 있는 부동산의 매매계약에 있어서 매도인의 소유권이전등기의무 및 가압류등기말소의무와 매수인의 대금지급의무

⑤ 부동산 매매계약이 매수인의 착오로 취소됨으로써 매도인이 부담하게 되는 매매대금반환의무와 매수인의 소유권이전등기말소의무

66 甲중공업회사는 乙건설회사에게 신형굴착기를 1억 원에 매입할 것을 청약하면서 10월 31일까지 승낙 여부를 알려줄 것을 내용으로 하는 서신을 보냈다. 이에 乙회사는 자신에게 부과되는 모든 제세공과금은 甲회사의 부담으로 할 것을 조건으로 승낙하는 답신을 10월 30일에 발송하였고, 그것이 11월 1일에 甲회사에 도달하였다. 다음 중 설명 중 옳은 것은?

① 11월 1일에 乙회사가 승낙한 내용대로 계약이 성립한다.

② 10월 31일에 甲회사가 청약한 내용대로 계약이 성립한다.

③ 10월 30일에 乙회사가 승낙한 내용대로 계약이 성립한다.

④ 乙의 승낙에 대하여 甲이 11월 2일에 다시 승낙서를 발송하고 그것이 乙에게 11월 4일에 도달하면 11월 2일에 계약이 성립한다.

⑤ 乙회사가 승낙한 내용대로 10월 30일에 계약이 성립하지만 그 계약의 효력은 11월 1일에 발생한다.

67 甲은 자신 소유의 X건물을 乙에게 매도하는 계약을 체결하였으나, 약정된 날짜에 인도하기 전에 그 건물이 소실되었다. 이에 관한 다음의 설명 중 옳지 않은 것은?

① 만일 인근에서 발생한 산불에 의하여 소실된 경우라면, 甲은 채무를 면하며 또한 乙에 대해서 매매대금의 지급을 청구할 수도 없게 된다.

② 만일 乙이 실수로 그 건물을 불태웠다면 甲은 乙에 대해서 매매대금의 지급을 청구할 수 있다.

③ 乙의 수령지체 중에 인근에서 발생한 산불에 의하여 소실된 경우에도 위 ②와 같다.

④ 만일 甲의 실수로 소실되었다면 甲의 채무가 소멸되지 않는다.

⑤ 위 ①의 경우에 甲이 계약체결 당시에 계약금을 지급받았다면 이를 반환할 의무는 없다.

68 甲·乙 사이의 계약으로 甲이 乙에게 자기 소유의 자동차 1대를 급부하기로 하고, 乙은 그 대가로서 500만 원을 제3자 丙에게 지급하기로 하였다. 다음 중 옳지 않은 것은?

① 甲과 丙 사이의 원인관계에 흠결이 있어도 계약의 효력에 영향을 미치지 않는다.

② 丙이 태아인 경우에도 계약은 성립한다.

③ 丙은 乙에게 수익의 의사표시를 함으로써 乙에 대하여 직접 급부청구권을 취득한다.

④ 丙이 수익의 의사표시를 한 후에도 甲은 乙의 채무불이행을 이유로 계약을 해제할 수 있다.

⑤ 乙이 丙에게 500만 원을 지급한 후에 甲의 채무불이행을 이유로 乙이 해제권을 행사한 경우에는 乙은 丙에게 원상회복의 청구로서 500만 원과 그 이자의 반환을 청구할 수 있다.

69 계약에 관한 설명으로 옳지 않은 것은? (판례가 있으면 판례에 의함)

① 쌍무계약에 있어서 이행거절의 의사표시가 적법하게 철회된 경우, 상대방은 자기 채무의 이행을 제공하고 상당한 기간을 정하여 이행을 최고한 후가 아니면 채무불이행을 이유로 계약을 해제할 수 없다.

② 매도인이 매매목적물의 원소유자에 대하여 가지는 소유권이전등기청구권에 대하여 가압류집행이 되어 있다고 하여, 매도인의 소유권이전등기의무가 곧 이행불능된 것으로 볼 수는 없다.

③ 아파트의 외형·재질 등에 관한 아파트 분양광고의 내용은 분양계약의 내용이 될 수 있다.

④ 부동산 매도인이 계약을 이행하지 않을 의사를 명백히 표시한 경우, 매수인은 소유권이전등기의무의 이행기가 도래하여야 매매계약을 해제할 수 있다.

⑤ 매도인과 매수인 사이에 중도금 및 잔금은 매도인의 채권자에게 직접 지급하기로 약정한 경우, 그 약정은 제3자를 위한 계약에 해당한다.

70 해제에 관한 설명으로 옳지 않은 것은?

① 甲으로부터 주택를 매수하여 소유권을 취득한 乙이 그 주택을 丙에게 임대하여 丙이 「주택임대차보호법」상의 대항요건을 갖춘 후에도, 甲이 乙과의 매매계약을 해제하여 소유권을 회복한 경우에 甲은 丙에게 주택의 인도를 청구할 수 있다.

② 소유권이전등기는 경료받지 않았지만 매도인으로부터 점유를 이전받은 매수인과 임대차계약을 체결하고 「주택임대차보호법」상의 대항요건을 갖춘 자는 보호되는 제3자에 해당되지 않는다.

③ 甲이 그 소유의 부동산을 乙에게 매도하고 이전등기를 한 후에 그 계약을 해제하였으나, 이후에 해제의 사실을 모르는 丙이 乙로부터 전득하였다면 丙은 소유권을 취득한다.

④ 해제에 의하여 소멸하는 채권에 대한 압류채권자는 보호되는 제3자에 포함되지 않는다.

⑤ 丙이 甲과 乙 사이의 매매계약에 기한 甲의 소유권이전등기청구권을 가압류하였는데, 그 후 乙이 甲의 대금지급의무 불이행을 이유로 매매계약을 해제하였더라도 丙은 「민법」 제548조 제1항 단서에 의하여 보호된다.

71 매매에 관한 설명으로 옳지 않은 것은?

① 매도인이 매매의 목적이 된 권리를 이전할 의무와 매수인이 대금을 지급할 의무는 특별한 약정이 없는 경우에 동시에 이행하여야 한다.

② 매매의 목적물에 하자가 있는 때에는 매수인은 그 하자로 인하여 계약의 목적을 달성할 수 없는 경우에 한하여 계약을 해제할 수 있고, 기타의 경우에는 손해배상만을 청구할 수 있으나, 매수인이 하자있는 것을 알았거나 과실로 인하여 알지 못한 때에는 그러하지 아니한다.

③ 매매의 목적물을 종류로 지정한 경우에는 그 후 특정된 목적물에 하자가 있고 그 하자가 중대한 경우, 매수인은 매매계약의 해제와 아울러 하자 없는 물건을 청구할 수 있다.

④ 매매계약이 있은 후에도 인도하지 아니한 목적물로부터 생긴 과실은 매도인에게 귀속한다.

⑤ 매수인은 목적물의 인도를 받은 날로부터 대금의 이자를 지급하여야 한다.

72 임대차에 관한 기술 중 옳은 것은?

① 기간의 약정이 없는 부동산 임대차계약의 해지통고는 임대인이 통고한 경우에는 6월, 임차인이 통고한 경우에는 3월의 해지기간이 경과해야 효력이 발생한다.

② 임차인이 임차물에 필요비를 지출한 경우에는 임대차의 종료 전에도 그 상환을 청구할 수 있으나, 임차인이 유익비를 지출한 경우에는 임대차 종료시에 그 상환을 청구할 수 있다.

③ 임차인이 임차물의 보존·수선 등을 위하여 비용을 지출한 때에는 모두 임대인의 부담에 속하며, 이에 반하는 약정은 임차인에게 불리한 것으로 무효이다.

④ 임차인이 임대인의 동의 없이 전대한 경우에도 그 계약 자체는 유효하므로 전차인의 점유는 임대인에 대하여 불법점유가 아니다.

⑤ 판례는 비록 임차권의 양수인이 임차인과 부부로서 임차건물에 동거하면서 함께 가구점을 경영하고 있었더라도 임대인의 동의 없이 임차권을 무단양도한 경우에는 임대인은 임대차계약을 해지할 수 있다고 한다.

73 임차인의 유익비상환청구권과 부속물매수청구권을 비교 설명한 다음 내용 중 옳지 않은 것은?

① 부속된 물건이 건물 기타 공작물의 구성부분이 되면 유익비상환청구권의 대상이 되고, 독립성이 인정되는 경우에는 부속물매수청구권의 대상이 된다.

② 부속물매수청구권은 임대인의 동의를 얻어 건물이나 공작물을 부속한 경우나 임대인에게서 매수한 경우로 한정되지만, 유익비상환청구권은 그러한 제한이 없다.

③ 임차인의 부속물매수청구권은 당사자의 약정으로 배제할 수 있으나, 유익비상환청구권은 당사자의 약정에 의해 포기될 수 없다.

④ 임차인은 부속물매수청구권에 관하여 유치권을 행사할 수 없으나, 유익비상환청구권에 대해서는 유치권이 인정된다.

⑤ 유익비상환청구권은 임대인이 목적물을 반환받은 날로부터 6개월 이내에 행사하여야 하지만, 부속물매수청구권은 그와 같은 제한이 없다.

74 임대차 계약에서 당사자의 약정에 의하여 그 적용을 배제할 수 있는 임차인의 권리는?

① 차임감액청구권

② 비용상환청구권

③ 계약갱신청구권

④ 부속물매수청구권

⑤ 지상물매수청구권

75 「주택임대차보호법」에 관한 설명으로 옳지 않은 것은? (다툼이 있으면 판례에 의함)

① 임대차는 그 등기가 없는 경우에도 임차인이 주택의 인도와 주민등록을 마친 때에는 그 다음 날부터 제3자에 대하여 효력이 생긴다. 이 경우 전입신고를 한 때에 주민등록이 된 것으로 본다.

② 일시사용을 위한 주택임대차와 전세권의 경우에는 본법의 적용을 받지 않으나, 주거용건물의 일부가 비주거용인 경우에는 본법의 적용을 받는다.

③ 임대인의 보증금을 월차임으로 전환하는 경우, 대통령령이 정하는 월차임의 범위를 초과할 수 없다.

④ 임대차가 종료된 후 보증금을 반환받지 못한 임차인은 임차주택의 소재지를 관할하는 지방법원·지방법원지원 또는 시·군법원에 임차권등기명령을 신청할 수 있다.

⑤ 임대차계약의 주된 목적이 주택을 사용·수익하려는 것에 있는 것이 아니고 실제적으로 채권회수에 주된 목적이 있는 경우에도 「주택임대차보호법」상 소액임차인인 이상 우선변제를 받을 수 있다.

76 「상가건물임대차보호법」의 내용으로 옳지 않은 것은?

① 건물의 임대차에 이해관계가 있는 자는 건물의 소재지 관할 세무서장에게 법 제4조 사항의 자료열람 또는 제공을 요청할 수 있다. 이때 관할 세무서장은 정당한 사유없이 이를 거부할 수 없다.

② 차임 또는 보증금의 증액청구는 청구당시의 차임 또는 보증금의 100분의 9의 금액을 초과하지 못한다.

③ 임차인은 보증금 중 일정액을 다른 담보물권자보다 우선하여 변제받을 권리가 있다. 이 경우 임차인은 건물에 대한 경매신청의 등기 전에 인도와 사업자등록신청의 요건을 갖추어야 한다.

④ 쌍방 합의하에 임대인이 임차인에게 상당한 보상을 제공한 경우에도 임차인은 임대인에게 계약갱신을 요구할 수 있고 임대인은 정당한 이유가 없으면 이를 거절하지 못한다.

⑤ 기간의 정함이 없거나 기간을 1년 미만으로 정한 임대차는 그 기간을 1년으로 본다. 다만, 임차인은 1년 미만으로 정한 기간의 유효함을 주장할 수 있다.

77 「주택임대차보호법」에 관한 기술 중 옳지 않은 것은?

① 점포의 적은 일부가 주거용으로 개조된 것으로서, 비주거용 건물의 일부가 주거목적으로 사용되는 경우에는 위 법률의 보호대상에서 제외된다.

② 대항력을 갖춘 임차인이 임차주택에 관하여 전세권설정등기까지 경료한 후, 전세권자로서 배당절차에 참가하여 전세금의 일부에 대하여 우선변제를 받았다면, 변제받지 못한 나머지 보증금에 대해서는 대항력을 행사할 수 없다.

③ 임차인이 주택의 인도와 전입신고를 마치고 임대차계약서상의 확정일자를 갖춘 경우, 후순위권리자 기타의 채권자에 비해 우선변제권이 인정된다.

④ 소액보증금의 우선변제를 받기 위해서는, 주택에 대한 경매신청의 등기 전에 임차인이 주택의 인도와 주민등록의 요건을 갖춘 경우라야 한다.

⑤ 임차인이 상속권자 없이 사망한 경우에 그 주택에서 가정공동생활을 하던 사실상의 혼인관계에 있는 자가 1개월 이내에 반대의 의사표시를 하면 임차인의 권리와 의무를 승계하지 않는다.

78 「집합건물의 소유 및 관리에 관한 법률」에 대한 설명으로 옳지 않은 것은? (다툼이 있으면 판례에 의함)

① 전(前) 구분소유자의 특별승계인은 체납된 공용부분 관리비는 물론 그에 대한 연체료도 승계한다.

② 입주자대표회의가 공동주택의 구분소유자를 대리하여 공용부분 등의 구분소유권에 기초한 방해배제청구권을 행사할 수 있다고 규정한 공동주택관리규약은 무효이다.

③ 분양대금을 완납하였음에도 분양자측의 사정으로 소유권이전등기를 경료받지 못한 수분양자도 관리단에서 의결권을 행사할 수 있다.

④ 재건축결의에 찬성하지 않은 구분소유자에게 매도청구권을 행사하기 위한 전제로서의 최고는 반드시 서면으로 해야 한다.

⑤ 재건축 비용의 분담액 또는 산출기준을 확정하지 않은 재건축결의는 무효임이 원칙이다.

79 「가등기담보 등에 관한 법률」에 관한 설명으로 옳지 않은 것은?

① 가등기담보 채권자가 그의 권리를 보전하기 위하여 가등기담보 채무자의 제3자에 대한 선순위 가등기담보채무를 대위변제하여 가지는 구상금채권도 담보가등기의 피담보채권에 포함된다.

② 가등기담보권의 실행에 있어 채권자가 통지한 평가액이 객관적 가액에 미치지 못하면 실행통지로서의 효력이 없다.

③ 가등기담보부동산의 매매예약 당시의 시가가 피담보채권액에 미치지 못하는 경우 청산금평가액의 통지를 할 필요가 없다.

④ 경매에 관하여는 가등기담보권을 저당권으로 본다.

⑤ 귀속청산의 경우에 후순위권리자는 가등기담보권자가 채무자에게 지급하여야 할 청산금에 대하여 권리를 행사할 수 있다.

80 甲은 丙의 토지를 매수한 뒤 친구 乙과의 사이에 명의신탁약정을 맺었고, 丙은 甲의 부탁에 따라 직접 乙에게 소유권이전등기를 하였다. 다음 중 옳은 것은? (다툼이 있으면 판례에 의함)

① 甲과 乙의 명의신탁약정은 유효하다.

② 부동산에 대한 소유권은 乙에게 있다.

③ 甲과 丙의 매매계약은 무효이다.

④ 甲은 직접 乙에 대하여 말소등기를 청구할 수 있다.

⑤ 丙이 丁에게 신탁부동산을 처분한 경우, 丁은 선의·악의를 불문하고 소유권을 취득한다.

01 부동산의 개념에 관한 설명으로 옳지 않은 것은?

① 법률적 개념에서 협의의 부동산은 민법 제99조 제1항에서의 '토지 및 그 정착물'을 말한다.

② 부동산의 경우에는 등기로써 공시의 효과를 가지지만 동산은 점유로써 공시의 효과를 가진다.

③ 좁은 의미의 부동산과 준부동산을 합쳐 광의의 부동산이라 하며, 자본, 자산 등과 함께 기술적 측면에서의 부동산으로 구분된다.

④ 준부동산은 물권변동을 등기나 등록수단으로 공시하는 동산을 포함한다.

⑤ 입목에 관한 법령에 의해 소유권보존등기된 입목, 공장 및 광업재단 저당법령에 의하여 저당권의 목적물이 되고 있는 공장재단은 부동산에 준하여 취급된다.

02 다음은 토지의 특성에 대한 설명이다. 올바른 내용으로 구성된 것은?

> ㉠ 부동성이란 토지를 구성하고 있는 물리적 실체(흙 등)는 이동될 수 있으나, 토지의 지리적 물리적 위치는 이동될 수 없다는 것을 의미한다.
>
> ㉡ 특정 토지는 영속성(불괴성)의 특성을 가지므로 공간으로서의 토지는 영원히 존재하며 토지의 가치보존력이 우수하여 고가의 경제적 가치 또한 영원히 존재할 수가 있다.
>
> ㉢ 토지의 개별성(이질성)이란 어떠한 토지도 위치, 크기, 모양 등에서 똑같을 수 없다는 것을 의미하며, 이러한 이질성은 위치를 고려하지 않고 건물 자체만을 고려하는 경우 적용되지 않을 수도 있다.
>
> ㉣ 토지의 부증성(비생산성)이란 토지는 생산되는 재화가 아니라 본래부터 주어지는 것으로서 생산비 법칙이 적용되지 않지만 물리적인 공급곡선은 단기가 아닌 장기에는 보다 탄력적인 형태를 띠게 한다.
>
> ㉤ 토지의 위치가치를 고려하는 경우 물리적(절대적) 위치는 부동성으로 인해 고정되어 있으나 인문적(상대적) 위치는 항상 가변적이라고 볼 수가 있다.

① ㉠, ㉡, ㉢ 　　　　② ㉠, ㉣, ㉤

③ ㉠, ㉢, ㉤ 　　　　④ ㉡, ㉢, ㉣

⑤ ㉡, ㉣, ㉤

03 토지에 대한 설명으로 옳은 것은?

① 임지지역이 택지지역으로 전환 중인 토지를 택지 후보지라고 한다.

② 부지는 일정한 용도로 제공되고 있는 바닥토지로, 건축이 불가능한 토지는 포함되지 않는다.

③ 인위적 · 자연적 · 행정직 조건에 의해 다른 토지와 구별되며, 가격수준이 비슷한 일단의 토지를 필지라고 한다.

④ 저수지는 「공간정보의 구축 및 관리 등에 관한 법률」상 지목에 해당한다.

⑤ 도시토지로서 지가상승만을 기대하고 장기간 방치하는 토지를 휴한지라고 한다.

04 주택시장분석에 관한 설명으로 옳은 것은?

① 일정시점에 시장에 존재하는 주택수를 나타내는 것이 주택저량의 수요량이다.

② 일정기간에 사람들이 구매하고자 하는 주택수는 주택유량의 공급량이 된다.

③ 부동산의 신규공급은 일정한 시점에서 측정되는 저량(stock)개념이 아니라 일정한 기간 동안 측정되는 유량(flow)개념이다.

④ 현재 우리나라에 총 1,000만 채의 주택이 존재하고 그중 100만 채가 공가(空家)로 남아 있다면, 주택저량의 수요량은 1,000만 호이다.

⑤ 일정시점을 기준으로 본다면, 시장에 존재하는 주택의 양과 사람들이 보유하고자 하는 주택의 양은 항상 일치한다.

05 어느 아파트시장에서의 아파트수요의 가격탄력성이 1이라고 할 때, 아파트 가격이 4억 원에서 4억 6,000만 원으로 상승한 경우 원래 아파트수요량이 2,000세대였다면 아파트수요량의 변화값은 얼마인가? (단, 최초의 가격과 수요량을 기준으로 한다)

① 300세대 증가

② 300세대 감소

③ 500세대 증가

④ 500세대 감소

⑤ 알 수 없다.

06 부동산수요의 탄력성에 관한 설명 중 기술이 가장 잘못된 것은?

① 부동산은 필수적인 수요의 대상이며 일반재화에 비하여 상대적으로 대체재를 찾기 어려워 부동산수요는 비탄력적이라고 할 수 있다.

② 주거용 부동산이 비주거용인 상업용, 공업용보다는 상대적으로 보다 비탄력적이다.

③ 부동산수요는 지역에 따라 또는 용도전환의 용이성 등에 따라 탄력성은 차이가 날 수 있다.

④ 용도가 다양하고 전환이 용이할수록 탄력적이 되며 그렇지 못할 경우 보다 비탄력적이 된다.

⑤ 부동산수요는 단기보다는 장기에서 상대적으로 더 탄력적인데 장기에 보다 더 많은 대체부동산의 공급이 증가하기 때문이다.

07 아래 예문의 (   ) 안에 들어갈 숫자는?

> 주택시장이 서로 대체관계에 있는 아파트와 빌라로 구성되어 있으며, 아파트 가격에 대한 빌라 수요의 교차탄력성은 0.8이라고 가정하자. 아파트 가격이 1,600만 원에서 2,000만 원으로 상승한다면, 빌라의 수요량은 1,200세대에서 (   ) 세대로 증가할 것이다(단, 탄력성 계산 시 기준가격과 수요량은 최초의 값으로 한다).

① 1,280   ② 1,380   ③ 1,440   ④ 1,600   ⑤ 1,860

08 아파트시장의 수요곡선을 좌측으로 이동시킬 수 있는 요인은 모두 몇 개인가?

> • 수요자의 실질소득 증가
> • 건축원자재 가격의 하락
> • 인구의 감소
> • 아파트 가격의 상승
> • 아파트 선호도 감소
> • 대체주택 가격의 하락

① 2개   ② 3개
③ 4개   ④ 5개
⑤ 6개

09 부동산시장과 관련된 설명으로 옳지 않은 것은?

① 부동산시장은 위치의 고정성으로 인하여 지역 간 연계관계가 작은 편이다.
② 부동산시장은 특정 지역에 소수의 수요자와 공급자가 존재하는 불완전경쟁시장이다.
③ 기존의 고소득층 주택에 저소득층이 침입하는 현상을 하향여과 현상이라고 한다.
④ 부동산시장은 지대비불능력에 따라 토지이용의 유형을 결정하는 기능이 있다.
⑤ 주거지역과 상업지역이 서로 분리되며 발생하는 용도별 분화현상을 주거분리라고 한다.

10 부동산시장에서의 할당 효율성에 대한 내용이다. 거리가 먼 것은?

① 부동산시장이 완전경쟁시장이라고 하는 경우 모든 정보가 그 할당에 있어서 효율적이라고 볼 수가 있다.
② 완전경쟁시장은 항상 할당 효율적이므로 초과이윤이라는 것이 있을 수 없지만, 불완전경쟁시장은 할당 비효율적일 수 있기 때문에 초과이윤이 발생할 수 있다.
③ 할당 효율적 시장의 개념은 완전경쟁시장에서만 성립하므로 불완전경쟁시장에서는 할당 효율적일 수가 없다.
④ 완전경쟁시장에서는 정보비용이 존재하지 않는다.
⑤ 부동산시장은 정보가 불완전한 현실시장이므로 완전경쟁시장이라고는 볼 수 없다.

11 부동산경기변동에 관한 설명 중 가장 적절하지 않은 것은?

① 부동산경기는 주기의 순환국면이 일정치 않은 경향이 있다.
② 부동산경기는 일반경기보다 선행하기도 하며, 때로는 후행하기도 한다.
③ 부동산경기는 일반경기와 비교하여 팽창국면과 위축국면 간의 차이가 큰 특징을 갖는 경향이 있다.
④ 부동산경기는 부동산의 유형에 따라 각각 다른 변화특성을 나타내기도 한다.
⑤ 부동산경기는 분석대상지역의 인근지역에 한정하여 측정하는 것이 유효하다.

12 부동산의 경기변동과 관련된 설명 중 옳은 것은?

① 부동산경기는 일반경기에 비해 팽창국면과 위축국면의 차이가 작은 특징이 있다.
② 부동산경기는 같은 도시라도 도시 안의 지역에 따라 다른 변동양상을 보이는 것이 일반적이다.
③ 부동산경기는 전국적 · 광역적으로 나타나 국지적 · 부분적으로 확대되는 경향이 있다.
④ 후퇴시장에서의 중개활동은 매수인보다 매도인을 중시하는 경향이 나타난다.
⑤ 회복국면은 기존의 매도자 우위의 시장이 매수자 우위의 시장으로 전환되는 시장이다.

13 질적 주택문제를 초래하는 요인이라고 볼 수 없는 것은?

① 소득증대
② 생활수준의 향상
③ 주택금융의 확대
④ 인구의 증가
⑤ 새로운 건축자재의 개발 및 보급

14 부동산 시장실패와 정부의 개입에 대한 설명으로 옳은 것은?

① 공공재는 과소생산의 문제로 인하여 시장실패의 원인이 될 수 있다.
② 외부효과는 어떤 경제주체의 경제활동의 의도하지 않은 결과가 시장을 통하여 다른 경제주체의 후생에 영향을 주는 것을 말한다.
③ 규모의 불경제가 심화되면 시장에서 자연독점 현상이 벌어져 시장실패가 초래될 수 있다.
④ 지가고(地價高)는 공공용지 취득을 위한 보상가격을 낮춰 공공기관의 재정부담을 감소시킨다.
⑤ 용도지역 · 지구는 사회적 후생손실을 극대화시키는 효과가 있다.

15 부동산정책에 관한 설명으로 옳지 않은 것은?

① 시장에서 발생하는 정보의 비대칭성의 문제나 완전경쟁시장의 특성은 시장실패를 초래한다.

② 토지이용에 있어서 용도지역지구는 토지이용의 집적(集積)이익과 효율성을 극대화하기 위함이다.

③ 분양가자율화는 사적 시장의 가격규제를 풀고 자율화함으로써 시장기구에 의해 가격이 결정되도록 하는 제도이다.

④ 개발이익환수제도는 개발이익을 환수하는 수단에 따라 과세적 방법과 비과세적 방법으로 구분할 수 있다.

⑤ 개발권양도제는 사적 공중권을 거래하게 하는 제도로, 토지규제로 인한 지역 간 형평성의 문제를 완화시킬 수 있는 대안이다.

16 분양가상한제를 풀고 분양가자율화를 실시했을 때 나타나는 효과로 가장 옳은 것은?

① 분양주택에 대한 가수요(假需要)가 증가할 가능성이 크다.

② 아파트 건설업체의 수입이 감소되고 아파트 건설업의 생산성이 저하될 가능성이 크다.

③ 주택구입 부담이 줄어 초과수요가 발생할 가능성이 크다.

④ 아파트 공급시장이 활성화되어 주택공급량이 증대된다.

⑤ 분양가가 주변 시세보다 하락하게 되어 자기주택 구매자의 부담이 줄어들 가능성이 크다.

17 주택정책과 관련된 설명으로 옳지 않은 것은?

① 주택의 품질을 향상시키고 소비자의 비교구매를 실현하기 위해서는 후분양이 선분양보다 유리하다.

② 주택건설경기의 활성화 및 주택공급의 확대를 도모하고자 하는 목적으로 분양가상한제가 실시된다.

③ 종합부동산세는 토지의 불필요한 보유를 억제하고, 소득재분배 기능을 수행하는 역할을 한다.

④ 선분양을 하게 되면 주택건설업자의 자금조달이 용이해지는 특성이 있다.

⑤ 공공임대주택의 공급은 임대주택 임차인의 수요의 탄력성을 높이는 요인이 된다.

18 부동산 조세에 관한 설명으로 옳지 않은 것은?

① 부동산세금은 정부나 지방자치단체가 필요한 재원을 조달하거나 분배의 불공평성을 개선하기 위해 부과하기도 한다.

② 공공임대주택의 공급확대정책은 임대주택의 재산세가 임차인에게 전가되는 현상을 완화시킬 수 있다.

③ 지가상승에 대한 기대가 퍼져 있는 상황에서 양도소득세가 중과되어 동결효과(lock-in effect)가 발생하면 지가가 상승한다.

④ 토지의 공급곡선이 완전비탄력적인 상황에서는 토지보유세가 부과되더라도 자원배분의 왜곡이 초래되지 않는다.

⑤ 가격에 대해 주택수요는 비탄력적이고, 주택공급은 탄력적이라고 할 때, 정부에서 양도소득세를 중과하기로 하였다면, 매수인이 지불하는 가격은 양도소득세가 중과되기 전보다 낮아진다.

19 지대이론에 관한 설명 중 옳은 것은?

① 절대지대설은 지대의 발생근거로 비옥한 토지의 희소성과 수확체감의 법칙을 제시한다.

② 차액지대설에 따르면 한계지 밖에서도 토지소유자가 요구하면 지대가 발생한다.

③ 튀넨에 따르면 생산비와 수송비가 일정하다면, 생산물의 가격은 지대와 반비례한다.

④ 경제지대(rent)란 어떤 생산요소가 다른 용도로 전용되지 않도록 하기 위해 지급되어야 할 최소한의 금액을 의미한다.

⑤ 리카도의 차액지대설에 따르면 생산물의 가격이 지대를 결정한다.

20 입지론과 관련된 설명으로 옳지 않은 것은?

① 크리스탈러의 중심지이론에 따르면 재화의 도달범위가 최소요구치 내에 있어야 중심지 기능이 성립한다.

② 중량증가산업이나 보편원료의 투입이 많은 공업활동의 경우 시장지향형 입지가 유리하다.

③ 크리스탈러의 중심지 이론은 중심지의 상호작용보다는 중심지의 형성과정에 초점을 맞춘 이론이다.

④ 베버의 최소비용이론에 따르면 수송비와 인건비는 최소가 되는 지점이 유리하며, 집적이익은 최대가 되는 지점이 최적 공장입지가 된다.

⑤ 재화의 도달범위란 중심지로부터 중심지의 서비스에 대한 수요가 0이 되는 지점까지의 한계범위를 의미한다.

21 상권의 분석방법에 관한 설명으로 옳지 않은 것은?

① 크리스탈러(W. Christaller)의 중심지이론은 유사한 상품을 취급하는 점포들이 서로 도심에 인접해 있는 경우를 잘 설명해 준다.

② 컨버스(P. D. Converse)의 분기점모형은 두 도시 간의 구매 영향력이 같은 분기점의 위치를 구하는 방법을 제시한다.

③ 중력모형(gravity model)은 중심지의 형성과정보다 중심지 간의 상호작용에 더 초점을 두고 있다.

④ CST(customer spotting techniques)기법은 상권의 규모뿐만 아니라 고객의 특성파악 및 판매촉진전략 수립에 도움이 될 수 있다.

⑤ 허프(D. Huff)의 확률모형으로 한 지역에서 각 상점의 시장점유율을 간편하게 추산할 수 있다.

22 수익성지수가 1.1인 경우에 최초투자액(현금유출의 현재가치)이 3,000만 원이라면 투자안의 순현재가치(NPV)는?

① 100만 원   ② 200만 원

③ 300만 원   ④ 400만 원

⑤ 500만 원

23 부동산 관련 조세 중 보유과세에 해당하는 것으로 묶인 것은?

① 취득세, 농어촌특별세

② 재산세, 종합부동산세

③ 부가가치세, 상속세

④ 법인세, 양도소득세

⑤ 양도소득세, 소득세

24 어떤 투자자가 투자금액의 60%를 자산 A에, 나머지 40%를 자산 B에 투자하였으며, 자산 A의 기대수익률은 25%이고, 자산 B의 기대수익률은 15%라고 가정한다. 두 자산 A와 B로 구성된 포트폴리오의 기대수익률은?

① 23%   ② 21%

③ 12%   ④ 36%

⑤ 24%

25 총부채상환비율(DTI)이 40%, 주택담보대출의 매년 원리금상환액이 500만 원, 기타부채의 연이자 지불액이 300만 원이라고 할 때 주택구입자의 연소득은 최소한 얼마이어야 하는가?

① 500만 원   ② 1,000만 원

③ 1,500만 원   ④ 2,000만 원

⑤ 2,500만 원

26 할인현금흐름분석법과 관련된 설명으로 옳은 것은?

① 내부수익률이란 수익성지수를 0으로 만드는 할인율이자 순현가를 1.0으로 만드는 할인율이다.

② 내부수익률법은 투자안의 수익을 투자자의 요구수입률로 할인하여 투자안의 수익률을 산정하는 방법이다.

③ 순현가법에서 활용하는 할인율은 투자주체마다 다르게 나타날 수 있다.

④ 순현가(NPV)는 장래에 발생할 수입의 현가총액을 비용의 현가총액으로 나눈 값이다.

⑤ 수익성지수(PI)는 장래 예상되는 수입의 현가총액에 대한 투자비용의 현가총액을 의미한다.

27 다음은 대상부동산의 1년 동안 예상되는 현금흐름이다. (상각전)순영업소득(NOI)은? (단, 주어진 조건에 한함)

- 임대면적 : 100m²
- 임대면적당 매월 임대료 : 20,000원/m²
- 공실손실상당액 : 연간 임대료의 5%
- 영업경비 : 유효총소득의 60%(감가상각비 2,000,000원 포함)

① 10,080,000원   ② 10,880,000원

③ 11,120,000원   ④ 12,320,000원

⑤ 12,420,000원

28 부동산금융과 관련하여 옳은 것은?

① 주택시장의 가계부채 문제가 심각해지면 정부는 수요자 금융을 확대하여 주택수요를 증가시키는 정책을 편다.

② 가계부채 위험을 줄이기 위해서 금융당국은 담보인정비율(LTV)을 하향조정하고 총체적 상환능력(DSR)을 도입할 수 있다.

③ 담보인정비율(LTV)과 총부채상환비율(DTI)은 공통적으로 차입자의 소득을 고려하는 규제비율이다.

④ 주택상환사채, 자산유동화증권(ABS), 부동산 투자펀드는 모두 부채금융이라는 공통점이 있다.

⑤ 정책당국은 대부비율(LTV)과 총부채상환비율(DTI)을 높임으로써 대출관련 위험을 줄이기 위해 노력한다.

29 부동산투자회사와 관련된 설명으로 옳지 않은 것은?

① 부동산투자회사에 대한 투자는 지분금융, 소액투자, 간접투자, 분산투자, 주식투자의 성격이 있다.

② 자기관리 부동산투자회사는 상법상의 실체회사인 주식회사로 자산을 자산관리회사에 위탁하여 그 수익금을 지분 배당하는 회사이다.

③ 자기관리 부동산투자회사는 그 설립등기일부터 10일 이내에 대통령령으로 정하는 바에 따라 설립보고서를 작성하여 국토교통부장관에게 제출하여야 한다.

④ 위탁관리 부동산투자회사 및 기업구조조정 부동산투자회사의 설립자본금은 3억 원 이상으로 한다.

⑤ 자산관리회사란 위탁관리 부동산투자회사 또는 기업구조조정 부동산투자회사의 위탁을 받아 자산의 투자·운용업무를 수행하는 것을 목적으로 설립된 회사를 말한다.

30 부동산개발방식에 대한 설명으로 옳은 것은?

① 사업수탁방식의 경우, 사업 전반이 토지소유자의 명의로 행해지며, 개발지분을 토지소유자와 개발업자가 공유한다.

② 환지개발방식은 사업 후 개발토지 중 사업에 소요된 비용과 공공용지를 제외한 토지를 당초의 토지소유자에게 매각하는 것이다.

③ 토지신탁방식의 경우, 토지소유권이 형식적으로 신탁회사에 이전되며, 신탁회사는 토지소유자와의 약정에 의해 수익증권을 발행하며, 수익증권의 소유자에게 수익을 배당한다.

④ 보전재개발은 현재의 시설을 대부분 그대로 유지하면서 노후·불량화의 요인만을 제거하는 재개발을 말한다.

⑤ 사업수탁방식의 경우 토지소유자가 토지를 제공하고 개발업자가 건물을 건축하여, 그 기여도에 따라 각각 토지·건물의 지분을 갖는다.

31 부동산관리에 대한 설명으로 옳지 않은 것은?

① 부동산관리란 부동산의 현재가치 유지를 도모하며, 부동산 소유자의 목적에 따라 대상부동산을 관리상 운영·유지하는 총체적 활동이다.

② 부동산 간접투자의 확대에 따라 전문 자산관리회사에 의한 위탁관리의 추세가 증가하고 있다.

③ 부동산관리 중 협의의 관리란 물리적·기능적인 하자에 대한 기술적인 조치를 취하는 제반관리를 의미한다.

④ 부동산펀드 및 연기금, 외국인투자자의 투자가 확대됨에 따라 위탁관리의 중요성이 더욱 강조되고 있다.

⑤ 자가관리는 위탁관리에 비해 시설물에 대한 애호도가 낮고 기밀 유지나 보안유지가 어렵다는 특징이 있다.

32 가치의 제원칙의 특징들을 설명한 내용으로 가장 타당하지 않은 것은?

① 변동의 원칙은 최유효이용의 원칙의 바탕 또는 토대로서 시간적 측면과 관련이있는 원칙이며 기준시점의 근거가 된다.

② 대체의 원칙은 기회비용의 원칙의 전제가 되며 3방식의 이론적 근거 또는 기초가 된다.

③ 적합의 원칙은 외부와 관련된 원칙으로서 부동산에만 적용되는 원칙이며 경제적 감가와 관련된다.

④ 기여의 원칙은 내부와 관련된 원칙으로서 추가투자의 적부판단기준이 된다.

⑤ 균형의 원칙은 내부와 관련된 원칙으로서 기여의 원칙을 전제로 하며 감정평가에서 물리적 감가와 관련된다.

33 지역분석과 개별분석에 관한 설명 중 옳지 않은 것은?

① 지리적 위치의 고정성과 인접성으로 인하여 토지가치 분석에는 지역분석이 중시된다.

② 대상부동산과 가치형성에 서로 영향을 미치는 관계에 있는 다른 부동산이 존재하는 권역을 동일수급권이라고 한다.

③ 지역분석을 통해 대상부동산의 최유효이용을 판정하고, 대상부동산의 구체적 가격을 평가하게 된다.

④ 유사지역은 인근지역과 특성이 유사하고 인근지역과 가격 면에서 대체관계가 성립되는 지역적 범위를 의미한다.

⑤ 지역분석의 대상으로서 특히 중요한 지역은 인근지역, 유사지역 및 동일수급권이다.

34 부동산 평가방식 중 비교방식에 관한 설명으로 옳지 않은 것은?

① 만약 사례부동산의 일부만이 대상부동산과 유사성을 갖는 경우라면 해당 사례는 거래사례가 될 수 없다.

② 사례부동산의 거래시점은 대상물건의 기준시점과 유사한 시점의 거래사례일수록 효과적이다.

③ 사례부동산의 거래시점이 불명확하다면 해당 부동산의 사례는 거래사례가 될 수 없다.

④ 사례에 개인적 동기나 특수한 사정이 개입되어 있더라도 해당 사례는 거래사례가 될 수도 있다.

⑤ 거래사례는 인근지역이나 동일수급권 내의 유사지역을 대상으로 선정할 수 있다.

35 수익환원법에 대한 내용으로 가장 거리가 먼 것은?

① 대상물건이 장래 산출할 것으로 기대되는 순수익 또는 미래의 현금흐름을 적정한 율로 환원 또는 할인하여 기준시점에 있어서의 평가가격을 산정하는 방법을 말한다.

② 수익방식 중에서 부동산의 가격을 구하는 방법으로서 임대용 부동산이나 기업용 부동산의 가격을 구하는 데 유효하다.

③ 수익을 발생하는 물건을 대상으로 하기 때문에 수익성이 없는 교육용, 주거용, 공공용 부동산 등의 평가에는 이 방법을 적용할 수가 없다.

④ 장래 수익을 환원이율로 현가화하여 현재가치를 구하는 방법이므로 대상부동산의 수익보다는 원본에 본질적인 근거를 두고 있다고 볼 수 있다.

⑤ 수익환원법의 중요한 구성요소는 순수익, 환원이율, 수익환원방법 등으로 분류되는데 이를 수익환원법의 3요소라고 한다.

36 감정평가의 전제조건에 따라 설명한 내용으로 가장 옳은 것은?

① 장래 도래할 어느 시기를 기준으로 평가하는 경우를 조건부평가(條件附評價)라고 한다.

② 부동산가격의 증감요인이 되는 새로운 사태의 발생을 가상하여 이것이 성취되는 경우를 전제로 평가하는 것을 기한부평가(期限附評價)라고 한다.

③ 부동산의 상태 구조 이용방법, 제한물권의 존부, 환경점유 등이 현황대로 존재할 것을 전제로 하는 감정평가를 현황평가라고 한다.

④ 과거의 어느 시점을 기준시점으로 하여 부동산을 평가하는 것을 과거평가라고 한다.

⑤ 우리나라 감정평가에 관한 규칙에 따르면 기준시점이 미리 정하여진다고 해도 평가의 임의성을 배제하기 위해 그 일자를 기준시점으로 정할 수 없다.

37 거래사례비교법에 관한 설명 중 옳지 않은 것은?

① 시장성의 원리에 의한 것으로 실증적이며 설득력이 풍부하다.

② 시점수정은 거래사례 자료의 거래시점 가액을 기준시점의 가액으로 정상화하는 작업을 말한다.

③ 거래사례는 관계자의 특수한 사정, 또는 개별적 동기가 개재되기 쉽기 때문에 특수한 사정이 개재되지 않는 거래사례이어야만 한다.

④ 사정보정이란 거래사례에 특수한 사정이 내재되어 있어, 시장가치의 성립을 저해하는 경우에 그러한 사정이 없었을 경우의 가격수준으로 보정하는 작업을 말한다.

⑤ 사정보정은 비교작업의 기초이다.

38 대치원가와 복제원가에 대한 설명으로 가장 타당한 것은?

① 대치원가란 기준시점 현재 대상부동산과 기능과 효용 면에서 동일성을 갖는 부동산을 신규로 대치하는 데 소요되는 효용 측면의 원가를 말한다.

② 대치원가란 기준시점 현재 대상부동산과 동일하거나 유사한 자재를 사용하여 부동산을 재생산하는 데 소요되는 물리적 측면의 원가를 말한다.

③ 건설공법, 자재 등의 변천에 따라 대상부동산의 재조달원가를 구하는 것이 곤란한 경우에는 복제원가를 재조달원가로 사용한다.

④ 복제원가는 이론적 측면에서 설득력이 있으며 기능과 효용 면에서 동일성을 갖는 부동산을 대치하므로 기능적 감가를 추가로 수행하지 않는다.

⑤ 대치원가는 실무상으로 더 정확한 가격을 구할 수 있으며 기능적 감가를 수행하기도 한다.

39 감정평가에 관한 규칙에 관한 설명으로 옳은 것은?

① 공시지가기준법이란 개별공시지가를 기준으로 대상 토지의 현황에 맞게 시점수정, 지역요인 및 개별요인 비교, 그 밖의 요인의 보정을 거쳐 토지의 가액을 산정하는 방법이다.

② 적산법이란 대상물건의 기초가액에 기대이율을 곱하여 산정된 기대수익에 임대하는 데에 필요한 경비를 더하여 대상물건의 가액을 산정하는 평가법이다.

③ 적정가격이란 토지 등이 통상적인 시장에서 충분한 기간 공개된 후 정통한 당사자 사이에 자발적인 거래가 있을 경우 성립된 가능성이 가장 높다고 인정되는 가액이다.

④ 대상물건에 대한 감정평가액은 시장가치를 기준으로 결정하는 것이 원칙이나, 의뢰인의 요청이 있을 때는 시장가치 외의 가치를 기준으로 할 수 있다.

⑤ 거래사례비교법이란 대상물건과 가치형성요인이 유사한 거래사례와 비교하여 사정보정, 시점수정, 가치형성요인 비교 등의 과정을 거쳐 대상물건의 임료를 평가하는 방법이다.

40 부동산가격공시제도에 관련된 설명으로 옳지 않은 것은?

① 표준지가 공부상의 지목과 달리 이용되고 있는 경우에는 공시기준일 현재이용기준으로 평가한다.

② 국토교통부장관이 표준지의 적정가격을 조사·평가하고자 할 때에는 둘 이상의 감정평가업자에게 이를 의뢰하여야 한다.

③ 국토교통부장관은 이의신청기간이 만료된 날부터 30일 이내에 이의신청을 심사하여 그 결과를 신청인에게 서면으로 통지하여야 한다.

④ 표준지로 선정된 토지, 조세 또는 부담금 등의 부과대상이 아닌 토지의 경우에는 별도의 개별공시지가를 결정·공시하지 아니할 수 있다.

⑤ 국토교통부장관이 개별공시지가를 결정·공시하는 경우에는 하나 또는 둘 이상의 표준지의 공시지가를 기준으로 토지가격비준표를 사용하여 지가를 산정한다.

41 법률행위의 분류와 그에 해당하는 예가 올바르게 연결된 것은?

① 상대방 없는 단독행위 – 유언
② 상대방 있는 단독행위 – 증여
③ 불요식행위 – 법인 설립
④ 준물권행위 – 저당권 설정
⑤ 물권행위 – 매매

42 법률행위의 목적에 관한 설명으로 옳지 않은 것은? (다툼이 있으면 판례에 의함)

① 제3자가 도박채무자의 대리인인 도박채권자를 통하여 부동산을 매수한 행위는 무효로 보지 아니한다.
② 강제집행을 면할 목적으로 부동산에 허위의 근저당권설정등기를 경료하는 행위는 반사회적 법률행위로 볼 수 없다.
③ 법률행위의 동기가 불법인 경우에는 그 동기가 표시되거나 상대방에게 알려진 경우에 법률행위는 무효가 된다.
④ 자신의 부정행위를 용서하는 대가로 처에게 부동산을 양도하되 부부관계가 유지되는 동안에는 처가 임의로 처분할 수 없다는 제한을 붙인 약정은 반사회적 법률행위로 무효이다.
⑤ 양도소득세의 일부를 회피할 목적으로 매매계약서에 실제로 거래한 가액을 매매대금으로 기재하지 아니하고 그보다 낮은 금액을 기재한 경우에도, 그 매매계약이 무효라고 볼 수 없다.

43 불공정한 법률행위에 관한 설명으로 옳은 것은? (다툼이 있는 경우에는 판례에 의함)

① 불공정한 법률행위로 인한 무효는 절대적 무효이므로 그 법률행위에는 무효행위의 전환에 관한 민법 제138조가 적용될 수 없다.
② 계약체결시를 기준으로 불공정한 행위가 아니라면 그 후 외부환경의 급격한 변화로 계약당사자 일방에게 큰 손실이 발생하고 상대방에게 그에 상응하는 큰 이익이 발생한다 하더라도 불공정한 법률행위가 되지 않는다.
③ 대리인에 의한 법률행위에서 무경험과 궁박은 대리인을 기준으로 판단하여야 한다.
④ 불공정한 법률행위로 인한 무효는 당사자의 추인에 의해 새로운 법률행위로 할 수 있다.
⑤ 급부와 반대급부 사이에 현저한 불균형이 있으면 당사자의 궁박, 경솔 또는 무경험으로 인한 법률행위가 추정된다.

44 다음 사례에 관한 설명 중 맞는 것으로만 짝지어져 있는 것은? (다툼이 있는 경우에는 판례에 의함)

〈사례〉
甲은 자기 소유의 X토지에 대하여 乙과 매매계약을 체결하였으나 X토지의 지번 등에 착오를 일으켜 Y토지에 관하여 乙명의로 이전등기를 해 주었다.

㉠ 甲과 乙 사이에는 의사표시의 불합치로 인하여 매매계약이 체결되지 않았다.
㉡ 甲과 乙 사이에는 X토지에 관하여 매매계약이 성립하였다.
㉢ 甲과 乙 사이에는 Y토지에 관하여 매매계약이 성립하였다.
㉣ Y토지에 대한 乙 명의의 소유권이전등기는 무효이다.
㉤ 甲은 Y토지의 매각에 대한 의사표시를 취소할 수 있다.
㉥ 선의인 丙이 乙로부터 Y토지를 매수하여 소유권이전등기를 마쳤다면 유효하게 소유권을 취득할 수 있다.

① ㉠
② ㉡, ㉣
③ ㉡, ㉣, ㉥
④ ㉡, ㉤
⑤ ㉢, ㉤

45 甲이 乙과 짜고 자신의 토지를 매매를 원인으로 乙 앞으로 소유권이전청구권 보전을 위한 가등기를 해 준 뒤, 다시 丙에게 그 토지를 매도하고 소유권이전등기를 해 주었다. 그 후 가등기에 기하여 乙명의의 본등기가 되었고, 乙은 그 토지를 丁에게 매도하고 소유권이전등기를 해 주었다. 丙은 乙명의의 가등기와 본등기가 허위임을 알게 되었다. 다음 설명으로 옳지 않은 것은? (다툼이 있으면 판례에 의함)

① 甲과 乙 사이의 매매계약 및 가등기는 무효이다.
② 乙과 丁 사이의 매매계약은 유효하다.
③ 乙명의의 본등기를 할 때 등기관은 丙명의의 소유권이전등기를 직권으로 말소한다.
④ 丁이 甲과 乙 사이의 가장행위에 대하여 알았다면, 丙은 丁에 대하여 말소등기를 구할 수 있다.
⑤ 만약 甲과 乙이 짜고 허위로 매매계약을 한 것이 아니라면, 乙은 가등기한 때로부터 그 토지의 소유자이다.

46 사기에 의한 의사표시의 성립요건에 관하여 옳지 않은 것은? (다툼이 있으면 판례에 의함)

① 표의자를 기망하여 착오에 빠지게 하려는 고의와 그 착오에 기해 표의자로 하여금 의사표시를 하게 하려는 2단의 고의가 있어야 한다.
② 표의자를 기망하는 행위가 있어야 하는데, 단순한 침묵 등의 부작위도 기망행위에 해당할 수 있다.
③ 기망행위로 인하여 표의자가 법률행위의 중요부분에 착오를 일으켜 의사표시를 하였어야 한다.
④ 제3자가 사기를 행한 경우에는 상대방이 그 사실을 알았거나 알 수 있었을 때에 한하여 표의자는 의사표시를 취소할 수 있다.
⑤ 표의자는 사기에 의한 의사표시의 취소와 동시에 불법행위에 기한 손해배상청구권도 행사할 수 있다.

47 대리권이 없는 乙이 甲의 대리인인 것처럼 위임장을 위조하여 甲의 부동산을 丙에게 매도하는 계약을 체결하였다. 다음 설명 중 옳지 않은 것은?

① 丙이 丁에게 처분한 경우에 甲은 丁에게 추인할 수 있다.
② 甲은 丙에게 거절의 의사표시를 할 수 있다.
③ 丙은 乙에게 추인여부에 대한 최고를 할 수 없다.
④ 丙은 乙에게 甲의 추인이 있기 전에 철회의 의사표시를 할 수 있다.
⑤ 甲의 동의가 있으면 丙은 甲에게 일부추인을 할 수 있다.

48 표현대리에 관한 설명으로 옳지 않은 것은? (다툼이 있으면 판례에 의함)

① 대리인이 대리권 소멸 후에 복대리인을 선임하고 복대리인이 대리행위를 한 경우에 제129조(대리권 소멸 후의 표현대리)의 표현대리가 성립할 수 있다.
② 소송에서 표현대리인과 계약을 체결한 상대방이 계약체결의 효과가 본인에게 귀속되어야 한다는 주장을 할 뿐 표현대리의 주장을 명백히 하지 않는 경우에 법원은 표현대리의 성립여부를 심리·판단할 필요가 없다.
③ 제126조(권한을 넘은 표현대리)에 있어서 기본대리권과 대리행위는 동종이거나 유사할 필요는 없으며, 공법상의 대리권도 기본대리권으로 인정된다.
④ 제129조(대리권 소멸 후의 표현대리)의 표현대리에서 제3자라 함은 대리행위의 직접 상대방만을 의미하는 것이며, 그 상대방과 거래한 제3자는 포함되지 않는다.
⑤ 표현대리가 성립하는 경우에 그 본인이 계약상 책임을 전적으로 부담하는 것은 아니며, 상대방에게 과실이 있으면 과실상계의 법리를 유추적용하여 본인의 책임을 경감할 수 있다.

49 법률행위의 무효와 취소에 관한 설명 중 가장 잘못된 것은? (다툼이 있는 경우 판례에 의함)

① 무효인 법률행위는 추인하여도 그 효력이 생기지 아니하나 당사자가 그 무효임을 알고 추인한 때에는 새로운 법률행위로 본다.
② 갑의 소유물을 을이 자기의 이름으로 처분한 경우에 갑이 이를 추인하면, 특별한 사유가 없는 한 을의 처분행위의 효력이 갑에게 미친다.
③ 취소권은 추인할 수 있는 날로부터 3년 내에, 법률행위를 한 날로부터 10년 내에 행사하여야 한다.
④ 취소된 법률행위는 처음부터 효력이 없게 되는 것이므로, 취소권자인 제한능력자가 취소된 법률행위로 인하여 이익을 받은 경우에는 그 이익을 모두 반환하여야 한다.
⑤ 무효인 법률행위가 다른 법률행위의 요건을 구비하고 당사자가 그 무효를 알았더라면 다른 법률행위를 하는 것을 의욕하였으리라고 인정될 때에는 다른 법률행위로서 효력을 가진다.

50 조건에 관한 기술 중 옳지 않은 것은? (다툼이 있으면 판례에 의함)

① 임대차계약의 임대기간을 본건 토지를 임차인에게 매도할 때까지로 정하였다면 불확정기한으로 정한 임대차계약이다.
② 조건이 법률행위 당시 이미 성취한 것인 경우에는 그 조건이 정지조건이면 조건 없는 법률행위로 하고 해제조건이면 그 법률행위는 무효로 한다.
③ 조건의 불성취가 법률행위 당시에 이미 확정된 경우, 그 조건이 정지조건이면 그 법률행위는 무효가 된다.
④ 조건성취로 인하여 불이익을 받을 당사자가 신의성실에 반하여 그 성취를 방해한 경우, 그 방해행위가 없었더라면 조건이 성취되었으리라고 추산되는 시점에 그 성취가 의제된다.
⑤ 조건부 법률행위에 있어 조건의 내용 자체가 불법적인 것이어서 무효일 경우, 그 조건만을 분리하여 무효로 할 수는 없다.

51 물권적 청구권에 대한 설명으로 옳은 것은? (다툼이 있으면 판례에 의함)

① 소유자는 소유권을 방해할 염려가 있는 자에 대하여 그 예방과 함께 손해배상의 담보를 청구할 수 있다.
② 점유보조자가 그 물건의 사실적 지배를 가지는 이상 물권적 청구권의 상대방이 된다.
③ 乙이 소유자 甲으로부터 토지를 매수하고 인도받았으나 등기를 갖추지 않고 다시 丙에게 전매하고 인도한 경우, 甲은 丙에게 소유물반환청구를 할 수 있다.
④ 甲의 토지 위에 乙이 건물을 무단 신축하고 이를 丙에게 임대한 경우, 甲은 직접점유자 丙을 상대로 건물철거를 청구할 수 있다.
⑤ 甲의 토지 위에 乙이 건물을 무단 신축하고 이를 丙에게 양도하였으나 건물이 아직 미등기인 경우, 甲은 丙을 상대로 건물철거를 청구할 수 있다.

52 X토지에 관하여 甲명의로 소유권보존등기가 있은 후에 매매에 기하여 乙명의로 소유권이전청구권보전을 위한 가등기가 있었다. 그 후에 증여를 원인으로 丙명의로 소유권이전등기가 완료되었다. 다음 중 옳지 않은 것은? (다툼이 있으면 판례에 의함)

① 乙이 甲에 대하여 소유권이전등기를 청구할 법률관계가 있다고 추정되지 않는다.
② 乙은 甲에게 가등기에 기한 본등기를 청구하여야 한다.
③ 乙은 가등기에 기한 본등기를 하더라도 그동안 丙의 사용·수익에 관하여 부당이득반환을 청구할 수 없다.
④ 丙은 甲에 대하여 적법한 등기원인에 의해 X토지의 소유권을 취득한 것으로 추정된다.
⑤ 만일 X토지에 관하여 丁명의로 중복된 소유권보존등기가 마쳐졌다면, 乙은 가등기에 기한 본등기를 하기 전에도 그 말소를 청구할 수 있다.

53 등기에 대한 판례의 태도 중 옳지 않은 것은? (다툼이 있으면 판례에 의함)

① 하나의 부동산에 관하여 동일인 명의로 소유권보존등기가 중복하여 이루어진 경우, 뒤에 된 등기는 무효이다.

② 등기명의인이 다르게 이중으로 보존등기가 된 경우에는 먼저 이루어진 등기가 원인무효가 아닌 한 실체관계에 부합하는 등기가 유효하다.

③ 중간생략등기는 유효하다. 따라서 3자 간의 합의가 없었음을 이유로 현 등기명의인에게 말소청구를 할 수 없다.

④ 멸실된 건물의 보존등기를 신축한 건물의 보존등기로 유용할 수 없다.

⑤ 등기원인이 증여인데 매매로 기재된 소유권이전등기도 등기명의인이 실체관계에 부합하다면 유효한 등기이다.

54 등기의 추정력에 관한 설명으로 옳지 않은 것은? (다툼이 있으면 판례에 의함)

① 부동산에 관한 소유권이전등기가 있으면 적법한 절차에 의해 등기가 이루어져 현재의 등기명의인이 소유자라는 것이 추정된다.

② 소유권이전의 등기명의자는 제3자 뿐만 아니라 그 전소유자에 대해서도 적법한 등기원인에 의하여 소유권을 취득한 것으로 추정된다.

③ 소유권이전등기의 원인으로 주장된 계약서가 진정하지 않은 것으로 증명된 경우에는 계속 다른 적법한 등기원인이 있을 것으로 추정한다.

④ 근저당권의 설정등기가 있으면 이에 상응하는 피담보채권의 존재가 추정된다.

⑤ 소유권보존등기의 명의자가 원시취득하지 않았다는 사실이 밝혀지면 추정력은 깨지므로, 보존등기의 명의자가 스스로 소유권을 취득했다는 점을 입증해야 한다.

55 물권과 관련된 설명으로 옳지 않은 것은? (다툼이 있으면 판례에 의함)

① 물권의 객체는 원칙적으로 특정 · 독립한 물건이지만, 공장저당과 같이 집합물 위에 저당권이 설정될 수 있다.

② 1필의 토지의 일부에 저당권을 설정할 수 없지만, 공유자 중 1인은 자기의 지분만을 담보로 저당권을 설정할 수 있다.

③ 용익물권과 유치권은 부동산의 일부에 대해서도 성립할 수 있다.

④ 「입목에 관한 법률」에 의하여 등기된 수목의 집단은 토지와 별도로 저당권의 목적이 될 수 있지만 명인방법을 갖춘 수목의 집단은 저당권의 목적이 될 수 없다.

⑤ 구분건물이 아닌 1동의 건물 중 일부에 관하여 소유권보존등기를 할 수 있다.

56 점유에 관한 설명으로 옳지 않은 것은?

① 피상속인의 점유가 타주점유인 경우, 상속인의 점유는 새로운 권원에 의하여 점유하지 않는 한 타주점유이다.

② 시효완성자가 소유자에게 해당 토지의 매수를 제의한 사실만으로는 타주점유로 전환되지 않는다.

③ 토지의 점유자가 소유자를 상대로 소유권이전등기말소청구의 소를 제기하였다가 패소판결이 확정된 경우에도 자주점유는 추정된다.

④ 진정한 소유자가 자신의 소유권을 주장하여 점유자를 상대로 소유권이전등기의 말소등기청구소송을 제기하여 점유자의 패소로 확정된 경우, 패소판결 확정 후부터는 점유자는 타주점유로 전환된다.

⑤ 선의의 점유자라도 본권에 관한 소에서 패소한 때에는 그 판결이 확정된 때로부터 악의의 점유자로 본다.

57 甲 소유의 부동산을 乙이 20년간 소유의 의사로 평온 · 공연하게 점유하여 취득시효기간이 경과하였으나, 乙이 아직 등기를 하지 아니한 상태이다. 다음 중 옳지 않은 것은? (다툼이 있으면 판례에 의함)

① 甲이 제3자 丙에게 목적부동산을 처분하여 이전등기까지 마쳤다면, 乙은 취득시효의 완성을 이유로 丙에게 소유권이전등기를 청구할 수 없다.

② 乙로부터 목적부동산을 매수한 丁은 甲에 대하여 乙의 소유권이전등기청구권을 대위하여 행사할 수 있다.

③ 甲이 시효취득완성사실을 알았거나 알 수 있었으면서 丙에게 처분한 경우에 乙은 甲에게 채무불이행책임을 물을 수 없다.

④ 乙이 甲의 토지임을 알면서 무단점유한 경우에는 시효취득이 인정되지 않는다.

⑤ 甲이 丙에게 처분한 후에 계속 乙이 20년간 점유한 경우에도 乙은 丙을 상대로 시효취득을 주장할 여지가 없다.

58 공유에 관한 설명으로 옳지 않은 것은? (다툼이 있으면 판례에 따름)

① 공유자는 다른 공유자가 분할로 인하여 취득한 물건에 대하여 그 지분의 비율로 매도인과 동일한 담보책임이 있다.

② 공유자가 그 지분을 포기하거나 상속인 없이 사망한 때에는 법률에 다른 규정이 없으면 그 지분은 다른 공유자에게 각 지분의 비율로 귀속한다.

③ 공유물 분할협의가 성립한 후에 공유자 일부가 분할에 따른 이전등기에 협력하지 않으면, 재판상 분할을 청구할 수 있다.

④ 토지의 1/2 지분권자가 나머지 1/2 지분권자와 협의 없이 토지를 배타적으로 독점 사용하는 경우, 나머지 지분권자가 공유물의 보존행위로서 그 배타적 사용의 배제를 청구할 수 있다.

⑤ 공유자는 법률에 다른 규정이 없으면 5년 내의 기간으로 공유물 분할금지 약정을 할 수 있고, 갱신한 때에는 그 기간은 갱신일로부터 5년을 넘지 못한다.

59 지상권에 관한 설명으로 옳지 않은 것은? (다툼이 있으면 판례에 의함)

① 지상권의 존속기간을 영구로 약정하는 것도 유효하다.
② 지상권자는 지상권을 유보한 채 지상물의 소유권만을 양도할 수 있고, 지상물의 소유권을 유보한 채 지상권만을 양도할 수도 있다.
③ 지상권자는 지상권설정자의 동의가 없어도 지상권을 양도할 수 있고, 지상권양도금지특약은 효력이 없다.
④ 지상권이 소멸한 경우에 지상권자가 지상권설정자에 대하여 계약갱신청구권을 행사하기 위해서는 지상물이 현존하고 있어야 할 필요는 없다.
⑤ 분묘기지권은 지상권과 유사한 관습법상 물권으로서 시효취득하는 경우에는 지료를 지급할 필요가 없다.

60 甲이 乙소유의 임야 위에 자기 부친의 분묘를 설치하여 수호·관리하고 있는 경우, 판례에 의할 때 옳지 않은 것은?

① 甲이 분묘기지권을 취득한 경우, 분묘기지권에는 그 효력이 미치는 범위 안에서 새로운 분묘를 설치하거나 원래의 분묘를 다른 곳으로 이장할 권능은 포함되지 않는다.
② 甲이 乙의 승낙을 얻어 분묘를 설치한 경우, 분묘가 멸실된 경우라고 하더라도 유골이 존재하여 분묘의 원상회복이 가능하여 일시적인 멸실에 불과하다면 분묘기지권은 소멸하지 않고 존속한다.
③ 甲이 분묘기지권을 취득한 경우, 그 효력이 미치는 범위 내라고 하더라도 그 후에 사망한 모친의 합장을 위하여 쌍분(雙墳)형태의 분묘를 설치하는 것은 허용되지 않는다.
④ 甲이 乙의 승낙 없이 분묘를 설치한 후 20년간 평온·공연하게 그 분묘의 기지를 점유하여 분묘기지권을 시효로 취득한 경우, 甲은 乙에게 지료를 지급하여야 한다.
⑤ 분묘기지권의 취득은 등기를 요하지 않으며, 민법 제187조의 단서의 규정도 적용되지 않는다.

61 전세권에 관한 설명으로 옳지 않은 것은? (다툼이 있으면 판례에 의함)

① 전세금의 지급은 전세권의 성립요소이다.
② 전세권자는 전세권설정자에게 필요비상환을 청구할 수 없다.
③ 장래 전세권이 소멸하는 경우에 전세금반환채권이 발생하는 것을 조건으로 전세권과 분리하여 그 조건부채권을 전세권 존속 중에도 양도할 수 있다.
④ 전세권이 법정갱신된 경우, 전세권자는 그 등기가 없으면 건물의 양수인에게 전세권을 주장할 수 없다.
⑤ 구분소유의 객체가 될 수 없는 건물의 일부에 대한 전세권자는 건물 전체의 경매를 신청할 수 없다.

62 유치권에 관한 설명으로 옳은 것은? (다툼이 있으면 판례에 의함)

① 건물에 가압류등기가 경료된 후 그 건물에 유치권을 취득한 자는 그 건물의 강제경매절차에서 건물을 낙찰받은 경락인에게 유치권을 주장할 수 있다.
② 유치권의 불가분성은 그 목적물이 분할가능하거나 수개의 물건인 경우에는 적용되지 않는다.
③ 특별한 다른 약정이 없는 한 수급인은 자신의 재료와 노력으로 신축한 건물에 대하여도 유치권을 행사할 수 있다.
④ 유치권을 행사하고 있는 동안에는 채권의 소멸시효가 진행하지 않는다.
⑤ 유치권자가 유치물의 점유를 침탈당한 경우, 유치권에 기하여 점유를 회복할 수 있다.

63 저당권에 관한 설명으로 옳지 않은 것은? (다툼이 있으면 판례에 의함)

① 저당토지 위에 제3자가 불법경작한 성숙한 농작물은 저당권의 효력이 미치지 않는다.
② 공동저당권이 설정되어 있는 수개의 부동산 중 일부는 채무자 소유이고 일부는 물상보증인의 소유인 경우 위 각 부동산의 경매대가를 동시에 배당하는 때에는 각 부동산의 경매대가에 비례하여 그 채권의 분담을 정한다.
③ 채무자의 변제로 피담보채권이 소멸하면 저당권의 말소등기가 없어도 저당권은 소멸한다.
④ 저당권이전의 부기등기가 있는 경우에 피담보채무의 소멸을 원인으로 한 저당권의 말소등기청구의 상대방은 양수인이다.
⑤ 저당권은 원본, 이자, 위약금, 채무불이행으로 인한 손해배상 및 저당권의 실행비용을 담보한다.

64 하나의 부동산에 설정된 저당권과 용익물권의 관계에 관한 설명으로 옳지 않은 것은? (다툼이 있으면 판례에 의함)

① 1번 저당권이 설정된 후 지상권이 설정되고, 그 후 2번 저당권이 설정된 경우, 2번 저당권의 실행으로 목적물이 매각되더라도 지상권은 소멸하지 않는다.
② 전세권이 저당권보다 먼저 설정된 경우, 전세권자가 배당요구를 하면 전세권은 목적물의 매각으로 소멸한다.
③ 대항력을 갖춘 임차권이 저당권보다 먼저 성립한 경우, 저당권의 실행으로 토지가 매각되더라도 임차권은 소멸하지 않는다.
④ 경매신청 이전에 대항요건을 갖춘 주택임차인은 주택임대차보호법 제8조의 보증금 중 일정액을 저당권자보다 우선하여 변제받을 수 있다.
⑤ 지상권이 저당권보다 후에 설정된 경우, 지상권자는 저당권자에게 그 토지로 담보된 채권을 변제하고 저당권의 소멸을 청구할 수 있다.

65 근저당권에 관한 설명으로 옳지 않은 것은? (다툼이 있으면 판례에 의함)

① 근저당권의 실행비용은 채권최고액에 포함되지 아니한다.

② 채권최고액이란 우선변제를 받을 수 있는 한도액을 의미하고, 책임의 한도액을 의미하는 것은 아니다.

③ 피담보채권이 확정되기 전에 제3자가 채무의 일부를 대위변제하여도 근저당권이 그 제3자에게 이전하지 않는다.

④ 근저당권의 피담보채권이 확정되었을 경우, 확정 이후에 새로운 거래관계에서 발생한 원본채권은 그 근저당권에 의하여 담보되지 않는다.

⑤ 확정된 피담보채권액이 채권최고액을 초과하는 경우에 채무자는 채권최고액만을 변제하고 근저당권의 말소를 청구할 수 있다.

66 계약에 관한 설명으로 옳지 않은 것은? (다툼이 있으면 판례에 의함)

① 계약금계약은 요식계약이다.

② 교차청약의 경우에는 두 개의 청약의 내용이 합치한 경우에 나중의 청약이 상대방에게 도달한 때에 계약이 성립한다.

③ 청약에 대하여 조건을 붙여서 승낙을 한 경우, 청약의 거절과 동시에 새로 청약한 것으로 본다.

④ 청약은 구체적·확정적 의사표시이어야 한다.

⑤ 승낙자가 청약과 승낙이 불합치했는데도 합치하는 것으로 오신한 경우에는 계약은 성립하지 않는다.

67 동시이행의 항변권에 관한 기술 중 옳지 않은 것은? (다툼이 있으면 판례에 의함)

① 일방의 채무가 이행불능이 되더라도 손해배상채무로서 동일성을 유지하는 한 동시이행항변권은 존속한다.

② 쌍방의 채무가 별개의 약정으로 성립한 경우, 설령 특약이 있어도 동시이행항변권은 인정되지 않는다.

③ 선이행의무가 이행되지 않고 있는 사이에 후이행채무의 변제기가 도래한 경우, 선이행의무자는 동시이행의 항변권을 갖는다.

④ 수령지체에 빠진 자에게도 그 이행의 제공이 계속되지 않는 한 동시이행의 항변권이 인정된다.

⑤ 판례에 따르면 동시이행의 항변권은 당사자가 이를 주장하지 않는 한 법원이 직권으로 고려할 것은 아니라고 한다.

68 다음 중 해제권이 발생하는 경우로 볼 수 없는 것은? (다툼이 있으면 판례에 따름)

① 매매계약 체결 후 목적물의 가격이 급등하여 계약체결시의 약정대로 대금을 지급하는 것이 현저하게 균형을 잃은 이행이 되는 경우

② 당사자 일방이 이행지체에 빠져 상대방이 상당한 기간을 정하여 최고하여도 이행 받지 못한 때

③ 채무자가 미리 이행하지 아니할 의사를 표시하고 채무를 이행하지 아니하는 때

④ 채무자의 책임 있는 사유로 이행이 불능하게 된 경우

⑤ 매매목적물에 지상권이 설정되어 있었음에도 매수인이 이를 알지 못하였고 이로 인해 계약목적을 달성할 수 없는 경우

69 계약해제와 관련한 설명으로 옳지 않은 것은? (다툼이 있으면 판례에 의함)

① 계약의 성질상 일정한 시기나 기간 내에 이행하지 않으면 계약의 목적을 달성할 수 없는 계약은 이행지체가 있는 경우라도 최고 없이 계약을 해제할 수 있다.

② 상대방의 귀책사유에 따른 이행불능의 경우에는 자신의 채무의 변제기 전이라도 최고 없이 계약을 해제할 수 있다.

③ 당사자의 일방이 채무를 이행하지 않겠다는 의사를 명백히 표시하였다가 이를 적법하게 철회한 경우, 상대방은 최고를 하지 않고 계약을 해제할 수 있다.

④ 당사자의 일방 또는 쌍방이 수인인 경우에 계약의 해제는 전원으로부터 또는 전원에 대하여 하여야 한다.

⑤ 부동산매매계약이 해제된 후 매수인 명의의 소유권이전등기가 말소되기 전에 해제사실을 모르고 그 부동산에 저당권을 취득한 제3자에 대해서는 계약해제의 효과를 주장할 수 없다.

70 甲과 乙은 甲 소유의 토지를 乙에게 매도하되 매매대금은 乙이 丙에게 지급하기로 약정하였다. 이에 관한 설명 중 옳지 않은 것은? (다툼이 있는 경우 판례에 의함)

① 丙이 乙에 대하여 수익의 의사표시를 한 후 乙이 대금채무이행을 지체하는 경우, 丙은 乙에 대하여 이행지체로 인한 손해배상청구권을 가지나, 이행지체를 이유로 계약을 해제할 수는 없다.

② 甲과 乙이 합의에 의하여 丙의 권리를 변경 또는 소멸시킬 수 있음을 미리 유보하였더라도, 丙이 수익의 의사표시를 한 후에는 丙의 권리를 변경 또는 소멸시키지 못한다.

③ 乙이 丙에게 상당한 기간을 두고 이익의 향수 여부에 대한 확답을 최고하였음에도 불구하고 丙으로부터 그 기간 내에 확답을 받지 못한 때에는 수익을 거절한 것으로 본다.

④ 丙이 乙을 기망한 경우, 민법 제110조 제2항의 제3자에 의한 사기가 성립될 수 있다.

⑤ 乙의 丙에 대한 대금지급의무와 甲의 乙에 대한 소유권 이전의무는 원칙적으로 동시이행의 관계에 있다.

71 매매에 관한 설명으로 옳지 않은 것은? (다툼이 있으면 판례에 의함)

① 매매 목적 토지가 토지거래허가구역 내의 토지로서 관할 관청의 허가를 받았더라도 이행에 착수한 것은 아니므로 매수인은 계약금을 포기하고 계약을 해제할 수 있다.

② 매매목적물의 인도와 동시에 대금을 지급할 경우에는 그 인도장소에서 대금을 지급하여야 한다.

③ 매매계약이 성립함과 동시에 목적물로부터 생긴 과실은 매수인에게 속하므로 매도인이 목적물을 인도할 때 이를 함께 이전해야 한다.

④ 당사자 일방에 대한 의무이행의 기한이 있는 때에는 상대방의 의무이행에 대하여도 동일한 기한이 있는 것으로 추정한다.

⑤ 매매목적물에 대하여 권리를 주장하는 자가 있는 경우에 매수인은 매수한 권리를 잃을 위험이 있는 한도에서 대금의 지급을 거절할 수 있다.

72 甲, 乙 사이에 X토지 1,000㎡에 대한 매매계약이 성립하였다. 매도인 甲의 담보책임에 관한 설명으로 옳지 않은 것은? (다툼이 있으면 판례에 의함)

① X토지 전부가 丙의 소유이며 甲이 그 권리를 취득하여 乙에게 이전할 수 없는 경우에는 乙은 악의인 경우에도 계약을 해제할 수 있다.

② X토지 300㎡가 丙의 소유이며 甲이 그 권리를 취득하여 乙에게 이전할 수 없는 경우에는 乙은 악의인 경우에도 대금감액을 청구할 수 있다.

③ X토지가 나중 측량결과 900㎡ 밖에 되지 않는 경우에는 이것이 수량을 지정한 매매인 경우에 乙은 악의인 경우에도 대금감액을 청구할 수 있다.

④ X토지 위에 지상권이 설정되어 있는 경우에는 이를 알고 있었던 乙은 甲에게 담보책임을 물을 수 없다.

⑤ 甲에서 乙 앞으로 소유권이전청구권을 보전하기 위한 가등기를 경료한 후에 丙 앞으로 소유권이전등기가 된 후 乙이 가등기에 기해 본등기를 하면 丙의 등기는 직권말소되는데, 이 경우에 악의의 丙은 甲에게 계약해제와 손해배상을 청구할 수 있다.

73 임대차에 관한 설명으로 옳은 것은?

① 타인의 물건은 임대차의 목적물이 될 수 없다.

② 차임은 반드시 금전이어야 한다.

③ 토지임대차의 존속기간을 약정하지 않은 경우 그 존속기간은 20년으로 본다.

④ 임대인은 특약이 없는 한 목적물을 사용·수익에 적합한 상태로 유지하게 할 의무가 없다.

⑤ 부동산임차권을 등기한 경우에도 임차인은 임대인의 동의 없이 임차권을 타인에게 양도할 수 없다.

74 임대차에 대한 설명으로 옳지 않은 것은? (다툼이 있으면 판례에 의함)

① 임대차계약 종료 후 임대인이 그 토지를 제3자에게 양도하였다면 대항력 있는 임차인은 토지양수인을 상대로 지상물매수청구권을 행사할 수 있다.

② 부속물매수청구권을 포기하는 약정은 비록 차임이 시가보다 현저히 저렴하여 임차인에게 실질적으로 불리한 경우가 아니더라도 강행규정의 위반으로 무효이다.

③ 기존건물과 분리되어 독립한 소유권의 객체가 될 수 없는 증축부분이나 임대인의 소유에 속하기로 한 부속물은 매수청구의 대상이 될 수 없다.

④ 토지임차인의 지상건물이 임대인의 토지와 인접한 타인의 토지에 걸쳐서 축조되었다면 임차인은 임대인에게 그 지상건물 전체에 대한 매수청구를 할 수 없다.

⑤ 건물의 임차인이 임대차관계 종료시 건물을 원상으로 복구하여 임대인에게 명도하기로 약정하였다면 이는 비용상환청구권의 포기로 볼 수 있으므로 임차인은 이에 대해 유치권을 주장할 수 없다.

75 현행 「주택임대차보호법」에 관한 내용 중 옳지 않은 것은? (다툼이 있으면 판례에 의함)

① 기간이 정함이 없거나 기간을 2년 미만으로 정한 임대차는 그 기간을 2년으로 본다. 다만, 임차인은 2년 미만으로 정한 기간이 유효함을 주장할 수 있다.

② 임차인이 임대차기간이 끝나기 1개월 전까지 통지하지 아니한 경우에는 임대차기간이 끝난 때에 전 임대차와 동일한 조건으로 다시 임대차한 것으로 본다.

③ ②의 경우 임대차의 존속기간은 2년으로 본다.

④ 묵시적 갱신의 경우에 양 당사자는 언제든지 상대방에 대하여 계약해지의 통지를 할 수 있다.

⑤ 2기의 차임액에 달하도록 차임을 연체하거나 기타 임차인으로서의 의무를 현저히 위반한 임차인에 대하여는 묵시적 갱신의 규정을 적용하지 아니한다.

76 「주택임대차보호법」에 관한 설명으로 옳지 않은 것은? (다툼이 있으면 판례에 의함)

① 임차인의 배우자나 자녀의 주민등록도 동법상의 대항요건인 주민등록에 해당한다.

② 임차인이 임대인의 승낙을 얻어 전대하고 그 전차인이 주택을 인도받아 주민등록을 마친 때에는 그 다음 날로부터 임차인이 대항력을 취득한다.

③ 임대차가 종료된 후 임차보증금을 반환받지 못한 임차인은 임대인의 주소지 관할 지방법원이나 지원 및 시·군법원에 임차권등기명령을 신청할 수 있다.

④ 임차인이 보증금반환청구소송의 확정판결 등에 기한 경매를 신청하는 경우에는 반대급부의 이행 또는 이행의 제공을 집행개시의 요건으로 하지 아니한다.

⑤ 하나의 주택에 임차인이 2인 이상이고, 이들이 그 주택에서 가족 공동생활을 하는 경우에는 이들을 1인의 임차인으로 보아 보증금을 합산하여 우선 변제받을 수 있는 소액임차인지를 판단한다.

77 「주택임대차보호법」과 「상가건물 임대차보호법」의 내용을 잘못 설명한 것은?

① 중소기업에 해당하는 법인이 소속 직원의 주거용으로 주택을 임차한 후 그 법인이 선정한 직원이 해당 주택을 인도받고 주민등록을 마쳤을 때에는 그 다음 날부터 중소기업법인이 대항력을 취득한다.

② 주택임대차계약을 체결하려는 자는 임대인의 동의를 받아 확정일자부여기관에 해당 주택의 확정일자부여일, 차임 및 보증금 등의 정보제공을 요청할 수 있다.

③ 우선변제권을 취득한 주택임차인의 보증금반환채권을 양수한 금융기관은 양수한 금액의 범위에서 우선변제권을 승계한다.

④ 상가건물임대차에서 계약갱신요구제도는 보증금의 규모에 관계없이 적용된다.

⑤ 상가건물임대차에서 보증금 중 일정액에 대한 최우선변제는 상가건물가액의 3분의 1에 해당하는 금액에 한하여 인정된다.

78 「가등기담보 등에 관한 법률」에 대한 설명으로 옳지 않은 것은? (다툼이 있으면 판례에 의함)

① 공사대금채권을 담보할 목적으로 가등기가 경료된 경우에는 동법이 적용된다.

② 2억 원을 차용하면서 담보목적으로 시가 4억 원의 부동산을 소유권이전등기까지 해 준 경우에 그 부동산에 선순위 저당권의 피담보채권액이 2억 원이라면 동법이 적용되지 않는다.

③ 청산절차를 거치기 전의 채권자의 담보가등기에 기한 본등기는 무효이지만, 이를 처분한 경우에 선의의 제3자는 권리를 취득한다.

④ 담보가등기권리자에게도 경매신청권이 있으며 이 경우 담보가등기권리를 저당권으로 본다.

⑤ 일단 청산금의 평가액을 통지한 채권자는 그가 통지한 청산금의 금액에 관하여 다툴 수 없다.

79 「집합건물의 소유 및 관리에 관한 법률」에 관한 설명 중 옳은 것은? (다툼이 있으면 판례에 의함)

① 1동의 건물 중 구분된 각 부분이 구조상·이용상 독립성을 가지고 있는 경우에는 구분건물로 등기하여야 한다.

② 집합건물의 소유자는 공용부분에 대해 공유물의 분할을 약정한 경우에는 분할을 청구할 수 있다.

③ 전유부분에 대한 처분이나 압류 등의 효력은 특별한 사정이 없는 한 대지권에는 미치지 않는다.

④ 하나의 단지 내에 있는 여러 동의 건물 전부를 일괄하여 재건축하고자 하는 경우에도 개개의 각 건물마다 동법에 의한 재건축결의가 필요하다.

⑤ 집합건물의 전 구분소유자가 체납한 관리비 중 원칙적으로 전유부분에 대해서는 그 특별승계인에게 승계되지만 공용부분에 대해서는 승계되지 않는다.

80 甲은 조세포탈·강제집행의 면탈 또는 법령상 제한의 회피를 목적으로 하지 않고, 배우자 乙과의 명의신탁약정에 따라 자신의 X토지를 乙명의로 소유권이전등기를 마쳐주었다. 다음 설명 중 옳지 않은 것은? (다툼이 있으면 판례에 따름)

① 乙은 甲에 대해 X토지의 소유권을 주장할 수 없다.

② 甲이 X토지를 丙에게 매도한 경우, 이를 타인의 권리매매라고 할 수 없다.

③ 丁이 X토지를 불법 점유하는 경우, 甲은 직접 丁에 대해 소유물반환청구권을 행사할 수 있다.

④ 乙로부터 X토지를 매수한 丙이 乙의 甲에 대한 배신행위에 적극 가담한 경우, 乙과 丙사이의 계약은 무효이다.

⑤ 丙이 乙과의 매매계약에 따라 X토지에 대한 소유권이전등기를 마친 경우, 특별한 사정이 없는 한 丙이 X토지의 소유권을 취득한다.

01 부동산개념을 설명한 것으로 옳은 것은?

① 준부동산의 개념은 부동산을 복합개념으로 파악할 경우 경제적 개념의 대상으로 삼을 때 필요하며, 공시수단 방법과는 직접적으로 관련이 없다.

② 부동산은 물적 재산으로서 토지와 건물 등을 일컫는 말이지만 광의의 부동산이라고 하면 동산 등을 그 대상으로 포함하는 경우가 있을 수 있다.

③ 부동산을 토지와 정착물이라고 부를 때, 정착물이란 주택·상가·울타리와 토지에 부착되어 있는 경작수확물 등을 말한다.

④ 부동산공간은 공중·수평·지중 등의 3차원 공간을 말하는 것이며, 특히 공중공간만을 입체공간이라 한다.

⑤ 법률적 개념의 부동산은 자산·생산요소·상품 및 그 이외의 권리 등을 지칭한다.

02 다음은 토지에 관하여 설명한 내용들이다. 옳은 것을 모두 고른 것은?

> ㉠ 택지는 토지에 건물 등의 정착물이 없고 공법이나 사법의 제한을 받는 토지를 말한다.
> ㉡ 획지는 법률상의 단위개념으로 소유권이 미치는 범위를 말한다.
> ㉢ 이행지는 용도적 지역의 분류 중 세분된 지역 내에서 용도에 따라 전환되는 토지를 말한다.
> ㉣ 후보지는 임지지역, 농지지역, 택지지역 상호 간에 다른 지역으로 전환되고 있는 지역의 토지를 말한다.
> ㉤ 건부지는 관련법령이 정하는 바에 따라 재난 시 피난 등 안전이나 일조 등 양호한 생활환경 확보를 위해, 건축하면서 남겨놓은 일정면적 부분의 토지를 말한다.

① ㉢
② ㉠, ㉡
③ ㉢, ㉣
④ ㉠, ㉣, ㉤
⑤ ㉡, ㉢, ㉣

03 부동산의 특성에 관한 설명으로 옳지 않은 것은?

① 토지는 비생산성이 있으나 개별 용도의 관점에서는 공급을 증가시킬 수 있다.

② 간척지와 같이 해면을 육지로 만드는 행위에도 부증성의 이론은 적용된다.

③ 개별성은 토지 사용이나 판매를 둘러싼 계약에 있어 법적으로 대체가능성을 없게 만드는 원인이 되기도 한다.

④ 토지는 영속성이 있어서 소모를 전제로 하는 재생산이론과 일물일가(一物一價)법칙을 적용할 수 없다.

⑤ 부증성은 토지의 지대 또는 지가를 발생시키며, 최유효이용의 근거가 된다.

04 부동산수요곡선을 우측 또는 우상향으로 이동시키는 요인은? (단, 정상재라고 가정한다)

> ㉠ 부동산가격 상승에 대한 기대감
> ㉡ 출산율 증가 및 결혼 증가
> ㉢ 공공용지 확보 필요성의 증가
> ㉣ 매도자 수의 증가
> ㉤ 주식시장 등 대체투자시장의 호황
> ㉥ 소득수준의 향상
> ㉦ 건축기술수준의 발달

① 1개
② 2개
③ 3개
④ 4개
⑤ 5개

05 부동산의 공급곡선에 대한 설명으로 옳은 것은? (단, 다른 조건은 일정하다고 가정한다)

① 조성지나 매립지 등이 존재하기 때문에 토지의 용도적 공급곡선은 수직선이 된다.

② 주택의 장기공급곡선은 가용생산요소의 제약이 크지 않으므로 단기공급곡선에 비해 비탄력적이다.

③ 부동산의 수요가 완전비탄력적일 때 시장에서 초과공급이 발생하면 균형가격과 균형거래량이 모두 증가한다.

④ 토지의 물리적 공급곡선은 비생산성으로 인하여 수직선이 된다.

⑤ 개발행위기준의 완화와 같은 토지이용규제가 완화되면 토지의 공급곡선은 이전보다 비탄력적이 된다.

06 주택수요(housing demand)와 주택소요(housing needs)에 대한 설명으로 적절한 것은?

① 주택소요란 경제상의 개념으로서 주택의 유효수요를 의미한다.

② 주택수요란 구매력을 고려하지 않은 사회적 정책적 입장의 개념이다.

③ 무주택서민을 그 대상으로 바라보는 경우 주택수요의 개념보다 주택소요의 개념이 더 중요시될 것이다.

④ 고소득층의 경우는 주택수요의 개념보다는 주택소요의 개념이 더 중요시될 것이다.

⑤ 저소득층에 대한 주택정책을 수립하는 경우에는 주택수요의 개념이, 고소득층의 경우에는 주택소요의 개념이 유효하다.

07 임대아파트의 수요함수는 $Q^D = 1,600 - 2P$, 공급함수는 $Q^S = 100 + 3P$라고 하자. 이때 정부가 아파트 임대료를 200만 원/m²으로 규제했다. 이 규제 하에서 시장의 초과수요 또는 초과공급 상황과 그 수량은? [여기서 P는 가격(단위 : 만 원), Q^D, Q^S는 각각 수요량과 공급량(단위 : m²), 다른 조건은 불변이라고 가정]

① 초과수요 300m²   ② 초과수요 200m²

③ 초과수요 500m²   ④ 초과공급 200m²

⑤ 초과공급 300m²

08 A부동산에 대한 수요의 가격탄력성과 소득탄력성이 각각 1.4와 0.8이다. A부동산 가격이 5% 하락하고 소득이 5% 증가할 경우, A부동산 수요량의 변화는? (단, A부동산은 정상재이고, 가격탄력성은 절댓값으로 나타내며, 다른 조건은 동일함)

① 2% 감소   ② 2% 증가

③ 5% 감소   ④ 10% 감소

⑤ 11% 증가

09 다음 중 부동산 수요곡선자체를 우측으로 이동시키는 요인은?

① 대체재의 가격하락
② 보완재의 가격상승
③ 부동산의 가격상승
④ 소득증가 시 정상재일 때
⑤ 기호도의 감소

10 부동산의 가격 임대료 탄력성에 대한 설명으로 가장 타당한 것은?

① 수요의 임대료탄력성이란 수요량의 변화율에 대한 임대료의 변화율을 말한다.
② 수요의 가격탄력성의 값이 1보다 작은 경우를 탄력적이라고 하고 1보다 클 경우를 비탄력적이라고 한다.
③ 부동산 기업의 총수입과 관련된 것은 공급의 가격탄력성이다.
④ 수요의 가격탄력성에 영향을 주는 중요한 요인으로는 시간, 소득, 상품의 성질, 대체재의 유무 등이 있는데, 이 중에서도 상대적으로 가장 중요한 요인은 대체재의 유무 문제이다.
⑤ 용도가 다양하거나 그 전환이 용이할수록 수요의 가격탄력성은 보다 작아진다.

11 부동산시장에 대한 설명으로 옳은 것은?

① 부동산시장은 불완전경쟁시장이므로 정보비용이 요구된다.
② 부동산시장은 불완전경쟁시장이므로 할당 효율적 시장이 될 수 없다.
③ 현재정보를 기반으로 투자를 실시한 투자자 A가 초과이윤을 얻었다면 해당 시장은 준강성 효율적 시장이다.
④ 부동산투기가 성립되는 것은 할당이 효율적이지 못하기 때문이 아니라 시장이 불완전하기 때문이다.
⑤ 준강성 효율적 시장에서는 기본적 분석으로 초과이익을 얻을 수 있다.

12 부동산시장의 유형에 관한 설명 중 가장 거리가 먼 것은?

① 용도에 따라 부동산시장은 주거용, 상업용, 공업용, 농업용 그리고 특수목적용 부동산시장 등으로 나눌 수가 있다.
② 토지매매시장이란 지가를 매개로 하여 토지소유권의 거래가 이루어지는 시장으로서 토지매매시장에서의 공급자는 언제나 토지소유자가 되는 것은 아니다.
③ 매도자시장은 매도자가 주도하는 시장으로서 초과수요시장이며, 부동산가격이 상승하는 경우에 주로 나타난다.
④ 매수자시장은 매수자가 주도하는 시장으로서 초과공급시장이며, 부동산가격이 하락하는 경우에 주로 나타난다.
⑤ 부동산시장이 바람직한 시장기능을 가지려면 매수자 또는 매도자 시장의 형태로 국한되어서는 안 된다.

13 부동산시장에서의 정보의 효율성과 관련된 설명으로 옳지 않은 것은?

① 약성 효율적 시장에서의 기술적 분석을 통해서 정상을 초과하는 이윤을 획득할 수 없다.
② 준강성 효율적 시장에서는 공표된 정보를 통해서 정상을 초과하는 이윤을 획득할 수 없다.
③ 강성 효율적 시장에서 공표되지 않은 정보를 분석하면 정상을 초과하는 이윤을 획득할 수 있다.
④ 할당 효율적 시장이 곧 완전경쟁시장을 의미하는 것은 아니다.
⑤ 독점시장도 독점을 획득하기 위한 기회비용이 동일할 경우 할당 효율적 시장이 될 수 있다.

14 부동산시장과 관련된 설명 중 옳은 것은?

① 적절한 대가를 지불하지 않는 경우에는 정의 외부효과로 인한 혜택을 누릴 수 없다.

② 부의 외부효과를 해결하기 위해서는 항상 정부의 시장개입이 필수이다.

③ 정의 외부효과의 경우 사회적으로 NIMBY(Not In My Backyard)현상을 유발시킬 수 있다.

④ 공공재의 경우 과소생산의 문제가 발생될 수 있기 때문에 정부가 시장에 개입할 수 있다.

⑤ 행복주택의 건설·공급은 정부가 부동산시장에 간접적으로 개입하는 방법이다.

15 부동산경기변동에 관한 설명으로 옳지 않은 것은?

① 부동산경기변동은 순환(cyclical), 추세(trend), 계절(seasonal), 무작위(random) 변동으로 나타난다.

② 부동산경기변동이란 부동산시장이 일반 경기변동처럼 상승과 하강국면이 반복되는 현상을 말한다.

③ 부동산경기 국면도 일반경기 국면처럼 회복, 호황, 후퇴, 불황 등 4개 국면으로 구분할 수 있다.

④ 상향시장에서 직전 국면의 거래사례가격은 현재 시점에서 새로운 거래가격의 상한이 되는 경향이 있다.

⑤ 건축허가면적과 미분양물량은 부동산 경기변동을 측정할 수 있는 지표로 활용될 수 있다.

16 토지정책과 관련된 설명으로 옳지 않은 것은?

① 토지은행은 공공토지의 비축에 관한 법률에 따라 한국토지주택공사(LH)에서 실시하는 제도이다.

② 국토의 계획 및 이용에 관한 법률상 용도지역과 용도지구는 중첩하여 지정할 수 없다.

③ 현재 우리나라에서는 개발사업의 시행, 토지이용계획의 변경 등에 따라 정상지가상승분을 초과하여 개발사업을 시행하는 자에게 귀속되는 이익의 일부를 환수하고 있다.

④ 토지거래계약에 관한 허가구역은 토지의 투기적인 거래가 성행하거나 지가가 급격히 상승하는 지역을 대상으로 국토교통부장관 또는 시·도지사가 5년 이내의 기간을 정하여 지정한다.

⑤ 개발권양도제(TDR)는 토지규제가 극심한 지역에서 규제지역의 토지소유자에게 개발권을 부여하여 시장을 통하여 재산권의 손실을 보전토록 하는 제도이다.

17 분양가상한제에 관한 설명 중 옳은 설명을 모두 고르면?

┌───┐

㉠ 장기적으로 민간의 신규주택 공급을 위축시킴으로써 주택가격을 상승시킬 수 있다.

㉡ 상한가격이 시장가격보다 낮을 경우 일반적으로 초과공급이 발생한다.

㉢ 주택건설업체의 수익성을 낮추는 요인으로 작용하여 주택공급을 감소시킬 수 있다.

㉣ 시장가격 이상으로 상한가격을 설정하여 무주택자의 주택가격 부담을 완화시키고자하는 제도이다.

└───┘

① 1개   ② 2개

③ 3개   ④ 4개

⑤ 모두 틀림

18 외부효과가 부동산시장에 미치는 효과에 대한 설명으로 옳지 않은 것은?

① 외부경제의 경우 비용을 지불하지 않은 사람도 의도하지 않게 이익을 누릴 수 있다.

② 부의 외부효과에 대한 규제는 부동산가치를 상승시킨다.

③ 외부불경제를 유발하는 시설에 대해서는 사회적으로 PIMFY현상이 발생한다.

④ 부의 외부효과를 발생시키는 공장에 대해서 과태료를 부과하면 해당 재화의 공급곡선이 좌상향으로 이동한다.

⑤ 인근지역에 폐기물 매립장이 설치되면 아파트 시장엔 부의 외부효과가 발생할 수 있다.

19 부동산조세에 대한 설명으로 가장 거리가 먼 것은? (단, 다른 조건은 동일하다고 가정한다)

① 주택조세의 감면은 수요자들로 하여금 더 규모가 크고 질이 좋은 주택구입의 기회를 제공한다.

② 수요의 임대료탄력성이 공급의 임대료탄력성보다 낮을 경우 부과되는 조세에 대한 임대인의 조세부담이 더욱 커지게 된다.

③ 주택의 공급곡선이 완전비탄력적일 경우 주택에 부과되는 재산세는 전부 임대인에게 귀착된다.

④ 토지이용을 특정 방향으로 유도하기 위해 정부가 토지 보유세를 부과할 때에는 토지용도별 차등과세가 유리하다.

⑤ 정부나 지자체는 필요한 재원을 조달하거나 분배의 불평등성을 개선하기 위한 목적으로 세금을 부과하기도 한다.

20 저소득층의 주거생활 향상을 위한 각종 부동산정책에 관한 설명 중 가장 적절하지 않은 것은?

① 정부에서 저소득층에게 지급하는 임대료보조금을 주택재화의 구입에만 사용하도록 하더라도, 일반적으로 저소득층의 다른 재화의 소비량은 임대료보조금 지급 전보다 늘어난다.

② 임대료보조금이 지급된다고 하더라도 다른 조건이 일정할 경우, 저가주택의 임대료가 장기적으로는 원래 수준으로 회귀하므로 시장 전체의 저가주택 공급량이 늘어나는 것은 아니다.

③ 정부의 공공임대주택공급은 임대료에 대한 이중가격을 형성하므로 공공임대주택 거주자들은 사적 시장(private market)과의 임대료 차액만큼 정부로부터 보조받는 것과 같은 효과를 얻는다.

④ 규제임대료가 시장임대료보다 높을 경우, 임대료규제는 임대부동산의 질적 저하를 가져오지 않으며, 기존세입자들의 이동도 저하시키지는 않는다.

⑤ 임대료규제는 임대료수준 또는 임대료 상승률을 일정범위 내에서 규제하여 임차가구를 보호하려는 가격규제(price control)의 일종이다.

21 상업지 입지에 대한 설명으로 옳지 않은 것은?

① 상권은 취급 상품의 판매액에 따라 제1차, 제2차, 제3차 상권으로 분류하기도 한다.

② 레일리에 의하면 두 도시 사이에 거주하는 소비자에 대하여 두 도시가 미치는 영향력의 크기는 두 도시의 크기에 비례하여 배분된다.

③ 컨버스의 분기점모형은 두 도시 간의 구매영향력이 같은 분기점의 위치를 구하는 방법을 제시한다.

④ 집재성(集在性) 점포는 동일 업종의 점포끼리 국부적 중심에 입지해야 유리한 유형의 점포이다.

⑤ 허프의 확률모형은 다수의 구매중심점을 놓고 대도시 소비자의 구매패턴을 설명하는 모델이다.

22 기대수익률과 요구수익률의 관계를 설명한 내용 중 가장 옳지 않은 것은? (단, 투자의 타당성이 있는 경우 투자한다고 가정한다)

① 투자안에 대한 위험이 크면 클수록 투자자는 보다 더 높은 대가를 요구하여 요구수익률은 증가하게 된다.

② 어떤 투자안에 대한 투자자의 요구수익률이 10%인데 기대수익률이 5%라면 어떤 투자자도 기꺼이 이 부동산에 투자하려 하지 않을 것이다.

③ 어떤 투자안에 대한 기대수익률이 40%인데 요구수익률이 10%라면 투자대상 부동산가치는 상승할 것이다.

④ 기대수익률이 요구수익률보다 작은 경우 수요는 감소하여 부동산가치는 점점 하락할 것이며 부동산에 대한 기대수익률은 점차 증가하게 된다.

⑤ 시장이 효율적이라면 투자가치의 변동으로 기대수익률은 조정되며, 요구수익률과 기대수익률이 같아지는 선에서 투자의 균형을 이루게 된다.

23 체계적 위험과 비체계적 위험과의 관계를 설명하고 있다. 가장 올바른 것은?

① 여러 자산에 분산투자를 하여 제거할 수 있는 위험을 체계적 위험이라고 하고 제거할 수 없는 위험을 비체계적 위험이라고 한다.

② 비체계적 위험이란 경기변동, 인플레이션의 심화, 이자율 변동 등에 의해서 야기되는 시장에 있는 모든 부동산에 영향을 미치는 위험을 말한다.

③ 체계적 위험은 개별적인 부동산의 특성으로부터 야기되는 위치적 위험 등으로서 투자대상을 다양화하여 분산투자를 함으로써 제거할 수 있는 위험을 말한다.

④ 위험−수익 상쇄관계란 위험과 수익이 비례관계에 있다는 것으로서, 결국 시장의 체계적 위험과 수익이 비례관계에 있다는 것을 의미한다.

⑤ 부동산시장은 국지화된 여러 개의 시장으로 분리되어 있으므로 부동산의 위치, 유형, 가격 등에 따라 여러 가지 형태의 부동산 포트폴리오를 선택할 수 없다.

24 부동산 투자분석과 관련된 설명으로 옳은 것은?

① 매각시점에 미상환 대출잔액이 있다면 세전 매각현금흐름이 순매도액보다 작아지게 된다.

② 순현재가치법이란 장래 기대되는 소득의 미래가치 합계와 투자비용으로 지출된 금액의 미래가치 합계를 서로 비교하여 투자결정을 하는 방법을 말한다.

③ 회계적 이익률법은 화폐의 시간가치를 고려하여 투자분석을 하는 기법이다.

④ 내부수익률은 투자에 대한 현금유입의 미래가치와 현금유출의 현재가치를 같도록 하는 할인율이다.

⑤ 가능총소득에서 공실 및 회수 불가능한 임대수입을 제하고 기타소득을 합하면 순영업소득이 된다.

25 다음 부동산투자 타당성분석 방법 중 할인기법을 모두 고른 것은?

㉠ 순현재가치법	㉡ 내부수익률법
㉢ 단순회수기간법	㉣ 회계적수익률법
㉤ 수익성지수법	

① ㉠, ㉡
② ㉡, ㉢
③ ㉠, ㉡, ㉤
④ ㉠, ㉢, ㉣
⑤ ㉡, ㉢, ㉣

26 다음 자료를 이용하여 순영업소득을 구하면 얼마인가?

> • 임대면적 500평
> • 단위면적당 임대료 연 200만 원
> • 공실률 연 5%
> • 영업경비율 : 유효조소득의 연 40%
> • 기타 소득 연 5,000만 원
> • 원리금상환액 2,000만 원
> • 영업소득세 5,000만 원
> • 양도소득세 9,000만 원

① 8억 원
② 7억 원
③ 6억 원
④ 5억 원
⑤ 4억 원

27 저당의 상환과 관련된 설명으로 옳은 것은? (단, 다른 조건은 일정하다고 가정한다)

① 원리금균등분할상환방식은 원금균등분할상환방식에 비해 초기 원리금에서 이자가 차지하는 비중이 작다.
② 원리금균등분할상환은 점증식 상환대출에 비해 상대적으로 초기에 대출자의 자금회수가 빠른 특징이 있다.
③ 점증식 상환방식은 초기에 납부액을 크게 낮추고, 소득이 증가함에 따라 상환액이 체감되는 상환방식이다.
④ 대출실행 후 상환의 중도시점에서 대출비율(Loan To Value)은 원금균등상환방식이 점증식 상환방식보다 높다.
⑤ 다른 모든 조건이 동일할 경우 원금균등상환방식과 원리금균등상환방식은 1회차 불입액이 동일하다.

28 저당대출에 있어서 고정금리방식과 변동금리방식에 대한 설명으로 옳은 것은?

① 변동금리방식에서 시장이자율이 계속 상승하는 추세에 있다면 차입자가 유리한 입장이 된다.
② 고정금리방식에서 시장이자율이 계속 상승하는 추세에 있다면 차입자의 조기상환 가능성이 커질 수 있다.
③ 시장이자율이 계속 상승하는 추세에 있다면 고정금리방식에는 실질이자율이 상승할 가능성이 있으므로 대출자 입장에서는 유리하다.
④ 고정금리방식에서 대출자는 인플레이션에 따른 이자율 변동분을 차입자에게 전가하므로 인플레이션 위험을 방지할 수 있다.
⑤ 시장이자율이 계속 상승하는 추세에 있다면 변동금리방식에서 금리조정의 주기가 짧을수록 대출자가 유리하고 차입자는 불리하다.

29 부동산시장의 활성화 방안으로 저당의 유동화를 들 수 있다. 다음 설명 중 가장 옳지 않은 것은?

① 1차 저당시장은 주로 부동산을 담보로 저당대출을 원하는 수요자들과 융자를 제공하는 금융기관으로 이루어지는 시장을 말한다.
② 2차 저당시장은 1차 저당시장에서 일단 이루어진 저당을 1차 저당대출자가 팔게 되는 시장을 말한다.
③ 부동산저당담보채권의 유동화는 1차 저당시장이 아닌 2차 저당시장에서 이루어진다.
④ 저당의 유동화는 대출자인 금융기관들이 한정된 재원으로 다수의 수요자나 공급자들에게 자금을 제공하여 부동산시장의 활성화에 기여한다.
⑤ 민간에 주택자금을 공급하는 경우 시장의 실세금리를 적용하고 차입자의 소득수준, 대출금액, 대출기간 등과 대출금리에 차등을 두어서는 안 된다.

30 부동산개발의 위험에 관한 설명으로 옳지 않은 것은?

① 부동산개발사업의 위험은 법률적 위험(legal risk), 시장위험(market risk), 비용위험(cost risk) 등으로 분류할 수 있다.
② 개발위험에는 여러 가지가 있으나 시장에서의 위험부담은 무엇보다 크다.
③ 이용계획이 확정된 토지를 구입하는 것은 법률적 위험 부담을 줄이기 위한 방안 중 하나이다.
④ 특정공간에 대한 일반적인 수요와 공급의 상황분석은 법률적 위험부담의 내용을 말한다.
⑤ 공사기간 중 이자율의 변화, 시장침체에 따른 공실의 장기화 등은 시장위험으로 볼 수 있다.

31 부동산관리와 그 방식 등에 대한 설명으로 가장 거리가 먼 내용은?

① 자가관리는 입주자에 대한 최대한의 서비스가 가능하고 기밀유지에 효과적이다.
② 자가관리는 관리요원들의 관리업무에 대한 매너리즘화가 되기 쉽고 소유자는 자신의 본업에 전념하기 곤란하다는 단점이 있다.
③ 위탁관리는 전문업자의 활용으로 전문적이고 합리적인 서비스를 받을 수 있어 소유자는 본업에 전념할 수 있고 관리업무의 매너리즘화가 방지된다는 장점이 있다.
④ 부동산관리활동 중에서 가장 중요한 기초활동인 임대차활동이란 임대차를 통해 수입을 확보하는 것이다.
⑤ 임차인선정기준과 계약방식에 있어서 주거용은 유대성과 조임대차방식, 매장용은 가능매상고와 순임대차방식 그리고 사무실, 공장은 적합성과 비율임대차방식을 사용한다.

32 부동산개발과 관련하여 옳은 것은?

① 수용방식의 개발은 환지방식의 개발에 비해 개발 초기 사업주체의 자금부담이 작다는 장점이 있다.

② 공영개발은 전면수용에 따른 재산권의 손실감 및 사업시행자의 초기자금부담이 가중되는 문제점을 안고 있다.

③ 단순개발방식은 토지매입과 보상과정에서 사업시행자와 주민의 갈등의 소지가 있다는 문제가 있다.

④ 사업시행자가 시설을 준공한 후 정부·지자체에게 소유권을 이전하고 민간에게 일정기간 시설관리 운영권을 인정하는 개발방식을 BTL(Build Transfer Lease)방식이라고 한다.

⑤ 민간이 기반시설을 준공한 후 정부·지자체로부터 임대료를 지급받다가 계약기간이 종료되면 해당 시설물을 정부·지자체에 소유권을 이전하는 방식을 BOT(Build Operate Transfer)방식이라고 한다.

33 부동산관리방식을 자기관리와 위탁관리, 혼합관리로 구분할 경우 각각의 장·단점에 대한 설명으로 옳지 않은 것은?

① 기밀유지 측면에서는 자가관리방식이 위탁관리방식보다 유리하다.

② 대상건물의 기능을 유지하기 위해서 건물에 대해 수리 및 점검을 하는 등의 관리는 기술적 측면의 관리에 해당한다.

③ 위탁관리방식은 전문가에 의한 예방적 유지관리가 가능한 장점이 있다.

④ 혼합관리방식은 자가관리방식과 달리 책임소재가 분명해지는 장점이 있다.

⑤ 자가관리방식보다 혼합관리방식이 관리업무의 전문성 측면에서 유리하다.

34 부동산마케팅에 대한 내용으로 가장 거리가 먼 것은?

① 고객의 흥미와 욕구를 유발시켜 구입하게 하고 만족시키는 등의 기업수익을 극대화하기 위한 제반 기업활동을 말한다.

② 과거에는 주로 생산자 중심의 마케팅을 수행해 왔으나 최근에는 소비자 중심의 마케팅전략의 중요성이 더욱 강조되고 있다.

③ 부동산시장은 초과수요에 따른 공급자 중심의 매수자시장의 경향이 강하지만, 초과공급에 따른 수요자 중심의 매도자시장의 경향이 나타나기도 한다.

④ 중개 평가, 권리분석, 금융 관리, 상담 등의 서비스를 개발 및 판매하기 위한 활동은 서비스마케팅에 해당한다.

⑤ 사무실 토지 공장 점포 등 각종 부동산의 임대를 개발 또는 조장하기 위한 활동은 부동산임대마케팅에 해당한다.

35 부동산의 가치(value)와 가격(price)에 대한 설명으로 옳은 것은?

① 부동산가격(price)은 소비자와 생산자의 의사결정의 지표적 기능을 한다.

② 대상부동산이 특정 투자자에게 부여하는 주관적 가치를 교환가치라고 한다.

③ 대상부동산이 시장에서 매매되었을 때 형성될 수 있는 가치를 사용가치라고 한다.

④ 두 가지 이상의 권리가 동일 부동산에 있을 때에는 그 각각의 권리에 별도의 가격이 형성되지 않는다.

⑤ 수요가 감소할 경우 부동산은 급격히 가격이 하락하는 하방경직성의 특징이 있다.

36 최유효이용의 원칙에 관한 설명으로 가장 거리가 먼 것은?

① 부동산가치는 최유효이용을 전제로 파악되는 가치를 표준으로 하여 형성된다는 원칙이다.

② 객관적으로 보아 양식과 통상의 이용능력을 가진 사람에 의한 합리적 합법적 이용이어야 하므로 특별한 능력이 있는 자에 의한 특별한 이용은 배제되어야 한다.

③ 최유효이용은 인근지역의 지역특성 제약하에 따른 지역요인과 개별요인의 영향을 받게 되므로 이용방법은 내·외부적으로도 합리적 이용이어야 한다.

④ 최고의 수익을 창출할 수 있음이 경험적인 자료에 의해 적절히 지지되며, 이때 수익은 일시적 투기적 수익 등의 불안정적인 수익이 아닌 상당기간 장래에도 지속되어야 한다.

⑤ 표준적 이용은 최유효이용을 제약하지만 최유효이용의 일반적 평균적인 이용이 표준적 이용이 되기도 하므로 최유효이용은 항상 표준적 이용과 일치하게 된다.

37 지역분석과 개별분석에 관한 설명으로 옳지 않은 것은?

① 부동산 감정평가에 있어 개별분석이 중요시되는 이유는 부동산의 가격은 그 부동산의 최유효이용을 전제로 하여 파악되는 가격을 기준으로 당해 부동산의 최유효이용을 판정하기 때문이다.

② 지역분석은 당해 지역의 표준적 이용의 장래의 동향을 명백히 하고, 개별분석은 지역적 특성하에서의 당해 부동산의 최유효이용을 판정하는 것이다.

③ 개별분석에서는 지역분석에서 파악된 자료를 근거로 구체적으로 인근지역의 표준적 이용을 판단한다.

④ 범위와 분석방법상으로서 개별분석은 부분적·국지적인 개념인 데 비하여, 지역분석은 지역적·광역적인 개념이다.

⑤ 지역분석에서 사용되는 인근지역은 대상 부동산이 속해 있지 않지만 그 지역적 특성이 대상 부동산의 가치형성에 영향을 미치는 지역이다.

38 부동산가격의 제원칙과 관련하여 옳은 것은?

① 적합의 원칙으로 인하여 평가 시 기준시점이 중요하고, 거래사례의 시점수정도 필요하다.

② 균형의 원칙으로 인하여 부동산의 가치는 장래 기대되는 편익을 현재가치로 환원한 값이 된다.

③ 부동산은 시장의 수요, 주변의 토지이용과 어울릴 때 그 가치가 최고조가 된다는 원칙이 균형의 원칙이다.

④ 주택은 주거지역, 상점은 상업지역, 공장은 공업지역에 위치해야 유용성이 최고가 되는데 이는 적합의 원칙과 관련이 있다.

⑤ 적합의 원칙이란 투입되는 생산요소의 결합비율이 조화를 이루어야 부동산의 가치가 최고조가 된다는 원칙이다.

39 감정평가의 내용을 제도상으로 분류하였다. 가장 타당하지 못한 것은?

① 공적 평가제도는 독일의 평가위원회처럼 공공기관에 의해 평가가 수행되는 경우에 해당한다.

② 사적 평가제도란 국가 공공단체 또는 민간단체로부터 자격을 부여받은 개인이 평가의 주체가 되도록 한 제도이다.

③ 필수적 평가 의무적 평가란 일정한 요건이 충족되면 관계인은 의무적으로 감정평가기관의 평가를 받아야 하는 것을 말한다.

④ 임의적 평가란 이해관계인의 자유로운 의사에 의하여 임의적으로 감정평가가 행해지는 것을 말한다.

⑤ 법정평가란 부동산의 가격을 시장가격과 행정기관의 필요에 따라 법으로 평가방법을 규정해 놓고 그 규정에 의해 평가하는 것을 말한다.

40 감정평가에 관련된 설명으로 옳지 않은 것은?

① 공시지가기준법 적용 시 지가변동률을 적용하는 것이 불가능하거나 적절하지 아니한 경우에는 한국은행이 조사·발표하는 생산자물가지수에 따라 산정된 생산자물가상승률을 적용한다.

② 공시지가기준법이란 표준지공시지가를 기준으로 비교방식으로 토지의 가액을 평가하는 방법이다.

③ 공시지가기준법을 적용할 경우, 비교표준지를 선정할 경우 동일수급권 안의 유사지역에 있는 표준지를 선정할 수 있다.

④ 환원이율의 산정 시 물리적 투자결합법은 소득을 창출하는 부동산의 능력이 토지와 건물이 서로 다르며, 분리될 수 있다는 가정에 근거한다.

⑤ 사례부동산은 유사지역에서 선정 시 지역요인 비교과정은 필수가 아니나 개별요인 비교과정은 필수로 이루어진다.

41 통정허위표시에 관한 설명으로 옳은 것을 모두 고른 것은? (다툼이 있는 경우에는 판례에 의함)

> ㉠ 통정허위표시는 상대방 없는 단독행위에도 적용될 수 있다.
> ㉡ 통정허위표시로 무효가 된 법률행위도 채권자취소권의 대상이 될 수 있다.
> ㉢ 채권의 가장양도에 있어서의 채무자는 법률상 새로운 이해관계를 가지게 된 제3자에 해당한다.
> ㉣ 통정허위표시는 반사회적 행위가 아니므로, 통정허위표시로 인한 채무를 이행한 때에도 불법원인급여가 되지 않는다.

① ㉠, ㉡
② ㉠, ㉢
③ ㉡, ㉢
④ ㉡, ㉣
⑤ ㉢, ㉣

42 착오와 사기 · 강박에 관한 설명으로 옳지 않은 것은? (다툼이 있으면 판례에 의함)

① 동기의 착오를 이유로 법률행위를 취소하기 위해서는 당사자들 사이에 동기가 표시되면 되고 별도로 그 동기를 의사표시의 내용으로 삼기로 하는 합의까지 이루어져야 하는 것은 아니다.

② 착오를 이유로 법률행위를 취소한 경우에 그 취소로 인하여 손해를 입은 자는 불법행위를 이유로 손해배상을 청구할 수 있다.

③ 토지거래허가를 받지 않아 유동적 무효상태인 매매계약이라도 사기 · 강박에 의한 의사표시임을 이유로 계약을 취소할 수 있다.

④ 매도인의 피용자가 기망행위를 하여 계약이 체결된 경우, 매수인은 매도인이 피용자의 기망행위를 알았거나 알 수 있었을 경우에 계약을 취소할 수 있다.

⑤ 매매의 목적물에 흠결이 있음에도 이를 속이고 매도한 경우, 매수인은 하자담보책임을 물을 수도 있고 사기를 이유로 취소할 수도 있다.

43 법률행위의 무효와 취소에 관한 설명 중 가장 잘못된 것은? (다툼이 있는 경우 판례에 의함)

① 무효인 법률행위는 추인하여도 그 효력이 생기지 아니하나 당사자가 그 무효임을 알고 추인한 때에는 새로운 법률행위로 본다.

② 갑의 소유물을 을이 자기의 이름으로 처분한 경우에 갑이 이를 추인하면, 특별한 사유가 없는 한 을의 처분행위의 효력이 갑에게 미친다.

③ 취소권은 추인할 수 있는 날로부터 3년 내에, 법률행위를 한 날로부터 10년 내에 행사하여야 한다.

④ 취소된 법률행위는 처음부터 효력이 없게 되는 것이므로, 취소권자인 제한능력자가 취소된 법률행위로 인하여 이익을 받은 경우에는 그 이익을 모두 반환하여야 한다.

⑤ 무효인 법률행위가 다른 법률행위의 요건을 구비하고 당사자가 그 무효를 알았더라면 다른 법률행위를 하는 것을 의욕하였으리라고 인정될 때에는 다른 법률행위로서 효력을 가진다.

44 甲은 乙의 대리인이라는 丙과 계약을 체결하였다. 다음 기술 중 옳지 않은 것은? (다툼이 있는 경우 판례에 의함)

① 甲에 대하여 丙에게 대리권을 수여함을 표시한 乙은 그 대리권의 범위 내에서 丙과 과실 없이 계약을 체결한 선의의 甲에게 계약상 책임을 부담한다.

② 乙로부터 담보설정의 대리권을 수여받은 丙이 甲과 매매계약을 체결한 경우, 丙에게 매매계약 체결의 권한이 있다고 甲이 믿을 만한 정당한 이유가 있는 때에는 乙은 계약상 책임을 부담한다.

③ 부부관계에 있는 乙과 丙 사이의 일상가사대리권을 기본대리권으로 하여 권한을 넘는 표현대리가 성립할 수 있다고 한다.

④ 丙의 대리권이 소멸된 후에 이를 알지 못한 甲이 과실 없이 丙과 계약을 하였다면 乙은 계약상 책임을 진다.

⑤ 표현대리의 경우 乙은 언제나 계약상 책임을 전적으로 부담하는 것은 아니며, 가령 甲에게 과실이 있으면 乙의 책임은 경감될 수 있다고 한다.

45 대리에 관한 설명 중 옳은 것은? (다툼이 있는 경우 판례에 의함)

① 대리인이 여럿일 때에는 법률 또는 수권행위에서 달리 정하지 않은 한 공동으로 본인을 대리한다.

② 甲이 미성년자인 乙과 위임계약을 체결하고 乙을 대리인으로 선임한 경우, 乙의 제한능력을 이유로 위임계약이 취소될 수 있으나 대리행위는 취소될 수 없다.

③ 甲이 乙에게 금전소비대차 및 이것을 위한 담보권설정계약을 체결할 대리권을 수여한 경우, 원칙적으로 乙은 위 계약을 해제할 권한도 있다.

④ 甲의 대리인 乙이 丙과 매매계약을 체결하면서 甲의 대리인임을 표시하지 않고 자신을 매수인으로 한 경우, 乙의 의사표시는 乙을 위한 것으로 추정한다.

⑤ 본인의 사망, 성년후견개시, 파산은 대리권의 소멸사유이다.

46 불공정한 법률행위에 관한 설명으로 옳지 않은 것은? (다툼이 있으면 판례에 의함)

① 계약체결 당시 불공정한 법률행위가 아니더라도 사후에 외부 환경의 급격한 변화로 계약당사자 일방에게 큰 손실이, 상대방에게는 그에 상응하는 큰 이익이 발생할 수 있는 계약은 불공정한 계약에 해당한다.

② 폭리행위의 악의가 없거나 급부와 반대급부 사이에 현저한 불균형이 존재하지 않으면 불공정한 법률행위가 인정되지 않는다.

③ 대리인이 매매계약을 체결한 경우, 무경험은 그 대리인을 기준으로 판단하고 궁박 상태에 있었는지의 여부는 본인의 입장에서 판단해야 한다.

④ 매매계약이 약정된 매매대금의 과다로 불공정한 법률행위에 해당하여 무효인 경우에 무효행위의 전환에 관한 민법 제138조가 적용될 수 있다.

⑤ 아무런 대가관계나 부담 없이 당사자 일방이 상대방에게 일방적인 급부를 하는 법률행위는 불공정한 법률행위가 아니다.

47 다음 설명 중 잘못된 것은?

① 상대방 있는 의사표시는 그 통지가 상대방에게 도달한 때로부터 효력이 생긴다.

② 표의자가 그 통지를 발송한 후 사망하거나 행위능력을 상실하면 그 의사표시는 무효로 된다.

③ 의사표시의 도달은 주장하는 자가 입증책임을 지는데, 판례는 내용증명우편으로 발송되고 반송되지 아니한 우편물은 특별한 사정이 없는 한 배달된 것으로 본다.

④ 의사표시는 상대방에게 도달하기 전에는 철회할 수 있는 것이 원칙이다.

⑤ 의사표시의 상대방이 이를 수령한 때 제한능력자이면 표의자는 그 의사표시로써 대항하지 못한다.

48 착오로 인한 의사표시에 관한 설명으로 옳지 않은 것은? (다툼이 있는 경우 판례에 의함)

① 법률행위 내용의 중요부분에 착오가 있더라도 표의자에게 중대한 과실이 있는 경우에는 법률행위를 취소할 수 없다.

② 채권자와 제3자간의 근저당권설정계약에 있어서 채무자의 동일성에 관한 착오는 일반적으로 법률행위 내용의 중요부분에 관한 착오에 해당한다.

③ 착오로 인한 취소는 표의자의 주관적 이익을 보호하는 제도이므로 표의자의 경제적인 불이익은 법률행위 내용의 중요부분의 판단에 고려되지 않는다.

④ 착오로 인한 의사표시의 취소는 선의의 제3자에게 대항하지 못한다.

⑤ 착오가 상대방의 적극적 행위에 의하여 유발된 경우에는 그 착오가 표시되지 아니한 동기의 착오라도 이를 이유로 법률행위를 취소할 수 있다.

49 반사회질서 또는 불공정한 법률행위에 관한 설명으로 옳지 않은 것은? (다툼이 있으면 판례에 따름)

① 부첩관계의 종료를 해제조건으로 하는 증여계약은 그 조건뿐만 아니라 그 계약 자체도 무효이다.

② 감정평가사를 통해 공무원에게 직무상 부정한 청탁을 하게 하고 그 대가로 상당한 금품을 교부하기로 한 약정은 무효이다.

③ 불공정한 법률행위가 되기 위해서는 피해자의 궁박, 경솔, 무경험 중 어느 하나만 있으면 되고 그 모두가 있어야 할 필요는 없다.

④ 계약이 불공정한 법률행위에 해당하여 무효라 하더라도 특별한 사정이 없는 한 그 계약에 관한 부제소합의는 유효하다.

⑤ 법률행위의 내용이 반사회적인 것은 아니지만 반사회적 조건이 붙어 반사회적인 성질을 띠게 되면 그 법률행위는 무효이다.

50 조건에 관한 설명 중 옳은 것은?

① 당사자는 조건성취의 효력을 그 성취 전으로 소급하게 할 수 없다.

② 법률행위에 부가된 조건이 선량한 풍속 기타 사회질서에 위반한 것인 때에는 그 법률행위는 조건 없는 법률행위로 한다.

③ 법률행위에 부가된 조건이 법률행위 당시 이미 성취할 수 없는 것인 경우 그 조건이 해제조건이면 그 법률행위는 무효로 한다.

④ 조건의 성취가 미확정인 권리는 처분하거나 담보로 할 수 없다.

⑤ 조건의 성취로 인하여 이익을 받을 당사자가 신의성실에 반하여 조건을 성취시킨 경우 상대방은 그 조건이 성취되지 않은 것으로 주장할 수 있다.

51 물권적 청구권에 관한 설명으로 옳지 않은 것은? (다툼이 있으면 판례에 따름)

① 소유권에 기한 물권적 청구권은 소멸시효 대상이 아니다.

② 간접점유자는 제3자의 점유침해에 대하여 물권적 청구권을 행사할 수 있다.

③ 토지의 저당권자는 무단점유자에 대해 저당권에 기한 저당물반환청구권을 행사할 수 있다.

④ 점유물반환청구권은 점유를 침탈당한 날로부터 1년 내에 행사하여야 한다.

⑤ 점유보조자에게는 점유보호청구권이 인정되지 않는다.

52 등기 없이 물권변동이 일어나는 경우가 아닌 것은? (다툼이 있으면 판례에 따름)

① 단독건물을 완공하였으나 소유권보존등기를 하지 않은 경우

② 부동산 소유자가 사망하여 그 부동산이 상속된 경우

③ 민사집행법에 의한 경매에서 부동산을 매수하고 매각대금을 완납한 경우

④ 채무의 담보로 자신의 토지에 저당권을 설정해 준 채무자가 그 채무를 모두 변제한 경우

⑤ 잔금을 지급한 부동산 매수인이 매도인을 상대로 매매를 원인으로 한 소유권 이전등기청구소송을 제기하여 승소의 확정판결을 받은 경우

53 등기에 대한 설명으로 옳지 않은 것은? (다툼이 있으면 판례에 의함)

① 신축건물의 소유권취득은 보존등기를 요하지 아니한다.

② 등기는 물권의 효력존속요건이고 효력발생요건이 아니므로 물권에 관한 등기가 원인 없이 말소된 경우에는 물권은 소멸한다.

③ 가등기에 기하여 본등기가 된 경우에, 물권변동의 효력은 가등기한 때로 소급하지 아니한다.

④ 소유권에 관한 등기에는 권리의 추정력이 있으므로 이를 다투는 측에서 그 무효사유를 주장·증명하여야 한다.

⑤ 피상속인의 사망으로 부동산물권을 상속한 자가 자기 앞으로 상속에 의한 이전등기를 하지 아니한 채 매수인에게 매도하고, 등기는 피상속인으로부터 직접 매수인에게 이전등기가 된 경우에도 그 등기는 유효하다.

54 공유에 관한 설명 중 옳지 않은 것은?

① 공유자는 다른 공유자의 동의 없이 공유물을 처분하거나 변경하지 못한다.

② 공유자는 공유물 전부를 지분의 비율로 사용, 수익할 수 있다.

③ 공유물의 관리에 관한 사항은 각자가 할 수 있다.

④ 공유자는 다른 공유자가 분할로 인하여 취득한 물건에 대하여 그 지분의 비율로 매도인과 동일한 담보책임이 있다.

⑤ 공유자의 지분비율이 불명확한 경우에는 균등한 것으로 추정한다.

55 중간생략등기에 대한 판례의 태도로 옳은 것은?

① 미등기부동산이 전전 매도된 경우 최후의 매수인이 소유권이전등기를 하지 않고 소유권보존등기를 하였다면 그 소유권보존등기는 무효이다.

② 중간생략등기의 합의가 있었다면 최초매도인의 중간자에 대한 소유권이전등기의무는 소멸된다.

③ 토지거래허가구역 내에서 이루어진 중간생략등기라도 관할관청의 허가를 얻으면 유효이다.

④ 3자 간의 합의 없이 경료된 중간생략등기는 무효이다.

⑤ 최종양수인이 최초양도인에게 직접 소유권 이전등기절차 이행을 청구하려면 최초양도인, 중간자 및 최종양수인 사이에 중간등기 생략의 합의가 있었음이 요구된다.

56 유치권에 관한 설명 중 옳은 것은? (다툼이 있으면 판례에 의함)

① 피담보채권이 발생한 이후에 물건의 점유를 취득한 경우에는 유치권이 성립할 수 없다.

② 유치권은 법정담보물권이나 당사자의 특약에 의해 그 발생을 배제할 수 있다.

③ 유치권은 우선변제적 효력이 있으므로 부동산경매의 경우 경락인에 대하여 그 변제를 청구할 수 있다.

④ 채무자를 직접점유자로 하여 채권자가 간접점유하는 경우에도 유치권은 성립한다.

⑤ 유치권에도 물상대위성이 인정된다.

57 점유취득시효에 관한 설명 중 잘못된 것은?

① 국가의 행정재산에 대해서는 공용폐지가 되지 않는 한 점유취득시효 주장을 할 수 없다.

② 20년간 소유의 의사로 평온, 공연하게 부동산을 점유하는 자는 등기없이도 그 소유권을 취득하지만, 등기를 하지 아니하면 이를 처분하지 못한다.

③ 10년간 소유의 의사로 평온, 공연하게 동산을 점유한 자는 그 소유권을 취득한다.

④ 부동산의 소유자로 등기한 자가 10년간 소유의 의사로 평온, 공연하게 선의로 그 부동산을 점유하더라도 과실이 있는 경우에는 소유권을 취득하지 못한다.

⑤ 점유취득시효 완성으로 인한 소유권취득의 효력은 점유를 개시한 때에 소급한다.

58 합유와 총유에 관한 설명 중 틀린 것은?

① 합유물을 처분 또는 변경함에는 합유자의 지분의 과반수의 동의가 있어야 한다.

② 합유자는 합유물의 분할을 청구하지 못한다.

③ 총유물의 관리 및 처분은 사원총회의 결의에 의한다.

④ 총유물에 관한 사원의 권리의무는 사원의 지위를 취득·상실함으로써 취득·상실된다.

⑤ 조합원의 출자 기타 조합재산은 조합원의 합유로 한다.

59 甲은 乙소유의 건물에 대하여 전세금 1억 원에 전세권설정계약을 체결하고 등기까지 경료받았다. 이에 관한 설명으로 옳은 것은? (다툼이 있는 경우에는 판례에 의함)

① 전세권이 성립한 후 건물의 소유권이 乙로부터 丙에게 이전된 경우, 전세권은 甲과 건물의 신소유자 丙 사이에서 계속 동일한 내용으로 존속하고, 丙은 전세권이 소멸하는 때에 전세권설정자의 지위에서 전세금반환의무를 부담한다.

② 전세권자는 지출한 유익비에 관하여 그 가액의 증가가 현존한 경우에 한하여 전세권자의 선택에 좇아 그 지출액이나 증가액의 상환을 청구할 수 있다.

③ 전세권은 담보물권적 성격도 가지는 이상 부종성과 수반성이 있으므로, 甲이 전세금반환채권을 전세권과 분리하여 丙에게 양도하더라도 아무런 효력이 생기지 아니한다.

④ 甲은 전세금 1억 원을 반드시 乙에게 현실적으로 지급하여야 하고, 기존의 1억 원의 대여금 채권으로 전세금의 지급에 갈음할 수는 없다.

⑤ 전세권의 존속기간이 만료되면 전세권설정등기의 말소 없이도 당연히 전세권이 소멸하므로, 甲은 전세권이 만료된 후에는 더 이상 전세권을 그 피담보채권인 전세금반환채권과 함께 제3자에게 양도할 수 없다.

60 저당권에 관한 설명으로 옳지 않은 것은? (다툼이 있으면 판례에 의함)

① 저당토지 위에 제3자가 불법경작한 성숙한 농작물은 저당권의 효력이 미치지 않는다.

② 공동저당권이 설정되어 있는 수개의 부동산 중 일부는 채무자 소유이고 일부는 물상보증인의 소유인 경우 위 각 부동산의 경매대가를 동시에 배당하는 때에는 각 부동산의 경매대가에 비례하여 그 채권의 분담을 정한다.

③ 채무자의 변제로 피담보채권이 소멸하면 저당권의 말소등기가 없어도 저당권은 소멸한다.

④ 저당권이전의 부기등기가 있는 경우에 피담보채무의 소멸을 원인으로 한 저당권의 말소등기청구의 상대방은 양수인이다.

⑤ 저당권은 원본, 이자, 위약금, 채무불이행으로 인한 손해배상 및 저당권의 실행비용을 담보한다.

61 법정지상권이 인정되는 경우는? (다툼이 있는 경우에는 판례에 의함)

① 甲이 자신의 소유인 나대지에 대하여 乙에게 저당권을 설정해 준 후 乙의 승낙을 얻어 건물을 신축하였으나 乙의 저당권 실행으로 인하여 대지가 丙에게 경락된 경우

② 乙이 甲으로부터 미등기건물을 대지와 함께 매수하였으나 대지에 관하여만 소유권이전등기를 넘겨받고 대지에 대해서 저당권을 설정한 후 그 저당권이 실행되어 丙이 경락받은 경우

③ 乙이 甲으로부터 토지를 매수하여 소유권이전등기를 한 후 乙이 건물을 신축하였으나 토지매매가 무효가 된 경우

④ 甲과 乙이 1필지의 대지를 구분소유적으로 공유하던 중, 甲이 자기 몫으로 점유하던 특정 부분에 건물을 신축하여 자신의 이름으로 등기하였으나, 乙이 경매로 대지에 관한 甲의 지분을 모두 취득한 경우

⑤ 甲, 乙, 丙이 같은 지분으로 공유하고 있는 대지 위에 甲이 乙의 동의를 얻어 건물을 신축한 후 丙이 공유물분할을 위한 경매에서 대지 전부의 소유권을 취득한 경우

62 점유의 추정에 관한 설명으로 옳은 것을 모두 고른 것은? (다툼이 있으면 판례에 따름)

㉠ 선의의 점유자라도 본권에 관한 소에 패소한 때에는 그 소가 제기된 때로부터 악의의 점유자로 본다.

㉡ 전후 양 시점에 점유한 사실이 있는 때에는 그 점유는 계속한 것으로 추정되지만, 전후 양 시점의 점유자가 다른 경우에는 점유의 승계가 입증되더라도 점유계속은 추정되지 않는다.

㉢ 점유의 승계가 있는 경우, 전 점유자의 점유가 타주점유라 하여도 점유자의 승계인이 자기의 점유만을 주장하는 경우에는 현 점유자의 점유는 자주점유로 추정된다.

㉣ 점유자는 소유의 의사로 선의 · 무과실, 평온 및 공연하게 점유한 것으로 추정한다.

---

① ㉠, ㉡   ② ㉠, ㉢

③ ㉢, ㉣   ④ ㉠, ㉢, ㉣

⑤ ㉡, ㉢, ㉣

63 지역권에 관한 설명으로 옳지 않은 것은?

① 민법상 지역권의 존속기간은 최장 30년이지만 갱신할 수 있고, 이를 등기하여 제3자에 대항할 수 있다.

② 요역지와 승역지는 반드시 서로 인접할 필요가 없다.

③ 공유자의 1인이 지역권을 취득하는 때에는 다른 공유자도 이를 취득한다.

④ 지역권설정등기는 승역지의 등기부 을구에 기재된다.

⑤ 지역권자는 지역권을 방해할 염려 있는 행위를 하는 자에 대하여 그 예방을 청구할 수 있다.

64 근저당에 관한 설명으로 옳은 것은? (다툼이 있는 경우에는 판례에 의함)

① 근저당권자가 직접 채무자의 피담보채무 불이행을 이유로 경매신청을 한 경우에는 경매신청시에 피담보채무액이 확정된다.

② 근저당으로 담보할 채권의 최고액을 설정계약당사자들이 약정하여야 하나, 반드시 등기하여야 하는 것은 아니다.

③ 결산기에 확정된 채권액이 최고액을 초과하더라도 설정자인 채무자는 최고액만을 변제하고 근저당권설정등기의 말소를 청구할 수 있다.

④ 저당부동산의 제3취득자는 최고액만을 변제하고 근저당권의 소멸을 청구할 수 없다.

⑤ 피담보채권이 잔존하는 한 기본계약의 해지에 의하여 근저당권의 효력에는 아무런 변동이 생기지 않는다.

65 다음 중 요물계약인 것은? (다툼이 있으면 판례에 의함)

① 증여계약

② 교환계약

③ 매매계약

④ 계약금계약

⑤ 임대차계약

66 매매에 관한 설명으로 옳지 않은 것은? (다툼이 있으면 판례에 따름)

① 건축을 목적으로 매매된 토지에 대하여 건축허가를 받을 수 없어 건축이 불가능한 경우는 목적물의 하자가 아니라 권리의 하자에 해당한다.

② 매매목적인 권리의 일부가 타인에게 속하여 매수인에게 이전할 수 없는 경우에는 악의의 매수인도 대금감액청구권을 가진다.

③ 시가보다 저렴한 대금액으로 매매계약이 체결된 경우에도 매도인은 특약이 없는 한 담보책임을 부담한다.

④ 악의 또는 과실 있는 매수인은 매매의 물건의 하자에 대한 매도인의 담보책임은 묻지 못한다.

⑤ 불특정물매매에 있어서 후에 특정된 목적물에 하자가 있는 때에는 매수인은 하자 없는 물건의 급부를 청구할 수 있다.

67 계약해제에 관한 설명으로 옳지 않은 것은? (다툼이 있는 경우에는 판례에 의함)

① 당사자 일방 또는 쌍방이 수인인 경우에는 계약의 해제는 그 전원으로부터 또는 전원에 대하여 하여야 하고, 또한 해제의 권리가 당사자 1인에 대하여 소멸한 때에는 다른 당사자에 대하여도 소멸한다.

② 채무자가 미리 이행하지 않을 의사를 표시한 경우에는 최고 없이 해제권을 행사할 수 있다.

③ 매매계약에 기하여 주택의 소유권을 취득한 매수인과 임대차계약을 체결한 임차인이 주택임대차보호법상의 대항요건을 갖춘 이후 위 매매계약이 해제된 경우, 임차인은 주택의 소유권을 회복한 매도인에게 자신의 임차권을 주장할 수 있다.

④ '해제의 소급효는 제3자의 권리를 해할 수 없다.' 는 민법 제548조 제1항 단서는 합의해제에도 적용된다.

⑤ 상대방의 계약 위반을 이유로 해제권을 행사한 당사자가 다시 계약상 의무의 이행을 구하는 경우에는 계약을 위반한 상대방은 채무를 이행하여야 한다.

68 계약의 성립에 관한 설명 중 잘못된 것은? (다툼이 있는 경우에는 판례에 의함)

① 청약의 의사표시는 그 효력이 발생한 후에는 철회할 수 없다.

② 격지자 간의 계약은 승낙의 통지가 도달한 때에 성립한다.

③ 승낙의 기간을 정한 계약의 청약은 청약자가 그 기간 내에 승낙의 통지를 받지 못한 때에는 그 효력을 잃는다.

④ 승낙의 기간을 정하지 아니한 계약의 청약은 청약자가 상당한 기간 내에 승낙의 통지를 받지 못한 때에는 그 효력을 잃는다.

⑤ 청약자가 일정한 기간 내에 이의를 하지 않으면 승낙한 것으로 본다는 뜻을 표시하였더라도, 상대방은 이에 구속되지 않음이 원칙이다.

69 다음 중 특별한 사정이 없는 한 동시이행의 관계에 있지 않은 것은? (다툼이 있으면 판례에 의함)

① 저당권이 설정된 부동산의 매매계약에서 소유권이전등기의무 및 저당권등기말소의무와 대금지급의무

② 부동산 매매계약에 있어서 매수인이 양도소득세를 부담하기로 약정한 경우, 양도소득세를 포함한 매매대금 전부와 부동산의 소유권이전등기의무

③ 저당권이 설정된 경우, 피담보채무의 변제와 저당권말소등기의무

④ 가압류등기가 있는 부동산의 매매계약에 있어서 매도인의 소유권이전등기의무 및 가압류등기말소의무와 매수인의 대금지급의무

⑤ 부동산 매매계약이 매수인의 착오로 취소됨으로써 매도인이 부담하게 되는 매매대금반환의무와 매수인의 소유권이전등기말소의무

70 다음 설명 중 옳지 않은 것은?

① 후발적 불능은 법률행위의 성립 후에 발생한 것이므로 당해 법률행위는 유효한 것이고, 다만 채무불이행 또는 위험부담의 문제를 낳는다.

② 타인소유의 물건의 매매도 원칙적으로 유효하다.

③ 원시적 불능인 법률행위는 무효이나, 계약체결상의 과실책임이 문제될 수 있다.

④ 법률행위의 목적의 일부가 불능인 경우에는 원칙적으로 전부가 무효이다.

⑤ 불가항력으로 인한 손해를 계약당사자 일방에게만 부담시키는 약정은 공서양속에 위반하기 때문에 무효이다.

71 甲은 그 소유의 토지를 乙에게 매각하기로 계약을 체결하고 그 토지의 매매대금은 乙이 丙에게 바로 지급하도록 약정하였다. 다음 중 옳지 않은 것은?

① 위 사례는 丙을 위한 제3자를 위한 계약이다.

② 乙의 착오로 甲과 乙의 매매계약이 취소되더라도 丙은 선의의 제3자로서 보호될 수 없다.

③ 수익의 의사표시를 하기 전에는 甲과 乙은 계약내용을 변경할 수 있으나, 수익의 의사표시로 제3자의 권리가 생긴 후에는 이를 변경하거나 소멸시키지 못한다.

④ 丙의 수익의 의사표시 후에는 乙의 채무불이행이 있는 경우라도 甲은 丙의 동의 없이는 매매계약을 해제할 수 없다.

⑤ 甲이 乙에게 토지의 소유권이전등기를 넘겨주지 않으면 乙도 丙에게 잔대금의 지급을 거절할 수 있다.

72 계약금에 관한 설명으로 옳은 것은? (다툼이 있으면 판례에 의함)

① 계약금 포기에 의한 계약해제의 경우, 계약은 소급적으로 무효가 되어 당사자는 원상회복의무를 부담한다.

② 계약금은 우리 민법상 위약금 또는 손해배상액의 예정으로서의 성질을 가지는 것으로 추정된다.

③ 계약금을 받은 매도인이 그 배액을 상환하고 계약을 해제하려면 해제의 의사표시 외에 계약금 배액을 이행제공하여야 하고 상대방이 수령하지 않으면 공탁하여야 한다.

④ 계약금 포기에 의한 계약해제의 경우, 상대방은 채무불이행을 이유로 손해배상을 청구할 수 있다.

⑤ 당사자가 이행기 전에는 착수하지 아니하기로 하는 특약을 하는 등의 특별한 사정이 없는 한 이행기 전에도 이행에 착수할 수 있다.

73 매도인의 담보책임에 관한 설명으로 옳지 않은 것은?

① 종류매매의 경우에는 완전물급부청구권만 인정되고 손해배상청구권은 인정되지 않는다.

② 매매의 목적인 권리의 전부가 타인에게 속하여 매수인에게 이전할 수 없는 경우에는 매수인은 악의라도 계약을 해제할 수 있다.

③ 매매의 목적인 권리의 일부가 타인에게 속하여 매수인에게 이전할 수 없는 경우에는 악의의 매수인은 계약을 해제할 수 없다.

④ 매매의 목적이 된 부동산에 설정된 저당권의 행사로 매수인이 그 소유권을 취득할 수 없는 때에는 매수인이 악의인 경우에도 계약을 해제할 수 있다.

⑤ 매매의 목적물이 전세권의 목적이 되어 있는 경우에는 전세권이 행사되어 목적물이 경매되지 않더라도 선의의 매수인은 담보책임을 물을 수 있다.

74 민법상 임대인 甲과 임차인 乙의 임대차관계에 관한 설명으로 옳지 않은 것은? (다툼이 있는 경우에는 판례에 의함)

① 임대차관계가 소멸한 이후에 乙이 계속하여 임차목적물을 점유하였으나 이를 본래의 임대차계약의 목적에 따라 사용·수익하지 아니하여 실질적인 이득을 얻지 않았다면, 그로 인하여 甲에게 손해가 발생하더라도 乙의 부당이득반환의무는 성립하지 않는다.

② 토지임대인 甲이 乙의 차임연체를 이유로 임대차계약을 해지한 때에는 토지임차인 乙의 지상물매수청구권이 인정되지 않는다.

③ 건물소유를 목적으로 하는 대지 임차인 乙이 甲의 동의없이 丙에게 그 대지 위의 건물에 점유개정의 방법으로 양도담보를 설정한 때에도 甲은 무단양도를 이유로 하여 임대차계약을 해지할 수 없다.

④ 건물 소유를 목적으로 하는 토지 임대차에서 乙이 건물에 대한 소유권보존등기를 갖추면 토지에 대한 임차권등기를 한 것과 마찬가지의 대항력이 생긴다.

⑤ 2년을 기간으로 하는 임대차기간이 만료한 후 乙이 계속하여 임차물을 사용·수익하는 경우, 甲이 상당한 기간 내에 이의를 제기하지 않으면 전 임대차와 동일한 조건으로 다시 임차한 것으로 보아야 하므로 임대차는 다시 2년의 기간으로 연장된다.

75 차임증감청구권에 관한 설명으로 옳지 않은 것은? (다툼이 있는 경우에는 판례에 의함)

① 임대차계약체결시의 목적물에 대한 공과금, 건물가격 등의 인상으로 임대료 변경요인이 발생하면 임대인이 1개월 전에 임차인에게 통지하여 임대료를 인상할 수 있으며, 임차인은 이의를 제기할 수 없다는 약정은 무효이다.

② 차임증감청구권에 관한 민법 제628조의 규정은 월세가 있는 임대차에만 적용되고, 보증금인 채권적 전세금만 있는 임대차의 경우에는 적용되지 않는다.

③ 임대차계약에서 차임을 증액하지 않는다는 특약이 있더라도 그 약정 후 그 특약을 그대로 유지시키는 것이 신의칙에 반한다고 인정될 정도의 사정변경이 있는 경우에는 임대인이 차임증액을 청구할 수 있다.

④ 차임감액금지의 특약은 효력이 없다.

⑤ 차임의 증액을 청구하였을 때에 그 청구가 상당하다고 인정되면 그 효력은 청구시에 발생한다.

76 주택의 임대차에 관한 설명으로 옳지 않은 것은? (다툼이 있는 경우에는 판례에 의함)

① 주택임대차보호법상의 대항력과 우선변제권의 두 가지 권리를 겸유하고 있는 임차인이 제1경매절차에서 보증금 전액에 대하여 배당요구를 하였으나 보증금 전액을 배당받을 수 없었던 때에는 제2경매절차에서도 우선변제권에 의한 배당을 받을 수 있다.

② 주민등록의 신고는 행정청에 도달하기만 하면 신고로서의 효력이 발생하는 것이 아니라 행정청이 수리한 경우에 비로소 신고의 효력이 발생한다.

③ 주택임대차보호법 제6조 제1항에 따라 임대차계약이 묵시적으로 갱신되면 그 임대차기간은 같은 법 제6조 제2항, 제4조 제1항에 따라 2년으로 된다.

④ 주택임대차보호법상 주택의 인도 및 주민등록이라는 대항요건은 그 대항력 취득시에만 구비하면 족한 것이 아니고 그 대항력을 유지하기 위하여서도 계속 존속하고 있어야 한다.

⑤ 임대인의 임대차보증금의 반환의무는 임차인의 주택임대차보호법 제3조의3(임차권등기명령) 규정에 의한 임차권등기 말소의무보다 먼저 이행되어야 할 의무이다.

77 상가건물임대차보호법의 적용을 받는 임대차에 대한 설명 중 옳은 것을 모두 고르면?

> ㉠ 현행 상가건물임대차보호법에는 권리금의 회수에 관한 명문이 없다.
> ㉡ "계약이 종료하면 임차인은 목적물을 원상으로 회복하여 반환한다."는 특약이 임차인의 비용상환청구권을 배제하는 취지라면 임차인에게 불리하므로 무효이다.
> ㉢ 임차권등기명령에 따라 임차권등기가 경료된 후에 건물을 임차한 자에게는 보증금 중 일정액에 대한 우선변제권이 인정되지 않는다.
> ㉣ 대항력의 발생요건은 인도와 사업자등록이며 계약서상의 확정일자는 대항력의 발생요건이 아니다.

① ㉠, ㉡

② ㉡, ㉣

③ ㉡, ㉢

④ ㉢, ㉣

⑤ ㉠, ㉢

78 가등기담보권의 실행통지에 대한 설명으로 옳지 않은 것은?

① 채권자(가등기담보권자)가 담보계약에 따라 적법하게 소유권을 취득하려면, 청산금의 평가액을 채무자 등에게 통지하여야 한다.

② 통지의 상대방에는 채무자 이외에 물상보증인은 포함되지만, 담보가등기 후 소유권을 취득한 제3취득자는 포함되지 않는다.

③ 청산금이 없다고 인정되는 경우에도 채권자는 그 뜻의 통지는 하여야 한다.

④ 통지시기는 채권의 변제기 이후이다.

⑤ 채권자가 그 담보목적물의 부동산을 취득하기 위하여는 통지가 상대방에게 도달한 날부터 2월이 경과하여야 한다.

79 집합건물의 소유 및 관리에 관한 법률에 관한 설명으로 옳은 것은?

① 대지 위에 구분소유권의 목적인 건물이 속하는 1동의 건물이 있을 때에 공유자는 자신의 지분의 범위 내에서 해당 대지의 분할을 청구할 수 있다.

② 건물에 대하여 구분소유관계가 성립되면 구분소유자는 건물 및 그 대지와 부속시설의 관리에 관한 사업의 시행을 목적으로 하는 관리단을 구성할 선택권을 갖는다.

③ 관리인에게 부정한 행위 기타 그 직무를 수행하기에 부적합한 사정이 있을 때에는 각 구분소유자는 그 해임을 법원에 청구할 수 있다.

④ 공용부분에 관한 물권의 취득은 등기를 하여야 한다.

⑤ 전유부분이 양도된 경우 하자담보책임을 물을 수 있는 자는 특별한 약정이 없는 한 현재의 소유자가 아니라 최초의 수분양자이다.

80 부동산 실권리자명의 등기에 관한 설명으로 옳지 않은 것은? (다툼이 있는 경우에는 판례에 의함)

① 채무의 변제를 담보하기 위해 채권자가 부동산에 관한 물권을 가등기하는 것은 위 법이 무효로 하는 명의신탁약정에 해당하지 않는다.

② 명의신탁약정에 의하여 명의수탁자 앞으로 소유권이전등기가 행하여지더라도 원칙적으로 명의수탁자는 그 부동산의 소유권을 취득하지 못한다.

③ 부동산의 특정된 부분을 2인 이상이 구분소유하면서 공유로 등기하는 소위 상호명의신탁은 위 법이 무효로 하는 명의신탁약정에 해당된다.

④ 甲은 丙소유 부동산을 매수하면서 乙의 이름을 빌려 乙의 명의로 소유권이전등기를 하였다. 현행법을 고려할 때 명의신탁 약정은 무효이므로 乙은 대외적으로 소유권을 취득하지 못한다.

⑤ 명의수탁자로부터 부동산을 전득한 제3자는 선악을 불문하고 명의신탁 부동산의 소유권을 취득한다.

01 부동산의 복합개념에 관한 설명으로 옳은 것은?

① 넓은 의미의 부동산이란 민법상의 개념으로 민법 제90조 제1항에서의 '토지 및 그 정착물'을 말한다.

② 협의의 부동산을 포함한 공시수단을 갖춘 독립된 거래의 객체로 인정되는 것을 의제부동산이라고 한다.

③ 정착물은 계속하여 토지에 부착되어 있지 않다고 하더라도 사회·경제면에서 인정되는 독립된 물건이면 된다.

④ 의제부동산은 부동산과 유사한 등기 및 등록 등의 공시방법을 갖춤으로써 광의의 부동산에 포함된다.

⑤ 광업재단, 공장재단은 의제부동산으로서 넓은 의미의 부동산이자 경제적 개념의 부동산의 분류에 속한다.

02 토지용어에 대한 설명으로 옳은 것은?

① 나지(裸地) 중에서 갱지란 건물 등의 정착물이 없고, 토지의 사용수익을 제한하는 사법상 권리가 설정되어 있지 아니한 토지를 말하는 데 우리나라에서는 나지라 하면 갱지를 지칭한다.

② 건부지(建附地)란 건물의 부지로 제공되고 있는 토지로서 대부분 나지보다 최유효이용의 기대가 크다.

③ 필지(筆地)란 토지소유자의 권리를 구분하기 위한 표시로서 한 개의 토지소유권이 미치는 범위와 한계를 표시하며, 토지의 면적단위이다.

④ 부동산의 이용이나 평가 등과 같은 부동산활동에서는 획지보다 필지 개념을 중시한다.

⑤ 건축법 상의 대지란 건축할 수 있는 모든 토지를 말하고, 주거용 상업용 대지 외에 공업용 대지도 가능하며, 「공간정보의 구축 및 관리 등에 관한 법률」 상의 대(垈)와 일치한다.

03 부동산시장을 분석할 때 사용하는 자료는 그 성격에 따라 일정기간에 거쳐 양(量)을 측정하는 유량(flow)자료와 일정시점에서 양(量)을 측정하는 저량(stock)자료로 구별할 수 있다. 다음 중 저량(stock) 자료에 해당하는 것은?

① 순영업소득(NOI : net operating income)

② 연간 이자 비용

③ 월 임대료 수입

④ 부동산관리자 월 급여

⑤ 부동산투자회사의 순자산가치

04 부동산수요와 공급에 대한 설명으로 옳지 않은 것은?

① 시장금리의 인하는 부동산수요를 증가시키며 단기적으로 임대료 상승으로 기존 공급자는 초과이윤을 획득한다.

② 부동산의 생산공급은 착공에서 완공까지 상당한 시간이 소요되므로 수요증가에 따른 공급에 시차가 발생한다.

③ 부동산시장에서 초과수요가 발생하면 임대료가 상승하고, 초과공급이 발생하면 임대료가 하락하는데, 이러한 현상은 일반재화라 할지라도 예외는 아니다.

④ 다른 조건이 일정할 경우 만약 정부가 저소득층에게 임대료를 보조한다면 주택수요곡선의 선상을 따라 우하향으로 이동하여 수요량이 증가한다.

⑤ 부동산가격이 상승하는 경우를 보고 앞으로 가격이 더욱 상승할 것이라고 예상하면 수요는 보다 증가하여 가격은 더욱 상승할 수도 있다.

05 어떤 지역의 아파트 시장균형가격을 하락시킬 수 있는 요인은? (단, 다른 조건은 불변이라고 가정)

① 대체 주택에 대한 수요 감소

② 아파트주변 환경의 개선

③ 건설기술의 진보로 인한 생산성 향상

④ 가구소득의 증가

⑤ 지역 내 유입인구 증가

06 부동산의 수요에 관한 설명으로 옳지 않은 것은?

① 단독주택 가격의 하락은 대체관계에 있는 빌라의 수요곡선상의 변화를 초래한다.

② 건물의 임대료수입, 근로자의 임금, 연간 이자비용은 플로우(flow)의 개념이다.

③ 아파트의 가격이 하락하는 경우 대체재인 오피스텔의 가격도 하락한다.

④ 유량(流量)의 수요량이란 일정기간에 걸쳐 수요자들이 구매하고자 하는 총량을 나타내는 개념이다.

⑤ 지난 1년간 시장에 공급된 주택수가 20만호이고 이 중 8만호가 분양되었다면, 주택유량의 수요가 8만호라는 것을 의미한다.

07 부동산수요곡선과 관련된 설명 중에서 가장 옳지 않은 것은?

① 수요곡선은 주어진 부동산의 가격에 대해 구입하고자 하는 최대의 수량, 구입하고자 하는 양에 지불할 용의가 있는 최대가격을 나타낸 점들의 궤적이다.

② 부동산수요곡선이 우하향하는 음의 기울기를 갖는다고 할 때 다른 조건이 일정하다면 가격과 수요량은 서로 반비례 또는 역의 관계에 있음을 의미한다.

③ 가격변화로 수요량이 변하는 수요법칙을 대체효과와 소득효과의 합성효과로 나누어 설명할 수 있다.

④ 대체효과란 한 상품의 가격하락은 다른 상품에 비해 절대적 가격이 싸진 셈이어서 그 상품에 대한 수요량이 증가하는 효과이다.

⑤ 소득효과란 정상재의 경우 가격이 하락하면 동일한 지출액으로 전보다 더 많은 수량을 구입할 수 있게 되는 실질소득증가효과 때문에 수요량이 증가하는 효과이다.

08 주택수요에 대한 설명으로 가장 옳지 못한 것은?

① 연소득 대비 금융부채상환액(DTI) 비율이 클수록 작아진다.

② 주택가치에 대한 저당대출(LTV)이 클수록 커진다.

③ 연소득 대비 주택가격 비율이 클수록 작아진다.

④ 주택저당채권 유동화로 주택자금대출이 많아질수록 커진다.

⑤ 저당융자기간이 장기적일수록, 저당대출이자율이 낮을수록 커진다.

09 아파트 공간에 대한 수요의 임대료탄력성은 0.80이고, 소득탄력성은 0.50이다. 아파트 임대료가 10% 상승하고 동시에 지역 수요자의 소득이 20% 증가한다면 시장의 전체적인 아파트 수요량의 변화율은 몇 %가 되겠는가? (단, 임대료와 소득 이외에는 다른 변화가 없다고 가정한다)

① 변화없음   ② 1% 증가

③ 2% 증가   ④ 4% 증가

⑤ 5% 증가

10 부동산시장에 관한 설명 중 가장 옳지 않은 것은?

① 부동산에는 여러 가지 법적 제한이 있어 원활한 공급을 제한하여 가격이 왜곡되기도 한다.

② 부동산시장을 유형별로 구분하는 경우 지역별, 용도별, 규모별, 부분시장 등으로 나누어지는데 그 중에서 특히 지역별 부분시장을 국지적 시장이라 한다.

③ 부동산시장을 자본시장으로 이해하면 추상적 시장이며, 지리적 구역단위로 이해하더라도 구체적 시장으로 보지는 않는다.

④ 부동산시장은 시장의 지역성, 시장의 비조직성, 수급조절의 곤란성 등을 지니며 부동산의 부동성에 기인하여 이를 추상적 시장이라고 볼 수 있다.

⑤ 유사한 부동산이 지역에 따라 가격이 달라지는 경우가 있다면 이는 서로 다른 시장지역에 속해 있기 때문이다.

11 부동산시장에서의 단기균형과 장기균형에 관한 설명으로 가장 옳지 않은 것은? (단, 경쟁시장을 가정한다)

① 단기와는 달리 장기란 새로운 기업이 시장에 진입하여 경쟁이 일어날 수 있을 정도의 충분히 긴 기간을 말한다.

② 단기에 수요가 증가하는 경우 부동산가격 임대료는 상승하고 균형수급량은 증가하게 된다.

③ 장기에 생산요소가격이 하락하는 경우 당해 시장의 공급은 크게 증가하여 균형가격(임대료)의 하락을 가져온다.

④ 장기에 생산요소의 가격이 불변이라면 새로운 기업이 시장에 진입하여 공급이 증가됨에 따라 장기 균형가격(임대료)은 원래의 균형가격 수준으로 회복하여 불변이 된다.

⑤ 장기에 공급이 증가됨에 따라 생산요소가격이 상승하는 경우 공급이 증가해도 균형가격(임대료)이 하락하지 않고 오히려 상승하여 공급자는 초과이윤을 얻게된다.

12 부동산경기에 관한 설명 중 옳은 것은?

① 부동산경기는 개별 부동산과 지역별 부동산이 같은 국면으로 동시에 진행하는 경향을 지닌다고 봐야 한다.

② 정부의 부동산정책으로 인해 주택경기가 하강하였다면 이는 순환적 경기변동에 해당한다.

③ 부동산경기가 후퇴국면에 있는 경우 중개활동은 매수자보다 매도자를 중시하게 된다.

④ 봄, 가을 이사철에 주택가격이 상승하거나 방학 동안 대학가 원룸의 공실이 늘어나는 것은 장기적 변동에 해당한다.

⑤ 특정 지역 주민들이 모두 그 지역 부동산가격이 상승할 것으로 기대하는 경우 분양가 자율화가 오히려 투기를 부추기는 결과를 초래할 수도 있다.

13 부동산경기변동에 관한 설명 중 가장 적절하지 않은 것은?

① 부동산경기는 주기의 순환국면이 일정치 않은 경향이 있다.

② 부동산경기는 일반경기보다 선행하기도 하며, 때로는 후행하기도 한다.

③ 부동산경기는 일반경기와 비교하여 팽창국면과 위축국면간의 차이가 큰 특징을 갖는 경향이 있다.

④ 부동산경기는 부동산의 유형에 따라 각각 다른 변화특성을 나타내기도 한다.

⑤ 부동산경기는 분석대상지역의 인근지역에 한정하여 측정하는 것이 유효하다.

14 거미집모형에 따른 부동산경기에 관한 내용으로 옳은 것은?

① 거미집모형은 수요자와는 달리 공급자는 언제나 의사결정이 이루어지는 시점, 현재의 시장임대료에만 반응한다는 것을 전제하고 있는 모형이다.

② 부동산을 비롯한 농산물에서와 같이 수요에 시차가 존재하는 상품에 적합한 모형이다.

③ 초과공급이 발생하여 임대료가 폭락하고 초과수요가 발생하여 폭등하는 주기적 현상이 단기간 유지되다가 궁극적으로는 균형점에 도달한다면 발산형에 해당한다.

④ 단기적으로 가격이 급락하게 되면 건물착공량이 감소하게 되는데, 실제로 출하되는 공급물량은 수요에 크게 못 미치게 되어 오히려 공급초과가 되어 가격은 폭락하게 된다.

⑤ 가격파동현상은 상업용이나 공업용 부동산보다는 상대적으로 수요의 가격탄력성이 보다 비탄력적인 주거용 부동산에 더욱 강하게 나타난다.

15 주택의 여과과정에 관한 설명으로 옳은 것은?

① 주거분리현상은 주로 인근지역을 중심으로 일어나므로 도시 전체를 그 분석의 대상으로 삼기는 힘들다.

② 주거분리란 도심의 상업지역을 대상으로 생업을 유지하는 경우에 외곽지역이 이와 분리되어 가족구성원의 안식공간인 주거지역으로 변하는 현상을 뜻한다.

③ 주택의 상향여과작용은 저급주택이 수선 또는 재개발되어 상위계층의 사용으로 전환되는 것을 뜻하며 침입과 계승의 논리로 설명이 가능하다.

④ 저소득층 주택의 경우 그 개량비가 개량 후 가치상승분보다 큰 경우 저소득층 주거지역이 재개발될 가능성이 높다.

⑤ 인근지역의 여과과정에 따른 침입과 계승의 논리가 적용되는 경우 계승의 논리가 먼저 적용되는 것이 논리적으로 타당하다.

16 주거분리 현상과 관련된 설명으로 가장 옳지 않은 것은?

① 어느 지역이 고소득층 주거지역으로 전환이 이루어지고 있다면 주택수선비용보다 주택가치 상승분이 보다 클 것이며 이는 외부불경제보다는 외부경제효과가 더 크다는 것을 의미하기도 한다.

② 주거분리는 도시지역 전체뿐만 아니라 인접한 근린지역에서도 일어날 수 있는 경우로서 고소득층 주거지역과 저소득층 주거지역이 서로 분리되어 있는 현상을 의미한다.

③ 고소득층 주거지역이 하향여과되어 저소득층의 진입이 일어났다면 이는 주로 주택수선비용이 주택가치 상승분보다 크기 때문에 현재 주택소유자가 주택을 수선하지 않아 주택가치가 점점 하락하기 때문에 나타나는 현상이다.

④ 고소득층 주거지역 또는 저소득층 주거지역에 각각 저소득층 또는 고소득층이 최초에 전입해 들어오는 현상은 침입이라고 부를 수 있다.

⑤ 저소득층 주거지역에서 주택가치 상승분이 수선비용보다 큰 경우라면 반드시 재개발 대상이 된다고 볼 수 있다.

17 부동산시장 및 부동산상품에 관련된 설명으로 옳지 않은 것은?

① 부동산상품은 다른 일반상품에 비해 내구연한이 긴 편이라 재구매 수요가 빈번한 편이다.

② 부동산시장은 불완전경쟁시장으로 시장에의 진입과 퇴거가 자유롭지 못하다.

③ 부동산시장은 부동산의 고가성으로 인하여 자금의 조달 가능성이 시장의 성패를 좌우한다.

④ 부동산시장은 경제주체의 지대지불능력에 따라 토지이용의 유형을 결정하는 기능이 있다.

⑤ 부동산시장은 거래를 통하여 부동산 소유권을 할당하고 공간을 배분하는 기능을 수행한다.

18 다음은 어떤 지역의 일단의 토지에 대한 신도시 개발정보에 관한 내용이다. 대상토지에 대한 정보가치는 얼마인가?

- 만약 신도시로 개발된다면 1년 후 당해 토지가치는 2억 2,000만 원이다.
- 만약 신도시로 개발되지 않는다면 1년 후 당해 토지가치는 1억 1,000만 원이다.
- 신도시로 개발될 가능성은 60%이다.
- 현재 시장에서 투자자의 요구수익률은 10%이다.

① 4,000만 원   ② 5,500만 원
③ 6,000만 원   ④ 6,500만 원
⑤ 정답 없음

19 부동산정책 수단 중에서 간접적 개입 정책으로 옳게 묶인 것은?

① 용도지역지구제, 종합부동산세, 취득세, 개발부담금
② 취득세, 개발부담금, 대부비율(LTV), 임대료 보조, 금융지원
③ 재산세, 개발부담금, 건축허가, 지역지구제, 공공토지 비축제도
④ 공공임대주택의 공급, 토지수용제도, 환지방식
⑤ 종합부동산세, 취득세, 보조금, 건축 인·허가

20 주택정책과 관련된 설명으로 옳지 않은 것은? (단, 다른 조건은 일정하다고 가정한다)

① 임대료상한제로 인한 초과수요의 폭은 수요와 공급이 탄력적일수록 크게 나타난다.

② 균형임대료보다 낮은 한도로 임대료상한제가 실시되면 임대주택에 대한 투자가 감소하는 현상이 발생한다.

③ 정부가 임대료 상승을 균형가격 이하로 규제하면 장기적으로 기존 임대주택이 다른 용도로 전환되면서 임대주택의 공급량이 감소될 수 있다.

④ 균형임대료보다 임대료상한이 낮을 때는 임대주택의 공급이 단기보다는 장기로 갈수록 탄력적으로 반응한다.

⑤ 정부가 저소득층 임차가구에게 임대료보조금을 지급하면 해당 주택이 정상재일 경우, 주거서비스에 대한 수요가 감소한다.

21 임대료규제와 분양가규제 또는 분양가 자율화에 관한 설명 중 옳지 않은 것은? (단, 다른 조건은 일정하다고 가정한다)

① 임대료 상한의 규제는 시장의 균형임대료 수준보다 높은 곳에 설정할 경우 아무런 효과가 없다.

② 장기적으로 임대료규제와 분양가규제는 오히려 임차자와 매수자의 부담을 증가시킬 수 있다.

③ 분양가규제는 고가주택의 하향여과를 저해하는 원인 등이 될 수도 있으므로 장기적으로 시행을 지속시켜야 한다.

④ 분양가규제는 장기적으로 주택량의 감소를 가져와 제한된 주택량이 선착순이나 추첨제와 같은 비정상적인 방법으로 주택자원의 배분을 하게 한다.

⑤ 분양가 자율화에 따른 분양가의 급격한 상승을 억제하기 위해서 택지확보, 금융 등을 통한 공급증대노력과 가격상승 기대심리를 억제하는 정책이 선행되어야 할 것이다.

22 개발이익환수 필요성에 대한 내용 중 가장 옳지 않은 것은?

① 급격한 인구증가, 인플레이션, 토지수급의 만성적 불균형 상태인 토지시장에서 불로소득 적 가치증가의 사유화(私有化) 가능성은 투기의 온상이 된다.

② 토지를 가진 자와 못 가진 자 간의 개발이익분배상 불균형이 커지는 경우, 개인 간 계층 간의 소득분배가 더 불균형적이 되어 소득격차는 더욱 심화된다.

③ 개발이익의 불공평한 배분은 사회의 분열까지도 초래할 수 있지만 개발이익환수에 따른 투기억제는 실수요자의 부담을 줄이고 지가를 안정되게 할 수 있다.

④ 개발이익환수는 정부의 재정수입을 증대시켜, 주택 택지 확보 등에 유익한 재원으로 활용할 수 있게 된다.

⑤ 개발이익환수가 이루어지는 경우, 개발자의 이윤추구방식이 투기나 개발가에 의존하지 않고 시장예측능력 등에 의존하게 되므로 불필요한 조기개발을 증가시킬 수 있다.

23 도시내부구조이론에 관한 설명으로 옳은 것은?

① 버제스는 주택 지구의 분포가 주요 교통노선에 따라 쐐기형(wedge) 모형으로 확대·배치된다고 주장하였다.

② 호이트의 선형이론에 따르면 주택지불능력이 낮을수록 접근성이 양호한 교통망 인근에 주거입지를 선정한다.

③ 다핵심이론에서는 이질활동 간의 입지적 양립성을 전제한다.

④ 다핵심이론에서는 지대지불능력의 차이와 유사한 활동이 분산하는 성향을 도시의 다핵화 요인으로 설명하고 있다.

⑤ 버제스의 동심원이론에 따르면 저소득층의 주거지대는 고소득층 지대보다 도심 가까이에 형성된다.

24 상권의 분석방법에 관한 설명으로 옳지 않은 것은?

① 크리스탈러(W. Christaller)의 중심지이론은 유사한 상품을 취급하는 점포들이 서로 도심에 인접해 있는 경우를 잘 설명해 준다.

② 컨버스(P. D. Converse)의 분기점모형은 두 도시 간의 구매영향력이 같은 분기점의 위치를 구하는 방법을 제시한다.

③ 중력모형(gravity model)은 중심지의 형성과정보다 중심지간의 상호작용에 더 초점을 두고 있다.

④ CST(customer spotting techniques)기법은 상권의 규모뿐만 아니라 고객의 특성파악 및 판매촉진전략 수립에 도움이 될 수 있다.

⑤ 허프(D. Huff)의 확률모형으로 한 지역에서 각 상점의 시장점유율을 간편하게 추산할 수 있다.

25 다음 자료를 활용한 연간 실질임대료는? (단, 주어진 조건에 한함)

- 지불임대료 : 200,000원(매월 기준)
- 예금적 성격을 갖는 일시금의 운용수익 : 400,000원(연 기준)
- 선불적 성격을 갖는 일시금의 상각액 : 80,000원(연 기준)

① 2,400,000원   ② 2,480,000원
③ 2,720,000원   ④ 2,800,000원
⑤ 2,880,000원

26 화폐의 시간가치에 대한 설명으로 옳은 것은?

① 일시불의 내가계수의 역수는 감채기금계수이다.

② 일시불의 내가계수, 연금의 내가계수, 저당상수는 미래가치분야이다.

③ 매년 1원씩 받게 되는 연금을 이자율 r%로 적립했을 때 n년 후에 달성되는 금액을 나타내는 계수는 연금의 내가계수이다.

④ 저당상수는 n년 후에 1원을 만들기 위해 매년 불입해야 할 액수를 계산하는 경우에 사용한다.

⑤ 저당상수의 역수는 연금의 내가계수이다.

27 재무비율에 관한 설명으로 옳지 않은 것은?

① 총투자수익률(ROI)은 순영업소득(NOI)을 총투자액으로 나눈 비율이다.

② 지분투자수익률(ROE)은 세후현금흐름(ATCF)을 지분투자액으로 나눈 비율이다.

③ 유동비율은 유동자산을 유동부채로 나눈 비율이다.

④ 순소득승수(NIM)는 총투자액을 순영업소득으로 나눈 값이다.

⑤ 부채감당률(DCR)이 1보다 작으면 순영업소득으로 원리금 지불능력이 충분하다.

28 부동산금융제도와 관련한 사항 중 옳은 것은?

① 원리금균등상환식이 체증식 점증식 상환에 비해 차입자의 초기 상환부담이 적고 대출자의 원금회수 가능성이 낮아진다.

② 융자기간이 길고 융자비율이 높을수록 대출에 따른 차입자의 위험도는 높고 대출자의 위험도는 낮다.

③ 변동이자율부 융자는 대출자의 인플레이션 위험을 경감시켜 준다.

④ 부동산시장에서 경기변동이 심하다면 대출자는 위험에 대한 대가로 대출이자율을 높일 것이며 동시에 융자비율도 높이려고 할 것이다.

⑤ 부동산 신디케이션 소구좌방식은 투자자가 투자사업에 대한 채권을 가지게 되는 형태이므로 채권형 부동산투자의 한 형태이다.

29 부동산금융과 관련된 설명으로 옳은 것은?

① 일반기업대출과 달리 프로젝트 파이낸싱의 자금은 차입자가 직접 관리하는 것이 원칙이다.

② 프로젝트 파이낸싱은 사업주의 전체 자산과 프로젝트의 사업성을 기반으로 자금을 조달하는 기법이다.

③ 프로젝트 파이낸싱은 일반기업금융과는 달리 프로젝트 회사가 차입자가 된다.

④ 프로젝트 파이낸싱은 차주의 전체 자산에 대한 소구권이 행사되는 소구금융방식이다.

⑤ 부동산 신디케이트(syndicate)는 소액투자방식의 부채금융이다.

30 다음 조건에 따라 매년 원리금균등상환을 하는 경우 첫 해 원금불입액은 얼마인가? (단, 상환기간은 10년이며 매년 말 상환조건이다)

> • 저당대출총액 2억 원
> • 대출금리 연 6%
> • 저당상수 0.14 (10년, 연이율 6%)

① 4,000만 원

② 2,800만 원

③ 1,600만 원

④ 1,500만 원

⑤ 1,200만 원

31 다음과 같은 조건에서 대상부동산의 수익가치 산정 시 적용할 환원이율은?

> • 부채감당률 : 1.2
> • 지분비율 : 60%
> • 대출조건 : 이자율 연 5%로 10년간 매년 원리금균등
> • 저당상수(이자율 연 5%, 기간 10년) : 0.129

① 3.54%　　　　② 5.31%

③ 6.192%　　　　④ 7.83%

⑤ 10.2%

32 부동산투자에 대한 설명으로 옳지 않은 것은?

① 투자는 취득 – 운영 – 처분의 3단계를 거치지만, 투기는 운영이 과정이 없거나 또는 극히 짧은 경우를 말한다.

② 요구수익률을 위험조정할인률이라고도 하며, 대상부동산에 자금을 투자하기 위해 충족되어야 할 최소한의 수익률을 의미한다.

③ 정(+)의 지렛대효과의 전제조건은 부동산에서 발생하는 종합수익률보다 저당수익률이 낮아야 한다는 것이다.

④ 투자자의 요구수익률에는 위험에 대한 비용과 시간에 대한 비용이 포함된다.

⑤ 부동산투자의 금융적 위험을 낮추기 위해서 부동산 소유권을 취득하는 투자자는 지렛대효과를 적극적으로 이용하는 것이 좋다.

33 프로젝트 파이낸싱(PF : 개발금융)에 대한 설명으로 가장 거리가 먼 것은?

① 개발에 필요한 대부분의 자금을 지분모집방식형태로 조달하며 부동산 등에 저당을 설정하여 차입하는 형태가 아닌 당해 프로젝트에서 발생하는 수익성과 당해 사업자산을 담보로 차입하는 형태이다.

② 원리금상환에 대한 부담을 당해 프로젝트의 내재가치와 예상된 현금흐름의 범위 내로 한정시켜서 비소구금융 또는 제한소구금융의 성격을 지닌다.

③ 출자자인 사업주가 파산하더라도 당해 프로젝트사업에 직접적인 영향을 미치지 않으며 프로젝트사업의 실패가 사업주의 도산으로 이어지는 것도 아니다.

④ 동일한 조건의 다른 개발사업에 비해 이해당사자들은 개발사업에 수반되는 각종 위험을 극복하기 위해 다양한 보증을 제공하게 되므로 당해 개발사업에 대한 위험을 감소시킬 수가 있다.

⑤ 프로젝트사업이 성공할 경우 금융대출자는 높은 수익을 달성할 수 있고 개발사업주 입장에서는 프로젝트회사를 통해 원리금을 지급함으로써 결과적으로 높은 금융비용이 소요되는 사업이다.

34 도시 및 부동산개발에 관한 설명으로 옳지 않은 것은?

① 부동산개발업의 관리 및 육성에 관한 법령상 부동산개발이란 토지를 건설공사의 수행 또는 형질변경의 방법으로 조성하면서 시공을 담당하는 행위를 말한다.

② 부동산개발업의 관리 및 육성에 관한 법령상 부동산개발업이란 타인에게 공급할 목적으로 부동산개발을 수행하는 업을 말한다.

③ 부동산개발업의 관리 및 육성에 관한 법령상 공급이란 부동산개발을 수행하여 그 행위로 조성·건축·대수선·리모델링·용도변경 또는 설치되거나 될 예정인 부동산, 그 부동산의 이용권으로서 대통령령으로 정하는 권리의 전부 또는 일부를 타인에게 판매 또는 임대하는 행위를 말한다.

④ 도시개발법령상 도시개발사업이란 도시개발구역에서 주거, 상업, 산업, 유통, 정보통신, 생태, 문화, 보건 및 복지 등의 기능이 있는 단지 또는 시가지를 조성하기 위하여 시행하는 사업을 말한다.

⑤ 도시 및 주거환경정비법령상 건축물이 훼손되거나 일부가 멸실되어 붕괴 그 밖의 안전사고의 우려가 있는 건축물은 노후·불량건축물에 해당한다.

35 부동산개발에 대한 설명으로 옳지 않은 것은?

① 부동산개발에서 이용계획이 확정된 토지를 구입하는 것은 법률적 위험 부담을 줄이기 위한 방안 중 하나이다.

② 부동산개발사업 시 시장성분석은 개발된 부동산이 현재나 미래의 시장상황에서 매매 또는 임대될 수 있는 가능성을 조사하는 것이다.

③ 자체개발사업에서는 사업시행자의 주도적인 사업추진이 가능하나 사업의 위험성이 높을 수 있어 위기관리능력이 요구된다.

④ 토지소유자가 제공한 토지에 개발업자가 공사비를 부담하여 부동산을 개발하고, 개발된 부동산을 제공된 토지가격과 공사비의 비율에 따라 나누어 그 기여도에 따라 각각 토지 · 건물의 지분을 갖는다면, 이는 등가교환방식에 해당된다.

⑤ 사업수탁방식의 경우, 사업 전반이 토지소유자의 명의로 행해지며, 개발지분을 토지소유자와 개발업자가 공유한다.

36 지역분석과 개별분석에 대한 설명으로 옳은 것은?

① 지역분석은 지역 내 부동산의 표준적 이용을 판단하여 부동산의 구체적 가격을 산정하는 분석이다.

② 인근지역은 대상부동산이 속하지 않은 지역으로, 대상부동산의 가격형성에 간접적 영향을 미친다.

③ 유사지역은 대상부동산이 속하지 않았으나 인근지역과 특성이 유사하고 인근지역과 가격 면에서 대체관계가 성립되는 지역적 범위를 의미한다.

④ 지역분석은 가격제원칙 중 균형의 원칙과 관련이 있다.

⑤ 대상부동산의 내부구성요소에 대한 분석은 지역분석을 통해 이루어진다.

37 감정평가의 방식에 대한 설명 중 옳은 것은?

① 기준시점에 대상물건을 재생산 또는 재취득하는데 소요되는 재조달원가에 감가수정을 하여 구해진 가격을 적산임료라고 한다.

② 적산법은 기준시점 대상물건의 재조달원가에 기대이율을 곱한 후 대상물건을 계속하여 임대차하는 데 필요한 경비를 가산하여 임료를 산정하는 방법이다.

③ 거래사례비교법은 대상물건과 동일 또는 유사성 있는 거래사례와 비교하여 대상물건의 현황에 맞게 사정보정 등을 행하여 가격을 산정하는 방법이다.

④ 수익환원법은 대상물건이 현재까지 산출한 순수익 또는 미래의 현금흐름을 적정한 율로 환원 또는 할인하여 평가가격을 산정하는 방법이다.

⑤ 수익분석법이라 함은 임대산업경영에 의하여 산출된 총수익을 분석하여 기대되는 순이익에 계속하여 임대차하는데 필요한 경비를 가산하여 임료를 산정하는 방법이다.

38 거래사례비교법의 장·단점에 대한 설명이다. 가장 타당하지 않은 것은?

① 토지평가에 주로 적용되고 3방식의 중추적인 역할을 하며 거의 모든 물건에 적용이 가능하다.

② 평가방법이 간편하고 이해하기 쉬우며 비수익성 부동산이나 노후된 부동산에 적용하기가 용이하다.

③ 거래사례가 적은 대저택, 시장성이 없는 교회, 학교 등에는 적용하기 곤란하다.

④ 과도한 호황 불황기 등의 부동산시장의 불완전성, 투기적 요인의 게재 등은 사례자료에 대한 신뢰성에 문제를 가져온다.

⑤ 거래당사자 간의 협상에 따라 거래사례가격이 왜곡될 수도 있으나 거래사례가격은 현재가치를 잘 반영하고 있어서 널리 지지를 받는다.

39 적산법의 필요제경비에 관한 설명으로 옳지 않은 것은?

① 유지관리비란 부동산의 유용성을 적정하게 유지 회복하여 임료 등을 받기 위해서 필요한 비용을 말한다.

② 필요제경비에 계상되어야 하는 조세공과는 임대인의 사업상 수익에 부과되는 세금, 즉 법인 개인에 부과되는 법인세 소득세 등을 포함한다.

③ 손해보험료는 소멸성 손해보험료를 원칙으로 하며 저축성 보험의 경우 실제 불입한 금액과 회수되는 금액을 기준시점 현재의 시중이자율로 현가화한 금액과의 차액을 필요제경비로 계상해야 한다.

④ 결손준비비 대손준비금은 임대보증금 등의 일시금이 수수된 경우에는 결손전보가 이미 담보되어 있는 것이므로 결손준비비를 계상할 필요가 없다.

⑤ 감가상각비는 감정평가의 임료계산 시 필요제경비에 해당되나 영업수지 계산에서의 영업경비에는 해당되지 않는다.

40 감정평가의 용어에 대한 설명으로 옳지 않은 것은?

① 일괄평가란 두 개 이상의 물건이 일체로 거래되거나 대상물건 상호간 불가분의 관계에 있는 경우에 일괄하여 평가하는 것을 말한다.

② 부분평가란 대상물건의 일부분만을 평가하는 것을 말한다.

③ 구분평가란 부동산이 토지 및 건물 등의 결합으로 구성되어 있는 경우, 그 구성부분인 토지만을 독립된 부동산으로 보고 평가하는 것으로 일종의 조건부평가이다.

④ 구분평가는 일체로 이용되고 있는 대상물건의 일부는 평가하지 아니함을 원칙으로 한다.

⑤ 법정평가란 법규에서 정한대로 행하는 평가로서, 공공용지 수용시평가, 과세평가 등이 있다.

41 다음 중 연결이 잘못된 것은? (다툼이 있으면 판례에 의함)

① 합의해제 – 낙성계약

② 매매예약 – 상대방 있는 단독행위

③ 계약금계약 – 요물계약

④ 저당권설정행위 – 처분행위

⑤ 교환 – 채권행위

42 의사표시에 관한 설명 중 옳지 않은 것은? (다툼이 있으면 판례에 의함)

① 대리인이 대리권을 남용한 경우에는 비진의표시에 관한 민법규정이 유추적용될 수 있다.

② 자의로 사직서를 제출한 중간퇴직의 의사표시는 비진의표시가 아니다.

③ 강박에 따라 제3자에게 증여한 경우, 표의자의 마음 속에 비록 재산을 강제로 뺏긴다는 것이 잠재되어 있더라도 당시의 상황에서 최선이라고 판단하여 의사표시를 하였다면 비진의표시가 된다.

④ 진의 아닌 의사표시는 단독행위에도 적용된다.

⑤ 甲이 乙의 환심을 사기위해 증여의사 없이 금반지를 乙에게 주었고 乙은 그것을 丙에게 매도한 경우, 乙이 선의·무과실이면 丙이 악의이더라도 丙은 소유권을 취득한다.

43 법률행위의 목적에 관한 설명 중 옳지 않은 것만으로 묶은 것은?

> ㉠ 법률행위의 목적은 법률행위 성립시에 확정되어 있지 않으면 무효이다.
> ㉡ 원시적 불능인 법률행위는 무효이나, 계약체결상의 과실책임이 문제될 수 있다.
> ㉢ 당사자의 귀책사유 없이 후발적 불능이 된 법률행위는 무효이다.
> ㉣ 일부불능인 법률행위는 원칙적으로 법률행위 전부가 무효이다.

① ㉠, ㉡ ② ㉠, ㉢

③ ㉡, ㉢ ④ ㉡, ㉣

⑤ ㉠, ㉣

44 민법 제103조의 반사회적 법률행위에 해당하지 않는 것을 모두 고른 것은? (다툼이 있으면 판례에 따름)

> ㉠ 강제집행을 면할 목적으로 부동산에 허위의 근저당권을 설정하는 행위
> ㉡ 2017년 6월 28일 의뢰인과 변호사 간의 형사사건에 관한 성공보수 약정
> ㉢ 뇌물로 받은 금전을 소극적으로 은닉하기 위하여 이를 임치하는 약정
> ㉣ 해외연수 후 그 비용과 관련하여 일정기간 동안 소속회사에서 근무해야 한다는 사규나 약정
> ㉤ 공무원의 직무에 관한 사항에 대하여 특별한 청탁을 하게 하고, 그에 대한 보수로 금전을 지급하기로 하는 약정

① ㉠, ㉡, ㉢ ② ㉠, ㉢, ㉣

③ ㉡, ㉣, ㉤ ④ ㉢, ㉣, ㉤

⑤ ㉠, ㉡, ㉢, ㉤

45 민법상의 불공정한 법률행위에 관한 설명으로 옳지 않은 것은? (다툼이 있으면 판례에 따름)

① 궁박, 경솔, 무경험은 모두 구비되어야 하는 요건이 아니라 그 중 일부만 갖추어져도 충분하다.

② 궁박은 경제적인 것에 한정하지 않으며 정신적, 신체적인 원인에 기인하는 것을 포함한다.

③ 무경험은 생활체험의 부족을 의미하는 것으로, 거래일반에 대한 경험부족이 아니라 특정영역에 있어서의 경험부족을 의미한다.

④ 당사자 중 일방이 상대방의 궁박, 경솔 또는 무경험을 알면서 이를 이용하려는 의사가 있어야 한다.

⑤ 불공정한 법률행위로서 무효인 경우, 추인에 의하여 무효인 법률행위가 유효로 될 수는 없지만, 무효행위의 전환에 관한 민법 제138조는 적용될 수 있다.

46 통정허위표시의 효과에 관한 설명으로 옳지 않은 것은? (다툼이 있으면 판례에 따름)

① 당사자 사이의 의사표시가 통정허위표시에 해당하는 경우, 그 의사표시에 따른 권리와 의무가 발생하지 않는다.

② 통정허위표시인 매매계약에 따라 대금을 지급한 경우, 그 대금의 반환을 청구할 수 없다.

③ 통정허위표시에 따른 법률행위도 채권자취소권의 대상이 될 수 있다.

④ 어떤 행위가 통정허위표시에 해당하는 경우, 허위의 의사표시를 한 자도 상대방에 대하여 그 의사표시가 무효임을 주장할 수 있다.

⑤ 허위의 의사표시를 한 자는 통정허위표시의 무효를 가지고 선의의 제3자에게 대항하지 못한다.

47 복대리에 관한 설명으로 옳지 않은 것은?

① 법정대리인은 본인의 승낙 또는 부득이한 사유 없이도 복대리인을 선임할 수 있다.

② 법원이 선임한 부재자의 재산관리인은 본인 명의의 예금계약을 해지하고 주식을 매입할 권한이 없다.

③ 복대리인은 대리인과 동일하게 선량한 관리자의 주의 의무를 부담한다.

④ 법정대리인이 부득이한 사유로 복대리인을 선임한 경우에는 과실책임을 진다.

⑤ 복대리인이 대리행위를 할 때에는 대리인의 이름으로 법률행위를 해야 한다.

48 乙은 아무런 권한이 없음에도 불구하고 甲의 대리인이라고 사칭하면서, 甲 소유의 부동산에 대하여 대리권 없음을 몰랐던 丙과 매매계약을 체결하였다. 이에 관한 다음 설명 중 옳은 것은?

① 丙이 상당한 기간을 정하여 甲에게 추인 여부의 확답을 최고한 경우에, 甲이 그 기간내에 확답을 발하지 아니한 때에는 추인한 것으로 본다.

② 甲이 乙에 대하여 추인을 한 후, 상대방 丙이 아직 그 추인 있었음을 알지 못한 때에도 丙은 乙과 맺은 계약을 철회할 수 없다.

③ 乙이 그 대리권을 증명하지 못하고 또 甲의 추인을 얻지 못한 때에는 乙은 자신의 선택에 좇아 계약의 이행 또는 손해배상의 책임을 진다.

④ 추인은 명시적으로 이루어져야 하므로 甲이 丙으로부터 매매대금의 전부 또는 일부를 받았을 경우에도 甲이 乙의 매매계약을 추인하였다고 볼 수는 없다는 것이 판례의 태도이다.

⑤ 甲의 丙에 대한 추인거절권의 행사가 있으면 甲은 다시 추인할 수 없으며, 丙도 최고권이나 철회권을 행사하지 못한다.

49 법률행위의 무효와 취소에 관한 설명으로 옳지 않은 것은? (다툼이 있으면 판례에 의함)

① 법률행위가 취소되면 원칙적으로 소급하여 무효가 된다.

② 법정대리인은 취소원인이 종료하기 전에도 추인할 수 있다.

③ 무효인 가등기를 유효한 것으로 전용하기로 약정하였다면 가등기는 그 때로부터 유효한 등기가 된다.

④ 토지거래허가구역 내의 토지매매에 있어서 일정한 기간 안에 허가를 받기로 약정한 경우에 특별한 사정이 없는 한 약정기간이 경과하면 확정적 무효가 된다.

⑤ 甲이 속아서 乙에게 부동산을 매도하고, 다시 乙이 丙에게 소유권을 이전하였다면, 甲은 사기에 의한 취소권을 乙에게 행사하여야 하고 丙에게는 행사할 수 없다.

50 조건부 법률행위에 관한 설명으로 옳은 것은?

① 법률행위 당시에 정지조건이 이미 성취된 것이면 그 법률행위는 무효이다.

② 법률행위의 조건이 선량한 풍속 기타 사회질서에 위반한 것인 때에도 그 법률행위는 유효하다.

③ 조건을 붙일 수 없는 법률행위에 조건을 붙인 경우도 그 법률행위는 원칙적으로 전부 무효가 된다.

④ 건축허가를 받지 못할 때에는 토지매매계약을 무효로 하기로 한 약정은 정지조건부 법률행위에 해당한다.

⑤ 조건이 법률행위의 당시에 이미 성취할 수 없는 것인 경우에 그 조건이 해제조건이면 그 법률행위는 무효이다.

51 물권적 청구권에 관한 설명으로 옳지 않은 것은? (다툼이 있으면 판례에 의함)

① 물권적 청구권이 성립하기 위해서는 침해자의 고의·과실을 요한다.

② 유치권에 기한 물권적 청구권은 인정되지 않는다.

③ 저당권에 기한 반환청구권은 인정되지 않는다.

④ 점유권에 기한 점유물 반환청구권은 그 행사기간에 제한이 있으나, 소유권에 기한 소유물 반환청구권은 그 행사기간에 제한이 없다.

⑤ 점유를 침탈당한 경우, 그 목적물을 선의의 제3자가 침탈자로부터 특별승계한 경우에 점유자는 그 특별승계인에게 점유권에 기하여 점유물 반환청구권을 행사할 수 없다.

52 부동산 등기에 관한 설명으로 옳지 않은 것은? (다툼이 있으면 판례에 따름)

① 청구권보전을 위한 가등기에 기하여 본등기가 되더라도 본등기에 의한 물권변동의 효력이 가등기한 때로 소급하지 않는다.

② 소유권이전청구권이 정지조건부인 경우에도 가등기는 가능하다.

③ 먼저 된 유효한 소유권보존등기로 인해 뒤에 된 이중보존등기가 무효인 경우, 뒤에 된 등기를 근거로 등기부취득시효를 주장할 수 있다.

④ 등기되어 있는 3층 건물이 멸실되자 5층 건물을 신축하였으나 종전 등기를 그대로 용하는 경우 이 등기는 무효이다.

⑤ 등기는 권리의 효력발생요건이지 권리의 존속요건이 아니다.

53 乙은 甲으로부터 X토지를 매수하고 중도금까지 지급한 후 소유권이전등기청구권을 보전하기 위하여 가등기를 하였다. 그 후 甲은 X토지를 丙에게 매도하고 소유권이전등기를 해 주었다. 乙이 잔금을 제공하면서 이전등기를 요구했으나 甲이 응하지 않고 있다. 이에 관한 설명으로 옳지 않은 것은? (다툼이 있으면 판례에 따름)

① 乙은 가등기만으로는 丙 명의의 소유권이전등기의 말소를 구할 수 없다.

② 乙의 본등기청구권은 甲을 상대로 하여 행사하여야 한다.

③ 乙의 가등기에 기하여 본등기가 이루어진 경우, 丙은 乙에 대해 소유권을 주장할 수 없다.

④ 乙의 가등기에 기하여 본등기가 이루어진 경우, 乙은 가등기를 한 때로부터 소유권을 취득한 것으로 본다.

⑤ 乙의 가등기에 기하여 본등기가 이루어진 경우, 丙 명의의 소유권이전등기는 등기관에 의해 직권말소된다.

54 등기의 효력에 관한 설명으로 옳은 것은? (다툼이 있으면 판례에 따름)

① 소유권이전청구권 보전을 위한 가등기가 있어도 소유권이전등기를 청구할 어떤 법률관계가 있다고 추정되지 않는다.

② 허무인(虛無人)으로부터 이어받은 소유권이전등기의 경우에도 그 등기명의자의 소유권은 추정된다.

③ 신축된 건물의 소유권보존등기 명의자는 실제로 그 건물을 신축한 자가 아니더라도 적법한 권리자로 추정된다.

④ 등기가 원인 없이 말소된 경우, 그 회복등기가 마쳐지기 전이라면 말소된 등기의 등기명의인은 적법한 권리자로 추정되지 않는다.

⑤ 소유권이전등기 명의자는 그 전(前) 소유자에 대하여 적법한 등기원인에 의해 소유권을 취득한 것으로 추정되지 않는다.

55 점유자와 회복자의 관계에 관한 설명으로 옳지 않은 것은? (다툼이 있으면 판례에 따름)

① 선의의 점유자는 과실을 취득한 경우에도 점유물을 보존하기 위하여 지출한 통상의 필요비를 상환할 것을 청구할 수 있다.

② 과실수취권이 인정되는 선의의 점유자란 과실수취권을 포함하는 권원이 있다고 오신한 점유자를 말하고, 그와 같은 오신을 함에는 오신할 만한 정당한 근거가 있어야 한다.

③ 권원 없이 타인 소유 토지의 상공에 송전선을 설치하여 그 토지를 사용·수익한 악의의 점유자는 받은 이익에 이자를 붙여 반환하여야 하며, 이자의 이행지체로 인한 지연손해금도 지급하여야 한다.

④ 악의의 점유자는 수취한 과실을 반환하여야 하며 소비하였거나 과실로 인하여 훼손 또는 수취하지 못한 경우에는 그 과실의 대가를 보상하여야 한다.

⑤ 점유자가 물건에 유익비를 지출할 당시 계약관계 등 적법한 점유의 권원을 가지고 있었다면, 계약관계 등의 상대방이 아닌 점유회복 당시의 소유자에 대하여 점유자와 회복자의 관계에 따른 유익비의 상환을 청구할 수 없다.

56 다음 사항 중 민법의 규정상 선의점유와 악의점유를 구별할 실익이 없는 것은?

① 소유권의 시효취득

② 점유물의 멸실·훼손에 대한 점유자의 책임

③ 점유자의 과실수취권

④ 동산의 선의취득

⑤ 점유자의 필요비 및 유익비상환청구권

57 甲의 부동산을 乙이 20년간 소유의 의사로 평온, 공연하게 점유하여 취득시효가 완성되었다. 이 경우 옳지 않은 것은? (다툼이 있는 경우에는 판례에 의함)

① 乙은 비록 법률의 규정에 의한 소유권취득이나 그에게 이전등기를 하여야 그 부동산에 대한 소유권을 취득한다.

② 甲이 乙의 시효완성사실을 알았다 하더라도 甲은 그의 처분권한을 잃지 않는다.

③ 乙이 甲에게 부동산의 매수를 제의하는 경우에도 乙의 점유를 타주점유라고 볼 수는 없다.

④ 甲이 乙의 시효완성 사실을 알고 그 부동산을 丙에게 처분하면 乙은 甲에게 채무불이행에 기한 손해배상을 청구할 수 있다.

⑤ 제3자 丙이 甲의 배임행위에 적극 가담하면 甲·丙의 매매계약은 이중매매의 법리와 마찬가지로 무효로 보는 것이 판례의 태도이다.

58 주위토지통행권에 관한 설명 중 옳은 것은? (다툼이 있는 경우 판례에 의함)

① 이미 기존의 통로가 있더라도 그것이 당해 토지의 이용에 부적합하여 실제로 통로로서의 충분한 기능을 하지 못하고 있는 경우에도 주위토지통행권이 인정된다.

② 통행 또는 통로개설로 인하여 통행지 소유자에게 손해를 주었을 경우에는 통행권자는 그 손해를 보상하여야 한다. 통행권자가 손해를 보상하지 않는 경우 통행권은 소멸한다.

③ 분할로 인하여 공로에 통하지 못하는 토지가 있는 때에는 그 토지 소유자는 공로에 출입하기 위하여 다른 분할자의 토지를 통행할 수 있다. 이 경우 통행권자는 통행지 소유자의 손해를 보상하여야 한다.

④ 주위토지통행권의 범위는 현재의 토지의 용법에 따른 이용의 범위에서 더 나아가 장차의 이용상황까지 미리 대비하여 통행로를 정할 수 있다.

⑤ 일단 주위토지통행권이 발생한 이상 나중에 그 토지에 접하는 공로가 개설되었다 하여도 그 통행권이 소멸되는 것은 아니다.

59 공유에 관한 기술 중 옳은 것은?

① 공유물의 분할청구는 협의가 성립된 경우에도 법원에 할 수 있다.
② 공유자는 공유물의 분할을 청구할 수 없는 것이 원칙이다.
③ 공유자의 지분은 균등한 것으로 본다.
④ 공유자는 그 지분을 처분하자면 다른 공유자의 동의를 얻어야 한다.
⑤ 공유물을 처분하자면 다른 공유자의 동의를 얻어야 한다.

60 지상권에 관한 설명 중 옳지 않은 것은? (다툼이 있으면 판례에 의함)

① 지상권의 존속기간을 영구로 약정하는 것도 유효하다.
② 지상권자는 지상권을 유보한 채 지상물의 소유권만을 양도할 수 있고, 지상물의 소유권을 유보한 채 지상권만을 양도할 수도 있다.
③ 지상권자는 지상권설정자의 동의가 없어도 지상권을 양도할 수 있고, 지상권양도금지특약은 효력이 없다.
④ 지상권이 소멸한 경우에 지상권자가 지상권설정자에 대하여 계약갱신청구권을 행사하기 위해서는 지상물이 현존하고 있어야 할 필요는 없다.
⑤ 분묘기지권은 지상권과 유사한 관습법상 물권으로서 시효취득하는 경우에는 지료를 지급할 필요가 없다.

61 지역권에 관한 설명으로 옳지 않은 것은? (다툼이 있으면 판례에 따름)

① 1필의 토지 일부를 승역지로 하여 지역권을 설정할 수 있다.
② 요역지가 공유인 경우 요역지의 공유자 1인이 지역권을 취득하면 다른 공유자도 이를 취득한다.
③ 지역권은 요역지와 분리하여 양도하지 못한다.
④ 요역지가 수인의 공유인 경우에 그 공유자 1인에 의한 지역권소멸시효의 중단은 다른 공유자를 위하여 효력이 있다.
⑤ 점유로 인한 지역권취득시효의 중단은 요역지가 공유인 때에는 항상 그 지역권을 행사하는 공유자 중의 1인에 대한 사유로써만 효력이 있다.

62 전세권에 관한 기술로 옳지 않은 것은? (다툼이 있으면 판례에 의함)

① 전세금의 지급은 반드시 현실적으로 수수되어야만 하는 것은 아니고 기존의 채권으로 전세금의 지급에 갈음할 수도 있다.
② 토지 전세권에 대해서는 법정갱신이 인정되지 않는다.
③ 건물 일부의 전세권자는 전세권이 목적이 아닌 건물 전부에 대해서는 전세권에 기한 경매를 신청할 수 없다.
④ 위 ③의 경우, 건물 전부에 대해 경매가 진행된 경우에 일부전세권자도 건물 전부에 대해서 우선변제를 받을 수 있다.
⑤ 전세목적물이 양도된 경우, 전세권자는 양도인과 양수인 어느 쪽에 대해서도 전세금반환청구를 할 수 있다.

63 유치권의 성립요건으로서 채권과 목적물의 견련관계를 인정할 수 없는 것은? (다툼이 있으면 판례에 의함)

① 임차인의 보증금반환청구권
② 수급인의 공사대금채권
③ 임차인의 필요비상환청구권
④ 임차인의 유익비상환청구권
⑤ 물건에 대한 수선료 채권

64 근저당권에 대한 설명 중 옳은 것은? (다툼이 있으면 판례에 의함)

① 근저당권의 피담보채권이 확정되기 전이라도 그 채권의 일부가 양도되면 그 부분의 근저당권은 양수인에게 승계된다.
② 후순위 근저당권자가 경매를 신청한 경우, 선순위 근저당권자의 채권액은 경매신청시에 확정된다.
③ 피담보채권액의 이자는 채권최고액에 포함되지 않지만, 근저당권의 실행비용은 채권최고액에 포함된다.
④ 피담보채권이 확정된 후에는 변제로 피담보채권이 소멸하면 근저당권은 말소등기가 없어도 소멸한다.
⑤ 확정된 피담보채권액이 채권최고액을 초과하는 경우, 저당권설정자인 채무자는 채권최고액을 변제하면 근저당권말소등기를 청구할 수 있다.

65 계약의 해제에 관한 설명 중 잘못된 것은? (다툼이 있는 경우 판례에 의함)

① 계약이 적법하게 해제되면 그 계약의 효과는 소급적으로 소멸한다.
② 계약해제의 소급효로써 제3자의 권리를 해할 수 없다고 규정한 민법 제548조 제1항의 규정은, 당사자 사이에서 계약을 합의해제하는 경우에는 적용되지 않는다.
③ 해제권 행사의 기간을 정하지 아니한 때에는 상대방은 상당한 기간을 정하여 해제권 행사 여부의 확답을 해제권자에게 최고할 수 있고, 그 기간 내에 해제의 통지를 받지 못한 때에는 해제권은 소멸한다.
④ 채무불이행을 이유로 계약을 해제하려면, 주된 채무이어야 하고 그렇지 아니한 부수적 채무를 불이행한 데에 지나지 아니한 경우에는 계약을 해제할 수 없다.
⑤ 해제권의 행사는 손해배상의 청구와는 별개이므로, 채권자는 계약을 해제하여야만 손해배상 청구를 할 수 있는 것은 아니고, 계약을 해제하지 아니한 채 손해배상청구권만을 행사할 수도 있다.

66 제3자를 위한 계약에 관한 설명 중 옳지 않은 것은? (다툼이 있는 경우에는 판례에 의함)

① 낙약자가 이미 제3자(수익자)에게 급부한 것이 있더라도 낙약자는 원상회복 또는 부당이득을 원인으로 제3자를 상대로 반환을 요구할 수 없다.

② 수익자가 낙약자를 기망하여 제3자를 위한 계약이 성립된 경우에는, 요약자에 의한 직접적인 기망으로 본다.

③ 제3자를 위한 계약의 경우, 요약자는 낙약자의 채무불이행을 이유로 수익자의 동의없이 계약을 해제할 수 있다.

④ 수익의 의사표시를 한 제3자는 낙약자의 채무불이행을 이유로 요약자가 계약을 해제한 경우, 낙약자에게 자신의 손해에 대한 배상을 청구할 수 있다.

⑤ 제3자가 수익의 의사표시를 한 후에 요약자와 낙약자가 제3자의 권리를 임의로 변경·소멸시키는 행위를 하더라도 제3자에게는 그 효력이 발생하지 않는다.

67 계약의 성립에 관한 설명 중 옳은 것은? (다툼이 있으면 판례에 의함)

① 양 당사자 간에 동일 내용의 청약이 교차하는 경우에 발신주의에 따라 뒤의 청약이 발신된 때에 계약이 성립한다.

② 격지자 간의 계약은 승낙의 통지가 상대방에게 도달한 때에 성립한다.

③ 청약은 승낙에 의하여 보충될 수 있기 때문에 내용상으로 확정되어 있지 않고 또 확정될 수 없어도 무방하다.

④ 청약은 상대방 있는 의사표시이므로 불특정 다수인에 대하여 한 청약은 효력이 없다.

⑤ 의사실현에 의한 계약은 승낙의 의사표시로 인정되는 사실이 있는 때 계약은 성립한다.

68 매도인 甲과 매수인 乙 사이에 A건물에 관한 매매계약과 관련된 설명으로 옳지 않은 것은?

① 매매계약체결 전에 A건물이 이미 멸실된 경우, 乙이 그 멸실 사실을 과실로 알지 못했다면, 乙은 甲에게 신뢰이익배상을 청구할 수 없다.

② 매매계약체결 후 이행기가 도래하기 전에 甲의 귀책사유로 A건물이 멸실되었다면, 乙은 甲에 대하여 손해배상을 청구할 수도 있고 위 매매계약을 해제할 수도 있다.

③ 매매계약체결 후 이행기가 도래하기 전에 甲과 乙 쌍방 모두 책임 없이 A건물이 멸실되었다면, 乙은 甲에 대하여 매매대금을 지급할 의무가 없다.

④ 매매계약체결 후 이행기가 도래하기 전에 乙의 귀책사유로 A건물이 멸실되었다면, 甲은 A건물에 관한 소유권이전의무를 면하고 乙에 대하여 매매대금의 지급을 청구할 수 있다.

⑤ 매매계약체결 후 乙의 수령지체 중에 甲과 乙 쌍방 모두 책임 없이 A건물이 멸실된 경우, 甲은 乙에게 매매대금의 지급을 청구할 수 없다.

69 위험부담에 관한 설명으로 옳지 않은 것은? (다툼이 있는 경우 판례에 의함)

① 위험부담에 관하여 우리 민법은 채무자 위험부담주의를 채택하고 있다.

② 위험부담문제는 그 계약이 쌍무계약인 경우에 한하여 발생할 수 있다.

③ 위험부담문제는 원시적 불능의 경우뿐만 아니라 후발적 불능의 경우에도 발생한다.

④ 쌍무계약에서 채무자의 이행불능이 채권자의 귀책사유로 인한 경우에는 채무자는 반대급부를 청구할 수 있다.

⑤ 위험부담에 관한 민법의 규정은 임의규정이다.

70 甲과 乙은 甲의 토지에 대해 2018년 9월 1일 3억 원에 매매계약을 체결하고 3천만 원의 계약금을 지급하였으며 중도금은 2018년 10월 1일에, 잔금은 2018년 11월 1일에 지급하기로 하였다. 다음 설명 중 옳지 않은 것은? (다툼이 있으면 판례에 의함)

① 甲은 이행에 착수하기 전이라면 계약금의 배액을 상환하고 계약을 해제할 수 있고 乙은 계약금을 포기하고 계약을 해제할 수 있다.

② 乙이 중도금의 일부를 지급하였다면 甲이 이행에 전혀 착수하지 않은 경우라도 乙은 해약금에 따른 해제를 할 수 없다.

③ 甲이 배액을 상환하고 계약을 해제할 때 甲은 배액을 제공하면 되고 乙이 수령을 거절한다고 해서 공탁까지 할 필요는 없다.

④ 해약금에 의한 해제의 경우, 계약은 소급해서 무효가 되지만 원상회복이나 손해배상의 문제는 발생하지 않는다.

⑤ 乙이 잔대금을 지급기일까지 지급하지 못하면 그 계약이 자동해제된다는 약정이 있는 경우에는 특별한 사정이 없는 한 계약의 자동해제를 위하여 甲이 자기채무의 이행제공을 할 필요는 없다.

71 계약의 해제에 관한 설명으로 옳지 않은 것은? (다툼이 있으면 판례에 의함)

① 정기행위의 이행지체의 경우에는 상대방은 이행의 최고를 하지 아니하고 계약을 해제할 수 있다.

② 매매목적 부동산에 저당권설정등기가 있는 경우에는 매도인의 소유권이전등기의무는 이행불능이므로, 매수인은 매도인에게 최고 없이 계약을 해제할 수 있다.

③ 상대방이 불이행의 의사표시를 미리 하는 경우에는 이행의 최고 없이도 계약을 해제할 수 있다.

④ 계약이 해제된 경우 금전을 지급받은 자는 그 받은 날로부터 법정이자를 가산하여 반환하여야 한다.

⑤ 당사자의 일방 또는 쌍방이 수인인 경우에는 그 해제는 전원으로부터 또는 전원에 대하여 하여야 한다.

72 동시이행항변권에 관한 설명으로 옳지 않은 것은? (다툼이 있으면 판례에 의함)

① 임차권등기명령에 따라 설정된 임차권등기의 말소의무와 보증금의 반환은 동시이행관계에 있다.

② 저당권설정등기의 말소와 피담보채무의 변제는 동시이행관계에 있지 않다.

③ 동시이행관계에 있던 채무 중 어느 한 채무의 이행불능으로 발생한 손해배상채무는 반대채무와 여전히 동시이행관계에 있다.

④ 계약이 무효 또는 취소된 경우에 각 당사자의 원상회복의무는 동시이행관계에 있다.

⑤ 저당권이 설정된 부동산의 매매계약에서 소유권이전등기의무 및 저당권등기말소의무는 특별한 사정이 없는 한 대금지급의무와 동시이행관계에 있다.

73 매매의 효력에 대한 설명으로 옳지 않은 것은? (다툼이 있으면 판례에 의함)

① 매수인이 계약 당시에 목적물에 하자가 있음을 알고 있었을 경우에는 매도인이 하자담보책임을 부담하지 않는다.

② 매매는 쌍무계약인 바, 매도인은 재산권을 이전할 것과 매수인은 대금을 지급할 것을 약정함으로써 성립한다.

③ 매매계약이 성립함과 동시에 목적물로부터 생긴 과실은 매수인에게 속하므로 매도인이 목적물을 인도할 때 이를 함께 이전해야 한다.

④ 매수인에게는 목적물을 수령할 권한이 있으며 경우에 따라서는 신의칙상 목적물수령의무가 있다.

⑤ 매매 목적물에 대하여 권리를 주장하는 자가 있는 경우에 매수인은 매수한 권리를 잃을 위험이 있는 한도에서 대금의 지급을 거절할 수 있다.

74 임대차에 관한 기술 중 옳은 것은? (다툼이 있으면 판례에 의함)

① 기간의 약정이 없는 부동산 임대차계약의 해지통고는 임대인이 통고한 경우에는 6월, 임차인이 통고한 경우에는 3월의 해지기간이 경과해야 효력이 발생한다.

② 임차인이 임차물에 필요비를 지출한 경우에는 임대차의 종료 전에도 그 상환을 청구할 수 있으나, 임차인이 유익비를 지출한 경우에는 임대차 종료 시에 그 상환을 청구할 수 있다.

③ 임차인이 임차물의 보존 · 수선 등을 위하여 비용을 지출한 때에는 모두 임대인의 부담에 속하며, 이에 반하는 약정은 임차인에게 불리한 것으로 무효이다.

④ 임차인이 임대인의 동의 없이 전대한 경우에 그 전대차계약은 무효이다.

⑤ 민법상의 임대차의 최단 존속기간은 2년이다.

75 상가건물 임대차보호법상 임차인이 그가 주선한 신규 임차인이 되려는 자로부터 권리금을 지급받는 것을 방해한 임대인에게 손해배상을 청구할 권리는 "임대차가 종료한 날부터 (   ) 이내에 행사하지 않으면 시효의 완성으로 소멸한다." 빈 칸에 들어갈 기간은?

① 6개월   ② 1년

③ 2년   ④ 3년

⑤ 5년

76 주택임대차보호법상의 주택임대차에 관한 설명 중 가장 옳지 않은 것은? (다툼이 있는 경우에는 판례에 의함)

① 주택임대차에 있어서 주택의 인도 및 주민등록이라는 대항요건은 그 대항력 취득시에만 구비하면 족한 것이 아니고 그 대항력을 유지하기 위하여서도 계속 존속하고 있어야 한다.

② 임차인이 임차주택에 대하여 보증금반환청구소송의 확정판결 기타 이에 준하는 집행권원에 기한 경매를 신청하는 경우에는 주택의 인도 등 반대의무의 이행 또는 이행의 제공을 집행개시의 요건으로 하지 아니한다.

③ 임차인이 사망한 경우에 사망당시 상속권자가 그 주택에서 가정공동생활을 하고 있지 아니한 때에는 그 주택에서 가정공동생활을 하던 사실상의 혼인관계에 있는 자와 2촌 이내의 친족은 공동으로 임차인의 권리와 의무를 승계한다.

④ 주택임차인이 그 지위를 강화하고자 전세권등기를 한 경우, 임차인의 지위에서 배당요구를 하면 전세권에 관하여도 배당요구가 있는 것으로 본다.

⑤ 주택임차인으로부터 임차보증금반환채권을 양수하였다고 하더라도 그 채권양수인이 주택임대차보호법상의 우선변제권을 행사할 수 있는 임차인에 해당하지는 않는다.

77 집합건물의 재건축에 관한 집합건물의 소유 및 관리에 관한 법률의 규정으로 옳지 않은 것은?

① 집합건물의 건축 후 상당한 기간이 경과되어 건물이 훼손 또는 일부 멸실되는 등 일정한 사유가 있으면 집합건물의 소유 및 관리에 관한 법률 소정의 절차를 거쳐서 재건축할 수 있다.

② 집합건물을 재건축하기 위해서는 관리단 집회에서 구분소유자 및 의결권의 각 5분의 4 이상의 다수에 의한 결의가 있어야 한다.

③ 하나의 단지 내에 있는 여러 동의 건물 전부를 일괄하여 재건축하고자 하는 경우에는 개개의 각 건물마다 집합건물의 소유 및 관리에 관한 법률 소정의 재건축결의를 할 필요가 없다는 것이 판례이다.

④ 재건축의 결의가 있은 때에는 집회를 소집한 자는 지체 없이 그 결의에 찬성하지 아니한 구분소유자에 대하여 그 결의내용에 따른 재건축에의 참가여부를 회답할 것을 서면으로 최고하여야 한다.

⑤ 재건축에의 참여여부에 대한 회답의 최고기간이 경과한 때에는 재건축의 결의에 찬성한 각 구분소유자 등은 최고기간 만료일로부터 2월 이내에 재건축에 참가하지 아니하는 뜻을 회답한 구분소유자에 대하여 구분소유권 및 대지사용권을 시가에 따라 매도할 것을 청구할 수 있다.

78 가등기담보에 있어 채권자의 담보권 실행에 관한 설명으로 옳지 않은 것은? (다툼이 있으면 판례에 의함)

① 채권자가 채무자에게 지급할 청산금을 계산함에 있어서는 선순위 권리자의 채권액을 고려하여야 한다.

② 청산금채권이 압류 또는 가압류된 경우에 채권자는 청산기간이 경과한 후 이에 해당하는 청산금을 채무이행지를 관할하는 지방법원 또는 지원에 공탁할 수 있다.

③ 공사대금채권을 담보할 목적으로 가등기가 경료된 경우에도 가등기담보 등에 관한 법률이 적용된다.

④ 채권자가 담보권을 실행하여 그 담보목적물의 소유권을 취득하려면 청산금의 평가액을 통지하여야 한다.

⑤ 담보부동산의 평가액이 피담보채권액에 미달하는 경우에는 청산금이 있을 수 없으므로 귀속정산의 통지방법으로 부동산의 평가액 및 채권액을 구체적으로 언급할 필요 없이 그 미달을 이유로 채무자에 대하여 담보권의 실행으로 그 부동산을 확정적으로 채권자의 소유로 귀속시킨다는 뜻을 알리는 것으로 족하다는 것이 판례의 태도이다.

79 상가건물임대차보호법에 관한 기술로 옳은 것은? (다툼이 있으면 판례에 의함)

① 임대차의 기간의 정함이 없거나 기간을 2년 미만으로 정한 임대차는 그 기간을 2년으로 본다. 다만, 임차인은 2년 미만으로 정한 기간이 유효함을 주장할 수 있다.

② 상가건물의 임대차는 그 등기가 없는 경우에도 임차인이 건물의 인도와 사업자등록을 신청한 때에는 그 때로부터 제3자에 대하여 대항력이 생긴다.

③ 상가건물의 환가대금에서 후순위권리자보다 보증금을 우선변제 받기 위해서는 사업자등록이 경매개시결정시까지 존속하면 된다.

④ 상가임차인이 폐업신고를 하였다가 다시 같은 상호 및 등록번호로 사업자등록을 하였더라도 대항력 및 우선변제권이 유지되지는 않는다.

⑤ 사업자등록은 상가건물 임대차의 대항력이나 우선변제권의 취득요건일 뿐 존속요건은 아니다.

80 친구 사이인 甲·乙간의 명의신탁약정에 따라 수탁자 乙이 매수인으로서 丙소유의 X토지를 매입하고 乙명의로 이전등기를 하였다. 이 경우의 법률관계에 대한 설명으로 옳지 않은 것은? (다툼이 있으면 판례에 의함)

① 甲·乙 간의 명의신탁약정은 무효이다.

② 丙이 甲·乙 간에 명의신탁약정이 있다는 사실을 알고 있었던 경우라 하더라도, 乙은 소유권을 취득한다.

③ 위 ②의 경우, X토지에 대한 소유자는 丙이다.

④ 丙이 甲·乙 간에 명의신탁약정이 있다는 사실을 모른 경우, 乙명의의 등기가 무효로 되지 않는다.

⑤ 乙이 토지를 丁에게 처분한 경우, 丁의 선의, 악의를 묻지 않고 丁은 X토지에 대한 소유권을 취득한다.

MEMO

04

정답 및 해설

정답

1	2	3	4	5	6	7	8	9	10
①	②	④	④	④	①	④	③	⑤	②
11	12	13	14	15	16	17	18	19	20
②	④	①	④	③	②	④	②	①	③
21	22	23	24	25	26	27	28	29	30
②	③	①	⑤	④	③	④	③	⑤	③
31	32	33	34	35	36	37	38	39	40
②	④	⑤	④	①	①	②	④	③	③

해설

01 부동산의 특성 중 부동성이란 부동산활동을 국지화시키고, 부동산활동이 정보활동화되고 임장(臨場)활동, 중개활동, 입지선정활동으로 만든다. 즉, 임장활동을 배제하는 것이 아니라 필요로 한다.

02 농지가 택지로 전환(용도지역 상호 간에 전환)되는 경우로서 옳은 표현이다.
① 후보지란 감정평가상 용도지역 상호 간 전환과정에 있는 지역의 토지이다.
③ 획지(劃地)가 아니라 필지(筆地)이다.
④ 빈지(濱地)와 법지(法地)가 바뀌었다.
⑤ 전체가 아니라 부분만이다. 선하지(線下地)란 고압선 아래의 토지로 보통은 선하지 감가를 한다. 다만 1필지의 일부를 고압선이 지나간다면, 선하지 감가 대상이 되는 선하지란 이로 인해 직접적인 사용에 제약이 따르는 부분만을 의미하는 것이며, 필지 전체가 선하지 감가가 되는 것은 아니다. 필지는 면적 단위가 아닌 등기 등록의 단위이기 때문이다.

용도지역 (감정평가상)		각 용도지역 내 지역
	택지지역	주택지역, 상업지역, 공업지역
	농지지역	전지지역, 답지지역, 과수원지역
	임지지역	용재림(用材林)지역, 신탄림(薪炭林)지역
		⇐ 이행지 ⇒

03 ① 주택시장에서 불량주택이나 저가주택의 존재는 시장의 수요와 공급 기능이 제대로 작동되어 각각 구입능력(소득수준)에 맞게 자원이 배분된 결과이며 시장실패가 아니다. 단지 주택가격이나 주거비 부담능력에 따른 저소득의 산물일 뿐이라고 본다.
② 장기적으로 주택의 건축비용이 증가할 경우 고가주택시장에서 임대료는 원래 수준보다 상승하고 공급량은 종전보다 감소한다.
③ 저소득층 주거지역은 주택의 가치상승분이 수선비용보다 크다고 하면, 재개발되어 고소득층 주거지역으로 전환될 가능성이 강하다.
⑤ 주거분리현상을 말한다.

04 확대적 침입이 일반적이다. 집약적 토지이용이 조방적 토지이용을 침입하는 경우를 확대적 침입이라 하고 조방적 토지이용이 집약적 토지이용을 침입하는 경우를 축소적 침입이라고 하는데 확대적 침입이 일반적이다.

05 부동산가격변화에 따른 공급량의 변화는 공급곡선상에서 점의 이동으로 나타난다.

06 • $Q^{D1} = 900 - P$와 $Q^S = 2P$를 동일하게 한다. 그러면 $900 - P = 2P$가 된다. 결국 균형가격은 300만 원이 되고, 균형거래량은 600㎡가 된다.
• $Q^{D2} = 1200 - P$와 $Q^S = 2P$를 동일하게 한다. 그러면 $1200 - P = 2P$가 된다. 결국 균형가격은 400만 원이 되고, 균형거래량은 800㎡가 된다.
• 결국 균형가격은 300만 원에서 400만 원으로 상승하고, 균형거래량은 600㎡에서 800㎡로 증가하게 된다.

07 수요가 완전탄력적이라면 균형가격(임대료)은 어떤 조건하에서도 불변하며, 공급이 감소한다고 하였으므로 균형거래량은 감소하게 된다.
① 수요가 탄력적이므로 임대료를 인상하면 임대수입은 감소한다.
② 공급이 증가할 때 수요가 비탄력적일수록 균형가격은 더 많이 하락한다(내리게 된다).
③ 수요가 단위탄력적일 때, 수요의 가격탄력성은 1이 된다.
⑤ 교차탄력성이란 한 재화의 가격변화율에 대한 다른 재화의 수요량의 변화율이다.

08 정보의 비(非)대칭성으로 인해 거래당사자의 어느 한쪽은 역선택을 하거나 도덕적 해이에 직면할 수 있다.

09 장기에 공급이 증가됨에 따라 생산요소가격이 상승하지만 공급자의 초과이윤은 소멸된다. 장기란 다른 공급자가 그 시장에 진입하여 경쟁이 발생할 수 있는 충분히 긴 기간을 말하며 단기에 존재하였던 초과이윤은 경쟁을 통해서 소멸하게 된다. 즉, 비용불변, 비용증가 또는 비용감소산업의 경우 단지 생산요소가격변화에 따른 제품가격이 불변, 상승 또는 하락하지만 어떤 유형에서든지 간에 결국 경쟁을 통해 초과이윤은 사라진 상태가 된다.

10 절대지대설에 따르면 토지소유자는 최열등지에 대해서는 지대를 요구할 수 있다.

11 조세제도 및 금융지원은 간접적 개입방식으로 정부가 직접 시장에서 수요자와 공급자의 역할을 하는 직접적 개입은 아니다.
⑤ 공공재가 시장실패의 원인이 되는 것은 최적균형량보다 과소공급되는 문제 때문이다.

12 주택시장에서 불량주택이나 저가주택의 존재는 시장의 수요와 공급 기능이 제대로 작동되어 각각 구입능력(소득수준)에 맞게 자원이 배분된 결과이며 시장실패가 아니다. 단지 주택가격이나 주거비 부담능력에 따른 저소득의 산물일 뿐이라고 본다.

13 외부효과란 어떤 경제활동과 관련하여 거래 당사자가 아닌 제3자(bystander)에게 의도하지 않은 혜택(정의 외부효과)나 손해(부의 외부효과)를 가져다주면서도 이에 대한 대가를 받지도 지불하지도 않은 상태를 말한다. ①의 경우, 지급된 보상이 아니라 보상(대가)이 지불되지 못한 경우를 말한다.

구분	정의 외부효과 (외부경제)	부의 외부효과 (외부불경제)
개념 (예)	다른 사람(제3자)에게 의도하지 않은 혜택을 입히고도 이에 대한 보상을 받지 못하는 것 (과수원과 양봉업)	다른 사람(제3자)에게 의도하지 않은 손해를 입히고도 이에 대한 대가를 지불하지 않는 것 (양식업과 공장폐수)
편익	사회적 편익 > 사적 편익	사회적 편익 < 사적 편익
비용	사회적 비용 < 사적 비용	사회적 비용 > 사적 비용
시장실패	과소생산, 과잉가격	과대생산, 과소가격
정부개입	보조금 지급, 세금감면, 행정규제의 완화	오염배출업체에 대해 중과세, 규제, 환경부담금 부과
현상	PIMFY현상 발생	NIMBY현상 발생

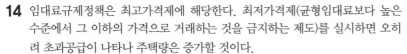

14 임대료규제정책은 최고가격제에 해당한다. 최저가격제(균형임대료보다 높은 수준에서 그 이하의 가격으로 거래하는 것을 금지하는 제도)를 실시하면 오히려 초과공급이 나타나 주택량은 증가할 것이다.
(1) 최고가격제 : 수요자를 보호하는 제도
  ㉠ 균형가격(임대료)보다 낮은 수준에서 그 이상의 가격(임대료)으로 거래하는 것을 금지하는 제도로서 초과수요가 나타난다. 예를 들어 분양가상한제나 임대료 상한제가 이에 해당한다.
  ㉡ 최고가격(임대료)을 균형가격(임대료)보다 높은 수준으로 정하는 경우에는 아무런 효과가 없다.
(2) 최저가격제 : 공급자를 보호하는 제도
  ㉠ 균형가격(임대료)보다 높은 수준에서 그 이하의 가격(임대료)으로 거래하는 것을 금지하는 제도로서 초과공급이 나타난다. 예를 들어 최저임금제가 이에 해당한다.
  ㉡ 최저가격(임대료)을 균형가격(임대료)보다 낮은 수준에서 규제하는 경우에는 아무런 효과가 없다.

15 현금보조방식이 아니라 가격보조방식이다. 주택을 매입(임차)하는 경우에만 보조금을 지급받는 형태인 가격보조방식에 비해(주택바우처제도, 쿠폰제도 등도 유사한 형태라고 볼 수 있다) 현금을 직접 지급받는 현금보조방식의 경우, 주택은 물론 자신의 효용을 증가시킬 수 있는 다른 재화의 소비를 증가시킬 수 있기 때문이다.

16 토지의 공급이 비탄력적일수록 조세의 초과부담(사회적 후생손실)이 적어 자원배분의 왜곡이 적어진다. 특히 토지의 공급이 완전비탄력적인 경우 경제적지대의 성격을 지니고 있으므로 이에 대한 조세의 부과는 초과부담을 발생시키지 않아 자원배분의 왜곡을 초래하지 않는다.

17 저당상수는 연금의 현가계수의 역수이고, 감채기금계수는 연금의 내가계수의 역수이다.
① 현재 1억 원(일시불 금액)인 지가에 대한 5년 후(미래)의 지가를 산정하므로 일시불의 내가계수를 활용한다.
② 5년 후에 1억 원(미래의 특정액)을 만들기 위한 적립금을 산정하므로 감채기금계수를 활용한다.
③ 매월 50만 원(연금)의 10년 후(미래)의 가치를 산정하므로 연금의 미래가치계수를 활용한다.
⑤ 미상환저당잔금은 연금의 현가계수로 산정한다.

18 원리금균등분할상환방식의 원리금은 대출금에 저당상수를 곱하여 산출한다.

19 대부비율을 산정할 때는 기존부채를 전혀 고려하지 않고 담보가치(value)만 고려한다. 하지만 총부채상환비율(DTI) 산정 시에는 기존부채를 포함하여 대출규제를 실시한다.
④ 대부비율과 총부채비율이 상향조정되면 대출가능액이 증대되고 융자가능액이 증가하게 된다.

20 ① 총위험 체계적 위험 투자자가 요구하는 요구수익률에 반영되는 위험은 총위험 중에서 제거 가능한 비체계적 위험을 제외한 체계적 위험만이 해당된다.
② 위험을 전가(risk shifting)하는 형태이다.
④ 체계적 위험이 아니라 비체계적 위험이다. 사업상 위험(시장위험, 운영위험, 위치위험) 중에서 위치적 위험(locational risk)은 비체계적 위험에 해당하며 지역별로 분산투자를 하는 경우 충분히 피할 수 있는 위험이다.
⑤ 금융적 위험이 아니라 법률적(행정적) 위험이다. 정책에 따른 이자율의 변화는 법률적(행정적) 위험이라고 볼 수 있다.

21 • 요구수익률 = 6%(무위험률) + 2%(위험할증률) + 2%(기대인플레이션율) = 10%
• 세후현금수지 = 1,000만 원(월) × 12 = 1.2억 원이며,
$$투자가치 = \frac{예상수입}{요구수익률} = \frac{1.2억\ 원}{0.1(10\%)} = 12억\ 원이다.$$

22 주택저당채권담보부채권(MBB)의 경우 저당채권의 소유권과 원리금수취권이 모두 발행자에게 있으므로 저당과 관련된 모든 위험은 발행자가 부담한다. 즉 발행자는 투자자에게 조기상환위험을 전가할 수 없다.
② 차입자와 금융기관의 시장을 1차 저당시장이라고 한다.
⑤ MPTB는 MPTS와 MBB를 결합한 방식의 혼합형 MBS이다.

23 부동산개발에서 발생하는 위험 중에서 시장위험이 가장 중요하다고 볼 수 있다.

24 비체계적 위험을 감소시킨다. 체계적 위험은 시장위험으로서 개별자산의 구성수와 상관없이 결정된다. 총위험은 비체계적 위험과 체계적 위험으로 구성되므로 비체계적 위험이 감소하면 총위험도 감소한다.

25 일반적으로 상품(재화나 서비스)의 구입 빈도가 높은 편의품 등은 상권의 규모가 작고, 상품(재화나 서비스)의 구입 빈도가 낮은 선매품 등의 고가품은 상권의 규모가 크다.

26 $자본회수기간(순소득승수) = \dfrac{20억\ 원(부동산가격,\ 총투자액)}{2억\ 원(순운영소득,\ 순영업소득)} = 10$

27 저당의 증권화란 대출기관의 저당채권을 유동화 중개기관에 매각하고 이를 기반으로 증권을 발행하여 여러 투자자에게 매각하여 자금화하는 것을 말한다.

28 신탁계약은 수익자(위탁자)와 수탁자(신탁회사) 간에 체결된다.
부동산신탁에서 위탁자는 부동산 소유자이며, 수탁자는 자산운용을 담당하는 신탁회사가 될 수 있다. 부동산소유권이 형식적으로 신탁회사에 이전되며, 신탁회사는 토지소유자와의 약정에 의해 수익증권을 발행하며, 수익증권의 소유자에게 수익을 배당한다.

29 프로젝트 회사와 대출금융기관이 아니라 프로젝트 개발사업주(project sponsor)의 대차대조표상에 프로젝트사업에 소요되는 자금차입이 부채로 기록되지 않는 부외금융이다.

30 될 수 있는 대로 부동산과 관계있는 제품으로서 상대가 필요로 하고 사용횟수가 많고 수명이 긴 것이 좋다. 노벨티(novelty)란 광고 효과를 높이기 위해 광고주가 고객에게 증정하는 선물, 열쇠고리 · 캘린더 · 수첩 · 메모지 · 볼펜 · 라이터 등의 실용소품이 주로 이용된다.

31 사회기반시설의 준공과 동시 시설의 소유권이 국가 또는 지방자치단체에 이전(transfer)되면 사업시행자에게 일정기간의 관리운영권을 인정하고, 사업시행자는 시설을 운영(operate)함으로써 투자비를 회수하는 방식인 BTO(build-transfer-operate)방식이다.

32 오피스빌딩에 대한 대대적인 리모델링 투자의사결정은 부동산 관리업무 중 자산관리에 해당한다.

33 차별화 · 위치화 전략을 포지셔닝전략이라고 한다.
① 수요자 집단을 인구경제학적 변수, 고객행동 변수 등에 따라 구분하는 전략을 시장세분화 전략이라고 한다.
② 마케팅 믹스(4P MIX)란 표적시장에 대하여 원하는 목적을 달성하기 위해 Product, Price, Place, Promotion을 조합하는 것을 의미한다. Positioning은 STP전략 중의 하나이다.
③ 마케팅 믹스(4P MIX) 중 전문분양대행사, 금융기관, 중개업소 등을 활용한 경로전략을 Place전략이라고 한다.
④ 소비자의 구매의사결정과정의 각 단계에서 소비자와의 심리적 접점을 마련하기 위한 전략을 고객점유전략이라고 한다.

정답 및 해설(부동산학개론)

34 특정공간에 대한 일반적인 수요와 공급의 상황분석은 시장위험부담의 내용이다.

35 ㉡ 개발권양도제(TDR)는 개발제한으로 인해 규제되는 보전지역에서 발생하는 토지소유자의 손실을 보전하기 위한 제도로서 우리나라에서는 현재 시행되고 있지 않다.
㉢ 흡수율분석은 부동산시장의 추세파악에 많은 도움을 주는데, 단순히 과거의 추세를 파악하는 것만이 아니라 이를 기초로 개발사업의 미래의 흡수율을 파악하는 데 목적이 있다.
㉣ 법적 위험은 토지이용규제와 같은 공법적인 측면과 소유권 관계와 같은 사법적인 측면에서 발생할 수 있는 위험을 말한다.

36 조건부평가이다. 기한부평가는 장래에 도달할 확실한 일정시점을 기준으로 해서 행하는 평가이다. 기한의 도래가 확실하다는 점에서 조건부평가와 구별되나, 통상 기한부평가와 조건부평가는 병행되는 경우가 많다.

37 ① 지역분석에서는 가격수준을 판정하며, 구체적인 가격을 산정하는 것은 개별분석을 통해서이다.
③ 사례자료를 동일수급권 내 인근지역에서 구할 경우 지역요인의 비교과정은 필요하지 않다. 그러나 유사지역에 구할 경우는 지역요인의 비교과정이 필요하다.
④ 대상부동산이 속해 있는 지역은 인근지역이다.
⑤ 가격수준이 최고인 시기는 성숙기이며, 성장기에는 가격상승률이 최고이다.

38 순서대로 재조달원가 – 기초가액 – 지역요인 비교 – 필요제경비 – 환원이율이다.

$$수익가격 = \frac{순수익}{환원이율}$$

39 재조달원가 계산 시 대지는 무시하고 건평으로 계산한다.
• 재조달원가 = $500m^2$ × 100만 원 = 5억 원이다. 그런데 내용연수 잔가율은 20%이므로 재조달원가에서 잔가를 뺀 감가총액을 가지고 매년의 감가액을 계산한다.
• 감가총액 = 5억 원 – (5억 원 × 20%) = 4억 원
• 매년의 감가액 = $\dfrac{4억\ 원}{20년}$ = 2,000만 원
• 감가누계액 = 2,000만 원 × 10년(경과연수) = 2억 원
• 적산가액 = 5억 원 – 2억 원 = 3억 원

40 개별공시지가에 대하여 이의가 있는 자는 개별공시지가의 결정·공시일부터 30일 이내에 서면으로 시장·군수 또는 구청장에게 이의를 신청할 수 있다(부동산 가격공시 및 감정평가에 관한 법률 제12조 제1항).

정답 및 해설(민법 및 민사특별법)

🔍 정답

41	42	43	44	45	46	47	48	49	50
③	②	①	②	③	⑤	④	④	②	⑤
51	52	53	54	55	56	57	58	59	60
③	⑤	④	②	①	④	①	④	④	②
61	62	63	64	65	66	67	68	69	70
④	②	③	③	②	⑤	③	④	①	②
71	72	73	74	75	76	77	78	79	80
②	①	⑤	④	③	①	③	②	⑤	④

🔍 해설

41 매매의 일방예약은 계약에 해당한다.
①, ②, ④, ⑤는 단독행위이다.

42 후발적 불능의 계약도 무효가 되지는 않는다. 다만 채무자에게 귀책사유의 유무에 따라 이행불능과 위험부담의 문제가 된다.

43 가장소비대차의 대주가 파산한 경우에 선임된 파산관재인은 가장소비대차의 포괄승계인에 해당하지만 제3자에 해당하고, 나아가 파산관재인 개인이 악의라 하더라도 총파산채권자 모두가 악의로 되지 않는 한, 즉 파산채권자 중 한 사람이라도 선의이면 파산관재인도 선의라는 것이 판례의 입장이다.

44 ㉠ 사기를 이유한 취소는 법률행위의 중요부분이 아니어도 가능하다. 따라서 상대방의 기망에 의해서 동기의 착오를 일으킨 경우에도 사기에 의한 취소는 가능하다.
㉡ 교환계약에서 목적물의 시가를 묵비하거나 허위로 고지한 것은 사기에 해당하지 않는다(대법원 2002.9.4. 2000다54406).
㉢ 피용자의 사기는 제3자의 사기에 해당하므로 상대방(甲)이 피용자의 사기 사실을 알았거나 알 수 있었을 경우에만 취소가 가능하다(제110조 제2항).
㉣ 계약을 취소하기 전이라도 불법행위에 따른 손해배상을 청구할 수 있다.

45 ① 어떠한 계약의 체결에 관한 대리권을 수여받은 대리인이 계약을 체결하면, 그 목적이 달성되어 대리권이 소멸하는 것이므로 체결된 그 계약에 관해서 상대방의 의사를 수령할 권한은 없다(대법원 2008.1.31. 2007다74713).
② 중도금이나 잔금을 수령할 권한은 있다(대법원 1994.2.8. 93다39379).
④ 임의대리의 특유한 소멸사유이다(제128조).
⑤ 대리인을 표준으로 결정한다(제116조 제1항).

46 일부추인, 조건부 추인, 변경을 가한 추인은 상대방 丙의 동의가 있어야 효력이 발생한다.
① 선택권은 상대방에게 있다(제135조 제1항).
② 무권대리인에게 한 추인은 선의의 상대방에게 대항하지 못하므로(제132조), 丙의 철회가 효력이 발생한다.
③ 기간의 경과로 추인을 거절한 것으로 간주되어(제131조), 계약은 확정적으로 무효가 되므로, 丙은 계약이행을 거절할 수 있다.
④ 제한능력자(미성년자)는 무권대리인의 책임을 지지 않는다(제135조 제2항).

47 계약책임을 묻는 표현대리에는 위법행위책임에만 적용되는 과실상계 규정이 유추적용될 수 없다는 것이 판례의 입장이다(대법원 1996.7.12. 95다49554).

48 계약이 유동적 무효이므로 계약 자체와 관련해서는 어떠한 권리·의무도 발생하지 않는다.
① 처음부터 허가를 배제하거나 잠탈하려고 한 계약은 확정적 무효이다.
② 신의칙상 서로 협력할 의무는 발생한다.
③ 확정적 유효가 된다.
⑤ 유동적 무효의 계약의 경우에는 협력의무가 있으므로 강박의 피해자는 강박을 이유로 계약을 취소하여 확정적으로 무효화시키고 이 협력의무를 면할 수 있다.

49 제한능력자 甲도 법정대리인의 동의 없이 취소권을 행사할 수 있고, 법정대리인 乙 역시 취소권자이다(제140조). 또한 상대방이 확정한 경우에는 취소권은 상대방 丙에 대하여 행사하여야 한다(제142조).

50 불법조건은 법률행위 전체가 무효로 된다(제151조 제1항).

51 채권행위인 매매계약을 원인으로 하는 소유권이전등기청구권은 채권적 청구권이다.

52 구분건물이 아닌 1동의 건물 중 일부에 관한 보존등기는 일물일권주의 원칙상 인정되지 않는다.

53 선의의 점유자가 본권에 관한 소에서 패소한 경우, 소제기시로부터 악의의 점유자로 간주된다. 따라서 소제기 후에 취득한 과실은 회복자에게 반환하여야 한다.

54 제266조 제2항에 해당한다.
① 분할청구권은 공유관계에 수반되는 형성권으로서 공유관계가 존속하는 한 분할청구권만이 독립하여 소멸시효에 걸리지 않는다.
③ 공유물에 끼친 불법행위를 이유로 하는 손해배상청구권은 특별한 사유가 없는 한 각 공유자는 그 지분에 대응하는 비율의 한도 내에서만 이를 행사할 수 있다(대법원 1970.4.14. 70다171).
④ 과반수 지분권의 공유자로부터 사용·수익을 허락받은 점유자에 대하여 소수 지분의 공유자는 점유배제를 구할 수 없다.
⑤ 공유에서의 지분처분은 자유롭다.

55 점유취득시효도 법률규정에 의한 부동산 물권취득이나 제187조의 유일한 예외로 등기를 하여야만 소유권을 취득한다(제245조).

56 건물 일부에 대한 전세권자도 그 건물 전부에 대하여 우선변제를 받을 권리가 있으나, 다만 전세권의 목적물이 아닌 나머지 건물부분에 대하여 경매신청권은 없다(대법원 1992.3.10. 91마256).

57 건축자재에 대한 채권은 공사업자 乙에 대한 채권으로써 건축주 丙의 건물과는 견련성이 없으므로 유치권이 인정될 수 없다.

58 자기 소유의 부동산의 시효취득도 가능하다(대법원). 진정한 소유자의 증명책임을 완화시켜주기 위해 인정된다.

59 토지소유자가 지상권자의 지료연체를 이유로 지상권소멸청구를 하여 지상권이 소멸된 경우, 지상권자는 토지소유자를 상대로 지상물매수청구권을 행사하지 못한다.

60 공유자의 1인이 지역권을 취득하면 다른 공유자도 이를 취득한다(제295조 제1항).

61 당사자가 존속기간을 약정하지 않은 경우에는 각 당사자는 언제든지 전세권의 소멸을 통고할 수 있고, 통고가 도달한 날로부터 6개월이 지나면 전세권은 소멸한다(제313조).

62 담보물보충청구권은 채무자에 의한 침해의 경우에 저당권자에게 인정되는 권리이다.

63 저당권 실행비용도 피담보채권의 범위에 포함된다.

64 채무자는 채권최고액을 초과하는 실제채무액 전액을 변제해야 하나, 물상보증인이나 제3취득자는 채권최고액만을 변제하면 된다(대법원).

65 계약금 계약과 현상광고는 요물계약이다.

66 양 청약이 모두 도달한 때에 계약이 성립한다(제533조).

67 틀린 지문을 기술하면 다음과 같다.
ⓛ 변제의무가 선이행의무이다.
ⓔ 보증금반환의무가 선이행의무이다(판례).

68 위험부담에 관한 규정은 임의규정이다.
① 위험부담문제는 원칙적으로 쌍무계약인 경우에 한하여 문제가 된다(제537조).
② 채권자의 수령지체 중의 후발적 불능이므로 채무자는 상대방의 이행을 청구할 수 있다(제538조 제2항).
③ 위험부담은 후발적 불능의 경우에서 채무자에게 귀책사유가 없는 경우에 문제된다. 원시적 불능의 경우에는 계약체결상의 과실책임이 문제될 수 있다.
⑤ 교환계약도 쌍무계약이므로 위험부담이 문제될 수 있으나, 지문의 경우에는 귀책사유가 있는 경우이므로 위험부담이 아니라 채무불이행책임이 문제된다(제390조).

69 ㉠, ㉣ 수익자는 계약의 당사자가 아니므로 아무런 권리의무가 없다. 따라서 부당이득반환의무도 없다. 낙약자는 요약자에 대하여 부당이득반환을 청구하여야 한다. 다만 수익의 의사표시를 한 수익자는 낙약자에게 계약의 이행을 청구할 수 있고, 낙약자의 채무불이행으로 계약이 해제된 경우 손해배상은 청구할 수 있다.
㉡ (대법원 2004.9.3. 2002다37405)
㉢, ㉣ 요약자와 수익자의 관계는 요약자와 수익자의 내부관계에 지나지 않으므로 요약자와 수익자의 관계의 하자를 이유로 요약자는 낙약자에게 채무이행을 거절할 수 없고, 낙약자도 수익자에게 대항할 수 없다.

70 가압류등기가 되어 있다는 사실만으로는 이행불능이라고 할 수 없다(대법원 2003.5.13. 2000다50688).

71 일부타인권리 매매의 경우 매수인은 악의라도 대금감액을 청구할 수 있다(제572조 제1항). 나머지 경우는 선의의 매수인만 담보책임을 물을 수 있다.

72 어느 일방이라도 계약의 이행에 착수한 이상 계약금해제는 허용되지 않는다(대법원 2000.2.11. 99다62074).
⑤ (대법원 2008.10.23. 2007다72274)

73 ①, ② 필요비는 지출 즉시, 유익비는 임대차 종료 시에 행사할 수 있다.
③ 비용상환청구권은 임의규정이므로 임차인의 부담으로 돌릴 수 있다.
④ 유익비에 관한 설명이다(제626조 제2항).

74 ① 형성권이다.
② 지상물의 경제적 가치유무나 임대인에 대한 효용 여부는 지상물매수청구권의 행사요건이 아니다.
③ 부속물과 달리 지상물은 임대인의 동의를 얻어 신축한 것에 한하지 않는다.
④ 다만 임차인에게 불리하지 않은 특별한 사정이 있는 경우에는 그 포기약정도 유효하다.
⑤ 임차인의 채무불이행을 이유로 임대차계약이 해지되는 경우에는 지상물매수청구권이나 부속물매수청구권이 인정되지 않는다.

75 법인의 경우에는 주임법이 적용되지 않으므로 주택의 소유자가 바뀌더라도 종전의 소유자인 양도인의 보증금반환의무는 소멸하지 않는다.

76 임차인은 2년 미만의 기간이 유효함을 주장할 수 있다(주임법 제4조 제1항).

77 2기가 아니고 3기이다(상가건물임대차보호법 제10조 제1항).

78 집합건물의 공용부분의 지분은 규약으로 정한 경우에도 전유부분과 분리하여 처분하지 못한다(집합건물법 제13조 제2항, 제2항).

79 목적부동산의 가액이 피담보채권액에 미달하여 청산금이 없다고 인정되는 경우에도 청산금이 없다는 뜻을 통지하여야 한다.

80 종중이나 배우자 간의 명의신탁의 경우에도 부동산실명법이 적용된다. 다만 이 경우에는 탈법 목적이 없는 경우에는 유효로 취급한다(부동산실명법 제8조).

🔍 정답

1	2	3	4	5	6	7	8	9	10
②	③	④	③	②	②	③	①	④	④
11	12	13	14	15	16	17	18	19	20
⑤	②	⑤	①	②	②	⑤	⑤	①	①
21	22	23	24	25	26	27	28	29	30
②	⑤	⑤	②	①	⑤	③	③	④	④
31	32	33	34	35	36	37	38	39	40
③	④	②	③	②	①	②	①	②	②

🔍 해설

01 ① 복합부동산이 아니라 복합개념의 부동산을 설명한 것이다.
③ 경제적 개념에 해당한다.
④ 무형적 측면과 유형적 측면이 바뀌어서 설명되었다.
⑤ 경제적 개념에 해당한다.

02 ① 대지에서 건축물의 바닥면적을 제외한 부분을 공지라고 한다.
② 개발제한구역으로의 지정결정은 건부감가를 유발하는 요인이다.
④ 공한지는 도시토지로서 지가상승만을 기대하고 장기간 방치하는 토지를 말한다.
⑤ 임지지역에서 농지지역으로 전환되고 있는 토지를 후보지라고 한다.

03 균형수급량(균형거래량)과 균형가격은 수요와 공급이 일치하는 지점이다. 즉, $Q_D = Q_S$이므로, $800 - 2P = 500 + P$, $3P = 300$, $P = 100$, $Q = 600$이다.

04 ③ 토지의 물리적 공급곡선은 수직이나, 토지의 경제적 공급곡선은 용도의 다양성으로 인하여 우상향하는 형태를 보인다.
② 생산요소 가격의 하락은 주택공급을 증가시키며, 공급곡선을 우측으로 이동시키는 원인이 된다.
④ 토지의 물리적 공급곡선은 부증성의 영향을 받아 수직선으로 나타나며, 경제적 공급은 용도의 다양성으로 인하여 가능하므로 우상향하는 형태를 보인다.

05 ② 생산량을 늘릴 때, 즉 공급을 대규모화할수록 생산요소 가격이 하락하는 비용체감산업의 경우 공급의 임대료탄력성은 더 탄력적이 된다.
④ 생산소요시간이 짧다는 의미는 해당 재화를 빠르게 공급할 수 있다는 의미이며, 공급이 탄력적이 된다는 의미이다.
⑤ 이론적으로 아파트의 신축공급은 단기(1년 미만의 짧은 시간)에는 불가능하며 공급이 완전비탄력적이 된다.

06 ② 당해 재화의 가격은 상승할 수 있다.(대체재에 대한 수요량이 감소하고 대신 당해 재화에 대한 수요가 증가하여 당해 재화의 가격은 상승할 수 있다)
① 저소득층에게 주택보조금을 지급하는 경우 저가주택수요가 증가하여 가격이 상승할 수도 있다.
③ 수요측면에서 대체재 수요량이 증가하는 경우 당해 재화의 수요는 감소하여 가격은 하락할 수 있다.
④ 수요측면에서 보완재 수요량이 감소하는 경우 당해 재화의 수요는 감소하여 가격은 하락할 수 있다.
⑤ 공급측면에서 대체재가격 상승은 대체공급은 증가하고 당해 재화의 공급은 감소하여 당해 재화가격은 상승할 수 있다.

07 ③ 준강성 효율적 시장은 이미 과거와 현재정보가 반영되어 있으므로 공표된 정보를 토대로 투자를 하더라도 정상을 초과하는 이윤을 획득할 수 없다.
① 강성 효율적 시장은 모든 정보가 반영이 되어 있는 시장으로, 어떤 정보를 통해서 투자하더라도 초과이윤을 획득할 수 없다.
② 준강성 효율적 시장에서는 과거정보를 통해 초과이윤을 획득할 수 없다.
④ 준강성 효율적 시장은 약성 효율적 시장보다 더 많은 정보를 시장가치에 반영하므로 효율성이 더 큰 시장이라고 할 수 있다.
⑤ 약성 효율적 시장에는 현재정보 및 미래정보가 반영되어 있지 않고 과거의 정보만 반영되어 있다.

08 예기치 못한 사태로 초래되는 비순환적 경기변동 현상은 불규칙(우발, 무작위 ; random)변동이다.

09 수요 측면에서 부동산가격이 상승하면 부동산경기가 좋다고 하는 것은 옳지 않은데, 이는 부동산경기가 좋아 부동산가격이 상승하는 것이지 부동산의 가격변동 때문에 부동산경기가 좋아지는 것은 아니기 때문이다. 부동산가격은 원인지표로 이해하기보다는 결과지표로 바라보는 것이 바람직하며 부동산가격을 사용해 경기를 측정할 때에는 특히 주의해야 한다. 따라서 부동산경기의 측정은 단순지표에 의존할 것이 아니라 중심지표인 건축량(착공량) 거래량 그리고 보조지표로서 가격변동 등을 통한 종합적인 측정이 가장 바람직하다.

10 보완관계에 있는 재화의 가격이 상승하면 보완재의 수요는 감소하게 되고, 보완관계에 있는 해당 아파트의 수요도 감소하게 된다. 그러므로 해당 아파트의 임대료는 하락하게 된다.

11 ⑤ 공급의 가격탄력성은 단기일수록 비탄력적이고 장기일수록 탄력적이 된다.

12 ① 부동산 문제의 다양성은 해결수단을 다양화하여 효과를 극대화시켜야 한다.
③ 지가고는 역기능이 일반적이지만 순기능을 고려할 수 있다.
④ 토지의 토지가격증대보다는 유용성에 중점을 두어야 한다.
⑤ 토지의 부동성이다.

13 ① '공'이 아니라 '장'으로 표기한다. 지목의 부호를 첫 글자로 쓰는 것이 일반적인데, 두 번째 글자로 쓰는 경우는 공장용지(장), 주차장(차), 하천(천), 유원지(원) 등 4가지이다.
② 구거이다.
③ 부동산경매에서 '낙찰' 허가결정 확정 후 경매대금을 완납한 때에 '최고가 매수인'은 '등기와 무관'하게 목적부동산의 소유권을 취득하는 것으로 확인 · 판단하였다.
④ 국토계획법이 아니라 건축법상의 건축물 대장을 통해 확인한다.

14 매수자시장이라면 초과공급(매도자>매수자)으로 매수자가 주도하는 시장이므로 이때는 후분양이 일반적일 것이며, 매도자시장이라면 초과수요(매도자<매수자)시장이므로 선분양이 일반적일 것이다.

15 토지의 공급이 비탄력적일수록 조세의 초과부담(사회적 후생손실)이 적어 자원배분의 왜곡이 적어진다. 특히 토지의 공급이 완전비탄력적인 경우 경제적 지대의 성격을 지니고 있으므로 이에 대한 조세의 부과는 초과부담을 발생시키지 않아 자원배분의 왜곡을 초래하지 않는다.

16 임대료상한제가 실시되더라도 단기적으로는 주택공급이 완전비탄력적이기 때문에 주택공급량에는 변화가 없으나 규제로 인해 임대료가 하락하게 되므로, 임대인이 임대소득 일부가 임차인에게 귀속되는 소득재분배 효과가 발생한다.
① 상한임대료가 시장임대료보다 높으면 주거이동의 저하가 없고, 임대주택의 질적 하락문제는 발생하지 않는다(아무 변화없다).
③ 임대료보조가 실시되면 단기적으로 임대주택의 수요가 증가하게 되므로 임대료가 하락하게 된다.
④ 임차인들의 주거선택폭을 확대하기 위해서는 임차인에게 직접 보조하는 수요자보조가 더욱 바람직하다.
⑤ 임대료상한제는 장기적으로 임대주택 공급을 감소시키나, 임대료보조는 장기적으로 임대주택을 증가시키는 장점이 있다.

17 ① 임대주택에 재산세를 부과하였을 때, 다른 조건이 동일할 경우 일반적으로 임대인은 부과되는 재산세의 일부를 임차인에 전가시킨다. 따라서 임대료가 상승하지만 재산세가 부과되는 크기만큼 상승하는 것은 아니다.
② 임대주택의 공급곡선이 완전비탄력적일 경우 주택에 부과되는 재산세는 전부 공급자인 임대인에게 귀착된다.
③ 임대주택의 수요곡선이 탄력적이고 임대주택의 공급곡선이 비탄력적일 경우 재산세부담은 상대적으로 임대주택의 수요자인 임차인에게 적게 귀착된다.
④ 공공임대주택의 공급확대정책은 임대주택시장에서 임차인의 수요탄력성을 크게 하여 임대주택의 재산세가 임차인에게 전가되는 현상을 완화시킬 수 있다.

18 리카도의 차액지대설에 따르면 최열등지의 지대는 발생하지 않는다. 따라서 리카도의 이론으로는 최열등지의 지대를 설명할 수 없다.
① 튀넨에 따르면 지대함수는 거리가 멀어질수록 지대가 하락하는 감소함수이다.
② 마르크스의 절대지대설은 토지의 사유화에 의해 지대가 발생한다는 이론으로 수송비는 마르크스의 지대와 무관하다.
③ 튀넨은 도시에서 외곽으로 나아갈수록 수송비는 증가하지만 지대는 감소한다고 주장하였다.
④ 알론소에 따르면 입찰지대는 기업주 입장에서 정상이윤과 투입생산비를 제외하고 남은 최대지불용의액이 된다.

19 입찰지대란 단위면적의 토지에 대해 이용자가 지불하고자 하는 최대금액을 의미한다.
③ 주거용과 상업용이 도심토지를 놓고 입찰한다고 가정한다면 생산성이 상대적으로 높은 사업용이 도심토지를 차지하고 주거용 토지이용이 외곽으로 배치된다. 즉, 입찰지대모형으로 직주분리를 설명할 수 있다.
④ 입찰지대곡선의 기울기 = 생산물의 단위당 한계운송비 ÷ 토지사용량
⑤ 입찰지대는 입찰자(토지이용자) 입장에서는 자신의 생산비와 정상이윤을 제외하고 토지에 투입하는 최대비용이다. 따라서 입찰지대는 초과이윤이 0이 되는 수준이 지대이다.

20 일정액을 빌렸을 때 매기간 불입해야 할 원금과 이자의 합계를 구하는 승수이다. 매기간 불입하는 원금과 이자를 합한 금액을 저당지불액 또는 부채서비스액이라고 하며, 저당지불액은 저당대부액에 저당상수를 곱하면 된다. 저당상수는 연금의 현가계수의 역수가 된다.

21 변동이자율저당은 위험을 대출자가 차입자에게 전가시키게 되므로 차입자의 채무불이행 위험은 고정이자율저당에 비해서 오히려 커지게 된다.

22 원리금균등분할상환으로 상환이 이루어질 경우 매기 납부하는 원금액은 증가하고, 이자액은 감소하며, 전체 원리금은 균등하다. 따라서 매기 납부하는 원금액과 이자액은 지속적으로 변동(증감)한다.
① 대출기간 초기에는 원리금균등분할상환방식의 원리금이 원금균등상환의 원리금보다 적다.
② 시중은행들의 자금조달비용을 가중평균한 지수로 변동금리대출의 지표금리로 사용되는 대출의 기준금리를 COFIX(자금조달비용지수)라고 한다.
③ 원금균등분할상환방식이 아니라 원리금균등분할상환방식에 대한 지문이다. 원리금균등분할상환방식으로 상환이 이루어질 경우 상환액(저당지불액)은 융자액에 저당상수를 곱하여 산정된다.
④ 고정금리저당에서 시장이자율이 약정이자율보다 높아지게 되면 차입자는 기존대출을 유지하는 것이 유리하고, 시장이자율이 낮으면 차입자는 조기상환을 고려하게 된다.

23 ① 대부비율이다.
② 부채감당률은 순영업소득이 부채서비스액의 몇 배가 되는가를 나타내는 비율이며, 부채서비스액이란 매월 또는 매년 지불해야 되는 원금상환분과 이자지급분을 가리킨다.
③ 부채감당률은 1보다 클수록 유리하며 1에 가까울수록 대출자나 차입자 모두 위험이 높아진다는 것을 의미한다.
④ 영업경비와 부채서비스액이 유효총소득에서 차지하는 비율이 낮을수록 그만큼 채무불이행의 가능성은 작아진다.

24 수익가액 $= \dfrac{\text{순수익}}{\text{환원이율}} = \dfrac{2{,}000\text{만 원} - 800\text{만 원}}{(4\% + 2\%)} = \dfrac{1{,}200\text{만 원}}{6\%} = 2\text{억 원}$

25 • 조(총)소득승수 = 총투자액(부동산가치) / 조(총)소득 = 10억 원 / 1억 원 = 10
• 순소득승수(자본회수기간) = 총투자액(부동산가치) / 순영업소득 = 10억 원 / 5천만 원 = 20

26 매도자와 매수자의 협상과정에 참여하여 거래과정에서 발생하는 여러 가지 문제에 대하여 조언을 하는 자는 에스크로우회사가 아니라 중개업자이다.

27 사업수탁방식의 경우, 사업 전반이 토지소유자의 명의로 행해지며 소유권의 이전이 없다. 반면 토지신탁방식의 경우, 토지소유권이 형식적으로 신탁회사에 이전된다는 면에서 양자는 차이가 있다.

28 주택소유자 조합은 공적 주체(1섹터)가 아닌 사적 주체(2섹터)에 해당한다. 공적주체로는 국가, 지방자치단체, 한국토지주택공사 등이 있다.
① 도심의 지가가 상승하고 주거환경이 악화되면 주택소비자들이 그 거처를 외곽에 마련하곤 하는데 이를 직주분리 현상이라고 한다.
② 도시스프롤(sprawl)은 외곽지역으로 확산되는 난개발 현상이다.

29 효율적 전선은 우상향하는 형태를 띠게 된다. 효율적 전선(efficient frontier)이 우상향하는 경우, 주어진 위험에서 투자자는 이 이상의 수익률을 얻을 수 없기 때문에 더 높은 수익률을 얻기 위해서는 더 많은 위험을 감수해야 한다는 것을 의미하며, (체계적)위험-수익 상쇄관계, 비례관계를 의미한다.

30 자기관리 부동산투자회사는 상법상의 실체회사인 주식회사로 법인세 면제혜택이 없다. 다만 위탁관리 부동산투자회사와 기업구조조정 부동산투자회사는 법인세 면제혜택이 있다.
① 배당이익과 매매차익을 누릴 수는 있지만 원금손실 가능성도 존재한다.
② 부동산투자회사는 상법상 주식회사로 발기설립의 방법으로 회사를 설립한다.
⑤ 영업인가를 받은 후 6개월이 지난 위탁관리 부동산투자회사 및 기업구조조정 부동산투자회사의 설립자본금은 50억 원 이상이 되어야 한다.

31 토지이용 집약도의 상한선은 집약한계, 하한선은 조방한계이다.

32 기간별로 정기적으로 작성되어야 할 보고서에는 부동산자산보고서, 부동산활동보고서, 임대차보고서, 잉여부동산보고서 등이 있다. 가장 중요한 부동산자산보고서는 보통 반년에 한 번씩 작성되고, 부동산활동보고서, 임대차보고서, 잉여부동산보고서 등은 월별로 작성된다(미국의 경우).

33 비율임대차(percentage lease)에 대한 설명이다.
④ 순임대차(net lease)는 공업용 부동산에 일반적으로 적용되는데, 이는 1차, 2차, 3차 순임대차 등으로 구분이 된다. 1차 순임대차란 순수한 임대료 이외에 편익시설에 대한 비용, 부동산 세금까지를 임차인이 지불하는 방법을 의미하며, 2차 순임대차란 1차 순임대차의 항목 이외에 보험료까지 지불하는 방법을 말한다. 또한 3차 순임대차란 2차 순임대차의 항목 이외에 유지수선비까지 지불하는 방법을 말하는데, 공업용 부동산의 경우 3차 순임대차가 가장 일반적으로 적용된다.

34 지역분석은 지역요인을 분석하는 작업으로 이는 구체적으로 인근지역의 표준적 이용을 판단하여, 그 지역 내의 부동산에 대한 가격수준을 판정하는 작업이다.

35 대로변의 1필지의 토지가 전·후면으로 가치를 달리할 때, 해당 토지를 구분평가하는 것이 원칙이다.
① 현황평가라고 한다.
③ 복합부동산은 일체거래되는 부동산으로서 하나의 물건으로 취급한다.
⑤ 저촉 부분에 대한 보상평가를 부분평가라고 한다.

36 ㉡ 공시지가기준법 적용에 따른 시점 수정 시 지가변동률을 적용하는 것이 적절하지 아니하면 한국은행이 조사·발표하는 생산자물가지수에 따라 산정된 생산자물가상승률을 적용한다.
㉢ 급한 사정이 있더라도 사정보정이 가능하기 때문에 비교사례로 선정할 수 있다.

37 자동차는 거래사례비교법에 의함이 원칙이다. 《감정평가에 관한 규칙 제20조(자동차 등의 감정평가)》
① 감정평가에 관한 규칙 제15조(건물의 감정평가) – 감정평가업자는 건물을 감정평가할 때에 원가법을 적용하여야 한다.
③ 감정평가에 관한 규칙 제20조(자동차 등의 감정평가) – 감정평가업자는 선박을 감정평가할 때에 선체·기관·의장(艤装)별로 구분하여 감정평가하되, 각각 원가법을 적용하여야 한다.
④ 감정평가에 관한 규칙 제20조(자동창 등의 감정평가)– 감정평가업자는 항공기를 감정평가할 때에 원가법을 적용하여야 한다.
⑤ 감정평가에 관한 규칙 제17조(산림의 감정평가) – 감정평가업자는 산림을 감정평가할 때에 산지와 입목(立木)을 구분하여 감정평가하여야 한다. 이 경우 입목은 거래사례비교법을 적용하되, 소경목림(지름이 작은 나무·숲)인 경우에는 원가법을 적용할 수 있다.

38 감정평가의 감가수정과 회계목적의 감가상각이 반대로 설명되어 있다.
② 관찰감가법은 감정평가사의 개별적인 능력이나 주관에 좌우되기 쉽고, 외관상으로 관찰할 수 없는 기술적인 하자를 간과하기 쉽다.

39 재조달원가 산정은 기본적으로 도급건설을 기준으로 한다. 자가건설의 경우라면 도급의 경우와는 달리 수급인의 적정이윤(기업이윤)을 지불할 필요는 없겠지만, 만약 이를 고려하지 않는다면 동일한 규모와 유용성을 가진 물건의 가격이 서로 다르게 산정될 가능성이 있기 때문에, 항상 도급을 전제로 하여 이를 고려해야 한다.

40 종합부동산세의 과세표준액을 결정할 때는 개별공시지가를 기준으로 한다.

정답 및 해설(민법 및 민사특별법)

정답

41	42	43	44	45	46	47	48	49	50
⑤	①	⑤	④	④	③	③	③	①	④
51	52	53	54	55	56	57	58	59	60
⑤	②	③	④	⑤	①	④	②	③	①
61	62	63	64	65	66	67	68	69	70
②	④	①	①	③	④	⑤	⑤	④	①
71	72	73	74	75	76	77	78	79	80
③	②	③	②	⑤	④	②	①	②	⑤

해설

41 궁박은 급박한 곤란을 의미하며, 반드시 경제적일 필요는 없고, 명예의 침해와 같은 정신적 궁박도 포함된다.

42 ①, ② 자연적 해석은 표시가 의사를 외부에 표현하는 수단이므로 표시가 잘못되었다고 하더라도 그 표시의 의미에 대해 당사자 간의 의사의 합치가 있다고 한다면 표시의 목적은 달성된 것이고, 따라서 그 의사에 따른 효과를 주어야 한다는 해석방법이다. 한편, 착오는 당사자 진의가 아닌 표시상의 효과의사에 따라 법률행위 효과가 부여된 경우에 한하여 문제되는 것이므로, 내심적 효과의사에 따라 법률효과가 부여되는 자연적 해석의 경우에는 착오문제는 발생하지 않는다.

43 (대법원 1982.1.26, 81다카549)에 해당한다.
① 신의칙의 파생원칙인 금반언의 원칙에 반하는 것으로서 허용되지 않는다 (대법원 1994.9.27, 94다2067).
② 재단법인설립행위, 상속의 승인이나 포기행위 등 상대방 없는 무권대리행위에 대한 본인의 추인은 허용되지 않는다.
③ 무권대리행위에 대하여 본인이 그 직후에 그것이 자기에게 효력이 없다고 이의를 제기하지 아니하고 이를 장시간에 걸쳐 방치하였다고 하여 무권대리행위를 추인하였다고 볼 수 없다(대법원 1990.3.27, 88다카181).
④ 타인의 권리를 자기의 이름으로 또는 자기의 권리로 처분한 후에 본인이 그 처분을 인정하였다면 특별한 사정이 없는 한 무권대리에 있어서 본인의 추인의 경우와 같이 그 처분은 본인에 대하여 효력을 발생한다(대법원 1981.1.13, 79다2151).

44 제3자의 사기행위로 인하여 피해자가 주택건설사와 사이에 주택에 관한 분양계약을 체결하였다고 하더라도 제3자의 사기행위 자체가 불법행위를 구성하는 이상, 피해자가 제3자를 상대로 손해배상청구를 하기 위하여 반드시 그 분양계약을 취소할 필요는 없다(대법원 1999.3.10, 97다55829).

45 ㉣ 매도인의 대리인이 매수인에게 사기를 행한 경우 언제든지 매수인이 매매계약을 취소할 수 있다.
㉤ 증여세를 면하기 위하여 부자(父子) 사이에 매매의 형식을 빌리는 경우 증여 그 자체는 은닉행위로서 유효로 본다.

46 상대방이 '제3자의 사기·강박의 사실을 알았거나 알 수 있었을 경우'에 한하여 그 의사표시를 취소할 수 있다(제110조 제2항). 즉, 상대방이 보호되기 위해서는 상대방의 선의·무과실이 요구된다.
①「민법」제108조 제2항의 제3자는 선의이면 족하고 무과실은 요건이 아니다 (대법원 2004.5.28, 2003다70041).
② 당사자 일방이 계약을 해제한 때에는 각 당사자는 그 상대방에 대하여 원상회복의 의무가 있다. 그러나 제3자의 권리를 해하지 못한다(제548조 제1항). 여기서 제3자는 선의이면 족하지 무과실까지 요하는 것은 아니다.
④ 행위무능력을 이유로 취소하면 그 법률행위는 소급해서 무효가 되고(법 제141조), 이것은 행위무능력자를 보호하기 위해서 모든 사람에 대한 관계에서 무효가 되는 절대적 무효이다. 따라서 그 취소를 가지고 선의의 제3자에게도 대항할 수 있다.
⑤ 丙은 甲으로부터 부동산을 매수하여 소유권이전등기까지 마쳤으므로 형식주의 원칙상 등기를 갖춘 丙만이 소유자이고, 甲이 이후에 채권행위인 무권대리행위를 추인했는지와 무관하게 소유권을 취득한다.

47 임의대리인이건 법정대리인이건 「민법」상의 대리인의 행위는 현명주의가 원칙이다. 따라서 임의대리인이든 법정대리인이든 대리인이 본인을 위한 것임을 밝혀야 한다.

48 (대법원 1974.5.14, 73다631)에 해당한다.
① 불법조건이 붙은 법률행위는 법률행위 자체가 무효로 된다.
② 불법조건으로 볼 수 없다.
④ 기한은 당사자 간의 특약으로도 소급효를 인정할 수 없다.
⑤ 상대방에게 손해가 발생하는 경우에도 손해를 배상하면 포기할 수 있다.

49 표현대리행위가 성립하는 경우에 그 본인은 표현대리행위에 의하여 전적인 책임을 겨야 하고, 상대방에게 과실이 있다고 하더라도 과실상계의 법리를 유추적용하여 본인의 책임을 경감할 수 없다(대법원 1996.7.12, 95다49554).

50 ㉠, ㉢ 이행의 청구와 취소할 수 있는 행위로 취득한 권리의 전부나 일부의 양도는 취소권자가 상대방에게 한 경우에만 법정추인이 된다(제145조).

51 물권이 이전되면 물권적청구권도 따라서 이전한다.
① 선택적으로만 행사할 수 있다(제214조).
② 간접점유자는 물권적 청구권의 상대방이 되나, 점유보조자는 상대방이 되지 않는다.
③ 丙은 정당한 점유권원을 가지고 있으므로 甲은 丙에게 소유물반환청구를 할 수 없다.
④ 甲은 乙을 상대로 철거를 주장하여야 한다.

52 등기는 물권의 효력발생요건이고 효력존속요건이 아니므로 물권에 관한 등기가 원인 없이 말소된 경우에도 그 물권이 곧 소멸하는 것은 아니며, 말소된 등기의 명의인은 여전히 적법한 권리자로 추정된다(대법원 1982.9.14, 81다카923).

53 분묘기지권자의 점유는 소유의사로 점유하는 것이 아니므로 타주점유이다(대법원 1997.3.28, 97다3651).

54 주위토지의 현황이나 구체적 이용 상황에 변동이 생긴 경우에 기존의 확정판결 등이 인정한 통행 장소와 다른 곳을 통행 장소로 삼아 다시 통행권확인 등의 소를 제기할 수 있다(대법원).

55 ① 영구무한의 지역권 설정도 인정된다.
② 지역권은 요역지와 분리하여 양도할 수 없다.
③ 계속되고 표현된 지역권에 한하여 시효취득이 인정된다.
④ 공유자 1인이 지역권을 취득하면 다른 공유자도 이를 취득한다.

56 동일인 소유의 토지와 그 지상의 건물에 공동저당권이 설정된 후 그 건물이 철거되고 다른 건물이 신축된 경우, 저당물의 경매로 인하여 토지와 신축건물이 서로 다른 소유자에게 속하게 되면 특별한 사정이 없는 한 「민법」 제366조 소정의 법정지상권이 성립하지 않는다(대법원 2003.12.18, 98다43601 전합).

57 건물 일부에 대한 전세권자도 그 건물 전부에 대하여 우선변제를 받을 권리가 있으나, 다만 전세권의 목적물이 아닌 나머지 건물부분에 대하여 경매신청권은 없다(대법원 1992.3.10, 91마256).

58 ① 채권은 목적물의 점유 중 또는 점유와 더불어 생긴 것임을 요하지 않고, 점유하기 전에 그 목적물에 관련되는 채권이 발생하고, 그 후 어떤 사정으로 목적물의 점유를 취득한 경우에도 유치권은 성립한다.
③ 유치권에는 경매권은 있으나 우선변제적 효력은 없다.
④ 유치권의 성립요건이자 존속요건인 유치권자의 점유는 직접점유이든 간접점유이든 관계가 없으나, 다만 유치권은 목적물을 유치함으로써 채무자의 변제를 간접적으로 강제하는 것을 본체적 효력으로 하는 권리인 점 등에 비추어, 그 직접점유자가 채무자인 경우에는 유치권의 요건으로서의 점유에 해당하지 않는다고 할 것이다(대법원 2008.4.11, 2007다27236).
⑤ 건물 중 2층의 내부에 인테리어공사를 한 경우에 그 공사비채권으로 그 2층 부분에 대해서만 유치권을 행사할 수 있고, 타인 소유의 임야의 일부분을 개간한 경우에는 유치권은 그 개간부분에 한하여 성립한다(대법원 1968.3.5, 67다2786).

60 건축자재의 매매대금채권에 대하여는 채권과 목적물의 견련성이 인정되지 않으므로 건물에 대한 유치권을 행사하지 못한다.

62 저당권은 원칙적으로 목적물의 과실에는 미치지 않는다. 예외적으로 저당부동산에 대한 실행에 착수한 이후(압류가 행해진 후)에 저당권설정자가 그 부동산으로부터 수취한 과실 또는 수취할 수 있는 과실에 대해서는 저당권의 효력이 미친다(제359조).

63 자기소유 부동산에 대한 시효취득도 인정된다.

64 1번 저당권이 말소기준권리가 되므로 그 이후의 모든 권리는 소멸한다.
②, ③ 말소기준권리 이전의 용익물권은 매수인(경락인)이 인수하지만, 전세권자는 배당신청을 선택할 수도 있다.
⑤ 저당부동산에 대하여 소유권, 지상권 또는 전세권을 취득한 제3자는 저당권자에게 그 부동산으로 담보된 채권을 변제하고 저당권의 소멸을 청구할 수 있다(제364조).

65 근저당권 실행을 위한 경매가 무효로 되어 채권자(근저당권자)가 채무자를 대위하여 낙찰자에 대한 소유권이전등기 말소청구권을 행사하는 경우, 낙찰자가 부담하는 소유권이전등기 말소의무는 채무자에 대한 것인 반면, 낙찰자의 배당금 반환청구권은 실제 배당금을 수령한 채권자(근저당권자)에 대한 채권인바, 채권자(=근저당권자)가 낙찰자에 대하여 부담하는 배당금 반환채무와 낙찰자가 채무자에 대하여 부담하는 소유권이전등기 말소의무는 서로 이행의 상대방을 달리하는 것으로서, 채권자(근저당권자)의 배당금 반환채무가 동시이행의 항변권이 부착된 채 채무자로부터 승계된 채무도 아니므로, 위 두 채무는 동시에 이행되어야 할 관계에 있지 아니하다(대법원 2006.9.22, 2006다24049).

66 승낙자가 청약에 대하여 조건을 붙이거나 변경을 가하여 승낙한 때에는 그 청약의 거절과 동시에 새로이 청약한 것으로 본다. 또한 청약자는 연착된 승낙을 새 청약으로 볼 수 있다. 따라서 甲회사가 乙이 제시한 조건을 수락하여 승낙을 하면 계약이 성립할 수 있다. 이 때 계약의 성립일자는 甲이 승낙의 통지를 발송한 11월 2일이 된다.

67 양 당사자의 채무는 모두 소멸되었으므로, 甲은 기 지급받은 계약금을 乙에게 당연히 반환하여야 한다.

68 제3자를 위한 계약관계에서 낙약자와 요약자 사이의 법률관계(이른바 기본관계)를 이루는 계약이 무효이거나 해제된 경우 그 계약관계의 청산은 계약의 당사자인 낙약자와 요약자 사이에 이루어져야 하므로, 특별한 사정이 없는 한 낙약자가 이미 제3자에게 급부한 것이 있더라도 낙약자는 계약해제 등에 기한 원상회복 또는 부당이득을 원인으로 제3자를 상대로 그 반환을 구할 수 없다.

69 채무자가 채무를 이행하지 아니할 의사를 명백히 표시한 경우에 채권자는 이행기 전이라도 이행의 최고 없이 계약을 해제하고 손해배상을 청구할 수 있다(대법원 2007.9.20, 2005다63337).

70 대항요건을 갖춘 임차인은 계약해제로 인하여 권리를 침해받지 않는 제3자에 해당하므로, 계약해제로 소유권을 회복한 제3자는 임대인의 지위를 승계한다(대법원 2003.08.22, 2003다12717). 따라서 甲은 乙과의 계약을 해제하였음을 이유로 丙에게 주택의 인도를 청구할 수 없다.

71 계약의 해제 또는 손해배상청구를 하거나 하자 없는 물건을 청구할 수 있다.

72 ① 부동산 임대차계약의 해지통고는 임대인이 통고한 경우에는 6월, 임차인이 통고한 경우에는 1월의 해지기간이 경과해야 효력이 발생한다.
③ 임차인의 비용상환청구권에 관한 「민법」 규정은 임의규정이다. 따라서 당사자 사이의 약정에 의해 임차인의 비용상환청구권은 포기할 수 있다.
④ 임대인의 동의 없는 전차인의 점유는 불법점유이다.
⑤ 임대인의 동의 없는 무단양도의 경우에도 임차인의 당해 행위가 임대인에 대한 배신행위라고 인정할 수 없는 특별한 사정이 있는 경우에는 임대인의 해지권은 발생하지 않는다는 것이 판례이다.

73 임차인의 부속물매수청구권은 당사자의 약정으로 배제할 수 없으나, 유익비상환청구권은 당사자의 약정에 의해 포기될 수 있다.

74 부동산임차인의 비용상환청구권에 관한 규정(제626조)은 강행규정이 아니다. 따라서 당사자의 약정에 의하여 이를 배제할 수 있다. 나머지는 강행규정이다.

75 실제적으로 소액임차인으로 보호받아 선순위담보권자에 우선하여 채권을 회수하려는 것에 주된 목적이 있었던 경우에는 「주택임대차보호법」상 소액임차인으로서 보호할 수 없다(대법원 2003.7.22, 2003다21445).

76 쌍방합의하에 임대인이 임차인에게 상당한 보상을 제공한 경우에는 임차인의 갱신요구권은 차단된다.

77 주택임차인으로서의 우선변제를 받을 수 있는 권리와 전세권자로서 우선변제를 받을 수 있는 권리는 근거규정 및 성립요건을 달리하는 별개의 것이므로, 「주택임대차보호법」상 대항력을 갖춘 임차인이 전세권자로서 배당절차에 참가하여 전세금의 일부에 대하여 우선변제를 받은 사유만으로는 변제받지 못한 나머지 보증금에 기한 대항력 행사에 어떤 장애가 있다고 볼 수 없다(대법원 1993.12.24, 93다39676).

78 관리비 납부를 연체할 경우 부과되는 연체료는 위약벌의 일종이고, 전(前) 구분소유자의 특별승계인이 체납된 공용부분 관리비를 승계한다고 하여 전 구분소유자가 관리비 납부를 연체함으로 인해 이미 발생하게 된 법률효과까지 그대로 승계하는 것은 아니라 할 것이어서, 공용부분 관리비에 대한 연체료는 특별승계인에게 승계되는 공용부분 관리비에 포함되지 않는다(대법원 2006.6.29. 선고 2004다3598, 3604).

79 채권자가 나름대로 평가한 청산금의 액수가 객관적인 청산금의 평가액에 미치지 못한다고 하더라도 담보권 실행의 통지로서의 효력이나 청산기간의 진행에는 아무런 영향이 없다(대법원 1996.7.30, 96다6974).

80 명의신탁약정의 무효 및 그에 따른 물권변동의 무효는 제3자에게 대항하지 못한다(부동산 실권리자명의 등기에 관한 법률 제4조 제3항). 따라서 명의수탁자로부터 부동산을 전득한 제3자는 선의·악의를 불문하고 명의신탁부동산의 소유권을 취득한다.
① 甲과 乙의 명의신탁약정은 무효이다.
② 설문은 3자간 명의신탁(중간생략등기형 명의신탁)에 해당하며, 부동산의 소유자는 여전히 丙에게 있다.
③ 甲과 丙의 매매계약은 유효하다.
④ 甲은 乙에 대하여 직접 말소등기를 청구할 수는 없고, 甲은 丙을 대위하여 乙에게 등기의 말소를 청구할 수 있다.

정답

1	2	3	4	5	6	7	8	9	10
③	③	①	③	②	②	③	②	⑤	③
11	12	13	14	15	16	17	18	19	20
⑤	②	④	①	①	④	②	⑤	⑤	①
21	22	23	24	25	26	27	28	29	30
①	③	②	②	④	③	③	②	②	③
31	32	33	34	35	36	37	38	39	40
⑤	⑤	③	①	④	③	③	①	④	⑤

해설

01 부동산의 개념과 범위를 복합개념으로 분류하는 것이 일반적이다. 이는 법률적 · 경제적 · 물리(기술)적 측면에서의 부동산으로 분류한다. 광의의 부동산은 법률적 개념이고, 자산과 자본 등은 경제적 개념에 속한다.

02 ⓒ 경제적 가치는 상대적 개념으로서 그 가치가 항상 변할 수 있다. 즉, 상대적 희소성에 따라 달라질 수가 있는 것이다. 따라서 특정 토지의 고가(高價)의 경제적 가치가 영원히 존재한다고 보는 표현은 적절하지 않다.
ⓔ 토지의 비생산성(부증성)이란 토지는 생산되는 재화가 아니라 본래부터 주어지는 것으로서 생산비 법칙이 적용되지 않는다는 것으로 물리적인 공급곡선은 장기적으로도 여전히 완전비탄력적인 형태(수직선)를 띠게 한다.

03 농지지역, 임지지역, 택지지역 상호 간에 전환 중인 토지를 후보지라고 한다.
② 부지는 건축이 불가능한 토지도 포함되는 가장 포괄적 개념이다.
③ 가격수준이 비슷한 일단의 토지는 필지가 아닌 획지에 대한 설명이다.
④ 저수지는 지목에 해당하는 개념이 아니며, 지목 개념으로 해당 토지를 유지라고 표현한다.
⑤ 도시토지로 지가상승만을 기대하고 방치하는 토지를 공한지라고 한다.

04 신규주택의 공급은 유량개념, 중고주택의 공급은 저량개념이다.
① 일정시점에 시장에 존재하는 주택수를 나타내는 것이 주택저량의 공급량이다.
② 일정기간에 사람들이 구매하고자 하는 주택수는 주택유량의 수요량이 된다.
④ 현재 우리나라에 총 1,000만 채의 주택이 존재하고 그중 100만 채가 공가(空家)로 남아 있다면, 주택저량의 수요량은 900만 호이다.
⑤ 일정시점을 기준으로 본다면, 시장에 존재하는 주택의 양과 사람들이 보유하고자 하는 주택의 양은 다를 수 있다. 즉 주택저량의 공급량과 주택저량의 수요량은 서로 다를 수 있다.

05 수요의 가격탄력성 $= \dfrac{\text{수요량의 변화율}}{\text{가격의 변화율}} = \dfrac{\dfrac{\text{수요량 변동분}}{\text{원래의 수요량}}}{\dfrac{\text{가격 변동분}}{\text{원래의 가격}}} = \dfrac{\dfrac{x\text{세대}}{2,000\text{세대}}}{\dfrac{0.6\text{억 원}}{4\text{억 원}}} = 1,$

$\dfrac{x\text{세대}}{2,000\text{세대}} = \dfrac{0.6\text{억 원}}{4\text{억 원}},$

$\dfrac{x\text{세대}}{2,000\text{세대}} = 0.15\text{억 원}, \ x\text{세대} = 300\text{세대 감소}$

06 주거용 부동산이 보다 탄력적이다. 주거용 부동산이 비주거용인 상업용 공업용보다는 대체재를 찾기가 쉬워 상대적으로 보다 탄력적이다.

07 · 수요의 교차탄력성 $= \dfrac{\text{당해재화의 수요량 변화율}}{\text{다른재화의 가격변화율}}$

· 수요의 교차탄력성$(0.8) = \dfrac{\dfrac{x}{1200}}{\dfrac{400}{1,600}} \Rightarrow x = 240$

그러므로 빌라의 수요량은 1,440세대로 증가할 것이다.

08 수요의 변화 중 수요곡선이 좌측으로 이동하는 것은 수요의 감소요인이다. 수요의 감소요인으로는 사회적 인구감소, 아파트 선호도 감소, 대체주택 가격의 하락 등을 들 수 있고, 수요의 증가요인으로는 실질소득의 증가, 아파트 선호도의 증가 등을 들 수 있다. 건축원자재 가격의 하락은 공급곡선을 좌측으로 이동시킨다.

09 주거지역과 상업지역이 분리되는 현상을 직주분리하고 하며, 주거분리란 고소득층 주거지역과 저소득층 주거지역이 분리되는 소득계층별 분화현상이다.
① 부동산은 부동성으로 인하여 지역 간 연계관계가 작은 편인데 이를 국지성이라고 한다.
③ 저소득층이 침입하여 해당 지역이 저소득층 지역으로 전환되는 현상을 하향여과라고 한다.
④ 지대지불능력이란 해당 토지이용의 수익능력(수익성)을 의미하며, 시장은 각 용도의 지대지불능력에 맞게 토지이용의 유형을 결정하는 기능이 있다.

10 할당 효율적 시장이라는 개념이 완전경쟁시장을 의미하는 것은 아니다. 불완전경쟁시장에서도 할당 효율적일 수 있기 때문이다. 불완전경쟁시장은 할당 효율적일 수도 할당 비효율적일 수도 있다는 점에 유의해야 한다. 완전경쟁시장은 항상 할당 효율적이므로 초과이윤이라는 것이 있을 수 없지만, 불완전경쟁시장은 할당 비효율적일 수 있기 때문에 초과이윤이 발생할 수 있다. 만약 불완전경쟁시장에서 초과이윤을 얻는 데에 따르는 비용과 초과이윤의 크기가 일치한다고 하면 불완전경쟁시장도 할당 효율적일 수가 있다.

11 인근지역이란 대상부동산이 속해있고, 대상부동산의 가격형성에 직접 영향을 미치는 지역요인이 존재하는 권역으로서 특정한 용도가 집중된 지역을 말한다. 그러므로 동일한 용도로 이용중인 부동산들이 모여있는 곳으로서 지역적으로 상당히 좁은 범위로 이루어지는 것이 일반적이다. 한편, 부동산경기변동은 주거용, 상업용, 공업용 부동산 건축경기 뿐만 아니라 경우에 따라서는 토지경기까지 포함하는 포괄적인 의미에서의 부동산시장의 변동상황을 분석한다. 그러므로 부동산경기를 인근지역에 한정하여 측정하는 것은 바람직하지 않다.

12 ① 부동산경기는 팽창국면과 위축국면의 차이가 큰 편이다. 즉, 부동산경기는 진폭이 크다.
③ 부동산경기는 국지적 · 부분적으로 나타나 전국적 · 광역적으로 확대된다.
④ 후퇴시장에서의 중개활동은 매도인보다 매수인을 중시하는 경향이 나타난다.
⑤ 회복국면은 기존의 매수자 우위의 시장이 매도자 우위의 시장으로 전환되는 시장이며, 회복시장에서는 매도자 우위 현상이 나타난다.

13 인구의 증가는 양적 주택문제를 초래하는 요인이다.

14 시장실패의 원인으로서 공공재의 존재란 적정량 이하의 공급인 과소공급의 문제 때문이다. 시장에서 공급시 비배제성으로 인한 과소공급이 문제가 된다.
② 외부효과는 어떤 경제주체의 경제활동의 의도하지 않은 결과가 시장을 통하지 않고 다른 경제주체의 후생에 영향을 주는 것을 말한다.
③ 규모의 경제가 심화되면 시장에서 자연독점 현상이 발생하여 시장실패가 초래될 수 있다.
④ 지가고(地價高)는 공공용지 취득을 위한 보상가격을 높여 공공기관의 재정부담을 가중시킨다.
⑤ 용도지역 · 지구제는 사회적 후생손실을 완화시키는 효과가 있다.

15 시장실패를 초래하는 것은 불완전경쟁시장의 특성 때문이다.
② 지역지구제는 서로 어울리지 않는 토지이용을 분리시키고 같은 용도끼리 지역을 묶어줌으로써 집적이익을 극대화할 수 있는 효과가 있다.
④ 개발이익을 환수할 때는 재산세, 양도소득세와 같은 과세적 방법과 개발부담금을 직접 부과하는 비과세적 방법이 있다.
⑤ 개발권양도제는 용적률 거래를 통해 토지규제로 인해 재산권의 피해를 본 토지소유자의 손실을 보상하는 제도이다.

16 분양가자율화는 분양주택의 가격규제를 풀고 시장의 수요와 공급에 맡기는 정책으로 분양주택의 가격이 상승될 가능성이 크다. 자율화 정책은 시장 공급을 활성화시킬 가능성이 높다.
① 분양가상한제의 특징 : 가수요인 투기수요가 증가할 가능성이 높은 것은 분양가를 규제하는 분양가상한제의 부작용이다.
② 분양가상한제의 특징 : 분양가상한제를 실시하면 건설업체 시행 · 분양사의 수입이 감소되고 아파트 건설업이 전반적으로 위축될 가능성이 크다.
③ 분양가상한제의 특징 : 초과수요가 발생할 가능성이 크다.
⑤ 분양가상한제의 특징 : 분양주택 가격을 규제하면 자가 주택 구매자의 부담을 줄여줄 수 있다.

17 주택건설경기의 활성화 및 주택공급의 확대를 도모하고자 하는 목적으로 분양가 자율화가 실시된다. 분양가 상한제는 주택건설경기에 악영향을 미칠 수 있는 규제이다.
① 후분양을 하게 되면 건설업체들이 주택품질의 향상을 위해 더욱 노력할 가능성이 크다. 또한 소비자 입장에서는 완공된 주택을 비교구매하여 주택을 구입할 수 있게 된다는 장점이 있다.
③ 종합부동산세는 불필요한 토지보유의 억제 및 소득재분배 기능을 수행하기 위해 도입된 세제이다.
④ 선분양을 하게 되면 계약금이나 중도금 등을 통해 주택건설이 가능하므로 주택건설업자의 자금조달이 용이해질 수 있다.
⑤ 공공임대주택이 공급되면 임차인 입장에서는 대체주택(대체재)이 많아지는 결과이므로, 임차인의 수요를 탄력적으로 만드는 요인이 된다.

18 가격에 대해 주택수요는 비탄력적이고, 주택공급은 탄력적이라고 할 때, 정부에서 양도소득세를 중과하기로 하였다면, 매수인이 지불하는 가격은 양도소득세가 중과되기 전보다 높아진다.

19 차액지대설에서 지대는 생산물의 가격에서 생산비를 차감한 잉여로 결정되므로 생산물의 가격이 높을수록 지대가 높아지는 구조를 보인다. 즉 가격이 지대를 결정하게 된다.
① 차액지대설은 지대의 발생근거로 비옥한 토지의 희소성과 수확체감의 법칙을 제시한다.
② 절대지대설에 따르면 한계지 밖에서도 토지소유자가 요구하면 지대가 발생한다.
③ 튀넨에 따르면 생산비와 수송비가 일정하다면, 생산물의 가격은 지대와 정비례한다.
④ 전용수입이란 어떤 생산요소가 다른 용도로 전용되지 않도록 하기 위해 지급되어야 할 최소한의 금액을 의미한다.

20 반대로 설명되어있다. 크리스탈러의 중심지 이론에 따르면 최소요구치가 재화의 도달범위 내에 있어야 중심지가 성립한다.
② 중량감소산업과 국지원료의 투입이 많은 공업활동은 원료지향형 입지가 유리하다.
③ 크리스탈러의 이론은 중심지의 형성과정, 계층구조, 포섭원리를 다룬 이론이다.
④ 집적이익은 최소가 아닌 최대가 되는 지점이 최적 공장입지가 된다.

21 크리스탈러의 중심지이론과 같은 고전적 상점입지 이론의 단점은 소비자들이 한번의 구매통행으로 여러 가지 물건을 구입하며, 유사한 상품을 취급하는 점포들이 서로 인접해 있을 경우 비교구매의 이점이 있다는 현실적인 면을 간과하고 있다는 것이다. 이는 현대의 대형 점포들의 경우 크리스탈러의 중심지이론과 같은 고전이론대로 서로 멀리 떨어져서 자신의 시장지역을 극대화하는 것이 아니라 되도록 서로 유사한 위치에 몰려 있게 되는 현대적 쇼핑센터형태를 갖추게 된다. 그러므로 크리스탈러의 중심지이론은 유사한 상품을 취급하는 점포들이 서로 도심에 인접해 있는 경우를 잘 설명해주지 못하게 된다.

22 • 수익성지수 = 현금유입의 현가 ÷ 현금유출의 현가
• 1.1 = 현금유입의 현가 ÷ 3,000만 원이므로 현금유입의 현가는 3,300만 원이 된다.
• 순현재가치 = 현금유입의 현가 − 현금유출의 현가
• 순현재가치 = 3,300만 원 − 3,000만 원 = 300만 원이 된다.

23 부동산 조세는 보유세와 거래세가 있는데, 거래세는 취득세와 양도관련세가 있다. 이중 보유과세는 재산세, 종합부동산세 등이 해당한다.

> **※ 부동산 조세의 분류**
> 1. 취득 관련 조세 : 취득세, 등기 · 등록에 대한 면허세, 부가가치세, 인지세, 농어촌특별세, 상속세 및 증여세, 지방교육세, 지방소비세 등
> 2. 보유 관련 조세 : 재산세, 종합부동산세, 지역자원 시설세, 법인세, 농어촌특별세, 부가가치세, 인지세, 지방교육세, 지방 소득세, 지방소비세 등
> 3. 양도 관련 조세 : 양도소득세, 종합소득세, 법인세, 부가가치세, 인지세, 농어촌특별세, 지방 소득세, 지방소비세 등

24 포트폴리오의 기대수익률 = $(60\% \times 0.25) + (40\% \times 0.15) = 21\%$이다. 즉, 투자금액의 60%가 자산 A로, 나머지 40%는 자산 B로 구성된 포트폴리오의 기대수익률은 두 자산 A와 B의 기대수익률의 가중평균치인 21%가 된다.

25 총부채상환비율(DTI : Debt To Income)이 40%이므로 아래와 같이 계산한다.

$$DTI = \frac{\text{당해 대출금의 연원리금상환액} + \text{기타부채}}{\text{연소득}}$$

$$= \frac{500\text{만 원} + 300\text{만 원}}{x} = 40\%,$$

$$\frac{800\text{만 원}}{x} = 0.4, \ 8,000\text{만 원} = 4x, \ x = 2000\text{만 원}$$

26 순현가법의 할인율은 요구수익률이므로, 순현가법의 할인율은 투자자마다 다르게 나타날 수 있다.
① 내부수익률은 수익성지수를 1로 만들고 순현가를 0으로 만드는 할인율이다.
② 내부수익률법은 투자안의 내부수익률 자체로 할인하는 방법이다.
④ 순현가는 장래의 예상수입의 현가총액에서 비용의 현가총액을 차감한 값이다.
⑤ 수익성지수는 장래 예상되는 수입의 현가총액을 투자비용의 현가총액으로 나눈 값이다.

27 순영업소득 = 유효총소득 − 영업경비이다. 유효총소득 = 가능총소득 − 공실 및 대손충당금 + 기타수입이다. 우선 가능총소득은 100m² × 2만 원 × 12개월 = 2,400만 원이고, 유효총소득은 2,400만 원 − (2,400만 원 × 5%) = 2,280만 원이고, 영업경비는 유효총소득의 60%이므로 1,368만 원이다. 따라서 순영업소득은 912만 원인데, 감가상각비다 200만 원이므로, 상각전 순영업소득은 1,112만 원이다.

28 과도한 대출로 인한 가계부채 위험을 줄이기 위해서는 정부가 LTV(대부비율)나 DTI(총부채상환비율)를 하향조정해야 한다. 현재 우리나라는 더욱 강화된 대출규제수단인 DSR(총체적 상환능력)을 도입하여 대출규제를 강화하는 추세에 있다.
① 주택시장의 가계부채 문제가 심각해지면 정부는 수요자 금융을 축소하여 주택수요를 감소시키는 정책을 편다.
③ 담보인정비율(LTV)은 차입자의 소득을 고려하지 않으나, 총부채상환비율(DTI)은 차입자의 소득을 고려하는 규제비율이다.
④ 주택상환사채, 자산유동화증권(ABS)은 부채금융이고, 부동산 투자펀드는 지분금융이다.
⑤ 정책당국은 대부비율(LTV)과 총부채상환비율(DTI)을 낮춤으로써 대출관련 위험을 줄이기 위해 노력한다

29 자기관리 부동산투자회사는 자산을 자산관리회사에 위탁하지 않고 직접 수행한다.
① 부동산투자회사에 대한 투자는 직접투자가 아닌 간접투자이며, 부동산투자회사에 대한 투자자는 부동산을 직접 매입하는 것이 아니라, 부동산투자회사의 주식에 대해 투자를 하는 것이다.

30 ① 사업수탁방식의 경우, 사업 전반이 토지소유자의 명의로 행해지며, 개발업자는 개발에 따른 수수료를 수취하고, 개발지분은 토지소유자가 소유한다.
② 환지개발방식은 택지화가 되기 전의 토지의 위치·지목·면적·등급·이용도 등 기타 필요사항을 고려하여 택지개발 후 개발된 토지를 토지소유주에게 재분배하는 방식이다.
④ 수복재개발을 말한다. 보전재개발(Conservation)은 도시지역이 아직 노후·불량상태가 발생되지 않았으나, 앞으로 노후·불량화가 야기될 우려가 있을 때 사전에 노후·불량화의 진행을 방지하기 위하여 채택하는 가장 소극적인 도시재개발이다.
⑤ 등가교환방식이다. 사업수탁방식의 경우, 사업 전반이 토지소유자의 명의로 행해지며, 개발지분을 토지소유자와 개발업자가 공유한다.

31 자기관리는 위탁관리에 비해 시설물에 대한 애호도가 높고 기밀유지나 보안유지가 용이하다는 특징이 있다.

32 균형의 원칙은 기능적 감가와 관련된다.

33 개별분석을 통해 대상부동산의 최유효이용을 판정하고, 대상부동산의 구체적 가격을 평가하게 된다.
① 지역분석의 필요성은 부동성과 인접성에서 찾을 수 있다.
② 동일수급권은 분석의 최원방권적 성격이 있다.
④ 유사지역은 대상부동산이 속하지 않은 지역이지만 대상부동산의 가치형성에 영향을 줄 수 있는 지역이다.

34 사례부동산의 일부만이 대상부동산과 유사성을 갖더라도 해당 사례는 거래사례가 될 수 있다. 예를 들어 토지를 평가하면서 사례부동산을 복합부동산(토지+건물)으로 선정하더라도 복합부동산에서 건물가격을 차감하여 토지의 사례가격을 산정할 수 있다.
③ 아무리 우수한 거래사례이더라도 거래시점이 불명확하다면 해당 사례를 거래사례로 활용할 수 없다.
④ 개입되어 있는 개인적인 동기나 사정을 정상화할 수 있다면 해당 사례도 거래사례가 될 수 있다.

35 수익환원법은 장래 수익을 환원이율로 현가화하여 현재가치를 구하는 방법이므로 그 본질적인 근원은 수익(이자)에 있다고 볼 수 있다.

36 ① 기한부평가이다.
② 조건부평가(條件附評價)이다.
④ 소급평가(遡及評價)이다.
⑤ 기준시점(감정평가에 관한 규칙 제9조 2항) : 기준시점(대상물건의 감정평가액을 결정하는 기준이 되는 날짜)은 대상물건의 가격조사를 완료한 날짜로 한다. 다만, 기준시점을 미리 정하였을 때에는 그 날짜에 가격조사가 가능한 경우에만 기준시점으로 할 수 있다.

37 거래사례비교법에서 거래사례는 특수한 사정이 개재되지 않는 거래사례를 선택하는 것이 원칙이다. 그러나 그러한 사례가 존재하지 않을 경우 예외로 특수한 사정이 개재된 사례 중 사정보정이 가능한 사례를 선택할 수 있다.

38 ② 복제원가이다.
③ 대치원가를 재조달원가로 사용한다.
④ 대치원가는 이론적 측면에서 설득력이 있으며, 기능과 효용 면에서 동일성을 갖는 부동산을 대치하므로 그 부동산가격은 이미 기능적 감가가 고려되어 감액된 금액이다. 따라서 기능적 감가를 추가로 수행한다면 이중감가가 된다.
⑤ 복제원가이다.

39 ① 공시지가기준법은 표준지공시지가를 기준으로 토지의 가액을 산정하는 방법이다.
② 적산법이란 대상물건의 임료를 산정하는 평가법이다.
③ 적정가격이 아닌 시장가치에 대한 설명이다.
⑤ 거래사례비교법은 대상물건의 가격을 평가하는 방법이다.

40 시장·군수·구청장이 개별공시지가를 결정·공시하는 경우에는 하나 또는 둘 이상의 표준지의 공시지가를 기준으로 토지가격비준표를 사용하여 지기를 산정한다.

🏠정답

41	42	43	44	45	46	47	48	49	50
①	④	②	②	⑤	③	⑤	⑤	④	①
51	52	53	54	55	56	57	58	59	60
⑤	⑤	②	③	⑤	⑤	⑤	③	④	④
61	62	63	64	65	66	67	68	69	70
④	①	②	①	⑤	①	②	①	③	②
71	72	73	74	75	76	77	78	79	80
③	③	⑤	②	④	③	④	①	④	③

🏠해설

41 ②, ③ 증여는 계약이며, 법인 설립은 정관을 서면으로 작성하여야 하는 요식행위이다.
④, ⑤ 저당권 설정은 물권행위이며, 매매는 의무부담행위이다.

42 이러한 약정은 유효하다.

43 불공정한 법률행위를 판단하는 시기는 법률행위시를 기준으로 한다.

44 甲과 乙 사이에는 X토지에 관하여 매매계약이 성립하고, Y토지에 관하여는 매매계약이 성립하지 못하므로, Y토지에 대한 乙 명의의 소유권이전등기는 무효이다.

45 가등기에 기하여 본등기를 하면 물권변동의 시기는 본등기한 때 발생한다.

46 사기에 의한 취소는 착오에 의한 의사표시(제109조)와 달리 법률행위의 중요부분의 착오를 요하지 아니한다.

47 일부추인 또는 변경을 가한 추인은 상대방의 동의가 없는 한 무효이고, 상대방의 동의가 있으면 가능하다. 그러나 추인은 甲이 하는 것이지 丙이 할 수 없다.
③ 최고는 丙이 甲에게 할 수 있고, 乙에게는 할 수 없다.

48 표현대리가 성립하는 경우에 그 본인은 표현대리행위에 의하여 전적인 책임을 져야 하고, 상대방에게 과실이 있다고 하더라도 과실상계의 법리를 유추적용하여 본인의 책임을 경감할 수 없다(대법원 95다49554).

49 제한능력자의 부당이득반환의 범위는 현존이익 한도이다.

50 기간의 약정이 없는 임대차계약으로 해석함이 상당하다(대법원 73다631).

51 ① 선택적으로만 행사할 수 있다(제214조).
② 간접점유자는 물권적 청구권의 상대방이 되나 점유보조자는 상대방이 되지 않는다.
③ 丙은 정당한 점유권원을 가지고 있으므로 甲은 丙에게 소유물반환청구를 할 수 없다(대법원 1988.4.25, 87다카1682).
④ 임차인 丙에게는 건물의 철거권한이 없다.
⑤ 등기를 갖추지 않은 부동산취득자에게 법률상·사실상 처분권이 인정되므로 甲은 丙에게 건물철거를 청구할 수 있다.

52 가등기 자체만으로는 아무런 실체법상 효력을 갖지 아니하고 그 본등기를 명하는 판결이 확정된 경우라도 본등기를 경료하기까지는 마찬가지이므로 중복된 소유권보존등기가 무효이더라도 가등기권리자는 그 말소를 청구할 권리가 없다(대법원 2000다51285).

53 동일부동산에 관하여 등기명의인을 달리하여 중복된 소유권보존등기가 경료된 경우에는 먼저 이루어진 소유권보존등기가 원인무효가 되지 아니한 뒤에 된 소유권보존등기는 무효라고 해석함이 상당하다(대법원(전) 87다카2961, 87다453). 따라서 실체관계에 부합하는 등기가 유효라고 했기 때문에 틀린 지문이다.

54 소유권이전등기의 원인으로 주장된 계약서가 진정하지 않은 것으로 증명된 이상 그 등기의 적법추정은 복멸되는 것이고, 계속 다른 적법한 등기원인이 있을 것으로 추정할 수는 없다(대법원 98다29568).

55 구분건물이 아닌 1동의 건물 중 일부에 관한 보존등기는 일물일권주의 원칙상 인정되지 않는다.

56 점유자가 본권에 관한 소에서 패소한 때에는 소가 제기된 때부터 악의의 점유자로 본다(제197조).

57 2차 취득시효가 인정될 수 있다.

58 공유물분할은 협의분할을 원칙으로 하고 협의가 성립되지 아니한 때에는 재판상 분할을 청구할 수 있으므로 공유자 사이에 이미 분할에 관한 협의가 성립된 경우에는 일부 공유자가 분할에 따른 이전등기에 협조하지 않거나 분할에 관하여 다툼이 있더라도 그 분할된 부분에 대한 소유권이전등기를 청구하든가 소유권확인을 구함은 별문제이나 또다시 訴로써 그 분할을 청구하는 것은 허용되지 않는다(대법원 1995.01.12, 94다348, 30355).

59 지상권이 소멸한 경우에 건물 기타 공작물이나 수목이 현존한 때에는 지상권자는 계약의 갱신을 청구할 수 있다(법 제283조 제1항).

60 지상권에 있어서 지료의 지급은 그 요소가 아니어서 지료에 관한 약정이 없는 이상 지료의 지급을 구할 수 없는 점에 비추어 보면 분묘기지권을 시효취득하는 경우에도 지료를 지급할 필요가 없다(대법원 1995.02.28, 94다37912).

61 법정갱신은 「민법」 제187조인 법률의 규정에 의한 물권변동이므로 등기가 없어도 건물의 양수인에게 전세권을 주장할 수 있다.

62 경매개시결정등기가 아닌 부동산에 가압류등기가 경료되어 있을 뿐인 경우에는 유치권자는 경락인에게도 유치권을 주장할 수 있다(대법원 2009다19246).
② 유치권의 불가분성은 그 목적물이 분할가능하거나 수개의 물건인 경우에도 적용된다(대법원 2005다16942).
③ 유치권은 타물권인 점에 비추어 볼 때 수급인의 재료와 노력으로 건축되었고 독립한 건물에 해당되는 기성부분은 수급인의 소유라 할 것이므로 수급인은 공사대금을 지급받을 때까지 이에 대하여 유치권을 가질 수 없다(대법원 91다14116).
④ 유치권의 행사는 채권의 소멸시효의 진행에 영향을 미치지 않는다(제326조).
⑤ 유치권은 점유의 상실로 소멸하므로(제328조), 유치권자가 유치물의 점유를 잃은 경우 유치권 자체에 기한 반환청구권은 인정되지 않는다. 다만 유치권자가 점유의 침탈을 당한 경우라면 점유권에 기하여 점유를 회복할 수 있다(제204조).

63 공동저당권이 설정되어 있는 수개의 부동산 중 일부는 채무자 소유이고 일부는 물상보증인의 소유인 경우 위 각 부동산의 경매대가를 동시에 배당하는 때에는 채무자 소유 부동산의 경매대가에서 공동저당권자에게 우선적으로 배당을 하고, 부족분이 있는 경우에 한하여 물상보증인 소유 부동산의 경매대가에서 추가로 배당을 하여야 한다(대법원 2008다41475).

64 1번 저당권이 말소기준권리가 되므로 그 이후의 모든 권리는 소멸한다.

65 원래 저당권은 원본, 이자, 위약금, 채무불이행으로 인한 손해배상 및 저당권의 실행비용을 담보하는 것이며, 채권최고액의 정함이 있는 근저당권에 있어서 이러한 채권의 총액이 그 채권최고액을 초과하는 경우, 적어도 근저당권자와 채무자 겸 근저당권설정자와의 관계에 있어서는 위 채권 전액의 변제가 있을 때까지 근저당권의 효력은 채권최고액과는 관계없이 잔존채무에 여전히 미친다. 그러나 경매부동산을 매수한 제3취득자나 물상보증인은 채권최고액과 경매비용만을 변제공탁하고 근저당권의 소멸을 구할 수 있다(대법원 2001.10.12, 2000다59081).

66 계약금계약은 불요식계약이다. 아울러 계약금계약, 대물변제, 현상광고, 보증금계약은 요물계약이다.

67 쌍방의 채무가 별개의 계약에 기한 것이라면 원칙적으로 동시이행관계가 아니지만, 특약에 의해 동시이행항변권이 인정될 수 있다.

68 사정변경으로 인한 계약해제는 계약성립 당시 당사자가 예견할 수 없었던 현저한 사정의 변경이 발생하였고 그러한 사정의 변경이 해제권을 취득하는 당사자에게 책임 없는 사유로 생긴 것으로서, 계약내용대로의 구속력을 인정한다면 신의칙에 현저히 반하는 결과가 생기는 경우에 계약준수 원칙의 예외로서 인정되는 것이고, 여기에서 말하는 사정이라 함은 계약의 기초가 되었던 객관적인 사정으로서, 일방당사자의 주관적 또는 개인적인 사정을 의미하는 것은 아니다(대법원 2007.03.29, 2004다31302).

69 쌍무계약에 있어서 계약당사자의 일방은 상대방이 채무를 이행하지 아니할 의사를 명백히 표시한 경우에는 최고나 자기 채무의 이행제공 없이 그 계약을 적법하게 해제할 수 있으나, 그 이행거절의 의사표시가 적법하게 철회된 경우 상대방으로서는 자기 채무의 이행을 제공하고 상당한 기간을 정하여 이행을 최고한 후가 아니면 채무불이행을 이유로 계약을 해제할 수 없다(대법원 2000다40995).

70 제3자가 수익의 의사표시를 함으로써 제3자에게 권리가 확정적으로 귀속된 경우에는 요약자와 낙약자의 합의에 의하여 제3자의 권리를 변경·소멸시킬 수 있음을 미리 유보하였거나 제3자의 동의가 있는 경우가 아니면 계약의 당사자인 요약자와 낙약자는 제3자의 권리를 변경·소멸시키지 못하고, 만일 계약의 당사자가 제3자의 권리를 임의로 변경·소멸시키는 행위를 한 경우 이는 제3자에게는 그 효력이 없다(대법원 2002.2.5, 2001다30285).

71 매매계약이 있은 후에도 인도하지 아니한 목적물로부터 생긴 과실은 매도인에게 속한다(제587조 전단).

72 수량부족·일부멸실인 경우에 악의의 매수인은 매도인에게 담보책임을 물을 수 없다.

73 등기된 부동산임차권도 임대인의 동의 없이는 양도할 수 없다(제629).
① 임대차계약은 채권계약(의무부담행위)이므로 타인의 물건도 임대차의 목적물이 될 수 있다.
② 차임은 반드시 금전에 한하지 않는다.
③ 토지임대차의 존속기간을 약정하지 않은 경우, 당사자는 언제든지 해지통고를 할 수 있다(제635조).
④ 임대인은 임대차계약 존속 중 그 사용·수익에 필요한 상태를 유지하게 할 의무를 부담한다(제623조).

74 건물임차인이 부속물을 임대차 종료 시의 현상대로 임대인의 소유에 귀속하기로 하는 대가로 임대차계약의 보증금 및 월차임을 파격적으로 저렴하게 하고, 그 임대기간도 장기간으로 약정하였다면 임대차계약 시 임차인의 부속시설의 소유권이 임대인에게 귀속하기로 한 특약은 단지 부속물매수청구권을 배제하기로 하거나 또는 부속물을 대가없이 임대인의 소유에 속하게 하는 약정들과는 달라서 임차인에게 불리한 약정이라고 할 수 없다(대법원 81다1001).

75 묵시의 갱신이 되는 경우, 임차인은 2년의 존속기간을 주장하든지 아니면 계약을 해지하든지 임의적으로 선택할 수 있다. 그러나 임대인에게는 그러한 권리가 인정되지 않는다.

76 임차권등기명령은 임차목적물 소재지 관할 법원에서 한다.

77 계약갱신요구제도는 대통령령이 정하는 보증금액을 초과하는 임대차에 대하여도 적용된다.

78 동법은 소비대차의 경우에 적용되고, 매매대금이나 공사대금 또는 물품대금을 담보하기 위한 경우에는 적용되지 않는다.

79 ① 구조상·이용상 독립성이 있는 건물이라고 해서 반드시 구분건물로 등기해야 하는 것은 아니다.
② 공용부분에 대해 공유물분할은 청구할 수 없다.
③ 분리처분이 금지되므로 전유부분에 대한 처분이나 압류 등은 대지권에도 효력이 미친다.
⑤ 체납관리비 중 공용부분에 대해서만 승계되고 전유부분은 승계되지 않는다. 또한, 공용부분이라도 연체료는 승계되지 않는다.

80 조세포탈, 강제집행의 면탈 또는 법령상 제한의 회피를 목적으로 하지 아니하는 종중 명의신탁 및 배우자 명의신탁, 그리고 종교단체 명의신탁에 대하여는 부동산실명법 제4조를 포함한 일부 규정을 적용하지 않는다(법 제8조). 따라서 설문의 경우, 乙은 유효한 소유권을 취득하며, 불법점유자 丁에 대하여 물권적 청구권을 행사할 수 있다.

정답 및 해설 (부동산학개론)

정답

1	2	3	4	5	6	7	8	9	10
②	③	④	③	④	③	③	⑤	④	④
11	12	13	14	15	16	17	18	19	20
①	②	③	④	④	②	②	③	②	②
21	22	23	24	25	26	27	28	29	30
④	⑤	④	①	③	③	②	⑤	⑤	④
31	32	33	34	35	36	37	38	39	40
⑤	②	④	③	①	⑤	③	④	②	⑤

해설

01 ① 준부동산의 개념은 부동산을 복합개념으로 파악할 경우 법률적 개념의 대상으로 삼을 때 필요하며, 공시수단 방법과 직접적으로 관련이 있다.
③ 경작수확물(벼, 과실 등) 등은 토지와 분리되어 독립적으로 거래되므로 부동산 정착물이라고 볼 수 없으며 동산으로 취급된다.
④ 공중만이 아니라 공중 · 수평 · 지중 등의 3차원 공간을 입체공간이라 한다.
⑤ 자산 · 생산요소 · 상품 등은 경제적 개념에 해당한다.

02 ㉠ 택지(宅地)란 주거용, 상업용, 공업용으로 이용 중이거나 이용을 목적으로 조성된 토지를 말한다. 이는 부동산감정평가상의 용어로서 건축용지만을 의미한다. 토지에 건물 기타의 정착물이 없고, 공법상 제약은 있으나 사법상 제약이 없는 토지는 나지이다.
㉡ 획지가 아니라 필지에 대한 설명이다.
㉢ 법률상 한 필지 내에 건물을 꽉 채워서 건축하지 않고 남겨둔 토지는 공지(空地)이다.

03 토지는 영속성이 있어서 소모를 전제로 하는 재생산이론을 적용할 수 없고, 개별성으로 인하여 일물일가의 법칙을 적용시킬 수 없다.
① 토지는 물리적 공급이 불가하나, 용도적 공급은 가능하다.
② 간척지와 같이 해면을 육지로 만드는 행위는 토지의 용도전환을 통한 공급이므로 부증성이 적용되며, 단지 이용행위의 전환이라고 이해한다.
③ 개별성을 비대체성이라고도 한다.

04 ㉣, ⒶEun 공급곡선을 우측으로 이동하는 요인이고, ㉤은 수요곡선을 좌측(좌하향)으로 이동시키는 요인이다.

05 토지의 물리적 공급곡선은 완전비탄력적인 수직선이 된다.
① 조성지나 매립지 등이 존재하기 때문에 토지의 용도적 공급곡선은 우상향이 된다.
② 주택의 장기공급곡선은 가용생산요소의 제약이 크지 않으므로 단기공급곡선에 비해 탄력적이다.
③ 부동산의 수요가 완전비탄력적일 때 시장에서 초과공급이 발생하면 균형가격은 하락하나 균형거래량은 변하지 않는다.
⑤ 개발행위기준의 완화와 같은 토지이용규제가 완화되면 토지의 공급곡선은 이전보다 탄력적이 된다.

06 ① 주택수요의 개념이다.
② 주택소요이다.
④ 고소득층은 주택수요를 중요시한다.
⑤ 반대로 설명되어 있다.

구분	주택수요(housing demand)	주택소요(housing needs)
의의	구매력이 있는 수요자가 시장경제원리에 의거하여 주택을 사려는 것을 말한다.	구매력이 없는 저소득층을 위해 복지차원에서 정부가 시장경제원리에 개입하여 주택을 우선 공급하는 것을 말한다.
적용개념	시장경제상의 개념	사회 · 복지정책상의 개념
적용원리	시장경제원리에 방임함으로써 시장기능으로 문제를 해결하므로 경제적 기능이 강조된다.	정부가 시장경제원리에 개입함으로써 적극적 개입에 의한 문제해결을 도모하므로 정치적 기능이 강조된다.
적용대상	구매력이 있는 중산층 이상의 계층	구매력이 없는 무주택 저소득 계층
예	아파트 분양신청	임대아파트

07 균형가격은 수요량(Q^D)과 공급량(Q^S)이 일치할 때의 가격이다. 따라서 균형가격은 $1600-2P=100+3P$에서 $5P=1500$, $P=300$이다. 그런데 정부가 아파트 임대료를 200만 원/m^2으로 규제했으므로 $P=200$을 수요함수($Q^D=1600-2P$)와 공급함수($Q^S=100+3P$)에 대입하면 수요량은 $1200m^2$, 공급량은 $700m^2$이므로 $500m^2$의 초과수요가 발생한다.

08 가격변화율(5% 하락) × 수요의 가격탄력성(1.4) = 7% 증가
소득변화율(5% 증가) × 수요의 소득탄력성(0.8) = 4% 증가
결국, 가격과 소득에 의해서 A부동산의 수요량은 11%가 증가한다.

09 정상재일 때 소득이 증가하면 수요가 증가한다.
① 대체재의 가격하락은 부동산수요곡선을 좌측으로 이동시킨다.
② 보완재의 가격상승은 부동산수요곡선을 좌측으로 이동시킨다.
③ 부동산의 가격상승은 "수요량의 변화"이므로 수요곡선상에서의 점의 이동으로 표현된다.

10 ① 수요량의 변화율과 임대료의 변화율이 반대이다.
② 비탄력적이다.
③ 수요의 가격탄력성이다. 기업의 총수입은 공급자의 가격변화에 따른 수요자의 수요량 변화율을 나타내는 수요의 가격탄력성과 관계된다. 판매량은 결국 수요자의 수요량에 의해 좌우되기 때문이다. 따라서 공급의 가격탄력성과는 무관하다는 사실에 유의해야 한다.

11 부동산시장은 불완전경쟁시장으로 모든 정보가 완전하게 공개되지 않는 시장이다. 따라서 투자자가 정보를 취득하기 위해서는 유형적 · 무형적 비용을 지출해야 하는데 이를 정보비용이라고 한다.
② 만약 불완전경쟁시장인 부동산시장에서 정보비용과 그 정보를 통해 발생하는 초과이윤이 같다면 해당 시장은 할당 효율적 시장이 될 수 있다.
③ 현재정보를 기반으로 투자를 해서 초과이윤을 얻었다는 것은 현재정보가 아직 가치에 반영되지 않은 시장이라는 의미이고, 이는 약성 효율적 시장에 대한 설명이다.
④ 부동산 투기는 시장에서 발생하는 초과이윤에 기인한 것이다. 즉 시장이 할당 효율적이지 못해서 발생하는 현상이지, 시장의 완전 · 불완전함과는 무관하다.
⑤ 준강성 효율적 시장에서는 공표된 정보로는 초과이익을 얻을 수 없다.

12 토지매매시장이란 지가를 매개로 하여 토지소유권의 거래가 이루어지는 시장으로서 토지매매시장에서의 공급자는 언제나 토지소유자가 된다. 한편, 토지임대시장에서의 공급자는 원칙적으로 토지소유자가 되지만 계약이나 법률에 의해 공급자의 지위를 타인이 행사하는 경우가 있을 수 있다(지상권자에 의한 지상권의 양도 또는 임대, 전세권자에 의한 전세권의 양도 또는 전전세 등).

13 강성 효율적 시장은 이미 모든 정보가 시장가치에 반영된 시장으로, 투자자는 그 어떤 정보를 분석하더라도 정상을 초과하는 이윤을 획득할 수 없다.
① 약성 효율적 시장에서는 과거정보 분석을 통해서는 초과이윤을 획득할 수 없다.
② 준강성 효율적 시장에서는 과거나 현재정보를 통해서 초과이윤을 획득할 수 없다.
④ 불완전경쟁시장이나 독점시장조차 할당 효율적 시장이 될 수 있기 때문에, 할당 효율적 시장이라고 해서 반드시 완전경쟁시장만을 의미하는 것은 아니다.
⑤ 독점의 기회비용이 모든 투자자에게 동일하다면, 즉 누구나 독점이 될 기회를 가질 수 있다면 독점시장조차도 초과이윤이 사라지게 되므로 할당 효율적 시장이 될 수 있다.

14 공공재의 과소생산의 문제로 시장실패가 발생할 수 있다.
① 적절한 대가를 지불하지 않는 경우에도 의도하지 않게 정의 외부효과로 인한 혜택을 누릴 수 있다. 정(+)의 외부효과는 아무 보상없이 제3자도 누릴 수 있다.
② 부의 외부효과를 해결하기 위해서는 항상 정부의 시장개입이 필수인 것은 아니다. 코즈의 정리와 같은 정부 개입의 최소화를 통한 문제해결 방식도 존재한다.
③ 부의 외부효과의 경우 사회적으로 NIMBY(Not In My Backyard)현상을 유발시킬 수 있다.
③ 행복주택의 건설·공급은 정부가 부동산시장에 직접 주택을 공급하는 제도로, 직접적 개입에 해당한다.

15 상향시장에서 직전 국면의 거래사례가격은 현재 시점에서 새로운 거래가격의 하한이 되는 경향이 있다.

16 국토의 계획 및 이용에 관한 법률상 용도지역과 용도지구는 중첩하여 지정할 수 있다.
③ 정상지가상승분을 초과하여 개발사업을 시행하는 자에게 귀속되는 이익의 일부를 환수하는 제도를 개발이익환수제도라고 한다.
⑤ 개발권양도제(TDR)는 현재 실시되는 않는 제도이며, 토지이용규제로 인해 토지소유자에게 발생하는 규제로 인한 손실을 개발가능지역에서 활용할 수 있는 용적률(개발권)로 보상하는 제도이다.

17 ㉡ 상한가격이 시장가격보다 낮을 경우 일반적으로 초과수요가 발생한다.
㉣ 분양가상한제는 시장가격 이하로 상한가격을 설정하여 무주택자의 주택가격 부담을 완화시키고자 하는 제도이다.

18 부의 외부효과는 사회적으로 기피적 이기주의(NIMBY: Not In My Backyard)현상이 발생할 수 있다. PIMFY(Please In My Frontyard)는 유치적 이기주의를 말한다.
② 부의 외부효과를 유발하는 시설에 대해 정부가 규제(제거)를 하면 주변 부동산의 수요가 증가하고 부동산가치가 상승한다.
④ 부의 외부효과에 대한 규제는 해당 재화의 공급을 감소(좌상향으로 이동)시키는 요인이 된다.

19 수요의 임대료탄력성이 상대적으로 낮아 비탄력적일수록 부과되는 조세에 대해 임차인의 조세부담이 더 커지게 된다.
③ 공급이 완전비탄력적일 경우 공급자가 조세를 100% 부담하게 된다.

20 정부의 임대료보조는 장기적으로 고가주택시장에서 저가주택시장으로의 하향 여과현상을 야기하여 저가주택의 임대료는 원래수준으로 회귀하고, 저가주택량은 원래수준보다 증가하게 된다. 결국 시장 전체의 저가주택 공급량이 늘어나게 된다.

21 동일 업종의 점포끼리 국부적 중심에 입지해야 유리한 유형의 점포를 '국부적 집중성 점포'라고 한다. '집재성 점포'란 유사 업종의 점포가 서로 모여서 입지해야 유리한 유형의 점포를 의미한다.
① 상권범위는 대상 상품의 판매액에 따라 3차 상권까지 구성된다.
② 레일리에 따르면 유인력은 크기에 비례하고 거리의 제곱에 반비례한다.

22 투자가치의 변동이 아니라 시장가치의 변동으로 수정되어야 한다. 시장이 효율적이라면 시장가치의 변동으로 기대수익률은 조정되며, 요구수익률과 기대수익률이 같아지는 선에서 투자의 균형을 이루게 된다. 즉, 정부의 정책변화나 시장상황의 변동이 요구수익률의 변화를 가져와 기대수익률과 요구수익률이 일치하지 않을 수 있는데, 이때 시장가치변동이 기대수익률의 변화를 가져오며 두 수익률이 같아지는 수준에서 균형을 이루게 된다.

23 ① 체계적 위험이란 시장의 힘의 의해 야기되는 위험이고 모든 부동산에 영향을 주는 위험으로 '피할 수 없는 위험'이다. 전쟁의 발생이나 예상 밖의 높은 인플레이션의 발표 등과 같이 전체시장에 영향을 미치는 위험을 말한다. 비체계적 위험이란 개별적인 부동산의 특성으로부터 야기되는 위험으로 투자대상(投資對象)을 다양화하여 분산투자(分散投資)를 함으로써 '피할 수 있는 위험'을 말한다. 따라서 체계적 위험과 비체계적 위험이 뒤바뀌어져 있다.
② 체계적 위험이다.
③ 비체계적 위험이다.
⑤ 부동산 포트폴리오는 위치, 유형 등 다양한 형태를 선택할 수 있다.

24 순매도액에서 미상환저당잔액을 차감하면 세전지분복귀액이 된다. 따라서 매각시점에 미상환대출잔액이 있다면 잔액을 차감한 세전 매각현금흐름이 잔액을 차감하기 전인 순매도액보다 작아지게 된다. (순매도액 − 미상환저당잔금 = 세전지분복귀액)
② 순현가란 장래 유입액의 현재가치에서 지출비용의 현재가치를 차감한 금액이다. 순현가법은 장래 소득의 현재가치 합계와 투자비용의 지출금액의 현재가치액을 서로 비교하여 투자의사결정을 하는 기법이다.
③ 회계적 이익률법은 화폐의 시간가치를 고려하지 않는 투자분석기법이다.
④ 내부수익률은 투자에 대한 현금유입의 현재가치와 현금유출의 현재가치를 같도록 하는 할인율이다.
⑤ 가능총소득에서 공실 및 회수 불가능한 임대수입을 제하고 기타소득을 합하면 유효총소득이 된다.

25 할인기법으로는 순현재가치법, 내부수익률법, 현가회수기간법, 수익성지수법이 있다. 비할인기법으로는 어림셈법(승수법, 수익률법), 비율분석법(대부비율, 부채감당률, 채무불이행률, 총자산회전율, 영업경비비율), 전통적 분석기법(회계적 수익률법, (단순)회수기간법)이 있다.

26 • 유효조소득 = 500평 × 200만 원 × (1 − 0.05) + 5,000만 원 = 10억 원
• 순영업소득 = 10억 원 × (1 − 0.4) = 6억 원

27 원리금균등분할상환방식은 점증식 상환대출에 비해 차입자의 초기 납부액이 더 크다. 따라서 대출자 입장에서는 원리금 균등상환방식으로 상환을 받을 때 초기 자금회수가 더 빠르다.
① 원리금균등분할상환방식은 원금균등분할상환방식에 비해 초기 원리금에서 이자가 차지하는 비중이 크다.
③ 점증식 상환방식은 초기에 납부액을 크게 낮추고, 소득이 증가함에 따라 상환액이 체증되는 상환방식이다.
④ 대출실행 후 상환의 중도시점에서 대출비율(Loan To Value)은 원금균등상환방식이 점증식 상환방식보다 낮다. 여기서 대출비율(LTV)이란 중도시점의 잔금액을 의미한다.
⑤ 다른 모든 조건이 동일할 경우 원금균등상환방식과 원리금균등상환방식은 1회차 이자액만이 동일하다.

28 ① 차입자에게 불리한 입장이 된다.
② 이자율이 상승한다면 차입자의 조기상환위험은 작아질 수 있다.
③ 고정금리는 대출자에게 불리하다.
④ 변동금리방식인 경우에 인플레이션 위험을 대출자에게서 차입자에게 전가(risk shifting)하게 된다.

29 민간에 주택자금을 공급하는 경우 시장의 실세금리가 아닌 저금리를 적용하고, 대출자의 소득수준, 주택규모, 대출금액, 대출기간, 최초주택구입 여부 등을 고려하여 대출금리에 차등을 두어야 할 것이다.

30 특정공간에 대한 일반적인 수요와 공급의 상황분석은 시장위험부담의 내용이다.

31 백화점과 같은 매장용은 비율임대차방식을 사용한다.

32 공영개발은 수용방식으로 진행되므로 강제적 수용에 따른 재산권의 손실감 및 시행자의 초기자금부담의 문제가 있다.
① 수용방식의 개발은 환지방식의 개발에 비해 개발 초기 사업주체의 자금부담이 크다는 단점이 있다.
③ 매수방식(수용방식)은 토지매입과 보상과정에서 사업시행자와 주민의 갈등의 소지가 있다는 문제가 있다.
④ 사업시행자가 시설을 준공한 후 정부·지자체에게 소유권을 이전(Transfer)하고 민간에게 일정기간 시설관리 운영권(Operate)을 인정하는 개발방식을 BTO방식이라고 한다.
⑤ 민간이 기반시설을 준공(Build)한 후 정부·지자체로부터 임대료(Lease)를 지급받다가 계약기간이 종료되면 해당 시설물을 정부·지자체에 소유권 이전(Transfer)하는 방식을 BLT방식이라고 한다.

33 혼합관리방식은 자가관리 부분과 위탁관리 부분의 구분이 모호할 경우에는 관리의 책임소재가 불분명해지는 단점이 있다.

34 일반적으로 부동산시장은 초과수요에 따른 공급자 중심의 매도자시장의 경향이 강하지만, 초과공급에 따른 수요자 중심의 매수자시장의 경향이 나타나기도 한다.

35 ② 대상부동산이 특정 투자자에게 부여하는 주관적 가치를 투자가치라고 한다.
③ 대상부동산이 시장에서 매매되었을 때 형성될 수 있는 가치를 교환가치라고 한다.
④ 두 가지 이상의 권리가 동일 부동산에 있을 때에는 그 각각의 권리에 별도의 가격이 형성된다.
⑤ 수요가 감소하더라도 부동산은 급격히 가격이 하락하지 않는 하방경직성의 특징이 있다.

36 항상 표준적 이용과 일치하는 것은 아니다. 최유효이용의 일반적 평균적인 이용이 표준적 이용이다.

37 개별분석에서는 대상부동산의 최유효이용을 판정한다. 지역분석은 지역요인을 분석하는 작업으로 이는 구체적으로 인근지역의 표준적 이용을 판단하여, 그 지역 내의 부동산에 대한 가격수준을 판정하는 작업이다.

38 ① 변동의 원칙으로 인하여 평가 시 기준시점이 중요하고, 거래사례의 시점수정도 필요하다.
② 예측의 원칙으로 인하여 부동산의 가치는 장래 기대되는 편익을 현재가치로 환원한 값이 된다.
③ 부동산은 시장의 수요, 주변의 토지이용과 어울릴 때 그 가치가 최고조가 된다는 원칙이 적합의 원칙이다.
⑤ 균형의 원칙이란 투입되는 생산요소의 결합비율이 조화를 이루어야 부동산의 가치가 최고조가 된다는 원칙이다.

39 사적 평가제도가 아니라 공인평가제도이다. 국가 공공단체 또는 민간단체로부터 자격을 부여받은 개인이 평가의 주체가 되는 것으로 이를 공인평가(公認評價)제도라고 하며, 사적 평가(私的評價)제도라고 하지 않는다. 공익상 규제 하에 영리추구의 형태를 취하면서 기업화 내지는 전문화를 기하여 능률과 효율의 향상을 도모하는 특징이 있다. 미국, 일본의 감정사, 한국의 감정평가사제도가 그렇다.

40 사례부동산을 인근지역에서 선정 시 지역요인 비교과정은 필수가 아니나, 개별요인 비교과정은 필수로 이루어진다. 만약 사례부동산을 유사지역에서 선정하면 지역요인 비교과정을 생략할 수 있다.
① 감정평가에 관한 규칙 제14조 제2항 제2조의 나항에 따르면 공시지가기준법상 지가변동률을 적용하는 것이 불가능하거나 적절하지 아니한 경우에는 「한국은행법」 제86조에 따라 한국은행이 조사·발표하는 생산자물가지수에 따라 산정된 생산자물가상승률을 적용할 것을 법으로 규정하고 있다.
③ 공시지가기준법을 적용할 경우, 비교표준지의 선정은 인근지역에서 선정함을 원칙으로 하나, 동일수급권 내의 유사지역의 사례로 감정평가할 수 있다.
④ 물리적 투자결합법은 토지와 건물의 수익능력이 다르다는 것을 전제하고 있다.

정답

41	42	43	44	45	46	47	48	49	50
④	②	④	⑤	②	①	②	③	④	⑤
51	52	53	54	55	56	57	58	59	60
③	⑤	②	③	⑤	②	②	①	①	②
61	62	63	64	65	66	67	68	69	70
④	②	①	①	④	①	⑤	②	③	⑤
71	72	73	74	75	76	77	78	79	80
④	⑤	①	⑤	②	①	④	②	③	③

해설

41 ㉠ 통정허위표시는 상대방 없는 단독행위에는 적용될 수 없다.
㉢ 채권의 가장양도에 있어서의 채무자는 법률상 새로운 이해관계를 가지게 된 제3자에 해당하지 않는다.

42 착오자의 상대방은 불법행위를 이유로 손해배상을 청구할 수 없다는 것이 판례의 태도이다.

43 취소의 효과로 권리의무에 관하여 아직 이행하지 않은 부분은 이행할 필요가 없게 되지만 이미 이행한 부분은 부당이득으로 서로 반환하여야 한다(제741조). 이 경우에 제한능력자측은 현존이익만을 반환하면 된다(제141조 단서).

44 표현대리행위가 성립하는 경우에 그 본인은 표현대리행위에 의하여 전적인 책임을 져야 하고, 상대방에게 과실이 있다고 하더라도 과실상계의 법리를 유추 적용하여 본인의 책임을 경감할 수 없다(대법원 1996.07.12, 95다49554).

46 불균형을 판정하는 시기는 법률행위(계약) 당시를 표준으로 하여야 한다는 것이 판례의 태도이다.

47 발신 후 도달 전에 청약자가 사망하거나 행위능력이 상실하더라도 청약의 효력에는 영향을 미치지 아니한다(제111조 ②).

48 착오로 인하여 표의자가 경제적인 불이익을 입은 것이 아니라면 이를 법률행위 내용의 중요 부분의 착오라고 할 수 없다(대법원 2006.12.07, 2006다41457).

49 매매계약과 같은 쌍무계약이 급부와 반대급부와의 불균형으로 말미암아 민법 제104조에서 정하는 불공정한 법률행위에 해당하여 무효라고 한다면, 그 계약으로 인하여 불이익을 입는 당사자로 하여금 위와 같은 불공정성을 소송 등 사법적 구제수단을 통하여 주장하지 못하도록 하는 부제소합의 역시 다른 특별한 사정이 없는 한 무효이다(대법원 2011.04.28, 2010다106702).

51 지역권자와 저당권자에게는 목적물반환청구권이 인정되지 아니한다.

52 부동산 매수인이 매도인을 상대로 매매를 원인으로 한 소유권 이전등기청구소송을 제기하여 승소의 확정판결을 받은 경우는 이행판결에 해당하며, 이는 등기를 요하는 것이다.

53 등기는 물권의 효력발생요건이고 효력존속요건이 아니므로 물권에 관한 등기가 원인 없이 말소된 경우에도 그 물권이 곧 소멸하는 것은 아니며, 말소된 등기의 명의인은 여전히 적법한 권리자로 추정된다(대법원 2001.01.16, 98다20110).

54 공유물의 관리에 관한 사항은 지분의 과반수로써 정한다.

55 부동산의 양도계약이 순차 이루어져 최종 양수인이 중간생략등기의 합의를 이유로 최초 양도인에게 직접 그 소유권이전등기 청구권을 행사하기 위하여는 관계 당사자 전원의 의사합치, 즉 중간생략등기에 대한 최초 양도인과 중간자의 동의가 있는 외에 최초 양도인과 최종 양수인 사이에도 그 중간등기 생략의 합의가 있었음이 요구된다(대법원 1995.08.22, 95다15575).
① 실체관계에 부합하므로 유효의 등기이다.
② 중간생략등기의 합의가 있었다고 하여 최초매도인과 최종매수인 간에 새로운 매매계약이 성립하는 것은 아니며, 기존의 계약은 그대로 유지되므로 각각의 권리·의무는 그대로 유지된다.
③ 최종 매수인이 자신과 최초 매도인을 매매당사자로 하는 토지거래허가를 받아 자신 앞으로 소유권이전등기를 경료하였더라도 그러한 최종 매수인 명의의 소유권이전등기는 적법한 토지거래허가 없이 경료된 등기로서 무효이다(대법원 1997.11.11, 97다33218).
④ 3자 합의가 없는 경우에도 중간생략등기가 경료된 이상, 그 등기는 유효하므로 3자간의 합의가 없음을 이유로 등기말소를 청구할 수 없다(대법원 2005.09.29, 2003다40651).

56 ① 채권은 목적물의 점유 중 또는 점유와 더불어 생긴 것임을 요하지 않고, 점유하기 전에 그 목적물에 관련되는 채권이 발생하고, 그 후 어떤 사정으로 목적물의 점유를 취득한 경우에도 유치권은 성립한다.
③ 유치권에는 경매권은 있으나 우선변제적 효력은 없다.
④ 유치권의 성립요건이자 존속요건인 유치권자의 점유는 직접점유이든 간접점유이든 관계가 없으나, 다만 유치권은 목적물을 유치함으로써 채무자의 변제를 간접적으로 강제하는 것을 본체적 효력으로 하는 권리인 점 등에 비추어, 그 직접점유자가 채무자인 경우에는 유치권의 요건으로서의 점유에 해당하지 않는다고 할 것이다(대법원 2008.4.11, 2007다27236).
⑤ 유치권은 물상대위성이 인정되지 않는다.

57 취득시효로 인한 물권변동은 법률의 규정에 의한 물권변동이지만 반드시 등기를 요한다(제245조).

58 합유물의 변경, 처분은 합유자 전원의 동의를 요한다.

60 공동저당권이 설정되어 있는 수개의 부동산 중 일부는 채무자 소유이고 일부는 물상보증인의 소유인 경우 위 각 부동산의 경매대가를 동시에 배당하는 때에는 채무자 소유 부동산의 경매대가에서 공동저당권자에게 우선적으로 배당을 하고, 부족분이 있는 경우에 한하여 물상보증인 소유 부동산의 경매대가에서 추가로 배당을 하여야 한다(대법원 2008다41475).

62 틀린 것을 기술하면 다음과 같다.
㉢ 민법 제198조 소정의 점유의 계속추정은 동일인이 전후 양 시점에 점유한 것이 증명된 때에만 적용되는 것이 아니고 전후 양 시점의 점유자가 다른 경우에도 점유의 승계가 입증되는 한 점유계속은 추정된다(대법원 1996.09.20, 96다24279, 24286).
㉣ 점유자는 소유의 의사로 선의, 평온 및 공연하게 점유한 것으로 추정되지만, 무과실은 추정되지 않는다.

63 지역권의 존속기간은 당사자의 약정으로 자유로이 정할 수 있으며, 그것을 등기함으로써 제3자에게 대항할 수 있다.

65 계약금계약, 보증금계약은 비전형계약으로서 요물계약이다.

66 건축을 목적으로 매매된 토지에 대하여 건축허가를 받을 수 없어 건축이 불가능한 경우, 위와 같은 법률적 제한 내지 장애 역시 매매목적물의 하자에 해당한다 할 것이나, 다만 위와 같은 하자의 존부는 매매계약 성립 시를 기준으로 판단하여야 할 것이다.

68 격지자 간의 계약은 승낙의 통지가 발송한 때에 성립한다.

69 저당권이 설정된 경우, 피담보채무의 변제가 선이행 의무이다.

70 위험부담에 관한 민법의 규정(제537조)은 임의규정으로서 당사자의 특약으로 달리 약정할 수 있다.

72 당사자가 이행기 전에는 착수하지 아니하기로 하는 특약을 하는 등의 특별한 사정이 없는 한 이행기 전에도 이행에 착수할 수 있다는 것이 판례이다.

73 매매의 목적물을 종류로 지정한 경우에도, 그 후 특정된 목적물에 하자가 있는 때에는 제580조가 준용된다(제581조 제1항). 한편 매수인은 그 준용에 따른 계약의 해제 또는 손해배상의 청구를 하지 아니하고, 그에 갈음하여 하자 없는 물건을 청구할 수도 있다(제581조 제2항).

74 임대차기간이 만료한 후 임차인이 계속하여 임차물을 사용·수익하는 경우, 임대인이 상당한 기간 내에 이의를 제기하지 않으면 전 임대차와 동일한 조건으로 다시 임차한 것으로 보아야 하나, 기간의 정함은 없는 것으로 본다(제639조).

76 배당에 참가하여 우선변제권을 행사하였으나 보증금 전액을 배당받지 못한 경우, 그 잔액에 관하여 매수인(경락인)에게 대항하여 이를 반환받을 때까지 임대차관계의 존속을 주장할 수 있다(법 제3조의5 단서). 이때 임차인의 우선변제권은 경락으로 인하여 소멸하는 것이므로, 제2경매절차에서도 매수인(경락인)에게 대항하여 이를 반환받을 때까지 임대차관계의 존속을 주장할 수 있을 뿐, 우선변제권에 의한 배당을 받을 수는 없다(대법원 2001.3.27, 98다4552).

78 통지의 상대방에는 채무자 이외에 물상보증인, 담보가등기 후 소유권을 취득한 제3취득자 등도 포함한다.

80 부동산의 특정된 부분을 2인 이상이 구분소유하면서 공유로 등기하는 소위 상호명의신탁은 부동산 실권리자명의 등기에 관한 법률이 무효로 하는 명의신탁 약정에 해당하지 않는다.

정답 및 해설(부동산학개론)

정답

1	2	3	4	5	6	7	8	9	10
④	①	⑤	④	③	①	④	①	③	③
11	12	13	14	15	16	17	18	19	20
⑤	⑤	⑤	①	③	⑤	①	①	②	⑤
21	22	23	24	25	26	27	28	29	30
③	⑤	⑤	①	⑤	③	⑤	③	③	③
31	32	33	34	35	36	37	38	39	40
③	⑤	①	①	⑤	③	③	⑤	②	③

해설

01 의제부동산 또는 준부동산은 부동산과 유사한 등기·등록의 공시방법을 갖춘 물건으로 넓은 의미의 부동산에 포함된다.
① 좁은 의미의 부동산이란 민법상의 개념으로 민법 제99조 제1항에서의 '토지 및 그 정착물'을 말한다.
② 협의의 부동산을 포함한 공시수단을 갖춘 독립된 거래의 객체로 인정되는 것을 넓은 의미(광의)의 부동산이라고 한다.
③ 정착물은 계속하여 토지에 부착되어 있어야만 한다.
⑤ 광업재단, 공장재단, 자동차의 개념은 의제부동산으로서 넓은 의미의 부동산이자 법률적 개념의 부동산에 해당한다.

02 일본에서는 나지를 갱지와 저지로 구별하지만 우리나라는 나지라 하면 갱지를 지칭한다.
② 건축물이 있는 경우 건부지이며 건부감가가 일반적이지만, 예외적으로 건부증가가 될 수 있다. 나지가 건부지보다 최유효이용의 기대가 크다.
③ 필지란 면적의 단위가 아니라 등기·등록의 단위이다.
④ 필지보다 획지를 중시한다. 획지란 타 토지와 구별되는 가격수준이 비슷한 일단의 토지를 말하며, 필지란 한 개의 지번을 갖는 토지의 등록 등록단위로서 토지소유권이 미치는 범위와 한계를 표시한 것이다.
⑤ 건축법 상의 대지와 「공간정보의 구축 및 관리 등에 관한 법률」 상의 대(垈)는 다른 개념이다. 대(垈)는 공장용지, 창고용지, 학교용지, 주유소용지 등을 제외한 개념이다.

03 순자산가치는 대차대조표상 일정시점의 자산에서 부채를 공제한 것으로써 저량개념이다.

04 정부가 저소득층에게 임대료를 보조하면 주택의 수요곡선 자체가 우측 또는 우상향으로 이동하여 수요가 증가한다.

05 균형가격이 하락하는 경우는 다른 것은 일정하다고 할 때, 수요가 감소하든지 공급이 증가하는 경우이다. 그러므로 ①은 대체주택의 수요가 감소하였으면, 대체관계에 있는 아파트의 수요가 증가하여 균형가격이 상승하게 된다. 마찬가지로 ②, ④, ⑤도 수요가 증가하여 균형가격이 상승하는 경우이다. ③은 공급증가로 균형가격이 하락하게 된다.

06 단독주택 가격은 관련재화의 가격변화로, 이는 수요량의 변화가 아닌 수요의 변화요인이다. 따라서 빌라의 수요곡선을 이동시킨다(수요곡선 자체의 변화가 초래된다).
② 임대료, 임금, 연간 이자비용은 유량이다.
③ 아파트의 가격이 하락하면 대체재인 오피스텔의 수요가 감소하고 오피스텔 가격은 하락한다.
⑤ 주택유량이 공급량이 20만호이고 주택유량의 수요가 8만호라는 의미이다.

07 대체효과란 한 상품의 가격하락은 다른 상품에 비해 상대적 가격이 싸진 셈이다. 대체효과란 절대가격의 변화가 설혹 없다고 하더라도 연관상품 가격이 변하면 상대가격은 변하게 되며, 이에 따라 소비자는 상대적으로 저렴한 재화(상품)를 소비하게 되는 효과를 말한다.

08 DTI 비율이 클수록 주택수요는 커진다. DTI(Debt to Income)란 연소득 대비 금융부채 상환액의 비율을 말한다. 여기서 금융부채 상환액은 주택담보대출 연 원리금 상환액과 기타부채의 연이자 상환액 합계이다. 만약 이 비율이 커진다면 주택담보대출을 더 많이 받을 수 있을 것이므로 주택수요의 구매력은 커질 것이다.

09 수요의 임대료탄력성 = $\dfrac{수요량의\ 변화율}{임대료\ 변화율}$

• 수요의 임대료 탄력성은 0.8이 되고, 임대료가 10% 상승하였기 때문에 수요량은 8% 감소하게 된다.
• 또한 소득이 20% 증가하였으므로 소득탄력성을 근거로 수요량변화율을 추정하면 소득탄력성은 0.5가 되고, 수요량변화율은 10% 증가라고 추정할 수 있다.
• 전체적으로 임대료가 올라서 수요량이 −8%가 되지만, 소득증대로 인해 수요량이 +10%가 되므로 수요량의 최종적 변화는 +2%가 된다.

10 부동산시장을 자본시장으로 이해하면 추상적 시장이며, 지리적 구역단위로 이해하는 경우 구체적 시장으로 볼 수 있다.

11 장기에 공급이 증가됨에 따라 생산요소가격이 상승하지만 공급자의 초과이윤은 소멸된다. 장기란 다른 공급자가 그 시장에 진입하여 경쟁이 발생할 수 있는 충분히 긴 기간을 말하며 단기에 존재하였던 초과이윤은 경쟁을 통해서 소멸하게 된다. 즉, 비용불변, 비용증가 또는 비용감소산업의 경우 단지 생산요소가격변화에 따른 제품가격이 불변, 상승 또는 하락하지만 어떤 유형에서든지 간에 결국 경쟁을 통해 초과이윤은 사라진 상태가 된다.

12 분양가 자율화는 처음부터 높은 가격(또는 적정가격)으로 분양하는 경우가 많기 때문에 싸게 사서 비싸게 되팔려는 의도가 분양가상한제(규제)보다 적게 나타나는 경우가 일반적이다. 그러나 특정 지역 주민들이 모두 그 지역 부동산가격이 상승할 것으로 기대하는 경우 분양가자율화 실시는 더 오르기 전에 미리 구입하려 하는 투기 또는 가수요가 나타나 현재 시점의 부동산가격은 오히려 급등할 수도 있다.
① 부동산경기는 통상적으로 개별적 지역적 현상이 강하다. 즉, 부동산경기의 변동의 크기와 진폭은 도시마다 다르고 같은 도시라도 지역에 따라 다를 수가 있다.
② 부동산정책과 같은 외부충격으로 주택경기가 하강한다면 이는 순환적 경기변동이 아닌 무작위적 변동(random change)에 해당한다.
③ 부동산경기 후퇴국면에서는 매도자의 수가 매수자의 수보다 많아지는 초과공급시장이 되어 매수자가 주도하는 매수자시장이 되므로 중개활동은 매도자(공급자)보다 매수자(수요자)를 중시하게 된다.
④ 계절적 변동(seasonal variation)에 대한 설명이다.

13 인근지역이란 대상부동산이 속해있고, 대상부동산의 가격형성에 직접 영향을 미치는 지역요인이 존재하는 권역으로서 특정한 용도가 집중된 지역을 말한다. 그러므로 동일한 용도로 이용중인 부동산들이 모여있는 곳으로써 지역적으로 상당히 좁은 범위로 이루어지는 것이 일반적이다. 한편, 부동산경기변동은 주거용, 상업용, 공업용 부동산 건축경기 뿐만 아니라 경우에 따라서는 토지경기까지 포함하는 포괄적인 의미에서의 부동산시장의 변동상황을 분석한다. 그러므로 부동산경기를 인근지역에 한정하여 측정하는 것은 바람직하지 않다.

14 ② 공급에 시차가 존재하는 상품에 적합한 모형이다.
③ 수렴형에 해당한다.
④ 가격은 폭등하게 된다.
⑤ 가격파동현상은 주거용 부동산보다는 상업용이나 공업용 부동산에서 강하게 나타난다.

15 ① 주거분리현상은 인근지역은 물론 도시 전체적인 측면에서도 일어날 수가 있다. 주거분리란 고소득층의 주거지역과 저소득층의 주거지역이 분리되는 현상을 말한다.
② 주거분리가 아니라 직주분리이다.
④ 개량비가 개량 후 가치상승분보다 작은 경우 재개발될 가능성이 높다.
⑤ 침입이 있게되고, 침입의 결과 계승이 이루어진다. 침입(invasion)이란 어떤 인구집단 또는 토지이용의 형태에 새로운 이질적인 수준의 것이 개입되는 현상이다. 계승(succession : 천이 또는 승계)이란 침입의 결과 새로운 차원의 인구집단 또는 토지이용이 종래의 것을 교체하는 경우를 말한다.

16 반드시 재개발 대상이 된다고 볼 수는 없다. 저소득층 주거지역에서 주택가치 상승분이 수선비용보다 적다고 하면 이는 재개발될 가능성이 적어 저소득층 주거지역으로 그대로 남아 더욱 노후화될 가능성이 크지만, 설혹 주택가치 상승분이 수선비용보다 크다고 해서 반드시 재개발 대상이 된다고 볼 수도 없다. 예를 들어 정부나 지자체의 정책에 따른 공법상의 제약이나 주민들 간의 이해의 상충 등의 이유로 재개발이 어려울 수도 있기 때문이다.

17 부동산은 내구재이므로 일반 재화에 비해 수명이 긴 편이고, 동일한 재화를 반복적으로 구매하는 재구매 수요가 빈번하지 않은 편이다.
② 부동산시장은 고가성으로 인해 진입장벽이 존재한다.
③ 부동산은 고가성으로 인하여 금융능력이 중시된다.
④ 부동산시장은 토지의 수익성에 따라 토지의 용도 및 이용상태를 결정하는 기능이 있다.

18 정보가치 = 확실한 상황에서의 현재가치 − 불확실한 상황에서의 현재가치
• 확실한 상황에서의 대상토지의 현재가치와 이에 따른 거래가격

$$현재가치(PV) = \frac{2.2억\ 원 \times 1.0 + 1.1억\ 원 \times 0.0}{1 + 0.1} = 2억\ 원$$

• 불확실한 상황에서의 대상토지의 현재가치와 이에 따른 거래가격

$$현재가치(PV) = \frac{2.2억\ 원 \times 0.6 + 1.1억\ 원 \times 0.4}{1 + 0.1} = 1.6억\ 원$$

• 정보가치 = 2억 원 − 1.6억 원 = 4,000만 원

19 정부의 간접적 개입수단으로는 취득세(조세), 부담금, 금융, 임대료 보조(보조금) 등이 있다.
① 용도지역지구제는 토지이용규제이고, 종합부동산세, 취득세, 개발부담금은 간접적 개입이다.
③ 재산세, 개발부담금은 간접적 개입이다. 건축허가, 지역지구제는 토지이용규제이고, 공공토지비축제도는 직접적 개입방식이다.
④ 공공임대주택의 공급, 토지수용제도, 환지방식은 직접적 개입방식이다.
⑤ 종합부동산세, 취득세, 보조금은 간접적 개입방식이며, 건축 인·허가는 토지이용규제 수단에 해당한다.

20 정부가 임대료를 보조하게 되면 정상재인 해당 주택의 수요가 증가하게 된다.
① 임대료상한제가 실시되었을 때 수요와 공급이 탄력적일수록 수요는 더욱 많이 증가하고 공급은 더욱 많이 감소하게 되어 초과수요의 폭이 커지게 된다.
④ 상한제로 인해 주택공급이 감소하게 되는데, 이때 공급감소 반응이 단기보다는 장기에 더욱 탄력적으로 나타난다.

21 분양가규제는 단기적으로 시행해야 한다. 분양가 또는 임대료규제 등의 정책은 단기에 시장이 제 기능을 발휘하지 못하는 경우에 단기적으로 시행해야 한다. 장기적 시행은 오히려 시장의 기능을 해쳐 좋지 않은 결과를 가져올 수 있다.

22 개발이익환수가 이루어지는 경우, 불필요한 조기개발을 감소시킬 수 있다. 개발이익환수가 이루어지는 경우, 개발자의 이윤추구방식이 투기나 개발가에 의존하지 않고 시장예측능력 등에 의존하게 되므로, 불필요한 조기개발을 줄이거나 막을 수 있다.

23 버제스의 동심원이론에 따르면 저소득층의 주거지는 도심에서 가깝게 형성된다.
① 호이트는 주택 지구의 분포가 주요 교통노선에 따라 쐐기형(wedge) 모형으로 확대·배치된다고 주장하였다. (호이트의 선형이론)
② 호이트의 선형이론에 따르면 주택지불능력이 높을수록 접근성이 양호한 교통망 인근에 주거입지를 선정한다.
③ 다핵심이론에서는 이질활동 간의 입지적 비양립성을 전제한다.
④ 다핵심이론에서는 지대지불능력의 차이와 유사한 활동이 집중하는 성향을 도시의 다핵화 요인으로 설명하고 있다.

24 크리스탈러의 중심지이론과 같은 고전적 상점입지 이론의 단점은 소비자들이 한번의 구매통행으로 여러 가지 물건을 구입하며, 유사한 상품을 취급하는 점포들이 서로 인접해 있을 경우 비교구매의 이점이 있다는 현실적인 면을 간과하고 있다는 것이다. 이는 현대의 대형 점포들의 경우 크리스탈러의 중심지이론과 같은 고전이론대로 서로 멀리 떨어져서 자신의 시장지역을 극대화하는 것이 아니라 되도록 서로 유사한 위치에 몰려 있게 되는 현대적 쇼핑센터형태를 갖추게 된다. 그러므로 크리스탈러의 중심지이론은 유사한 상품을 취급하는 점포들이 서로 도심에 인접해 있는 경우를 잘 설명해주지 못하게 된다.

25 부동산의 임대차에 있어서 임차인이 임대인에게 지불하는 실질적인 모든 경제적 대가를 실질임대료라고 한다. 실질임대료는 순임대료와 필요제경비로 구성된다. 실질임료의 구성은 예금적 성격의 일시금(보증금)의 운용익, 선불적 성격을 갖는 일시금 상각액, 선불적 성격을 갖는 일시금 미상각액의 운용익, 각 지불시기에 지불하는 지불임대료이다. 위 사례에서는 모두 더해야 하므로 288만 원이다. 20만 원 × 12개월 + 40만 원 + 8만 원 = 288만 원이다.

26 ① 일시불의 현가계수이다.
② 일시불의 내가계수, 연금의 내가계수, 감채기금계수가 미래가치분야에 해당한다. 저당상수는 현재가치분야에 해당한다.
④ 감채기금계수이다. 감채기금계수란 1원의 일시불을 달성하기 위해 r% 이자율로 매기 적립해야 할 금액을 알고자 할 때 사용한다.
⑤ 저당상수의 역수는 연금의 현가계수이다.

27 부채감당율은 순영업소득이 부채서비스액의 몇 배가 되는가를 나타내는 비율이다. 부채감당율이 1보다 작다는 것은 순영업소득이 매기간의 원리금 상환액을 감당하기에 부족하다는 것을 의미한다.

28 ① 원리금균등상환식이 아니라 체증식(점증식) 상환이다.
② 차입자와 대출자가 반대로 기술되었다.
④ 경기변동이 심하다면 대출자는 대출이자율을 높이지만 융자비율은 낮추려 할 것이다.
⑤ 부동산 신디케이션는 부채금융이 아닌 지분금융이다.

29 프로젝트 파이낸싱은 원사업시행자가 아닌 프로젝트 회사가 차입자이다.
① 일반기업대출과 달리 프로젝트 파이낸싱의 자금은 차입자가 직접 관리하지 않고 에스크로(escrow)에 의해서 관리된다.
② 프로젝트 파이낸싱은 프로젝트의 사업성을 기반으로 자금을 조달하는 기법으로, 사업주의 전체 자산을 담보로 제공하지 않는다.
④ 프로젝트 파이낸싱은 차주의 전체 자산에 대한 소구권이 행사되지 않는 비소구금융이다.
⑤ 부동산 신디케이트(syndicate)는 소액투자방식의 지분금융방식이다.

30 문제에서 주의할 부분은 원금불입액이다.
• 첫 해 원리금 = 2억 원 × 저당상수(0.14) = 2,800만 원
• 첫 해 이자액 = 2억 원 × 0.06(6%) = 1,200만 원
• 첫 해 원금 = 첫 해 원리금 − 첫 해 이자액
　　　　　　 = 2,800만 원 − 1,200만 원 = 1,600만 원

31 주어진 조건을 고려해보았을 때 환원이율 산정방법 중 부채 감당법을 적용하는 것이 바람직하다.
• 부채감당법의 환원이율 = 저당상수×부채감당률×대부비율로 산정한다.
• 환원이율 = 0.129 × 1.2 × 0.4(지분비율이 60%이므로) = 6.192%이다.

32 부동산 소유권을 취득하는 투자자가 지렛대효과를 이용하면 금융적 위험이 증가하게 된다. 만약 전액 지분투자를 하게 된다면 금융적 위험을 완전하게 제거할 수 있다.
③ 종합수익률(전체 투자수익률)보다 저당수익률(차입이자율)이 낮을 때에는 부동산투자로 인해 정(+)의 레버리지효과를 기대할 수 있다.
④ 투자자의 요구수익률에는 위험에 대한 비용인 위험할증률과 시간에 대한 비용인 무위험률이 동시에 포함된다.

33 지분모집방식(지분금융)이 아니라 채권모집방식(부채금융)이다. 이는 실적 배당이 아닌 원리금(차입금)상환을 하는 채권모집방식(부채금융)이 가장 일반적이다. 개발에 필요한 자금을 지분모집방식이 아닌 회사채를 발행하여 조달하는 채권모집방식이며 부동산 등에 저당권을 설정하여 차입하는 형태가 아닌 당해 프로젝트에서 발생하는 수익성과 당해 사업자산을 담보로 차입하는 형태이다(한편, 지분금융형태인 조인트벤처에서 금융기관이 지분권의 일부를 획득하여 사업종료시에 지분비율에 따라 이익과 손실을 배분받는 형태도 일종의 개발금융으로 보아 프로젝트 파이낸싱이라고 부르기도 한다).

34 부동산개발업의 관리 및 육성에 관한 법률에 의하면 부동산개발이란 타인에게 공급할 목적으로 토지를 건설공사 수행 또는 형질변경으로 조성하여 판매하거나 임대하는 행위 및 건축물 그 밖의 공작물을 건축, 대수선, 리모델링 또는 용도 변경하여 해당 부동산을 판매, 임대하는 행위를 말하며, 시공행위는 제외한다.

35 개발지분을 토지소유자와 개발업자가 공유하는 것은 등가교환방식에 해당된다.

36 ① 지역분석은 지역 내 부동산의 표준적 이용을 판단하여, 지역부동산이 가격수준을 산정하는 작업이다.
② 인근지역은 대상부동산이 속한 지역으로, 대상부동산의 가격형성에 직접적 영향을 미친다.
④ 지역분석은 가격제원칙 중 적합의 원칙과 관련이 있다.
⑤ 대상부동산의 내부구성요소에 대한 분석은 개별분석을 통해 이루어진다.

37 ① 적산임료가 아니라 적산가격(복성가격)이다.
② 적산법은 기준시점 대상물건의 기초가액에 기대이율을 곱한 후 대상물건을 계속하여 임대차하는 데 필요한 경비를 가산하여 임료를 산정하는 방법이다.
④ 수익환원법은 현재까지 산출한 순수익 또는 미래의 현금흐름이 아니라 장래 산출할 것으로 기대되는 순수익 또는 미래의 현금흐름이다.
⑤ 수익분석법에서 임대산업경영이 아니라 일반기업경영이다.

38 거래당사자 간의 협상에 따라 거래사례가격이 왜곡될 수도 있으며 거래사례가격은 현재가치가 아닌 어디까지나 과거의 역사적 가격이라는 문제점이 있다.

39 필요제경비에 계상되어야 하는 조세공과는 대상물건에 직접 귀속되는 비용만을 계상하여야 하는 것으로 재산세, 대상부동산에만 부과되는 종합부동산세, 도시계획세, 수익자부담금 등이 있다. 그러나 임대인의 사업상 수익에 부과되는 세금, 즉 법인 개인에 부과되는 법인세, 소득세 등은 대상부동산에 직접 귀속되는 것이 아니므로 조세공과에 포함하여서는 안 된다.

40 독립평가이다. 독립평가란 부동산이 토지 및 건물 등의 결합으로 구성되어 있는 경우, 그 구성부분인 토지만을 독립된 부동산으로 보고 평가하는 것, 즉 지상에 건물이 있기는 하나 없는 것으로 상정하여 평가하거나 제한물권이 부착되어 있을 때도 없는 것으로 부아 평가하는 일종의 조건부평가이다.
④ 구분평가란 1개의 대상물건이라도 가치를 달리하는 부분은 이를 구분하여 평가할 수 있다는 것이다. 일체로 이용되고 있는 대상물건의 일부는 평가하지 아니함을 원칙으로 한다. 다만, 일체로 이용되고 있는 대상물건의 일부분에 대하여 특수한 목적 또는 합리적인 조건이 수반되는 경우에는 부분평가를 할 수 있다.

정답 및 해설(민법 및 민사특별법)

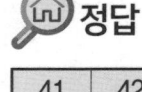 정답

41	42	43	44	45	46	47	48	49	50
②	③	②	②	⑤	②	⑤	⑤	④	③
51	52	53	54	55	56	57	58	59	60
①	③	④	①	①	⑤	④	①	⑤	④
61	62	63	64	65	66	67	68	69	70
⑤	⑤	①	④	②	②	⑤	②	③	⑤
71	72	73	74	75	76	77	78	79	80
②	①	③	②	④	④	③	③	④	②

해설

41 매매예약은 채권계약이다.

42 비진의 의사표시에 있어서의 진의란 특정한 내용의 의사표시를 하고자 하는 표의자의 생각을 말하는 것이지 표의자가 진정으로 마음속에서 바라는 사항을 뜻하는 것은 아니다. 그러므로 비록 재산을 강제로 뺏긴다는 것이 표의자의 본심으로 잠재되어 있었다 하여도 표의자가 강박에 의하여서나마 증여를 하기로 하고 그에 따른 증여의 의사표시를 한 이상 증여의 내심의 효과의사가 결여된 것이라고 할 수는 없다(대법원 92다41528). 따라서 강박으로 취소할 수 있을지언정 비진의표시는 아니다.

43 틀린 것을 기술하면 다음과 같다.
㉠ 법률행위의 목적은 확정되어 있거나 또는 확정할 수 있어야 한다.
㉢ 후발적 불능은 이행불능과 위험부담의 문제가 될 수 있고, 법률행위를 무효로는 보지 않는다. 즉 유효이다.

44 종래 이루어진 보수약정의 경우에는 보수약정이 성공보수라는 명목으로 되어 있다는 이유만으로 민법 제103조에 의하여 무효라고 단정하기는 어렵다. 그러나 대법원이 이 판결을 통하여 형사사건에 관한 성공보수약정이 선량한 풍속 기타 사회질서에 위배되는 것으로 평가할 수 있음을 명확히 밝혔음에도 불구하고 향후에도 성공보수약정이 체결된다면 이는 민법 제103조에 의하여 무효로 보아야 한다(대법원 2015.07.23, 2015다200111 전원합의체).

45 궁박이란 경제적인 궁박상태뿐만 아니라 물리적·정신적 궁박도 포함된다. 그리고 당사자의 궁박·경솔·무경험 중 어느 하나라도 갖추어지면 된다. 아울러 무경험이란 특정영역에서의 경험부족을 말하는 것이 아니라, 거래 일반의 경험부족을 뜻하는 것이라는 것이 판례이다(대법원 2002.10.22, 2002다38927).

46 불법원인급여에는 해당하지 않는다는 것이 판례의 태도이다. 따라서 통정허위표시인 매매계약에 따라 대금을 지급한 경우, 그 대금의 반환을 청구할 수 있다.

47 복대리인은 대리의 대리인이 아니라 본인의 대리인이다. 따라서 복대리인이 대리행위를 할 때에는 본인의 이름을 현명하여야 한다.

48 갑이 추인을 거절하면 무권대리행위는 본인에 대하여는 확정적으로 무효가 된다. 따라서 본인은 번복하여 추인할 수 없으며, 병도 최고 내지 철회하지 못한다.
① 상당기간 확답이 없으면 추인을 거절한 것으로 본다.
② 본인이 무권대리인에게 추인한 때 상대방이 그 추인이 있음을 알지 못한 경우에는 상대방에게 대항하지 못한다.
③ 제135조의 무권대리인의 선택책임에 대하여 선택권은 상대방이 갖는다.
④ 추인은 묵시적으로도 할 수 있다(대법원 2003다49542).

49 매매계약 체결 당시 일정한 기간 안에 토지거래허가를 받기로 약정하였다고 하더라도, 기간 내에 토지거래허가를 받지 못할 경우 위 약정기간이 경과하였다는 사정만으로 곧바로 매매계약이 확정적으로 무효가 된다고 할 수 없다(대법원 2008다50615).

50 불법조건(반사회질서행위)이 붙은 법률행위는 조건만이 아니라 그 법률행위 전체가 무효로 된다(제151조 제1항).
① 조건이 법률행위의 당시에 이미 성취한 것인 경우에는 그 조건이 정지조건이면 조건 없는 법률행위(유효)로 하고, 해제조건이면 그 법률행위는 무효로 한다(제151조 제2항).
④ 지문의 경우는 매매계약은 유효하게 발생하나 만약 건축허가를 받지 못한 경우에는 매매계약의 효력이 소멸하는 해제조건부 법률행위에 해당한다.
⑤ 조건이 법률행위의 당시에 이미 성취할 수 없는 것인 경우에는 그 조건이 해제조건이면 조건 없는 법률행위(유효)로 하고, 정지조건이면 그 법률행위는 무효로 한다(제151조 제3항).

51 물권적 청구권은 침해자 내지 방해자의 고의·과실을 요하지 아니한다. 다만, 고의·과실이 있으면 손해배상청구권을 행사할 수 있다.

52 어느 부동산에 관하여 등기명의인을 달리하여 소유권보존등기가 이중으로 경료된 경우 먼저 이루어진 소유권보존등기가 원인무효가 아니어서 뒤에 된 소유권보존등기가 무효로 되는 때에는, 뒤에 된 소유권보존등기나 이에 터 잡은 소유권이전등기를 근거로 하여서는 등기부취득시효의 완성을 주장할 수 없다(대법원 1996.10.17, 96다12511).

53 가등기에 기하여 본등기가 이루어진 경우, 소유권이전의 효력, 즉 물권변동은 본등기한 때에 발생한다.

54 가등기에는 추정력도 인정되지 않는다. 예컨대 소유권이전청구권 보전을 위한 가등기가 있다고 하여 소유권이전등기를 청구할 어떤 법률관계가 있다고 추정되지 않는다(대법원 1979.5.22, 79다239).
② 허무인(虛無人)으로부터 등기를 이어받은 소유권이전등기는 원인무효라 할 것이어서 그 등기명의자에 대한 소유권추정은 인정되지 않는다(대법원 1985.11.12, 84다카2494).
③ 소유권 보존등기의 본질에 비추어 보존등기 명의인이 원시취득자가 아니라는 점이 증명되면 그 보존등기의 추정력은 깨어진다(대법원 1996.6.28, 96다16247).
④ 등기는 물권의 효력 발생 요건이고 존속 요건은 아니어서 등기가 원인 없이 말소된 경우에는 그 물권의 효력에 아무런 영향이 없고, 그 회복등기가 마쳐지기 전이라도 말소된 등기의 등기명의인은 적법한 권리자로 추정되므로 원인 없이 말소된 등기의 효력을 다투는 쪽에서 그 무효 사유를 주장·증명하여야 한다(대법원 1997.9.30, 95다39526).
⑤ 부동산에 관하여 소유권이전등기가 마쳐져 있는 경우 그 등기명의자는 제3자에 대하여서뿐만 아니라, 그 전 소유자에 대하여서도 적법한 등기원인에 의하여 소유권을 취득한 것으로 추정된다(대법원 2000.3.10, 99다65462).

55 선의의 점유자가 과실을 취득한 경우에는 통상필요비의 상환을 청구하지 못한다.

56 점유자의 비용상환청구권에 관하여는 선의점유와 악의점유를 구별하지 아니한다.

57 부동산 점유자에게 시효취득으로 인한 소유권이전등기청구권이 있다고 하더라도 이로 인하여 부동산 소유자와 시효취득자 사이에 계약상의 채권채무관계가 성립하는 것은 아니므로, 그 부동산을 처분한 소유자에게 채무불이행 책임을 물을 수 없다(대법원 1995.7.11, 94다4509).

58 주위토지통행권은 어느 토지가 타인 소유의 토지에 둘러싸여 공로에 통할 수 없는 경우뿐만 아니라, 이미 기존의 통로가 있더라도 그것이 당해 토지의 이용에 부적합하여 실제로 통로로서의 충분한 기능을 하지 못하고 있는 경우에도 인정된다(대법원 1994.06.24, 94다14193).
② 통행권자가 손해를 보상하지 않는 경우 통행권 자체가 소멸하는 것은 아니며, 채무불이행의 책임만이 발생한다.
③ 본래는 공로로 통하고 있었던 토지가 분할 또는 일부의 양도로 공로로 통하지 못하게 된 경우에는, 그 토지소유자는 다른 분할자의 토지 또는 양도인의 토지를 통행할 수 있고, 이 경우에는 보상의무가 없다.
④ 현재의 토지의 용법에 따른 이용의 범위에서 인정되는 것이지 더 나아가 장차의 이용상황까지를 미리 대비하여 통로로를 정할 것은 아니다(대법원 1992.12.22, 92다30528).

59 ① 공유물의 재판상 분할청구는 협의가 성립된 경우에는 할 수 없다.
② 공유자는 공유물의 분할을 청구할 수 있는 것이 원칙이다.
③ 공유자의 지분은 균등한 것으로 추정한다.
④ 공유자의 지분처분은 다른 공유자의 동의 없이도 할 수 있다.

60 지상권이 소멸한 경우에 건물 기타 공작물이나 수목이 현존한 때에는 지상권자는 계약의 갱신을 청구할 수 있다(제283조 제1항).

61 지역권 취득시효중단은 지역권을 행사하는 모든 공유자에 대한 사유가 아니면 효력이 없다(제295조 제2항).

62 목적물의 신 소유자는 구 소유자와 전세권자 사이에 성립한 전세권의 내용에 따른 권리의무의 직접적인 당사자가 되어 전세권이 소멸하는 때에 전세권자에 대하여 전세권설정자의 지위에서 전세금 반환의무를 부담하게 된다(대법원 2006.05.11, 2006다6072).

63 임차보증금반환채권이나 권리금반환채권은 모두 그 건물에 관하여 생긴 채권이라 할 수 없으므로 유치권이 인정되지 아니한다(대법원 1994.10.14, 93다62119).

64 피담보채권이 확정된 후에는 보통의 저당권이 되므로 부종성이 있다.
① 피담보채권이 확정될 때까지의 채무의 소멸 또는 이전은 저당권에 영향을 미치지 않는다(제357조 제1항). 따라서 근저당권의 피담보채권이 확정되기 전에 그 채권의 일부를 양도하거나 대위변제하여도 근저당권은 양수인이나 대위변제자에게 이전하지 않는다.
② 경매를 신청한 근저당권자의 채권액은 경매신청 시에 확정되지만, 선순위 근저당권의 채권액은 매각대금 완납 시에 확정된다.
③ 이자는 지연이자라도 1년분에 한하지 않고 모두 채권최고액에 포함되지만, 실행비용은 포함되지 않는다.
⑤ 물상보증인이나 제3취득자는 채권최고액까지만 변제하고 근저당말소를 청구할 수 있지만, 저당권설정자인 채무자는 채권액 전부를 변제해야 저당권 말소를 청구할 수 있다.

65 계약해제의 소급효로써 제3자의 권리를 해할 수 없다고 규정한 민법 제548조 제1항의 규정은, 당사자 사이에서 계약을 합의해제하는 경우에도 적용된다.

66 수익자가 낙약자를 기망하여 제3자를 위한 계약이 성립된 경우에는, 요약자에 의한 직접적인 기망으로 보지 아니하고 제3자에 의한 기망(제110조 ②)이 성립한다.

68 채권자의 수령지체 중에 쌍방 귀책사유 없이 불능이 된 경우에 채무자는 반대급부의 이행을 청구할 수 있다(제538조 참조). 예외적인 채권자위험부담의 경우이다.

69 위험부담문제는 후발적 불능의 경우에 발생한다.

70 매수인이 잔대금지급기일까지 그 대금을 지급하지 못하면 그 계약이 자동적으로 해제된다는 취지의 약정이 있더라도 특별한 사정이 없는 한 매도인이 이행의 제공을 하여 매수인으로 하여금 이행지체에 빠지게 하였을 때에 비로소 자동적으로 매매계약이 해제된다고 보아야 하고, 잔대금미지급만으로 계약이 자동해제된 것으로 볼 수 없다(대법원 94다8600). 그러나 중도금 미지급 시 자동해제약정이 있는 경우에는 중도금 미지급만으로 자동해제된다.

71 매매목적 부동산에 가압류나 저당권설정등기가 있는 경우에도 매도인의 소유권이전등기의무가 이행불능이 되는 것은 아니다.

72 임대인의 보증금의 반환이 선이행의무이다.

74 ① 부동산 임대차계약의 해지통고는 임대인이 통고한 경우에는 6월, 임차인이 통고한 경우에는 1월의 해지기간이 경과해야 효력이 발생한다.
③ 임차인의 비용상환청구권에 관한 규정은 임의규정이다. 따라서 당사자 사이의 약정에 의해 임차인의 비용상환청구권은 포기할 수 있다.
④ 임대인의 동의 없는 전대차도 계약 자체는 유효하다.
⑤ 민법상의 임대차의 최단 존속기간은 제한이 없다.

75 권리금회수의 방해로 인한 임차인의 임대인에 대한 손해배상청구권은 임대차가 종료한 날부터 3년 이내에 행사하지 아니하면 시효의 완성으로 소멸한다(법 제10조의4 제4항).

76 주택에 관하여 최선순위로 전세권설정등기를 마치고, 한편 「주택임대차보호법」상 대항력을 갖춘 임차인으로서의 지위도 함께 가지고 있는 사람이 최선순위 전세권자로서 배당요구를 하여 전세권이 매각으로 소멸되었다 하더라도 변제받지 못한 나머지 보증금에 관해서는 임차권에 기하여 대항력을 행사할 수 있고, 그 범위 내에서 임차주택의 매수인(경락인)은 임대인의 지위를 승계한다(대법원 2010.7.26, 2010마900).

77 하나의 단지 내에 있는 여러 동의 건물 전부를 일괄하여 재건축하고자 하는 경우라도 재건축 결의의 요건 충족 여부는 각각의 건물마다 별개로 따져야 하므로, 일부 동에 대하여는 재건축 결의의 요건을 갖추지 못하였지만 나머지 동에 대하여는 재건축결의의 요건을 갖춘 경우, 그 나머지 동에 대하여는 적법한 재건축결의가 성립한다(대법원 2010.10.14, 2009다95967).

78 공사대금채권을 담보할 목적으로 가등기가 경료된 경우에는 가등기담보법이 적용되지 않는다(대법원 1992.4.10, 91다45356).

80 매도인 丙이 선의인 경우에는 甲과 乙사이의 명의신탁약정은 무효이지만 丙의 보호를 위해 乙명의의 이전등기는 유효이다(부동산실명법 제4조② 단서). 그러나 매도인이 악의인 경우에는 매수인 乙은 소유권을 취득하지 못한다.

공인중개사
1차 총정리 시험문제

발 행 일 2019년 8월 10일 초판 1쇄 발행
2020년 1월 10일 초판 2쇄 발행

저　　자 유병준, 조영후

발 행 처  http://www.crownbook.com

발 행 인 이상원

신고번호 제 300-2007-143호

주　　소 서울시 종로구 율곡로13길 21

대표전화 02) 745-0311~3

팩　　스 02) 766-3000

홈페이지 www.crownbook.com

I S B N 978-89-406-3679-4 / 13320

특별판매정가　16,000원

이 도서의 판권은 크라운출판사에 있으며, 수록된 내용은
무단으로 복제, 변형하여 사용할 수 없습니다.
Copyright CROWN, ⓒ 2020 Printed in Korea

이 도서의 문의를 편집부(02-6430-7009)로 연락주시면
친절하게 응답해 드립니다.